U0596326

中华经典名著

全本全注全译丛书

陈　曦◎译注

吴　子
司马法

中華書局

图书在版编目(CIP)数据

吴子　司马法/陈曦译注. —北京:中华书局,2018.1
(2023.6重印)
(中华经典名著全本全注全译丛书)
ISBN 978-7-101-12912-0

Ⅰ.吴…　Ⅱ.陈…　Ⅲ.①兵法-中国-战国时代②《司马法》-译文③《吴子》-译文　Ⅳ.E892.26

中国版本图书馆 CIP 数据核字(2017)第 265360 号

书　　名　吴子　司马法
译 注 者　陈　曦
丛 书 名　中华经典名著全本全注全译丛书
责任编辑　周　旻
责任印制　管　斌
出版发行　中华书局
(北京市丰台区太平桥西里 38 号　100073)
http://www.zhbc.com.cn
E-mail:zhbc@zhbc.com.cn
印　　刷　北京盛通印刷股份有限公司
版　　次　2018 年 1 月第 1 版
2023 年 6 月第 5 次印刷
规　　格　开本/880×1230 毫米　1/32
印张 14⅛　字数 320 千字
印　　数　22001-26000 册
国际书号　ISBN 978-7-101-12912-0
定　　价　36.00 元

目录

吴　子

前言

在中国古代兵学史上，如果说孙武是最伟大的一位军事理论家的话，那么历来唯一能够与孙武并提比肩的便是吴起，由此殊荣便可推想他的卓越贡献与崇高地位。早在战国后期，人们便已将孙、吴连称，如《韩非子·五蠹》曰："境内皆言兵，藏孙、吴之书者，家有之。"《吴子》与《孙子兵法》一起，成为当时传播最广、影响最大的两部兵书经典。西汉以后，《吴子》仍保持着这种"顶级"兵书的地位，"世俗所称师旅，皆道《孙子》十三篇、吴起《兵法》"(《史记·孙子吴起列传》)。隋朝大将军韩擒虎曾叹服李靖的军事才能道："可与语孙、吴者，非斯人尚谁哉！"(《新唐书·李靖列传》)北宋神宗期间，《吴子》被列入《武经七书》，其经典地位更加牢不可摧。唐开元二十三年(735)，日本遣唐使吉备真备把《孙子》《吴子》带到日本，将孙、吴思想远播东瀛。清乾隆三十七年(1772)，法国传教士约瑟夫·阿米欧把《孙子》《吴子》译成法文，使孙、吴的影响辐射到了更加遥远的欧洲大陆。

吴起生年不详，卒于公元前381年，卫国左氏(今山东曹县西北)人，历任鲁国的将军，魏国的大将和西河守，楚国的苑守、令尹，一生辗转多地，充满传奇色彩。吴起事迹见载于《战国策》《韩非子》《吕氏春秋》等书。最早的吴起传记，则见载于西汉大史学家司马迁撰写的《史记·孙子吴起传》，其中的《吴起列传》堪称记述吴起生平的最重要的史料，现摘录如下。

吴起者，卫人也，好用兵。尝学于曾子，事鲁君。齐人攻鲁，鲁欲将吴起，吴起取齐女为妻，而鲁疑之。吴起于是欲就名，遂杀其妻，以明不与齐也。鲁卒以为将。将而攻齐，大破之。鲁人或恶吴起……鲁君疑之，谢吴起。

吴起于是闻魏文侯贤，欲事之。……于是魏文侯以为将，击秦，拔五城。起之为将，与士卒最下者同衣食。卧不设席，行不骑乘，亲裹赢粮，与士卒分劳苦。卒有病疽者，起为吮之。卒母闻而哭之。人曰："子卒也，而将军自吮其疽，何哭为？"母曰："非然也。往年吴公吮其父，其父战不旋踵，遂死于敌。吴公今又吮其子，妾不知其死所矣。是以哭之。"文侯以吴起善用兵，廉平，尽能得士心，乃以为西河守，以拒秦、韩。

魏文侯既卒，起事其子武侯。武侯浮西河而下，中流，顾而谓吴起曰："美哉乎山河之固，此魏国之宝也！"起对曰："在德不在险。昔三苗氏左洞庭，右彭蠡，德义不修，禹灭之。夏桀之居，左河济，右泰华，伊阙在其南，羊肠在其北，修政不仁，汤放之。殷纣之国，左孟门，右太行，常山在其北，大河经其南，修政不德，武王杀之。由此观之，在德不在险。若君不修德，舟中之人尽为敌国也。"武侯曰："善。"

吴起为西河守，甚有声名。……公叔为相，尚魏公主，而害吴起。……吴起惧得罪，遂去，即之楚。

楚悼王素闻起贤，至则相楚。明法审令，捐不急之官，废公族疏远者，以抚养战斗之士。要在强兵，破驰说之言从横者。于是南平百越；北并陈蔡，却三晋；西伐秦。诸侯患楚之强。故楚之贵戚尽欲害吴起。及悼王死，宗室大臣作乱而攻吴起，吴起走之王尸而伏之。击起之徒因射刺吴起，并中悼王。悼王既葬，太子立，乃使令尹尽诛射吴起而并中王尸者。坐射起而夷宗死者七十余家。

在司马迁的笔下，吴起不仅是军事理论家，还是能打胜仗、战功显赫的军事家与锐意改革的政治家。吴起身为军事家的才能体现为“善用兵”，能“与士卒最下者同衣食。卧不设席，行不骑乘，亲裹赢粮，与士卒分劳苦”，深得士卒拥戴，官兵关系和谐。军事家吴起的神采在兵书《尉缭子·武议第八》中也有呈现。该书描述吴起在一场战争即将打响之时，“左右进剑”，吴起没有接受，因为他认为将领无须在战场上展示剑术，说：“将专主旗鼓尔，临难决疑，挥兵指刃，此将事也。一剑之任，非将事也。”一席话显示了吴起在战场上镇定冷静、深明职守的大将风度。该书还记述吴起率兵与秦人作战，两军还未正式交锋时，便有一个士卒克制不住自己的杀敌冲动，不顾战场纪律杀向敌阵，斩获两个首级后返回。吴起闻讯下令立刻斩杀这个士卒，军士劝谏道：“此材士也，不可斩。”吴起斩钉截铁地答道：“材士则是矣，非吾令也，斩之！”这则轶事展示了吴起的严明军纪、治军有方。

吴起对魏文侯说“魏国之宝”不在“山河之固”，而在君主之德。从吴起所阐述的“在德不在险”的思想，可以看出他十分重视汲取历史经验教训，强调君主是否有德将关乎国家的兴亡，彰显了他身为一位政治家的不凡见地。到了楚国之后，他被悼王任为楚相，“明法审令，捐不急之官，废公族疏远者，以抚养战斗之士。要在强兵，破驰说之言从横者”。对于吴起辅佐楚悼王所施行的变法内容，《史记·范雎蔡泽列传》还记述道：“吴起为楚悼王立法，卑减大臣之威重，罢无能，废无用，损不急之官，塞私门之请，一楚国之俗，禁游客之民，精耕战之士，南收杨越，北并陈、蔡，破横散从，使驰说之士无所开其口，禁朋党以励百姓，定楚国之政，兵震天下，威服诸侯。”吴起的变法成效卓著，但因损害了楚国旧贵族的利益而遭嫉恨，他们趁楚悼王去世时发动政变，竟将吴起残忍射杀。

吴起撰述的《吴子》一书，又称《吴起》《吴子兵法》《吴起兵法》。《汉书·艺文志》著录：“《吴起》四十八篇。”但《隋书·经籍志》及《新唐书·

艺文志》却均著录:"《吴起兵法》一卷"。四库馆臣针对这种卷数的巨大差异,解释《汉书·艺文志》所说的"四十八篇","盖亦如孙武之八十二篇出于附益,非其本书世不传也"(《钦定四库全书总目·子部九》)。今本《吴子》共两卷六篇,定型于北宋元丰年间的《武经七书》本。关于此书的作者,明清以来有不少学者(如胡应麟、姚鼐、姚际恒、章炳麟、梁启超、郭沫若等),或认为是吴起的门人或幕僚笔录而成,或认为是战国时人掇拾成篇,或认为是后人伪托或杂抄成书(参读李硕之、王式金《吴子浅说》一书的第一节),总之认为今本《吴子》非吴起自著。关于此书的创作时间,则有战国、西汉中叶、魏晋以后等不同说法。而今学者大都认为此书不伪,其作者就是吴起,成书于战国前期,书中虽有后人整理加工的痕迹,但基本反映了吴起所处战国前期的战争特点,反映了吴起的军事思想贡献。

今本《吴子》基本上采用的是对话体的撰述方式,全书紧紧围绕"内修文德,外治武备"八个字展开,既有思想深邃的"文德"主张,又有丰富多彩的"武备"理念;既有高瞻远瞩的战略思考,又有灵活机动的战术设计,在不少方面丰富、发展了《孙子兵法》的战争理论成果,其思想主要体现为以下五个方面。

一是"内修文德"的治国理念。

在《吴子》全书首篇《图国第一》的第一节文字,吴起便拈出了统摄全书的核心观点——"内修文德,外治武备",精辟地阐释了政治与军事的紧密关系,认为要统筹处理好治国与治军的相关事宜,既要修明政治,又要建好军队。吴起继而以儒家思想为指导,提出了一系列治国理念。他指出君主应"先教百姓而亲万民","教之以礼,励之以义,使有耻也",要重视对百姓的礼义教化工作,珍惜他们的生命;教导君王要选贤使能,"使贤者居上,不肖者处下",使"民安其田宅,亲其有司";指出君主应效仿圣王,具备道、义、礼、仁"四德",营建上下和谐的社会关系,认为"不和于国,不可以出军;不和于军,不可以出陈;不和于陈,不可以进战”,“先和而造大事”;认为君主应谦虚谨慎,不要唯我独尊,这样才能成就称王称霸的事业。吴起还以慎战思想为前提,提出了“战胜易,守胜难”的命题,认为战胜敌人容易,巩固胜利却很难。若要巩固胜利,不但需要强大的军事实力,更需要强大的政治影响力。强调了较之于加强武备,修明政治尤为不易,因而尤为重要。

二是对战争起因的思考与对战争的分类。

吴起立足于春秋战国时期的战争实际,前无古人地将战争的起因归纳为五种,即“争名”“争利”“积恶”“内乱”“因饥”。他能从人性争名、争利的欲望,从政治集团之间的矛盾关系,从国内政治、经济发展的状况,去探究各类战争爆发的根源。基于此,吴起还将战争的性质分为五类,即“义兵”“强兵”“刚兵”“暴兵”“逆兵”,并分别定义道:“禁暴救乱曰义,恃众以伐曰强,因怒兴师曰刚,弃礼贪利曰暴,国乱人疲,举事动众曰逆。”(《吴子·图国第一》)说明他对战争的正义与非正义的性质也有了初步揭示。吴起还给出了应对上述五类战争的方法,即“义必以礼服,强必以谦服,刚必以辞服,暴必以诈服,逆必以权服”。以孔子为代表的儒家学者将战争视为维护礼制的工具,吴起所谓“义兵”,以及“义必以礼服”的思想,显示了他对儒家战争观的某种认同。吴起的这些思考获得当代学者的高度评价,吴如嵩等著的《中国军事通史》第三卷《战国军事史》称赞吴起“认识到应当实行有利国家、顺乎民心的正义战争,反对违背人民意愿和国家利益的非正义战争,这是难能可贵的。吴起在战争问题上的这一系列见解,不仅超出了前人,同时也超出了同时代的兵学家,从而有助于建立起更为完备、更为系统、更为深刻的军事理论”。

三是“以治为胜”“教戒为先”的治军思想。

《吴子》一书阐述了极为丰富的治军思想,内容涉及军法、装备、军事训练、军人心理、作战方法、宿营原则、战马驯养等诸多方面。其中最值得介绍的就是“以治为胜”与“教戒为先”。这两条治军原则均载于本书《治兵第三》。

吴起认为要建设好一支能打胜仗的军队，首先要遵循“以治为胜”的原则，并说军队是否具有战斗力，与人数多少没有必然联系，指出：“若法令不明，赏罚不信，金之不止，鼓之不进，虽有百万，何益于用？所谓治者，居则有礼，动则有威，进不可当，退不可追，前却有节，左右应麾，虽绝成陈，虽散成行。与之安，与之危，其众可合而不可离，可用而不可疲，投之所往，天下莫当。名曰父子之兵。”认为只有严格治兵，严明法纪，士卒才会敬畏礼法，才会一切行动听指挥，具有强大战斗力。吴起在这里还提出了“父子之兵”的概念。只有将军队训练成“父子之兵”，才能所向披靡，战无不胜。

吴起非常重视军事训练，指出了“教戒为先”的治军原则和一套行之有效的训练方法：“故用兵之法，教戒为先。一人学战，教成十人；十人学战，教成百人；百人学战，教成千人；千人学战，教成万人；万人学战，教成三军。”“教戒为先”，强调的是对士卒军事技能的培训。军队是由一个一个士卒组成的，要想建设一支强大的军队，必须不折不扣地贯彻“教戒为先”的治军原则。吴起给出的训练方法是从单兵训练开始，继而从“一”到“十”，再从“十”到“百”，如此不断扩展，就可“教成三军”，使全军上下人人掌握军事技能。

吴起在《吴子·论将第四》提出了“威耳”“威目”“威心”的“三威”论，要求将领严格训练士卒，让他们真正懂得各种鼙鼓金铎、旌旗麾帜、法规条令的内涵，在感官与心理上产生“威耳”“威目”“威心”的效果，从而实现令行禁止、服从指挥的训练目的。

吴起还非常重视对士卒的思想教育，重视激发士卒的士气，在《吴子·励士第六》提出了“三乐”说，即“夫发号布令而人乐闻，兴师动众而人乐战，交兵接刃而人乐死”，认为士卒在战场上的“乐闻”“乐战”“乐死”，才是君主所应依赖的关键所在。而要激发出士卒的“三乐”，是需要持续不断的军事思想教育才能奏效的。

四是“总文武”“兼刚柔”的将帅论。

吴起的将帅论，集中体现在《吴子·论将第四》。该文一开篇就说：“夫总文武者，军之将也。兼刚柔者，兵之事也。”指出将领应该“总文武”“兼刚柔”，不但要懂军事，刚柔相济，还要懂政治，有品德。孙武认为将帅要符合“智”“信”“仁”“勇”“严”的标准，对于其中的“勇”，凡人论将往往格外看重，而吴起却匠心独运地说：“勇之于将，乃数分之一尔。夫勇者必轻合，轻合而不知利，未可也。”提醒将领不要为了显示自己的勇敢而头脑发热，盲目决策。

除了“总文武”“兼刚柔”的总体要求之外，吴起还对将帅提出了“五慎”“将礼”的具体要求。所谓“五慎”指的是“理”“备”“果”“戒”“约”，其内涵分别是：“理者，治众如治寡。备者，出门如见敌。果者，临敌不怀生。戒者，虽克如始战。约者，法令省而不烦。”意即要求将领具备以下要求：高超的管理能力、保持对敌警惕、不能贪生怕死、胜利后也要心存戒备、制定的法令简明扼要。所谓“将礼”指的是“受命而不辞，敌破而后言返，将之礼也。故师出之日，有死之荣，无生之辱”。指出良将要坚定破敌使命，树立正确荣辱观，绝不在战场上贪生怕死，畏惧逃避。

“四机”与“四德”，也是吴起将帅论的重要范畴。“四机”指的是“气机”“地机”“事机”“力机”，其内涵分别是：“三军之众，百万之师，张设轻重，在于一人，是谓气机。路狭道险，名山大塞，十夫所守，千夫不过，是谓地机。善行间谍，轻兵往来，分散其众，使其君臣相怨，上下相咎，是谓事机。车坚管辖，舟利橹楫，士习战陈，马闲驰逐，是谓力机。”意即要求将领能够鼓舞士气，懂得军事地理，善于使用间谍，会管理、训练部队。吴起说“知此四者，乃可为将”，强调“四机”是将帅的必备素质。至于“四德”，指的是“威、德、仁、勇”。将帅具备了“四德”，则“必足以率下安众，怖敌决疑，施令而下不敢犯，所在寇不敢敌”。吴起高度肯定良将的价值道：“得之国强，去之国亡。”指出良将的存在与否，直接关系着国家的兴衰成败。

五是“审敌虚实”“因形用权”的战术指导思想。

《吴子》的战术指导思想也极为丰富，其中最值得介绍的是“审敌虚实”论与“因形用权”论。《孙子兵法·谋攻篇》有“知彼知己，百战不殆”的千古名言，告诫用兵者一定要全面掌握敌我双方的真实情况；《虚实篇》提出了“避实而击虚”与敌众我寡时“我专而敌分”的用兵原则。吴起将孙武的上述思想浓缩概括为凝练醒目的一句话——“用兵必须审敌虚实而趋其危”（《吴子·料敌第二》），认为要充分掌握敌我双方的虚实强弱，寻找敌人的薄弱点并给予痛击。这条用兵原则将孙武的“知彼知己”“虚实”“众寡”“专分”等军事思想，发展到了一个更高的境地，历来被视为用兵者的箴言。

《孙子兵法·计篇》有言曰：“势者，因利而制权也。”《吴子·论将第四》在此思想基础上提出了“因形用权，则不劳而功举”的命题，指出用兵者应根据战场情况采取灵活机动的措施，达到“不劳而功举”的作战效果。《吴子·应变第五》在阐述如何针对不同敌情而采取相应战术时，便具体贯彻了“因形用权”的作战指导原则。

今本《吴子》还有许多有价值的思想论述，但因篇幅所限，不再赘述。

今本《吴子》的版本主要有宋何去非校定《武经七书》本、朱服校刊《武经七书》本、施子美《吴子讲义》本、刘寅《吴子直解》本、清朱墉《吴子汇解》本、《平津馆丛书》本、《四库全书》本及《四部丛刊》本等。本书原文以涵芬楼《续古逸丛书》影印宋刊《武经七书》本为底本，参校以《群书治要》本、《太平御览》引文、施子美《吴子讲义》本、刘寅《吴子直解》本等，同时还借鉴、参考了今人的一些校勘成果。在注译、整理的过程中，除了展示笔者对《吴子》的浅见外，还较为重视吸纳、采录古今研究成果。本书引用的书籍主要有：施子美的《施氏七书讲义》（收录于《中国兵书集成》第八册，解放军出版社、辽沈出版社，1992 年版）、朱墉的《武经七书汇解》（共两册，收录于《中国兵书集成》第四十二、四十三两册，解放军出版社、辽沈出版社，1992年版）、刘寅的《武经七书直解》（岳麓书社，1992年版）、李硕之与王式金的《吴子浅说》（解放军出版社，1986年版）、傅绍杰的《吴子今注今译》（台湾商务印书馆，1996年版）、吴如嵩等的《中国军事通史·战国军事史》（军事科学出版社，1998年版）、钮先钟的《战略家》（广西师范大学出版社，2003年版）、张少瑜的《兵家法思想通论》（人民出版社，2006年版）、《中国军事史》编写组编纂的《中国历代军事思想》（解放军出版社，2007年版）、解文超的《先秦兵书研究》（上海古籍出版社，2007年版）、陈宇的《吴起兵法破解》（解放军出版社，2010年版）、薛国安与杨斐的《吴子新说》（解放军出版社，2011年版）、黄朴民的《黄朴民解读吴子·司马法》（岳麓书社，2011年版）等，在此笔者对诸位前贤时彦致以深深的敬意与谢意！

陈曦

2017年10月写于军艺南楼翕然斋

卷上

图国第一

【题解】

本篇的第一节文字，堪称全书的总纲。针对魏文侯“寡人不好军旅之事”的违心之论，吴起联系历史与现实，认为不能仅“修德”而“废武”，也不能“恃众”而“好勇”，否则均会导致亡国丧家的悲剧。基于此，吴子提出了统率全书的思想原则——“内修文德，外治武备”。这八个字堪称至理名言，精辟地指出了在国家战略思想的顶层设计中，既要重视政治领域的建设，也要重视军事领域的建设，政治与军事二者之间应有和谐的平衡关系。对于维护、巩固国家政权而言，“文”与“武”的作用均至关重要，应妥善兼顾两者，不可偏废其一。

全书以吴起与魏文侯、魏武侯的对话形式，围绕“文德”与“武备”两大层面展开。本篇题为“图国”，内容侧重于“文德”，较为集中地体现了吴子的治国理念，主要表现为以下三点。

其一，君主应重视百姓教化，选贤使能，创建和谐社会。

吴起指出君主应“先教百姓而亲万民”，“教之以礼，励之以义，使有耻也”，重视对百姓的礼义教化工作，珍惜他们的生命；还要选贤使能，“使贤者居上，不肖者处下”，使“民安其田宅，亲其有司”。这样百姓才会心甘情愿地走上战场，“以进死为荣，退生为辱”，奋不顾身地夺取胜利。吴起在篇中提出了“和”的概念，指出营造和谐的社会关系是开动战争机器的必要前提，即所谓“先和而造大事”，指出了四种不“和”的情况，认为“不和于国，不可以出军；不和于军，不可以出陈；不和于陈，不可以进战”。

其二，君主应效仿圣王，具备“四德”。

“四德”指的是道、义、礼、仁，吴起认为圣人应“绥之以道，理之以义，动之以礼，抚之以仁”，意即用道来安抚百姓，用义来治理百姓，用礼来规范百姓，用仁来爱抚百姓。道、义、礼、仁均为儒家重要范畴，吴起不仅直接使用这些范畴，还援引了儒家所揄扬的圣王商汤、周武王以阐释这些范畴的意义，彰显了他对儒家思想的继承与发扬。

其三，君主应谦虚谨慎，不要唯我独尊。

本篇最后一节文字，记述了楚庄王因“群臣莫能及”而面有“忧色”的故事。楚庄王充分意识到贤才对于君主治理好国家的重要意义，指出“世不绝圣，国不乏贤，能得其师者王，得其友者霸”，只有拜贤才为师，得贤才为友，才能成就其称王称霸的事业。吴起以这个故事启发魏武侯不要唯我独尊，要谦虚谨慎，广纳贤才，励精图治。

以上治国理念的落实与否，直接关乎军队建设的成败。本篇有“凡制国治军”一句，将治国与治军并提，说明“军”与“国”密切相连，国事与军事原本就是不可分割的一体；也说明“文德”与“武备”二者之间难以分割、相互交融的关系。本篇除了较为充分地展示了吴起的“文德”思想之外，还展示了他对战争发生的根源与各种战争类型的深入思考。在吴起之前的兵家文献里，人们尚未看到这方面的思想成果。吴起前无古人地将战争根源概括为五种情况，即“争名”“争利”“积恶”“内乱”“因饥”。他能从人性争名、争利的欲望，从政治集团之间的矛盾关系，从国内政治、经济发展的状况，去探究各类战争爆发的根源。他还将战争分为五种类型，即“义兵”“强兵”“刚兵”“暴兵”“逆兵”，说明他对战争的正义与非正义的性质也有了初步揭示。这些见解标志着吴起战争理论的深度，标志着吴起对孙武战争观的补充与超越。

吴起儒服[①]，以兵机见魏文侯[②]。文侯曰："寡人不好军旅之事[③]。"起曰："臣以见占隐[④]，以往察来[⑤]，主君何言与心违[⑥]？今君四时使斩离皮革[⑦]，掩以朱漆[⑧]，画以丹青[⑨]，烁以犀象[⑩]，冬日衣之则不温[⑪]，夏日衣之则不凉。为长戟二丈四尺，短戟一丈二尺[⑫]。革车奄户，缦轮笼毂[⑬]，观之于目则不丽，乘之以田则不轻，不识主君安用此也[⑭]？若以备进战退守，而不求能用者，譬犹伏鸡之搏狸，乳犬之犯虎，虽有斗心，随之死矣[⑮]。昔承桑氏之君，修德废武，以灭其国；有扈氏之君，恃众好勇，以丧其社稷[⑯]。明主鉴兹，必内修文德，外治武备[⑰]。故当敌而不进，无逮于义矣；僵尸而哀之，无逮于仁矣[⑱]。"

于是文侯身自布席，夫人捧觞，醮吴起于庙，立为大将，守西河[⑲]。与诸侯大战七十六，全胜六十四，余则钧解[⑳]。辟土四面，拓地千里，皆起之功也[㉑]。

【注释】

①吴起儒服：意即吴起穿着儒者的服装。据《史记·孙子吴起列传》，吴起"尝学于曾子"，曾子即孔子弟子曾参之子曾申。《史记笺证》引黄式三曰："据刘向《别录》：'起受《春秋左传》于曾申。'《礼记·檀弓》：'鲁穆公母卒，使人问于曾子。对曰：'申也闻诸申之父。'是曾申亦称'曾子'。"施子美曰："人言文武异途，兵儒异道。缙绅之士，岂甲胄之臣所辈哉？今吴起以兵机见文侯，而乃儒服者不其矫欤？非也。起固曾子弟子也，旧常儒服矣，讵可于一见之间而变之乎？娄敬尝曰：'衣帛衣帛见，衣褐衣褐见。'不肯易服者，所以自重也。况儒者知兵，古人重之。儒服而以兵

机见，亦其宜也。儒服即哀公问者是也。文侯者魏斯也。吴起本鲁人也，见疑于鲁，闻魏文侯贤，而往见之，安得不儒其服而兵其机哉？虽然，郦食其以儒服见汉高祖，而高祖慢之；叔孙通以儒服见高祖，而高祖憎之。吴起以儒服见文侯，而文侯且见焉，岂高祖好士之心不及文侯耶？不然也。高祖之起，方与壮士守四方，岂儒服者所能辨哉？而文侯袭祖宗之业，方切于求贤，师子夏，式干木，故吴起得以此见之。时有不同，不可以一概论。"朱墉《全旨》曰："《吴子》六篇皆兵家机权法制之说也，然其图国以和，教民以礼，治兵以信，则庶几汤、武仁义之师，较之《孙子》十三篇纯用机智不伦矣。故高氏曰起之言几于正，武之书一于奇。岂起尝学于曾子，故其言多道德之遗意欤？"

②以兵机见魏文侯：意即吴起带着一套军事谋略学说拜见魏文侯。兵机，指军事谋略学说。魏文侯，战国初期的魏国国君，姬姓，魏氏，名都，一作"斯"，魏桓子之孙，《世本》称桓子之子，公元前445—前396年在位。能招贤纳士，师事卜子夏、田子方、段干木，重用翟璜、吴起、西门豹、乐羊等人。又以李悝为相，进行改革。对内作"尽地力之教"，鼓励耕作；制定《法经》；行"平籴法"；废止贵族世袭特权，实行"食有劳""禄有功""赏有贤""罚必当"的政策；加强军队建设，建立常备"武卒"制度。对外屡败秦军，攻取秦河西之地。周威烈王二十年（前406），又越赵境攻灭中山。在他统治下，魏国日益富强，称雄诸侯。

③寡人不好军旅之事：意谓魏文侯声称自己不喜好探究行军打仗方面的事情。寡人，是古代君王的自我谦称。好，喜好。朱墉引《拟题镜》曰："'不好军旅'，文侯当头折抑一句，若非吴子有本领，彼时锋颖已被他挫。"

④以见占隐：意即能从表象推测隐情。见，同"现"，现象，表象。占，推测，揣测。隐，隐情。

⑤以往察来：意即能由往事察知未来。

⑥主君何言与心违：言与心违，意即言不由衷。施子美曰："驱鹰犬而赴林薮，语人曰'我非猎也'，不如放鹰犬而兽自驯。操网罟而入渊海，语人曰'我非渔也'，不如捐网罟而人自信。文侯而不好军旅之事，何不去备撤具，而使人自知之，又何以口舌争哉？大抵观人之迹，可以知人之心；观人之已为，可以知人之所未为。见者迹也，隐者心也，往者已为也，来者未为也。观其迹可以知其心，观其已为可以知其未为。是虽家置一喙而曰吾不为是，其谁信之？何者？言可以欺人，而实不可以欺人也。文侯心之所好者，在于军旅之事，而乃语人以不好，是言与心违也，而吴起乃能揣而知之。故曰：他人有心，予忖度之。"

⑦四时使斩离皮革：意即一年到头命人斩杀禽兽，剥去兽皮，制成甲胄盾牌。四时，原指春夏秋冬四时，此处指一年到头从不间断。离，分割。《武经七书注译》曰："皮革，是古代制造战争装具的重要材料。甲、胄、盾以及革车的防护等，都是用皮革涂漆制造的。"

⑧掩以朱漆：意即在甲胄盾牌上涂抹红漆。掩，遮盖，此处意为涂抹。

⑨画以丹青：意即把各种颜色涂在甲胄盾牌上。

⑩烁以犀象：意即在甲胄盾牌上刻上犀牛和大象的图案。烁，通"铄"，熔化。此处意为烙刻。施子美曰："此吴起指文侯所作之事实而言之也。'斩离皮革，掩以丹漆，烁以犀象'，此正《周官·函人》为甲也。斩，断也。离，折也。断折其皮革以为用，而笼以朱漆，坚以犀象，此非为甲而何？"刘寅曰："今主君于春夏秋冬四时，斩离众兽之皮革，掩之以朱漆之饰，取其光泽也；画之以丹青之色，取其华丽也；烁之以犀象之形，取其威猛也。"

⑪冬日衣之则不温：衣，名词用作动词，穿衣。朱墉引《大全》曰：

"'不温'数句正破他'不好军旅'之言。见得制服，原以图温凉；制车，原以悦目轻便也。而战攻器具非为此也。既备战具而曰'不好军旅'，此言之所以与心违也。"

⑫长戟二丈四尺，短戟一丈二尺：戟，中国古代重要的格斗兵器之一，由戈、矛结合而成，具有勾啄、直刺的功能。长戟用于车战，短戟用于步战。萌芽于商，发展于周，盛行于战国、汉、晋各代，至南北朝时趋于衰亡。按，周制一尺合19.91厘米，故二丈四尺的长戟约为今4.8米，一丈二尺的短戟约为今2.4米。施子美曰："长戟、短戟，此乃《周官·庐人》为庐器之制也。攻国之兵欲长，故长戟以二丈四尺。守国之兵欲短，故短戟以一丈二尺。"

⑬革车奄户，缦轮笼毂：意即用皮革将战车覆盖起来，用皮革将战车车轮的车毂包裹起来。革车，原指重车，装载辎重。此处泛指战车。《孙子兵法·作战篇》曰："驰车千驷，革车千乘。"曹操注曰："驰车，轻车也。革车，重车也。"奄，通"掩"，覆盖。户，通"护"，遮盖。缦轮，指没有花纹装饰的车子。缦，没有花纹的丝织品。笼，包裹，掩盖。毂，车轮中心的圆木，周围与车辐的一端相接，中有圆孔，可以插轴。施子美曰："此正舆人为车之制也。革车，则有革以为固。奄户，则掩其门也。缦轮，则致饰于轮。笼毂，则以物掩毂也。"

⑭"观之于目则不丽"三句：田，同"畋"，打猎。施子美曰："甲之为用，以冬日衣之则不温，夏日衣之则不凉。车戟之用，观之于目则不丽，乘之以田则不轻，此乃攻战之具。有其具而曰不好其事，果安用此哉？"

⑮"若以备进战退守"六句：按，此吴起用伏鸡、乳犬不可以搏狸虎喻运用军械、指挥战斗必须任用掌握军机的专门人才。伏鸡，指孵卵的母鸡。狸，狸子，也叫山猫、野猫。乳犬，指哺乳小狗的母狗。施子美曰："无善棋有善弈，无胜兵有胜将。兵而无将，是以

其卒予敌也。今文侯虽有守御之备，而不得良将以用之，亦徒然耳。是以宣王修车马备器械，非方叔、召虎之徒，则无与成功。晋人秣马利兵，蒐乘补卒，非栾书、郤缺之徒，则无以全胜。今文侯虽有其备，可以进战退守，而不能求用之人，宜不犹伏鸡搏狸、乳犬犯虎耶？伏鸡者，伏而育其子者也。乳犬者，乳而饲其子者也。彼其心慈爱，唯恐物之或伤其子，而狸、虎或害之，彼必与之斗，虽有斗心，然其势不敌，死之必矣。吴起此言，欲文侯以己为将也。"朱墉引《指归》曰："'伏鸡'二句盖言物之至难捕难犯者狸与虎也，而况伏鸡、乳犬当之乎？见得兵机重任，非得能用之人，虽有备具，只益之败亡耳。人主乌可不重将择人？"

⑯"昔承桑氏之君"六句：按，此吴起以承桑氏和有扈氏为例说明单靠修德或好武都会灭国丧邦。承桑氏，传说中神农时代的一个东夷部落。有扈氏，夏禹时代的一个部落。夏启立，有扈不服，起兵伐启，被灭。《书·甘誓》："启与有扈，战于甘之野。"孔传："有扈与夏同姓，恃亲而不恭。"社稷，古代国家的代称。施子美曰："天下之事，未有偏而无弊者。太刚则折，太柔则羸，刚柔相齐而德成。宽则民慢，猛则民残，宽猛相济而政和。况文武并用，长久之术也，其可偏废乎？承桑氏之君，一于文而不知武，故灭其国；有扈氏之君，一于武而不知文，故丧其社稷，皆偏而弊者也。承桑之所为，其宋襄乎？宋襄务行仁义，而反丧其国，偏于文之弊也。有扈之所为，其州吁乎？州吁阻兵安忍而自取陨身，此偏于武之弊也。"

⑰内修文德，外治武备：对内修明政治，对外治理战备。曹操《〈孙子〉序》曰："操闻上古有'弧矢'之利，《论语》曰'足兵'，《尚书》'八政'曰'师'，《易》曰'师贞，丈人吉'，《诗》曰'王赫斯怒，爰整其旅'，黄帝、汤、武咸用干戚以济世也。《司马法》曰'人故杀人，杀之可也。恃武者灭，恃文者亡'，夫差、偃王是也。圣人之用

兵，戢而时动，不得已而用之。”施子美曰：“示不偏胜也。舜虽敷文，而有苗之征；文虽修政，而有崇之伐。虞周之君，为能两尽之也。故以文德则修于内，武备则治于外。盖爱人者，圣人之本心，而治兵者，御敌之一术，二者岂可偏废乎？”李硕之说：“吴起在阐述‘内修文德，外治武备’的思想主张时，是把政治和军事二者紧密联系起来论述的，即搞好政治，才能用兵打仗，夺取战争的胜利；要夺取战争的胜利，首先必须搞好政治。处在封建社会初期的吴起能把政治与军事的关系论述得如此之明确，如此之深刻，实则难能可贵。他不仅超出了同时代的军事家，更超出了前人。《孙子》虽然把‘道’，即政治，摆在‘五事’‘七计’之首，认识到政治是克敌制胜的重要因素，但它并没把战争与政治二者紧密联系起来进行阐述。”卫广来在《〈吴子兵法〉简论》一文（载《山西师大学报》，1992 年第 1 期）中说：“立国理论，即‘内修文德，外治武备’八个字。……这是说，立国之道，首先要讲求政德，同时又要讲求武备，二者不可偏废。……文德为‘内’，指的是立国之本；武备为‘外’，指的是立国之用。文武之间是相辅相成的。”又说：“自古兵弱无以强国，强权不能长久。吴起看到了政治协调的决定作用，看到了军队服务于政治的本质，以‘内’‘外’来区别它们各自的地位，并清晰地揭示出文武之间的辩证关系，这是其立国理论的精华所在。”徐勇在《〈吴子〉的成书、著录及其军事思想》（载《军事历史研究》2001 年第 3 期）一文中说：“‘必内修文德，外治武备’。这是吴起政治观点和军事思想的核心内容，也是《吴子》一书的重点部分。……在这里吴起的意思是，希望由明主治国，鼓吹既要重视实行仁政，又要加强武装军备，两者不可分割。这恰恰说明，吴起不仅师承了法家前辈的理论体系，并以其为主要的施政方针，他也同时吸取了儒家先贤的某些治国思想，将其消化，成为自己的思想武器，这也是战国时代几位典型的兵家代表人物一个共同的特点。”又说：“在当时的历史条件下，吴起能够在某种程度上认识到军队对于夺取和巩固政权的突出作用，并且比较深刻地阐述‘文德’与‘武备’之间相辅相成、缺一不可的关系，这是具有很大进步意义的，也是《吴子》的政治军事思想的重要特点之一。”薛国安说：“《图国》篇其余部分基本都是围绕‘内修文德，外治武备’而展开的。‘内修文德，外治武备’也可以看作是《吴子》全书的总纲。”又说：“‘内修文德’是一种固心战略，是一种看不见的国防，心固强于山河之固，心固才是国家长治久安的根本保障。”钮先钟说：“‘内修文德，外治武备’即为吴子思想的核心，表示他重视政治与军事之间的平衡，并作总体性的考虑，而不偏重某一方面。所以，其书之首篇名为‘图国’，用现代语来表示，即为国家战略的分析。”按，吴起提出“在德不在险”的主张，认为一个国家最应珍视的是“德”而不是“险”，此与“内修文德”的思想如出一辙。据《史记·孙子吴起列传》载：“武侯浮西河而下，中流，顾而谓吴起曰：‘美哉乎山河之固，此魏国之宝也！’起对曰：‘在德不在险。昔三苗氏左洞庭，右彭蠡，德义不修，禹灭之。夏桀之居，左河济，右泰华，伊阙在其南，羊肠在其北，修政不仁，汤放之。殷纣之国，左孟门，右太行，常山在其北，大河经其南，修政不德，武王杀之。由此观之，在德不在险。若君不修德，舟中之人尽为敌国也。’武侯曰：‘善。’”

⑱“故当敌而不进”四句：当敌而不进，意即应当与敌作战却不采取军事行动。逮，及，达到。僵尸而哀之，指君主目睹将士的尸骨而哀痛，以致丧失了与敌作战的勇气。按，吴起此论即为进战与仁义的辩证关系。施子美曰：“盖爱人者，圣人之本心，而治兵者，御敌之一术，二者其可偏废乎？然而兵之所用，亦有仁义而已矣。事得其宜之谓义，可为而不为，是无断也。故当敌而不

进，则无及于仁义。宋襄之不鼓不成列，非义也。为民除害之谓仁，坐视其死而不救，是无爱也。故僵尸而哀之，则无及于仁。宋襄之不擒二毛，非仁也。子鱼言之，公不之从，而欲窃仁义之名以取信于后世，吾固知宋襄之未仁义也。”刘寅曰：“言遇敌则当进战，不进而守义，反为彼所乘；见僵尸而哀之，不忍于战，而惟恐伤人，守姑息之仁，而反为敌所败也。”

⑲“于是文侯身自布席”五句：身自布席，意即亲自安排宴席。布，安排，布置。觞，古代喝酒用的器具。醮（jiào），尊者对卑者酌酒，卑者接受敬酒后饮尽，不需回敬。守西河，《史记·孙子吴起列传》曰：“文侯以吴起善用兵，廉平，尽能得士心，乃以为西河守，以拒秦、韩。”西河，也称“河西”，约当今陕西东部之黄河西岸地区，当时属魏。施子美曰：“有非常之礼，而后可以待非常之才。有非常之才，而后可以立非常之功。醮庙之仪，大将之任，此岂常礼哉？君身布席，夫人捧觞，所以致其敬也。醮之于庙，所以告于神也。立为大将，所以重其权也。武王问直将之道，而太公告庙西面北面之礼，则醮之于庙，其仪非轻也。观高祖之拜韩信，而萧何则欲以为大将，则直为大将之任，非轻也。而吴起之才足以当其任，故大战七十六，全胜六十四，其他则钧和解散之无所损伤也。”

⑳钧解：胜负不分，打成平局。钧，通“均”。

㉑“辟土四面”三句：施子美曰：“言起之功，非他人所及也。独不闻养骥之说乎？骐骥，良马也，一日千里，是必居之幽闲，丰之刍秣，而后可以责其千里。任将之道，可不厚其礼重其权而能得其用乎？”李硕之说：“这段文字（注：指‘与诸侯大战七十六’至‘皆起之功也’）从语气及文意的表达上，似是后人褒扬吴起为魏国所建树的战功，是记叙吴起与魏文侯论兵之后的若干年间从事实战活动和所取得的战绩，以此证明吴起论兵主张的正确

性。……《吴子》中在人称的使用上，大多称'吴子'，但有的地方又称'吴起'或'起'，这也表明不是吴起自书的语气，显系后人所为。"傅绍杰说："本节所述，依文气文义而言，显系第三者为加重吴起被魏文侯重用的经过而编造的。因吴起的被任用，授以重托，并不全在见面之后，更不全凭临时游说之词，如以后苏秦、张仪之辈的故事那样。魏文侯急于求贤而任之，以图富其国强其兵，与诸侯互争上下，似乎也不至于刚一见面，就说出'寡人不好军旅之事'那种言与心违、故弄玄虚的谎话。应当是推诚相与请教如何整军经武、致富求强之道。以后梁惠王见孟子之初，第一句话'叟！不远千里而来，亦将有以利吾国乎'即冲口而出。虽时代前后不同，在心情上应当是无甚差异的。还哪里有什么闲心故意绕这个圈子？"

【译文】

吴起穿着儒者的服装，带着一套军事谋略学说拜见魏文侯。魏文侯对吴起说："我不爱好行军打仗的事情。"吴起答道："我能从表象推测隐情，由往事察知未来，主君您为什么言不由衷呢？您一年到头命人斩杀禽兽，剥去兽皮，制成甲胄盾牌，在上面涂上红漆，抹上各种颜色，刻上犀牛和大象的图案。甲胄制服冬天穿上不会感到温暖，夏天穿上不会感到凉爽。制作的长戟长度为二丈四尺，短戟长度为一丈二尺。战车被皮革覆盖，车轮的车毂也被皮革包裹。这种车子看起来并不美观，乘坐它去打猎并不会感到轻便，不知道主君您拥有这些东西是为了什么？如果制作上述器物是为了军队的进攻与防御，但您却不去寻求能够使用它们的人，那就好像是让孵卵的母鸡与山猫搏杀，让喂奶的母狗去侵犯老虎，即使母鸡与母狗有拼斗的勇气，但随之而来的必是死亡。从前承桑氏的国君，只知道修养德行而废弃武备，导致国家败亡；有扈氏的国君，依仗人口众多，喜好斗勇用武，同样导致国家覆灭。贤明的君主以此为鉴，一定会对内修明政治，对外治理战备。所以应当与敌作战却不采取军事行动，不算是义；目睹将士的尸骨而哀痛不已，以致丧失了与敌作战的勇气，这不算是仁。”

于是魏文侯亲自布置宴席，夫人亲手捧着酒具，在祖庙中向吴起敬酒，立他为大将，派他守护西河地区。受到重用的吴起率领魏兵与诸侯大战七十六次，其中大获全胜的有六十四次，其余是与敌人打成平局。魏文侯在四面开拓了国家的疆土，新拓展的土地多达千里，这都是吴起的功劳。

吴子曰：“昔之图国家者，必先教百姓而亲万民①。有四不和②：不和于国，不可以出军③；不和于军，不可以出陈④；不和于陈，不可以进战⑤；不和于战，不可以决胜⑥。是以有道之主，将用其民，先和而造大事⑦。不敢信其私谋⑧，必告于祖庙⑨，启于元龟⑩，参之天时，吉乃后举⑪。民知君之爱其命，惜其死⑫。若此之至，而与之临难，则士以进死为荣，退生为辱矣⑬。”

【注释】

①昔之图国家者，必先教百姓而亲万民：意谓从前谋求国家富强的君主，首先一定会教化百姓而亲近万民。百姓，春秋前期贵族的通称。万民，指庶民。施子美曰：“《尧典》曰：‘平章百姓，百姓昭明，协和万邦，黎民于变时雍。’此说何也？教百姓而亲万民之说也。百姓，百官族姓也。万民，民也。百姓言教而万民言亲者，盖百官者教文所自出，故以教言。万民则欲其从上之教，故以亲言。《礼》曰：‘以教官府，以亲万民。’正此说也。昔之图国家者，必先诸此。故于百姓则教之，而人习于战。于万民则亲之，而人无异情。教之所宜，合上下而言之。故以百姓言，是百姓与民皆

在其中也。至于亲之，则止于万民而已，故以万民言之。晋张昭兵法，亦举此以至'退生为辱矣'，因知吴子之法为可法也。"朱墉引《指南》曰："教百姓，亲万民。此是王者一视同仁，笃近举远之义，初无内外之分也。教如师保之训其弟，亲如父母之爱其子。以平日言，玩'必先'二字可见。"又引《翼注》曰："百姓、万民，分远近看，而教与亲宜互见，盖教之则必亲，而亲之必先教，此即所谓和也。"又引尤尺威曰："百姓曰教，万民曰亲，互文耳。非谓万民不教而百姓不亲也。"

②有四不和：四不和，指四种关系不和谐的情况。《群书治要》卷三十六"有"字前有"民"字。《太平御览》卷二七三"有"前有"人"字，"四"作"三"。施子美曰："《周礼·大司马》大阅之法，以旌为左右和之门，群吏以叙和出。夫旌为军门，而名之以和者，盖师克在和，不在众。商周之不敌，有自来矣。此军之所以贵乎和也。"刘寅曰："四不和谓国、军、陈、战也。一不和且不可，况四不和乎？此吴子所以首言之也。"陈宇说："本篇中的所谓'和'，就是和睦、协调、团结，'其众可合而不可离'(《治兵篇》)，将士以'进死为荣，退生为辱'，'发号布令而人乐闻，兴师动众而人乐战，交兵接刃而人乐死'(《励士篇》)。因此，吴起认为'有道之主，将用其民'，'先教百姓而亲万民'，'绥(引导)之以道''抚之以仁'，使'民安其田宅，亲其有司'。在进行战争准备时，则应当'举有功而进飨之，无功而励之'(《励士篇》)，贯彻'安集吏民，顺俗而教，简募良材，以备不虞'的正确方针，全国、全军都要做到'和'。"又说："吴起把'和'之政治主张看做是决定战争胜败的主要因素，这也正是战国时期战争特点的反映。由于战争规模的扩大和战争时间的延长，武器的发展和兵种、作战样式的增多，人的因素愈来愈突出，所以'人和'也就成了决定战争胜败的主要因素。同时代的许多军事家和思想家，都有与此相同的观点，

如在生活年代上稍晚于吴起的孟子就曾说：'天时不如地利，地利不如人和。'这与吴起在本篇所论述的'在德不在险'，基本精神是完全一致的。"又说："当然，在吴起所生活的那个时代，要使吏与民真正做到'和'是不容易的，但吴起这种重视在战前教育吏与民'和'的思想，在当时是非常可贵的，今天仍有借鉴意义。"

③不和于国，不可以出军：意谓国家内部君臣关系不和谐，不可以派军队出征。不和于国，意即国家内部的君臣关系不和谐。施子美曰："李、郭在朝，相勉以忠义，此和于国也。乃若赵旃、魏锜，求卿求公族不得而欲败晋军，是岂和于国耶？不和于国，其何以出军？"刘寅曰："不和于国者，君臣上下不相和协也；国既不和，民心乖违，故不可以出军也。"

④不和于军，不可以出陈：不和于军，意即军队内部官兵关系不和谐。陈，同"阵"，此指部署作战。施子美曰："晋之四军无斗，八卿和睦，此和于军也。乃若周瑜、程普俱为部督，以不睦而几败国事，岂和于军耶？不和于军，其何以出阵？"刘寅曰："不和于军者，将吏士卒不相和协也；军既不和，众心乖违，故不可以出陈也。"

⑤不和于陈，不可以进战：不和于陈，意即参战部队人心不齐，队形不整。进战，指下令作战。施子美曰："晋之师乘和，师必有大功，此和于阵也。乃若彘子以偏师陷，而因以败绩，是岂和于阵乎？"刘寅曰："不和于陈者，行列部伍不相和协也；陈既不知，行伍乖违，故不可以出战也。"

⑥不和于战，不可以决胜：不和于战，意即战争过程中军士行动不统一。决胜，取得胜利。施子美曰："张辽、李典不以私憾忘公义，乃率众破权，是和于战也。乃若羊斟怒而陷宋师，岂和于战耶？不和于战，不可以决胜。"刘寅曰："不和于战者，坐作进退不相和协也；战既不和，进退乖违，故不可以决胜也。"薛国安说：

"古代使用冷兵器，依靠排列整齐密集的方阵与敌作战。方阵作战最基本的要求是部队战斗动作要协调一致，唯其如此，才能充分发挥短兵器、长兵器、远射兵器和防护类兵器的作战效能，长以卫短，短以救长，形成对敌打击的整体合力。周武王在灭亡商朝的牧野之战中，要求部队每前进六至七步或每击刺四至七次，都要停止看齐一次，就是为了保持战斗队形的严整，以便于协调战斗动作。《孙子·行军篇》强调作战中'勇者不得独进，怯者不得独退'，也是同样道理。"

⑦先和而造大事：先营造和谐环境，然后发动战争。造大事，指从事战争。造，从事，进行。大事，指战争。施子美曰："不和之害，如此其大。是以有道之主，将用其民，岂不先和而后造大事？荀卿曰：'仁人在上，上下一心，三军同力。'孟子曰：'天时不如地利，地利不如人和。'是以先和其民，而后可以造大事也。武王问鬻子曰：'和可以守而严可以守？'曰：'严不如和，和之固也。'又问：'和可以攻而严可以攻？'曰：'严不如和之得也。'又问：'和可以战而严可以战？'曰：'严不如和之胜也。'牧野之战，周之所以克商者，盖以乱臣十人，同心同德。有臣三千，惟一心故也。其视受有臣亿万，惟亿万心者，为如何？"刘寅曰："是以有道之主，将用其民必先和于国，和于军，和于陈，和于战，然后敢造征伐之大事。旧本有'后'字无'大'字。"朱墉引《指归》曰："先和而后造大事，言人君欲有事于天下，而为征伐之举，然不遽用其民也，恐人心乖离不相和协，不能以成天下之事功，乃先为之省刑、薄敛、撙节、爱养、制田、里教、树畜，使知孝弟忠信之意，亲上死长之方，则上下一心，同仇敌忾，乌有泮涣离叛而事功不可建者哉！"又引《醒宗》曰："先和统承上四项在内。先和非专为造大事，而造大事决不可以不先和。"薛国安说："'和'在战争的各个层级上都有重要意义。正因为'和'的重要，战场上才出现了异彩纷呈

的破坏对方之'和'的奇谋诡计,诸如以迂为直、避实击虚、示形诱敌、以逸待劳,乃至离间计、美人计等等,均可从这个角度理解。即使在未来信息化战争中,吴起'和'的思想也仍然极富启迪意义,值得今人重视。比如正确处理军队与政府、军队与民众的关系,搞好军政军民团结;又如强化集体心理内聚力,使官兵明确集体作战目标的意义和实现目标的方法,增强为集体目标而奋斗的责任感和使命感;再如改善集体人际关系,使官兵之间、上下之间心理上协调一致,情感上相互融合,增强军人个体的心理相容性,等等。这些问题都涉及'和'的问题,是需要认真研究解决的。"

⑧私谋:指贤明君主个人的谋略。

⑨告于祖庙:指君主在祖庙祷告,恳求祖先的在天之灵保佑军队取得胜利。

⑩启于元龟:指用大龟占卜战争的吉凶。元龟,大龟。

⑪参之天时,吉乃后举:朱墉引周鲁观曰:"参之天时者,用兵关于生死存亡,所以明主兴师全是不得已之心,既抚循其众,又占验其神,非吉不举也。"按,用兵与否要参验占卜、天时,固然说明了作者对动用战争这一暴力手段的审慎,但较之于《孙子兵法》的不信鬼神、占卜之论,毕竟是一种退步。

⑫民知君之爱其命,惜其死:施子美曰:"以爱民为心者,必不敢轻用其民。以爱君为心者,必思所以报其君。上以此心待之,则下以此心应之,理之必然也。"朱墉引《新宗》曰:"民知君之爱其命,承上告庙讲。不轻用民命,便是爱。盖君不爱民之命,民所以自爱其命而不为君用也。若必告庙启龟,参时而后举兵,则民皆知上不轻用其命如此,所以感君之德而乐为君用也。"

⑬"若此之至"四句:意谓如果对民众做到如此关爱,然后率领他们打仗,那么兵士就会在战场上以前进赴死为荣,以退却逃生为

辱。进，底本作“尽”，《施氏七书讲义》本、《武经七书直解》本均作“进”。“进死”与下文“退生”对文，今据改。施子美曰：“夫处兵战之场，拥直尸之地，人情之所甚畏也。今而从役于斯者，乃以进死为荣，退生为辱，以上之用我者，爱惜既至，而未尝敢轻。故士之恩报其上，必死而后已。故宁就死以为义，而无幸免以偷生也。古之人所以病者求行，弃赏愿战者，皆所以为报也。而况君之爱惜之至，讵不知所报耶？”朱墉引《开宗》曰：“此节言图大事当亲教万民而爱其命，然后人和而荣其死。”李硕之说：“吴起初步认识到了民众在战争中的作用。……在临敌作战中，只要民众知道君主爱护他们的生命，怜惜他们的死亡，将士就会‘进死为荣，退生为辱’。”

【译文】

吴起说：“从前谋求国家富强的君主，首先一定会教化百姓而亲近万民。他们会留心以下四种不和谐关系：国家内部君臣关系不和谐，在这种情况下不可以派军队出征；军队内部将士关系不和谐，在这种情况下不可以部署作战；部队人心不齐，队形不整，在这种情况下不可以下达作战命令；在战斗中军士行动不统一，在这种情况下就不可能取得胜利。所以贤明的君主，要想动用民众从事战争，定会首先营造和谐环境，然后才会发动战争。他们不敢偏信个人的智谋，会在祖庙祷告，恳求祖先的在天之灵保佑军队取得胜利，还会用大龟占卜战争的吉凶，参看天时是否利于用兵，征象吉利了才会决定出兵。如果对民众做到如此关爱，然后率领他们打仗，那么兵士就会在战场上以前进赴死为荣，以退却逃生为辱。”

吴子曰：“夫道者，所以反本复始①；义者，所以行事立功②；谋者，所以违害就利③；要者，所以保业守成④。若行不合道，举不合义，而处大居贵，患必及之⑤。是以圣人绥之以道，理之以义，动之以礼，抚之以仁⑥。此四德者，修之则兴，废之则衰⑦。故成汤讨桀而夏民喜悦，周武伐纣而殷人不非⑧；举顺天人，故能然矣⑨。”

【注释】

①夫道者，所以反本复始：意谓道是用来返回宇宙万物本源、回归原始人性善端的。道，为先秦时期儒家、道家的重要理论范畴之一，但内涵却各有不同。陈鼓应、白奚在《老子评传》中指出老子所标举的“道”的含义为：“在老子的学说中，‘道’不仅具有宇宙本原的意义，而且还具有规律、原则和方法的意义，不仅是支配物质世界运动变化的普遍规律，而且也是人类社会所必须遵循的基本法则。”杨伯峻在《论语译注》中指出作为孔子术语的道“有时指道德，有时指学术，有时指方法”。《吴子》此处的道，应是对儒、道两家“道”论的综合，既有道德思想原则的意思；同时也蕴含了这种思想原则是合乎宇宙运行法则的内涵。反本复始，指返回宇宙万物的本源，回归原始人性的善端。反，同“返”。刘寅曰：“夫道者所以反求根本，而复还其始初，禀受于天之理。道者，事物当然之理，人之所共由者。如父子之亲、君臣之义、夫妇之别、长幼之序、朋友之信是也。人能即所居之位随事反求其根本，而复还其始初，禀受于天之理，则道无不尽矣。”朱墉引方虞升曰：“反本复始，本即人之性，始即天之命。人只为气禀所拘、物欲所蔽而本始遂失。盖道者是人之所共由者也，原非高远难行之事，皆人性天所自有，亦惟反本来之性真，还太始之赋予，则道在是矣。反本，即所以复始，复始即所以为道，功无二层，理是一串。”又引周鲁观曰：“本始，即理家之性命字也。吴起兵家，何以言本始？盖此篇言图国，故首及之，犹云必先明明德也。‘反’‘复’二字，该在君身上讲，不要说要百姓反其本复其始，况

下‘义’‘谋’‘要’三样俱就君言，如何此句独说百姓？下文又云‘行不合道’，则知此句断属君身，至下面‘绥之以道’，方是说治百姓。”

②义者，所以行事立功：意谓义是用来实行征伐以建功立业的。义，儒家的重要理论范畴之一，指合乎正义或道德规范。《论语·述而》曰：“不义而富且贵，于我如浮云。”行事立功，指实行征伐以建功立业。朱墉引尤尺威曰：“天下不义之事一步也行不得，何况立功乎？惟寸心裁制俱合于事之所宜，则人同此心，动而天下称快，乌有不立功之理？”又引《新宗》曰：“人君行征伐之事，而立耆定之功于天下者，惟能仗义耳。若行不合义则功无由立，而事之所以难行也。”薛国安说：“儒家谈‘义’，从军事的角度看，就是注重区分战争的性质，提倡以吊民伐罪为宗旨的‘义战’。……儒家所推崇的义战具有明显的理想化色彩，在他们心目中，只有尧伐驩兜、舜伐有苗、禹伐共公、汤伐有夏、文王伐崇、武王伐纣这些远古战争才称得上义战，而现实战争背后总有这样那样的利益驱动，战争进行的过程中充满着阴谋诡计，是不配一个‘义’字的，孟子就认为‘春秋无义战’。吴起虽然同样视成汤伐桀、周武伐纣的战争为‘举顺天人’的正义战争，字里行间也流露出推崇之意，但他却并不一味徘徊于‘义’与‘不义’之间，也没有抨击所谓不义之战。”又说：“吴子时代，以封建兼并为主题的战争越来越频繁，规模越来越大，越来越残酷，‘争城以战，杀人盈城；争地以战，杀人盈野’（《孟子·离娄上》），真正‘举顺天人’的正义战争离现实越来越远，几不可见。在这种情况下，吴子并没有被理想主义色彩和伦理道德意义浓厚的‘义’所束缚，过分纠缠于‘义’与‘不义’之间，而是以兵家和法家现实主义的态度为‘义’抹上了一层功利色彩，指出‘义’是用来建立功业的，所谓‘义者，所以行事立功’。从吴起丰富的军事实践来看，无论

是率魏军与秦国争夺河西的一系列战争，还是率楚军‘南平百越；北并陈蔡，却三晋；西伐秦’（《史记·孙子吴起列传》），都难与‘禁暴除乱’挂上钩，而维护和拓展魏国、楚国的国家利益才是这些军事行动的根本目的。综上可见，在吴子思想中，正义战争的内涵并非仅限于‘禁暴救乱’，为国家利益而战也属正义之举。这与《孙子·地形篇》中所主张的将帅指挥作战不能求名避罪，而应将‘唯民是保，而利合于主’作为决策依据，是有暗合之处的。”

③谋者，所以违害就利：意谓谋略是用来避害趋利的。违害就利，意即避害趋利。《孙子兵法·谋攻篇》曰：“上兵伐谋。”朱墉引《翼注》曰：“天下事，有利便有害。惟善谋者明烛万里，研极几微，灼然分明，故不失于违就。”又引《大全》曰：“善谋者，洞理审势，自能远避于害，亲附于利。”

④要者，所以保业守成：意谓要领是用来保全国基、守护功业的。要，要领，纲领，此处指统治者必须把握的政治上的关键问题。刘寅曰：“要者，约之以礼也。孔子曰：‘以约失之者鲜矣。’惟能以礼约之，所以能保业守成也。”朱墉《直解》曰：“要，约也，政事枢要也，持其要领也。保业，保全基业也。守成，遵守成法，不敢废堕也。”又引《大全》曰：“业，先业也。成，成规也。开创之君，事务繁剧，不得不驰精役神以建功业。嗣主则无事于纷更，只持其要领而干理之，斯业可永保而成可坚守。”

⑤“若行不合道”四句：意谓如果行为与道不合，举动与义不符，却握有大权，位居显贵，灾患必将降身。处大，指握有大权。居贵，指位居显贵。及，到，降临。施子美曰：“圣人为治于天下，岂一端而足哉？因其时而施其序矣。道以致治，是为无兵之时；义以制治，是为有兵之时；谋以图治，是为用兵之时；要以保治，是为寝兵之时。方其时之无兵也，必以道绥之。求其初心还其固，有

逐末者，使之反本，迷终者，使之复治，所以致治也。及时之有兵也，必以义理之。发之于阳，会之以阴，于以行征伐之事，于以立征伐之功，所以制治也。既有兵矣，胜负未可知，而欲用之也，故有谋以决之，以之违害就利，所以图治也。害既除，利既就，于此而可以寝兵矣，故有要以持之，所以保业守成而以保治也。凡此者，治之有方，用之有序也。昔武王以有道之资，而观兵孟津，欲纣之有悛心，此武王反本复始之道也；不得已而遂有牧野之师，此武王行事立功之义也；谋之太公，所以违害就利也；归马放牛，所以保业守成也。不惟武王尽之，至于列国之诸侯，如楚文王者，亦能知之。止戈为武，亦反本复始之道也；定功之说，亦行事立功之义也。所谓禁暴救乱者，非违害就利之谋乎？所谓保大者，非保业守成之要乎？武有四德，而文王能尽之，其伯诸侯也，宜矣。若夫所行而不合于道，所举而不合于义，以之处大则以大自傲，以之居贵则以贵自骄。曾保守之不思，是自贻患也，故患必及之。此秦始皇之所以不再传而亡也。”刘寅曰：“若所行不合于道，举动不合于义，而处大位，居大贵，不胜其任，患难必及其身矣。”

⑥“圣人绥之以道”四句：意谓圣人用道来安抚百姓，用义来治理百姓，用礼来规范百姓，用仁来爱抚百姓。绥，安，安抚。动，移动，变动，这里是约束、规范的意思。施子美曰：“天下有四德，圣人不能违。圣人施四德，天下不能违。圣人之兵，圣人之德也。德寓于兵，故人见其德，而不见其兵。是以人之所为有不合于道者，吾则绥之以道，使之各安其业，而无悖理之忧；有不由于义者，吾则理之以义，使之去逆效顺，而无失宜之忧；又且动之以礼，使之少长有序，上下有等也；抚之以仁，使之鳏寡得所，孤独得养也。凡此者，天下之所以望治于圣人，而圣人所以为治于天下非一端而足也。故能道以绥之则民安，义以理之则民治，礼以动之则民化，仁以抚之则民利。是四德乌可偏废耶？”朱墉引周

鲁观曰:“天下当离乱之后,人心疑畏,魂梦未安,圣人此时决不以兵伤残而震惊之。”吴如嵩等著的《中国军事通史》第三卷《战国军事史》说:“吴起讲的‘四德’,乃是地主阶级的政治主张和道德、理法规范,有其深刻和丰富的内容。略而言之,‘道’就是推行新兴地主阶级的法治路线;‘义’就是实行‘禁暴除乱’(《图国》),顺乎民心的正义战争,‘礼’就是维护统治阶级利益的规章制度和道德标准,在军队建设上就表现为信赏明罚,纪律严明;‘仁’就是‘民知君之爱其命,惜其死’(《图国》),上下同心。用‘四德’‘教百姓而亲万民’(《图国》),便能达到举国上下团结一致,同仇敌忾的目的。民众‘皆是(拥护)吾君而非(反对)邻国(《图国》)’,在战场上就会‘士以尽死为荣,退生为辱(《图国》)’。”杨斐在《融会儒法兵,通合政经军——〈吴子兵法〉军事思想论析》(载《滨州学院学报》2013 年第 5 期)一文中说:“在《吴子》中,‘文德’的内涵十分明确,即‘道’‘义’‘礼’‘仁’四德。吴子强调指出,发扬四德则国家兴盛,反之,国家就会衰败。道、义、礼、仁都是儒家学派所强调的基本概念,曾学习儒学的吴子予以扬弃,站在新兴地主阶级的立场上赋予了它们新的时代内涵。儒家之‘道’与吴子‘四德’中的‘道’,均是指治国理政的基本规律,但两‘道’之内涵却有根本不同。前者希望恢复奴隶主贵族政治体制,实现政治上‘礼乐征伐自天子出’(《论语·季氏》)的有序局面;后者则希望顺应奴隶主贵族政治向封建专制政治转变的历史大势,推行新兴地主阶级的法治路线。仅从军事的角度看,儒家的‘义’强调区分正义战争与非正义战争,支持以吊民伐罪为宗旨的‘义战’;吴子之‘义’与其一脉相承——‘禁暴救乱曰义’……却并不一味徘徊于‘义’与‘不义’之间,而是以现实主义的精神把战争性质区分为五种,并提出了应对不同性质战争的总体方略……。儒家之‘礼’和吴起‘四德’中的‘礼’都是希望通过'礼'确立不同阶级、阶层的贵贱等级以及各等级相应的权利义务和行为规范，从而建立稳定的社会秩序。不同之处在于，孔子强调礼，是想恢复贵族政治的'旧礼'，吴子则是要树立新兴封建集权政治的'新礼'，即维护统治阶级（地主阶级）利益的新的规章制度和道德标准。与此目标相适应，在树立'新礼'的过程中，吴子不仅注重'教之以礼'（《吴子·图国》），更注重用法的手段促进'新礼'的建立，因为法带有强制性，比单纯的说教更具操作性。'仁'是孔子哲学的核心。'仁者爱人'（《论语·颜渊》），可以说一切对待他人的善的品质和行为都是'爱人'，都可以将其流归于'仁'。吴子之'仁'的基本含义大抵也是这样。但吴子谈'仁'，侧重点似乎在于施仁、行仁带来的良好效应，具有一定的外向性、目的性。如他的吮疽之仁，是为了使士卒战不旋踵；劝谏魏文侯对百姓'抚之以仁'，是为了使他们'是吾君而非邻国'。这与孔子首先将'仁'作为个体内在的伦理道德修养是有微妙差异的。总之，吴子提出的'道''义''礼''仁'四德继承了儒家的基本精神，却又处处渗透着法家重法治、重功利、重赏罚的思想观念。因此可以说，吴子'内修文德'思想是以儒家思想为'表'，而以法家思想为'里'的。这既适应了战国列强向封建集权制国家转型的客观需要，又体现了长久以来人们对德治、仁政、王道的向往追求，是适应当时历史背景的。"

⑦"此四德者"三句：徐勇在《〈吴子〉的成书、著录及其军事思想》一文（载《军事历史研究》2001年第3期）中说："在许多方面《吴子》都是对《孙子》的军事思想有所继承的，在某些领域则比《孙子》更为深刻、进步。在运用朴素的辩证法阐述政治与军事的关系方面，《孙子》只是比较笼统、抽象地提出了'道'的概念，'道'包括哪些内容呢？孙武只是简单地解释说：'道者，令民与上同意也。'（《孙子·计篇》）而《吴子》则具体明确地提出了道、义、礼、

仁‘四德’的概念，并且指出‘文德’与‘武备’，两者之间是缺一不可的关系。《吴子》的‘德’较之《孙子》的‘道’，在理论上是一个重大的发展。”李硕之说：“《吴子》‘图国’篇中论及道、义、理、仁等‘四德’时说‘修之则兴，废之则衰’，以及‘战胜易，守胜难’的观点，与《史记》中记载的吴起强调‘在德不在险’的思想是一脉相通的。”

⑧故成汤讨桀而夏民喜悦，周武伐纣而殷人不非：成汤，商朝开国君王。卜辞作“唐”，子姓，名履，又名天乙、太乙，灭夏后又称“武汤”“成汤”“殷汤”。亲自率兵与夏桀战，败之于鸣条（今河南封丘东），推翻了夏朝政权。桀，夏朝末代君王，姒姓，名履癸，又称“夏桀”。帝发之子。为政暴虐，生活荒淫，百姓不堪。在鸣条之战中被商汤击败，出奔南巢（今安徽巢湖东北）而死，夏朝亦随之灭亡。周武，周朝开国君王。姬姓，名发，周文王太子，故又称“太子发”。以吕尚为师，周公旦为辅，率兵大败商军，一举攻占商都朝歌，推翻了商纣统治。定都于镐京（今陕西西安西南），正式建立了西周王朝。约在灭商后二年病卒，谥武。纣，商朝末代君王，子姓，名受，一作“辛”，称“帝辛”，帝乙之子。史称暴虐无道，诸侯百姓多叛。周武王与之战于牧野（今河南淇县南卫辉北的地区），兵败赴火自焚而死。非，批评，反对。施子美曰：“建中于民，王道荡荡，此汤、武绥之以道也。以义制事，惇信明德，此汤、武理之以义也。以礼制心，重民五教，此汤、武动之以礼也。克宽克仁，大赉四海，此汤、武抚之以仁也。汤、武惟修此四德，故汤伐桀而夏民喜悦，其所以喜悦者，悦其德之备而足以慰天下之心也。武王伐纣而商人不非，其所以不非者，亦以其德之备而足以慰其心也。”按，先秦儒家将商汤、周文王、武王等封为圣人，对他们分别领导的推翻夏桀、殷纣的战争称颂不已。《孟子·公孙丑章句上》曰：“以力假仁者霸，霸必有大国；以德行仁

者王，王不待大。汤以七十里，文王以百里。以力服人者，非心服也，力不赡也；以德服人者，中心悦而诚服也，如七十子之服孔子也。”《滕文公章句下》曰：“万章问曰：‘宋，小国也；今将行王政，齐楚恶而伐之，则如之何？’孟子曰：‘……《太誓》曰：“我武惟扬，侵于之疆，则取于残，杀伐用张，于汤有光。”不行王政云尔；苟行王政，四海之内皆举首而望之，欲以为君；齐楚虽大，何畏焉？’”《尽心章句下》曰：“孟子曰：‘有人曰“我善为陈，我善为战”，大罪也。国君好仁，天下无敌焉。南面而征北夷怨，东面而征西夷怨，曰：“奚为后我？”武王之伐殷也，革车三百两，虎贲三千人。王曰：“无畏！宁尔也，非敌百姓也。”若崩厥角、稽首。征之为言正也，各欲正己也，焉用战？’”《荀子·议兵篇》曰：“彼兵者，所以禁暴除害也，非争夺也。故仁人之兵，所存者神，所过者化，若时雨之降，莫不说喜。是以尧伐驩兜，舜伐有苗，禹伐共工，汤伐有夏，文王伐崇，武王伐纣，此四帝两王，皆以仁义之兵行于天下也。故近者亲其善，远方慕其德，兵不血刃，远迩来服，德盛于此，施及四极。《诗》曰：‘淑人君子，其仪不忒。’此之谓也。”《吴子》此处对汤、武革命的褒扬，反映了它对儒家思想的汲取。

⑨举顺天人，故能然矣：意谓他们的举动顺应天理和民意，所以才能有这样的结果。施子美曰：“是以不惟人与之，而天亦与之。汤、武而不能举顺天人，何以至此哉？《易》之《革》曰：‘汤、武革命，顺乎天而应乎人。’”刘寅曰：“《易》曰：‘汤、武革命，应乎天而顺乎人。’盖应天顺人者，道、义、礼、仁，修之则兴也。桀纣之亡者，道、义、礼、仁，废之则衰也。愚按，战国之世，论仁义道德者，孟轲也。吴起，兵家者流，亦以仁义道德为言，何哉？盖吴起学于曾子，而曾子受之孔子，非其言之不同也。但曾子纯于仁义道德，而吴起杂以权谋功利，此所以母死不奔丧而见绝曾子，杀妻

求将而见谗于鲁君，逃于魏而丧于楚，是起但能言之而不能行之故也。性有四德，而此章首曰道、义、谋、要，中正曰道义，而末又言礼仁者，盖谋即智也，要亦礼也，道散之万事，德会之一心，吴子之言有所本欤?"陈宇说："吴起从'成汤讨桀而夏民喜说，周武伐纣而殷人不非'等历史事件的经验教训中，得出了'举'务必'顺天人'的结论。这里强调'举顺天人'，意思就是强调举动必须顺应当时社会大变革的必然趋势，举兵行事要顺天应人，适应社会变革的自然趋势，这样才'合道''合礼''合义'。"

【译文】

吴起说："道，是用来返回宇宙万物本源、回归原始人性善端的；义，是用来实行征伐以建功立业的；谋略，是用来避害趋利的；要领，是用来保全国基、守护功业的。如果行为与道不合，举动与义不符，却握有大权，位居显贵，灾患必将降身。所以圣人用道来安抚百姓，用义来治理百姓，用礼来规范百姓，用仁来爱抚百姓。这四种德行，统治者实施了国家就兴盛，废弃了国家就衰败。所以商汤讨伐夏桀，夏朝民众高兴；周武王讨伐商纣王，商朝民众不反对。他们的举动顺应天理和民意，所以才能有这样的结果。"

吴子曰："凡制国治军，必教之以礼，励之以义，使有耻也①。夫人有耻，在大，足以战；在小，足以守矣②。然战胜易，守胜难③。故曰：'天下战国，五胜者祸，四胜者弊，三胜者霸，二胜者王，一胜者帝④。'是以数胜得天下者稀，以亡者众⑤。"

【注释】

①"凡制国治军"四句：意谓凡是管理国家治理军队，一定要用礼来

教育民众，用义来激励民众，使他们懂得羞耻。制，义同“治”，治理，管理。《论语·为政》曰：“子曰：‘道之以政，齐之以刑，民免而无耻；道之以德，齐之以礼，有耻且格。’”施子美曰：“辞逊之心，礼之端也；羞恶之心，义之端也。人人皆有是心，即是心而教励之，则可以有耻矣。古之人内而制国，无异于治军；外而治军，无异于制国，是何也？礼义无异理也。故教之以礼，则民知逊而可以有耻矣；教之以义，则民知恶而可以有耻矣。一或悖乎礼义，其谁不耻哉？夫人既有耻，则教励之者至，而无所用而不可矣。”刘寅曰：“凡制国家，治军旅，必要训教之以礼，激励之以义，使之有耻也。人知礼义，故有羞恶是非之心，而急于尊君亲上之道。”朱墉引王汉若曰：“刑威法令可以束手足而不可以一性情，惟礼教之入人深也。‘必’字有断然不可易之意。礼只在君臣上下、尊卑贵贱相接之等上看。”又引金东宰曰：“军之所以亲上死长，勇往直前，进生退死，一惟礼有以制之。”

②“夫人有耻”五句：意谓民众懂得羞耻了，力量强大，就足以出战；力量弱小，则足以坚守。《群书治要》卷三十六“励之以义”句下无“使有耻也，夫人有耻”两句。施子美曰：“此教励之效然也。晋文公大蒐以示民礼，出定襄王以示之义。文公所以教之励之者至矣。城濮之役，军吏以避楚为辱，栾枝谓思小慧而忘大耻，则不如战。区区一晋，犹以此可伯，况君天下者乎？张昭兵法曰：‘军国之大者，令士知礼义廉耻。士不知礼，则宁识君臣贵贱之等？士不知义，则宁识忠于国、孝于家？士不知耻，则苟且朋党败军乱国，动无所畏。’昭之此言，亦知治体也。惜其分礼义廉耻而为四，夫岂知教以礼、励以义，则民必知耻也哉？柳子曰：‘廉耻，义之小节也，不得与义抗而为维。’由是而观，则昭说不无失之一偏也。昭之所言，非昭失也。管仲实开其端也。”刘寅曰：“夫人有羞耻之心，在大足以进战而致死，在小足以固守而一心

也。"朱墉引黄皇肱曰:"礼为军之干。晋士会明楚师之不可犯,亦曰礼不逆矣。礼可忽乎哉?励以义则有耻,有耻则足以战守,是故耻黜于勇则亟驰陷阵,耻后辈之立功则提师败敌,耻草间求活则躬冒凶锋,耻为降将军则坚城御贼,是礼义之不可已也如此夫!"王联斌说:"凡治军用战,必须把'教戒'放在首位。吴起强调的'教戒',主要有两个大的方面的内容:一是军事技术方面的教练,二是精神素质即武德方面的训练和养成。关于武德方面的'教戒',主要是'明礼''励义''知耻',也就是'明耻教战'。"又说:"加强军队建设,必须首先从'明耻教战'做起,抓好武德教育,形成以守'礼'取'义'为荣、违'礼'弃'义'为耻的军营风尚。这样,无论是战或守,都可以达到'胜'的目的。'明耻教战'实际上是强调把'他律'变成'自律',把将帅的指挥命令、意图变成广大官兵的自觉行动。强调武德上的'自律',注重开发官兵自身的道德潜能,是吴起'明耻教战'思想的精义和可贵之处。"

③然战胜易,守胜难:守胜,巩固胜利。《荀子·议兵》曰:"兼并易能也,唯坚凝之难焉。"施子美曰:"古今固有战胜而亡,败而兴者。殽函之败,而缪公伯秦;会稽之栖,而勾践伯越,由败而兴也。虢有桑田之胜,而虢公亡;晋有鄢陵之胜,而厉公死,由胜而亡也。盖既败之后,必能赫然兴怒,以求偿前日之耻,故其心惧,惧则兴。既胜之后,偃然自大,不复知有所戒惧,故其心骄,骄则败,此其所以亡也。小民之家,无故而得百金,非有大福,必有大咎。何则?彼之所获,不过数金。其所得者微而所用者狭,无故而得百金,则骄其志而丧其所守。虽得之必失之。秦有六国,竞竞以强,六国既灭,訑訑而亡,此战胜之所易,而守胜之所以难也。汤、武之兴,身致太平,得乎守胜者也。至若唐太宗,尝谓侍臣曰:'胜思平定天下,其守之其难。'魏郑公曰:'战胜易,守胜难。陛下此言,社稷之福也。'以太宗之所言,与郑公之所答,宜

其谨守盈成，不图远略可也，奈何好大喜功之心，至老不忘。辽东之败，乃曰：‘郑公若在，不使我有此行。’乌在其为守胜邪？太宗非不之知，而反蹈此者，无他，知之非难，行之惟难。”刘寅曰：“然交兵接刃与人力战而取胜者易，所谓其次伐兵者也；固军深垒，自用坚守而取胜者难，所谓不战而屈人之兵者也。”陈宇说：“春秋时期的大军事家孙武从战争对人力、财力、物力的依赖出发，提出了‘兵贵胜，不贵久’的速战思想（《孙武兵法·作战篇》）。吴起继承了孙武的这一思想，认为在战争中采取必要手段获取胜利并不困难，而在胜利后保持胜利的既得成果，使战争不再发生，则颇为不易，他从怎样战胜敌人的问题过渡到怎样保住胜利果实的问题，提炼为‘战胜易，守胜难’的命题。这与其反对‘强兵’‘刚兵’‘暴兵’‘逆兵’的思想是一致的。”

④“五胜者祸”五句：意谓五战五胜的会招来灾祸，四战四胜的会国力疲弊，三战三胜的会称霸诸侯，两战两胜的会成就王业，一战一胜会成就帝业。王，成就王业。施子美曰：“圣人有心于爱民，无心于用兵。惟无心于用兵，故一之为甚，其可再乎？一举而胜，此无心之举，帝者之兵也；再而胜之，则为有心矣，故不及于帝，亦足以王矣；至于三胜，则是有求胜人之心，未免于劳民也，故特可以伯。舜之格有苗，一胜而帝也。汤之征葛、伐夏，二胜为王也。晋文公春侵曹伐卫，夏败楚师于城濮，三胜而伯也。虽然，黄帝之起，战炎帝于阪泉，战蚩尤于涿鹿，何一胜而帝乎？文武一怒而安天下之民，何二胜为王乎？一战而伯，文之教也，何三胜而伯乎？吴子之意，非拘其数而言也。盖以其胜之难易而定其功之高下，以为后世数胜者之戒，故先之以五胜者祸，四胜者弊，其此意欤？是故数胜者不足以得天下，乃以亡天下。项王虽有百战百胜之功，不免垓下之辱。高祖虽屡败，而卒成汉家之业。若是，则数胜之不足以得天下也明矣。不然孙子何以曰‘百

战百胜，非善之善者也’，‘不战而屈人之兵，善之善者也’。”朱墉引郭逢原曰：“‘一胜者帝’，是吴子因当时列国纷争好战，慨然追想五帝以德服人，用兵为不得已之兵，一举不欲再举之念。”《中国历代军事思想》说：“《吴子》在孙武的慎战思想基础上，更深一步地提出了‘战胜易，守胜难’的命题，它认为在兼并战争愈演愈烈的当代，要想国家不被别国兼并而更能扩展自己的话，不能仅靠武力战胜，在强大的军事实力为后盾的条件下，还必须有强大的政治影响力（即现代所说的软、硬实力的两手），才能得到他国人民的‘喜悦’和‘不非’。如果穷兵黩武，仅凭借武力，虽然可以暂时取得战争的胜利，但要长久保住胜利则很难，‘是以数胜得天下者稀，以亡者众’。当然，这里所说的‘数’，和它说的‘五胜者祸，四胜者弊，三胜者霸，二胜者王，一胜者帝’的一至五的数字，都不是具体的次数，而是表示战争频率的多少。它这也是总结历史、如纣王屡战而胜而牧野一战灭亡，齐桓公很少真正作战而能充当中原霸主等的经验教训提出的。”张世超在《〈吴子〉研究》一文（载《古籍整理研究学刊》，2002 年第 6 期）中说：“‘帝’原是天神之称，人王称帝见于战国晚期，较著名的是前 288 年齐、秦分称东、西帝。此处称人王为帝，当是撰写于齐、秦称帝事件之后。”

⑤是以数胜得天下者稀，以亡者众：意谓所以多次战胜敌人而赢得天下的很少，因此而亡国的却很多。以，因为。《群书治要》卷三十六“是以”作“是故”，“数”作“以”。刘寅曰：“是以数胜而得天下者甚少，以亡者甚多。如阖闾数胜而败于檇李，夫差数胜而死于姑苏。晋厉公胜楚，范文子忧曰：‘君骄侈而克敌，是天益其疾也，难将作矣。’郑侵蔡，获司马公子燮，子产曰：‘小国无文德而有武功，祸莫大焉。’此皆所谓五胜者祸，四胜者弊，数胜而亡者也。齐桓合诸侯，匡天下，不以兵车，非三胜而霸者乎？武王诛

纣，伐奄，一戎衣而天下定。舜、禹之世止于兴师征伐有苗，非二胜而王，一胜而帝者乎？后来如项羽数胜而亡，汉高一胜而帝，亦其验也。吴子盖知战国之先数胜而亡之祸，故以此言之，以戒后人也。”朱墉引《开宗》曰：“此言图国家者，能使民有耻，自有不战而屈人兵之势。”徐勇在《〈吴子〉的成书、著录及其军事思想》（载《军事历史研究》2001 年第 3 期）一文中说：“《孙子·计篇》说：‘兵者，国之大事，死生之地，存亡之道，不可不察也。’《吴子》不但继承了‘慎战’的思想，而且认为，经常轻率地发动战争会使国家贫弱疲弊，百姓痛苦不堪。所谓‘天下战国，五胜者祸，四胜者弊，三胜者霸，二胜者王，一胜者帝。是以数胜得天下者稀，以亡者众’。《吴子》一书不仅在许多方面继承和发展了《孙子》的军事思想，而且对后来的孙膑、尉缭等兵家学者及《孙膑兵法》《尉缭子》等军事著作也产生了重要影响。如：《孙膑兵法·见威王》所说的‘兵者不可不慎，然夫乐兵者亡，而利胜者辱，兵非所乐也，而胜非所利也’，《尉缭子·兵谈第二》所云‘兵起非可以忿也，见胜则兴，不见胜则止。患在百里之内，不起一日之师；患在千里之内，不起一月之师；患在四海之内，不起一岁之师’等等，都是继承了《吴子》的‘慎战’思想。”陈宇说：“吴起反对多次、长期地进行战争，他主张调动各种手段包括上文讲的对吏民和将士进行思想教育，通过少的或较少的战役，便彻底打垮对方，即速战速决。……提出了取得胜利容易，保持胜利困难，多胜亡国，少胜方可得天下的观点，对以追求战胜为目的的种种军事理论进行了深刻的批判，在当时实属难能可贵。那时，各诸侯国之间正在进行激烈的兼并，吴起提出速战速决的主张是有一定的道理的。这种指导战争的思想，在战国前期那种频繁而规模越来越大的兼并战争时代，显然是有进步意义的，也是符合当时民众的要求和愿望的。但他不问具体情况，一律强调速战速决，则是片面的。"又说："日本战国时代(1467—1591)的著名军事统帅武田信玄有一句名言：'十次之中，有六七次取胜，那就等于十次都胜了。如果十战十胜，那么必然带来极大的损失，以后的战争一次也不会取胜了。'其主要精神，与吴起兵法基本相同，但武田信玄的这一军事思想晚于吴起2000多年。"

【译文】

吴起说："凡是管理国家治理军队，一定要用礼来教育民众，用义来激励民众，使他们懂得羞耻。民众懂得羞耻了，力量强大，就足以出战；力量弱小，就足以坚守。然而战胜敌人容易，巩固胜利却很难。所以说：'天下征战的国家，五战五胜的会招来灾祸，四战四胜的会国力疲弊，三战三胜的会称霸诸侯，两战两胜的会成就王业，一战一胜会成就帝业。'所以多次战胜敌人而赢得天下的很少，因此而亡国的却很多。"

吴子曰："凡兵之所起者有五①：一曰争名，二曰争利，三曰积恶，四曰内乱，五曰因饥②。其名又有五③：一曰义兵，二曰强兵，三曰刚兵，四曰暴兵，五曰逆兵④。禁暴救乱曰义⑤，恃众以伐曰强⑥，因怒兴师曰刚⑦，弃礼贪利曰暴⑧，国乱人疲，举事动众曰逆⑨。五者之数，各有其道⑩：义必以礼服⑪，强必以谦服⑫，刚必以辞服⑬，暴必以诈服⑭，逆必以权服⑮。"

【注释】

①凡兵之所起者有五：意即战争的起因概略而言有五种。起，起因。《群书治要》卷三十六无"之""有"两字。施子美曰："天生五材，谁能去兵？师出无名，事故不成。此五兵之所起，必有因也。"

②"一曰争名"五句：积恶，底本作"积德恶"，《施氏七书讲义》本、

《武经七书直解》本均无“德”字，今据删。施子美曰：“一则争名，谓名之所在，不得不争，如秦穆公伐赵，欲其尊己为帝是也。二则争利，谓利之所在，不得不争，如楚将北师曰‘敌利而进’是也。三曰积恶，谓因衅而兴师，如郑息有违言，息侯伐郑是也。四曰内乱，谓其国自乱，吾则伐之，如郑五公子争立，诸侯伐郑是也。五曰因饥，谓彼之国饥，吾因而伐之，如秦伐晋，晋饥不能报是也。此五者，兵之所由起也。”刘寅曰：“一曰因争名而起兵相攻，如吴与齐盟于黄池是也；二曰因争利而起兵相攻，如晋、楚之于郑是也；三曰因其君臣积恶而起兵征之，如越勾践之于吴是也；四曰因其内乱而起兵灭之，如楚人之于夏徵舒是也；五曰因其饥而起兵袭之，如庸人之于楚是也。”傅绍杰说：“大凡战争之所以发起的(原因)概可分为五种：一是为争取名位使人尊重而增高自身自国的荣誉。二是为争取各项于自国有好处的利益。三是因为有积恨深怨，(要加以报复。)四是因为己国或敌国发生了内乱。五是因为己国或敌国发生了饥荒。”薛国安说：“吴起所列举的，都是战争的直接诱因，是表面层次的。战争的爆发往往还有隐含的更深层次的原因。以长勺之战为例，齐桓公出兵伐鲁，‘复仇’的背后，还有其战略考虑，那就是为了折服东出争霸道路上的最大障碍。又如晋阳之战，‘内乱’也是表面现象，其实质是晋国内部新兴地主阶级势力的相互兼并和政治权利的最新整合。尽管未能揭示战争爆发的阶级本质和深刻的社会原因，但吴起的战争起因论彻底冲破了‘天命观’的阴霾，提出了具备朴素唯物主义特征的观点，因而还是具有相当的理论意义和学术价值的。同时吴起本人这种敢于正视社会现实的勇气和创新求实的探索精神，也是值得后人学习的。”

③其名又有五：名，名称。《群书治要》卷三十六无“有”字。

④“一曰义兵”五句：刘寅曰：“一曰义兵，谓以义服人也；二曰强兵，

谓以力服人也；三曰刚兵，谓以刚忿而制人也；四曰暴兵，谓以暴虐而无礼于人也；五曰逆兵，谓上逆天道下逆民心也。”《中国历代军事思想》说：“《吴子》的战争观，较之《孙子兵法》，有了一点发展，主要是初步地接触到了战争的性质。它首先从社会的政治、经济等现象中寻求发生战争真正的原因，归结为‘争名’‘争利’‘积恶’‘内乱’‘饥荒’等五种，又把战争也区分为五种：‘禁暴除乱’的是‘义兵’，‘持众以伐’的是‘强兵’，‘因怒兴师’的是‘刚兵’，‘弃礼贪利’的是‘暴兵’，‘国乱人疾，举事动众’的是‘逆兵’。就其分类的定义来看，已具有区别正义战争与非正义战争的性质：认为‘禁暴除乱’而发动的战争，是‘义兵’，属于正义的性质，它‘举顺天人’，能得到人民拥护，所以‘成汤伐桀而夏氏喜悦，周武伐纣而殷人不非。’其他四种战争则属于非正义性质。这是对楚庄王‘夫武，禁暴、戢兵、保大、定功、安民、和众、丰财’思想的继承和深化。虽然还没有，也不可能真正揭示战争的性质，但已超过了前人的认识。”薛国安说：“显然，吴起已经注意到了战争的正义性与非正义性，而他对有利国家、顺应民心的正义战争的支持，对违背民意、有害国家的非正义战争的反对，也在字里行间流露无遗，虽然他受时代和阶级的限制，还不能揭示战争的阶级实质，科学看待战争的社会作用，但能有如此认识，已经算是难能可贵了。”又说：“吴起之前，尚无人对战争起因、战争性质等问题作出如此全面而深刻的论述，吴起对战争问题的这一系列论述，是超越前人的，在中国古代军事思想发展史上是占有一定地位的。”

⑤禁暴救乱曰义：意即禁止暴政、拯救危亡的叫义。施子美曰：“义兵者所以禁暴救乱也，如齐责楚不贡之师也。”刘寅曰：“禁人之暴，救人之乱，是名曰义，汤、武是也，其下则齐桓为近之。”

⑥恃众以伐曰强：意即仗恃兵员众多而侵略别国的叫强。施子美

曰："强兵者恃众以伐人也，如楚人伐许之师也。"刘寅曰："恃兵之众以伐邻国，是名曰强，秦、楚是也。"

⑦因怒兴师曰刚：意即因为愤怒而兴兵打仗的叫刚。施子美曰："刚兵者，因怒而兴师也，如晋郤克以妇人笑而伐齐也。"刘寅曰："因其私忿兴师伐之是名曰刚，如郤至因怒萧同叔子之笑而兴兵伐齐是也。"

⑧弃礼贪利曰暴：意即背弃礼仪、贪图利益而兴师作战的叫暴。施子美曰："暴兵者，弃礼贪利也，如北戎侵郑是也。"刘寅曰："篾弃典礼，贪人之利是名曰暴，如阖闾闻允常死而伐越是也。"

⑨国乱人疲，举事动众曰逆：意谓不顾国中混乱、民众疲惫而发动战争、扰动民众的叫逆。《群书治要》卷三十六"乱"作"危"，"人"作"民"。施子美曰："逆兵者，则国乱人疲，举师动众，苻坚伐晋是也。"刘寅曰："国中自乱，人民疲困，又举事动众征伐不已，是名曰逆，如夫差国已乱，民已疲，尚有事齐、晋是也。"

⑩五者之数，各有其道：意谓以上五种战争，各有各的应对办法。《群书治要》卷三十六"数"作"服"。朱墉引金千仞曰："'各有'二字是一样有一样服他的道理，不可参错紊乱意。"

⑪义必以礼服：意即义兵必须以礼仪去折服它。施子美曰："兴师之名虽则不同，制敌之术亦随以异。故以义师至者，则吾以礼服之。楚人对齐侯曰：'贡之不入，寡君之罪也。'是礼也，齐安得不退而同盟乎？"刘寅曰："义者果断，礼者辞让，故礼可服义。"朱墉引《大全》曰："彼既能禁暴而救乱以行其义，必不敢动于非礼，我则修饰典礼，使之闻之，自然罢兵，是以礼服之也。"又引黄皇肱曰："礼服如撤樽以悔其罪，解组以迎其师，晏子之所以劫晋也。声大义者必责人之无礼，行之以礼，虽义必屈。"薛国安说："对于'义兵'，要通过论'礼'来折服它。这里的'礼'是指周王室规定的处理诸侯国关系的法则或规定，大概相当于现在的国际法或

战争法。虽然随着周王室的衰微，这些‘礼’早已失去了对列国的约束力，但对于自命为‘义兵’的对手，却仍可搬将出来，用来指责对方行为不合‘礼’之处，争取能够使之折服。论‘礼’说理的过程，其实就是一个政治解决的过程。”

⑫强必以谦服：意即强兵必须以谦逊去折服它。施子美曰：“彼以强兵，吾则以谦服之。许男面缚含璧，是谦也，楚安得而不释之乎？”刘寅曰：“强者恃力，谦者逊顺，故谦可服强。”朱墉引《大全》曰：“彼既恃其强暴，我则示以谦卑，彼必轻我，然而乘隙破之，是以谦服强也。”又引黄皇肱曰：“谦服如谢罪鸿门而不为耻，退居巴蜀而不为辱，汉高之所以殄楚也。恃强力者，必制人之强者也。守之以谦，而强自柔。”薛国安说：“对于‘强兵’，要用谦让使对方悦服。谦让是一种以退为进的政治谋略。先退一步，往往能为己方赢得政治、军事上的主动。比如，公元前632年的城濮之战中，晋文公‘退避三舍’就可视为一种‘谦服’的策略。晋文公这一退，既赢得了政治上的主动——‘君退臣犯，曲在彼矣’，又将楚军引至城濮预设的战场，赢得了军事上的先机，从而为取得决战胜利奠定基础。谦让必须有度，如果依靠一味退让来制止战争，那就同战败没什么区别了。”

⑬刚必以辞服：意即刚兵必须以言辞去说服它。施子美曰：“以刚兵来，吾则以辞服之，如宾媚责以辞是也。”刘寅曰：“刚者忿怒，辞者婉曲，故辞而服刚。”朱墉引《大全》曰：“彼既因怒而来，必刚忿性疾，我则以恶辞激之，使其愈怒而速战，我则设奇伏之兵，坚壁自守，不与之斗，俟其怠归，发伏运谋夹击之，此谓刚以辞服也。”又引黄皇肱曰：“辞服如卑词行成以长其骄，生聚训练以乘其懈，勾践之所以沼吴也。又云刚愎自用，正辞可止。”薛国安说：“对‘刚兵’，要用言辞说服它。‘刚兵’因怒而兴师，愠而致战，常常会在战略筹划、作战部署等方面出现漏洞，这时候指出

对方的弱点,晓以利害,就能使敌人知难而退,从而制止战争。”

⑭暴必以诈服:意即暴兵必须以诡诈去制服它。施子美曰:“以暴兵而来,吾则以诈服之。郑公子突为三覆以殪戎是也。”刘寅曰:“暴者猛烈无谋,诈者诡之以计,故诈可服暴。”朱墉引《大全》曰:“弃礼贪利,凶暴之兵必无深谋,我则以诡诈之计服之。”又引黄皇肱曰:“诈服如公瑾之纵火伪降以褫老瞒之魄是也。暴戾寡谋,诡诈可使。”薛国安说:“对‘暴兵’,要用谋略制服它。‘暴兵’贪利,因此可以用‘利而诱之’等计谋战而胜之。”

⑮逆必以权服:意即逆兵必须以权变去压服它。《群书治要》卷三十六此句下有“此其势也”一句。施子美曰:“以逆兵来,吾则以权服之。谢玄权其利害以胜坚是也。”刘寅曰:“逆者反常失道,权者因变制宜,故权可服逆。”朱墉引《大全》曰:“彼既国乱民疲,复举兵革之事,动起大众而来战,我则制为权变以服之。”又引黄皇肱曰:“权服如幼度之阵后大呼,以丧苻坚之胆是也。一说‘权’谓权柄之‘权’,逆节横行,秉是可夺也。”李硕之说:“吴起在军事理论上的可贵之处,是对战争的认识前进了一大步。他初步地探索了战争的实质问题,试图揭示战争发生的根源和区别战争的不同类型,并提出对付不同类型战争的方略,形成了一套完整的战争理论体系。他作为封建社会初期的军事家,能够模糊地看到了战争的某些带有实质性的问题,并加以系统化、理论化,其见解也是独到的,表明人们对战争问题的认识出现了一个新的飞跃。这无疑在战争观方面,比《孙子》的思想有了很大的进步。”吴如嵩等著的《中国军事通史》第三卷《战国军事史》说:“从其分类和分类的标准可以看出,吴起显然注意到了战争的正义与非正义性质。他虽然看不到战争的阶级实质和社会作用,但是他毕竟认识到应当实行有利国家、顺乎民心的正义战争,反对违背人民意愿和国家利益的非正义战争,这是难能可贵的。

吴起在战争问题上的这一系列见解，不仅超出了前人，同时也超出了同时代的兵学家，从而有助于建立起更为完备、更为系统、更为深刻的军事理论。”薛国安说：“吴起提出的‘五兵五服’，只是理论上的分析而并非制胜的铁则。在实践中，‘兵’之性质固难明确区分，‘服’之方略更难一概而论，如果片面遵循这一理论，就不免会陷入教条主义的泥淖之中而招致失败。另外，不论是‘礼服’‘谦服’，还是‘辞服’‘诈服’‘权服’，都要以一定的军事实力为后盾，否则不仅不能服敌，还会为敌所制。”钮先钟说：“现在就要讨论到吴子在中国战略思想史中最具有特色的观念，甚至可以说是前无古人，后无来者。中国古代兵家几乎从未有人注意到战争起因和性质的问题，也许只有吴起为例外，甚至于孙子也应自叹弗如。……也许可以说，吴起好像是我国古代的克劳塞维茨，因为他这一段文章可以算是一篇简明的‘战争论’。首先分析战争的起因；其次对战争分类和定名，并对每一类战争的性质作简明的界定；最后再概述对于五种不同的战争，应用何种手段（方法）来加以克服。此种对战争起因和性质所作的分析，虽然不免简略，但在中国古人的学术著作中，却可以说是绝无仅有。所以仅凭这一点，似乎即足以奠定吴子在战略思想史中的不朽地位。”

【译文】

吴起说：“战争的起因概略而言有五种：一是争名，二是争利，三是有长期积累的仇怨，四是内乱，五是饥荒。战争的名称也有五种，一是义兵，二是强兵，三是刚兵，四是暴兵，五是逆兵。禁止暴政、拯救危亡的叫义，仗恃兵员众多而侵略别国的叫强，因为愤怒而兴兵打仗的叫刚，背弃礼仪、贪图利益的叫暴，不顾国中混乱、民众疲惫而发动战争、扰动民众的叫逆。以上五种战争，各有各的应对方法：义兵必须以礼仪去折服它，强兵必须以谦逊去折服它，刚兵必须以言辞去说服它，暴兵必须以诡诈去制服它，逆兵必须以权变去压服它。”

武侯问曰[①]：“愿闻治兵、料人、固国之道[②]。”起对曰：“古之明王，必谨君臣之礼，饰上下之仪[③]，安集吏民，顺俗而教，简募良材，以备不虞[④]。昔齐桓募士五万[⑤]，以霸诸侯；晋文召为前行四万，以获其志[⑥]；秦缪置陷陈三万，以服邻敌[⑦]。故强国之君必料其民，民有胆勇气力者，聚为一卒[⑧]；乐以进战效力以显其忠勇者，聚为一卒[⑨]；能逾高超远轻足善走者，聚为一卒[⑩]；王臣失位而欲见功于上者，聚为一卒[⑪]；弃城去守欲除其丑者，聚为一卒[⑫]。此五者，军之练锐也[⑬]。有此三千人，内出可以决围，外入可以屠城矣[⑭]。”

【注释】

①武侯：即魏武侯，魏文侯之子，姬姓，魏氏，名击，谥武。公元前396—前370年在位，期间魏国较为强大，曾攻郑、侵赵，屡败秦，攻取楚之鲁阳（今河南鲁山），略地至楚方城（今河南南阳东北）北。又在安邑（今山西夏县西北）、洛阴（今陕西大荔）、王垣（今山西垣曲东南）、酸枣（今河南延津西南）等地先后筑城。

②愿闻治兵、料人、固国之道：意即我愿意听您阐述治理军队、征调兵员以及巩固国家的道理。料民，调查人口情况，以作为征兵的依据。一指考量人才以合理使用。傅绍杰说：“料，有较量、审度、分析、研判之义。料己料敌均同此义。在本节之中偏于料己。”固国，巩固国家。朱墉引《大全》曰：“整治其兵之行伍，料理其人民之众寡，固守其国之疆宇，此皆有道焉，不可不知也。治兵在料人，而治兵、料人即所以固国，非截然三项也。”又引王汉若曰：“兵不治则纷而无纪，人不料则其才不见，国不固则瑕衅

易生。”

③谨君臣之礼，饰上下之仪：慎守君臣之间的礼法，整顿上下等级之间的礼仪。谨，谨慎，慎守。饰，修饰，整饰，整顿。施子美曰：“吴起对之以‘谨君臣之礼’，至于‘以备不虞’者，盖有以明其分，而后可以因民而设教；有以教其民，而后可以选士而设备。君尊如堂，臣卑如陛，其礼固不同也。以仪辨等，则民不越，其仪不一也。礼其本也，仪其用也，因是礼而后可以定是仪。谨其礼则尊卑有异等，贵贱有异位；饰其仪则金鼓有异制，旗物有异章。以此而治兵，亦足以明其分矣。”刘寅曰：“古昔明哲之王，必谨慎君臣之礼，修饰上下之仪，君有为君之礼，臣有为臣之礼，居上处下，皆有仪则也。”朱墉引王汉若曰：“以礼为治国之大经，必谨其礼，使尊卑之等明，上下之分定，然后治兵料人可以次第举行，而固国不难耳。”

④“安集吏民”四句：意谓团结官吏安抚民众，以顺应习俗为前提教导他们，选拔征募精锐之士，以防备敌人的突然侵袭。安集，安抚团结。顺俗而教，朱墉引王汉若曰：“人之刚柔悫诈、奋志灭耻，各有不同者，俗为之也。明王因其俗而练之，不拂其所能，不强其所不能，便是顺俗而教。”顺俗，顺应风俗。简募，选拔征募。朱墉引陆萝雨曰：“简募，看下文齐桓募士数句，此简募者兵也，非将也。”良材，指精锐之士。朱墉引《大全》曰：“良材即下文五者练锐之材也。不简而溷于侪伍之中，则真伪难辨；不募而阻于方隅之限，则蒐罗不广。如杜伏威募敢死之士五千，唐太宗检选精锐号为奇兵，柴世宗谓朘民之膏血，奈何食此无用之物。且羸弱既无用，使健懦不分，众无所劝。”不虞，没有预料到的事情，这里指敌人侵袭。施子美曰：“惟有以明其分，而后民安其俗，而无苟且之心，故吏民可以安集，而教之所施，可以因俗而化矣。吏称其职，民安其业，此吏民之所以安集也。修其教不易其俗，此

教之所以顺俗也。安而顺之，则秦人之性劲，齐人之性刚，燕人之性悫，楚人之性轻，与夫蕃长于马，汉长于弩，以此而料人，亦足以教矣。惟有以教之，而后人材有成，而有可用之实。故良材可得而简募，而不虞之患亦可以有备矣。简募良材，则有智者可以主谋，有勇者可以制敌，有严者可以制军。既简募之矣，一有不虞之患，岂不足以备之乎？成周之际，正之以九仪，辨之以旗物，凡若此者，所以谨礼饰仪也。安之以本俗，教之以时田，凡此者，所以安集而教也。一有用焉，会其卒伍以起军旅，颁其士庶以备所守，又岂不足以为备乎？”刘寅曰：“安集吏民，顺其风俗而教之，简选召募良能材勇之人，以防备不测之事。”李硕之说：“在本篇，吴起提出了‘简募良材，以备不虞’的名言。主张重用有才干的人，把他们选拔到重要位置上，把那些乏德无才的人放在下层，以求各得其所，各从其志，人尽其才。对军队主张加强战备，士卒应针对他们的不同特点和要求，进行编组训练，建设一支训练有素的精锐部队，作为军队建设的骨干和作战中的突击力量，以待突然事变。从内容到实质，这句名言对于在和平时期加强军队建设，做好战争准备，是很有借鉴意义的。所以，一直被古往今来的军事家、将领所乐道，奉为治军强兵之要事。”陈宇说：“‘简募良材，以备不虞’是本篇中的经典句。”又说：“吴起主张，在做好政治工作的前提下，要做好了解人、选拔人和组织人的工作，从而充分发挥人在作战中的长处。”又说：“在本篇中，魏文侯提的问题本来是‘治兵’‘料人’‘固国之道’，但是吴起的回答却先强调做好‘吏民’的教育工作：‘古之明王，必谨君臣之礼，饰上下之仪，安集吏民，顺俗而教。’在吴起看来，要‘治兵、料人、固国’，国君平时必先做好民众的‘料’‘治’工作，不具备这个前提条件是不行的。接着，吴起针对魏文侯提出的问题回答了八个字：‘简募良材，以备不虞。’并举出从前齐桓公、晋文公和秦穆公

‘简募良材’就能称霸的故事作为例证。当然，这三个君主之所以成为霸主，还有其他重要因素，但从这三个例子也可以看出做好‘简募良材’工作的重要。”

⑤齐桓：即齐桓公，春秋时齐国国君，姜姓，名小白，谥桓。公元前685—前643年在位。即位后任管仲为相，对内实行改革，国富民强；对外打出尊王攘夷旗帜，北伐山戎，南抑强楚，勤王平乱，救卫存邢，威望盖于诸侯。周襄王元年（前651），在葵丘（今河南民权东北）约集宋、鲁、卫、郑、许、曹等国会盟，周襄王亦派代表参加。他在会上发号施令，周王正式承认其为“盟主”。在位期间，“九合诸侯，一匡天下”，首开春秋时期大国称霸之局面。

⑥晋文召为前行四万，以获其志：意谓晋文公招募无畏前行的勇士四万，借此实现志向。晋文，即晋文公，春秋时晋国国君，姬姓，名重耳，谥文。公元前636年—前628年在位。晋献公末年，重耳因遭骊姬之乱，先后逃亡狄、齐、曹、宋、郑、楚、秦等国，在外十九年，尝尽人间炎凉。由秦发兵护送回国继承君位后，平定内乱，整顿内政，增强军队。号召诸侯勤王，平周室王子带之乱，迎襄王复位。与楚战于城濮（今山东鄄城临濮集），诱敌深入，打败楚军，称霸诸侯。后在践土（今河南原阳西南）主盟诸侯，周襄王亲自前来犒赏，并策命他为“侯伯”，确立了霸主地位。获其志，指实现志向。吴如嵩等著的《中国军事通史》第三卷《战国军事史》说：“吴起关于‘治武备’主要谈了两方面的内容：一是‘要在强兵’，必须挑选、招募勇武之士建立一支强大的军队。他说：‘昔齐桓募士五万，以霸诸侯；晋文召为前行四万，以获其志；秦缪置陷阵三万，以服邻敌’（《图国》）。二是加强战备，立足有备无患，《料敌》指出：‘安国家之道，先戒为宝。’‘戒’就是戒备、战备。要求‘简募良材，以备无虞’（《图国》）。”

⑦秦缪置陷陈三万，以服邻敌：意谓秦穆公建设冲锋陷阵的三万部

队，以此制服敌对的邻国。秦缪，即秦穆公，春秋时秦国国君，嬴姓，名任好，谥缪，又作“穆”。公元前659年—前621年在位。任用百里奚、蹇叔等奋发图强，图谋争霸，在韩原（今山西河津东）大破晋军，俘获惠公。后又吞灭梁（今陕西韩城南）、芮（今陕西大荔南），将国土向东推至黄河。殽之战失败后，转而向西扩张，攻灭十二国，开地千里，遂霸西戎。陷陈，指冲锋陷阵的敢死士卒。

⑧民有胆勇气力者，聚为一卒：意谓把民众当中那些勇敢强壮的人，集中起来组建一支部队。卒，原指古代军制单位之一，周制百人为卒。这里指一支部队。刘寅曰：“故强国之君必料量民力而简选之，民有胆勇气力，能搴旗斩将者聚之为一卒。”

⑨乐以进战效力以显其忠勇者，聚为一卒：意谓把那些乐意作战出力以显示其忠诚勇敢的人，集中起来组建一支部队。

⑩能逾高超远轻足善走者，聚为一卒：意谓把那些能够登越高墙、跋涉远途、腿脚轻便、善于奔走的人，集中起来组建一支部队。逾高超远，登越高墙，赶赴远地。轻足善走，腿脚灵便，善于奔走。

⑪王臣失位而欲见功于上者，聚为一卒：意谓把那些曾经失职丢官而如今想杀敌立功重获君主赏识的人，集中起来组建一支部队。王臣失位，指大臣失职丢官。

⑫弃城去守欲除其丑者，聚为一卒：意谓把那些曾经弃城逃跑擅离职守而如今想洗刷耻辱的人，集中起来组建一支部队。去守，擅离职守。丑，耻辱。刘寅曰：“弃所守之城而逃去，心欲力战取胜，除其前日之丑者聚之为一卒。”

⑬此五者，军之练锐也：军之练锐，指军队中高素质的精锐之士。吴如嵩等著的《中国军事通史》第三卷《战国军事史》说：“这种练锐之士类似《孙子》所说的‘选锋’，也就是《荀子·议兵》所说的

魏国的'武卒'。'武卒'就是在征兵制基础上运用募选的方式所组建的精锐部队。"施子美曰:"此又申言古之强国者,未有不料人而用之。齐桓之募士五万,晋文之前行四万,秦穆之陷阵三万,是皆料人而用之也。或五万,或四万,或三万者,其所得之数有多寡也。且以汤之伐夏也,尚有必死之士六千人;武王之伐商也,尚有虎贲之士三千人,况于列国之伯者,可不料人而用之乎?强国之君所以料其民者有二法:有因其材而用之者,有因其志而用之者。胆勇气力,乐以进战,逾高超远,轻足善走者,此因其材而用之也。王臣失位而欲见功于上,弃城去守而欲除其丑,此因其志而用之。此五者既因其材、因其志,则人皆可用之人矣,真所谓练锐之士也。有此三千人,自内而出,可以决围;自外而入,可以屠城,况又不止于三千者乎?其在太公练士之法,有所谓冒刃之士,有所谓陷陈之士,有所谓冠兵之士,有所谓倖用之士。是亦吴起料民之意也。故太公继之曰:'此军之练士,不可不察也。'"朱墉引《大全》曰:"皆是使人自为奋励之意。这个锐,不是要我去锐他,他已自具一锐在那里,但我使他各为一卒,便是练处。"钮先钟说:"这是吴起的精兵主义思想在其书中的首次出现。"陈宇说:"怎样做好'简募良材'的工作呢?吴起说:'故强国之君,必料其民。'这里用'必'字强调,说明了解民众的工作是挑选和招募人才工作的前提,是非做好不可的。在冷兵器时代,吴起的人才标准是:胆量过人的,乐于冲锋以显示自己忠勇的,能攀高跳远、轻快善走的,急于立功赎罪的,等等。'良材'被'简募'到之后,吴起认为还要认真做好组织编队工作,以便充分发挥每个人在战斗中的长处。其中还应注意的是:'王臣失位而欲见功于上者,聚为一卒。弃城去守欲除其丑者,聚为一卒。'这样的人,吴起认为不仅要利用他们,而且还要让他们成为军队中的'练锐'。吴起这种把消极因素转变为积极因素的思想,在古代是非常可贵的。尽管这些人才标准在今天已经发生变化，但这一思想，仍具有重要的现实借鉴意义。”

⑭内出可以决围，外入可以屠城矣：决围，突围。刘寅曰：“内奋而出则可以决人之围，外驰而入则可以屠人之城矣。”朱墉引《开宗》曰：“此节言固国在料人，料人正所以治兵而必本之以礼。”钮先钟说：“值得注意的是‘决围’和‘屠城’的文字，因为足以显示战争形态的演进，和孙吴二子时代背景之不同。孙子在其书中明白指出‘攻城之法为不得已’，经过长期的准备，付出重大的成本，而‘城不拔’则更是一种灾难。……孙子是春秋后期的人，那时攻城的技术远不如守城的技术，所以孙子才会认为那是不得已的下策。到吴起的时代，历史已由春秋进入战国，战争形态已有很多改变，而城的攻守也成常见的现象。从吴子所用‘屠城’两字来看，即可以想见当时战争的惨烈，简直是惨无人道。”陈宇说：“关于本篇中‘内出可以决围，外入可以屠城矣’之句，古今有不少学者把‘屠城’这一概念，孤立地解释成‘对城市民众的屠杀’，评论《吴起兵法》的主张是如何残暴等，从而佐证吴起的战争观。其实联系本篇上下文，再从吴起的作战思想、对战术的要求上去考虑，可以看出它的原意应是从里面向外出击可以冲破敌军的包围；从外边向里面进攻可以攻破敌军据守的城邑，并非对城市的屠杀之意。”

【译文】

魏武侯对吴起说：“我愿意听您阐述治理军队、征调兵员以及巩固国家的道理。”吴起答道：“古代的贤明君主，一定会慎守君臣之间的礼法，整顿上下等级之间的礼仪，团结官吏安抚民众，以顺应习俗为前提教导他们，选拔征募精锐之士，以防备敌人的突然侵袭。从前齐桓公招募兵卒五万，凭此称霸诸侯；晋文公招募无畏前行的勇士四万，借此实现志向；秦穆公建设冲锋陷阵的三万部队，以此制服敌对的邻国。所以强大国家的君主一定会调查人口情况，把民众当中那些勇敢强壮的人，集中起来组建一支部队；把那些乐意作战出力以显示其忠诚勇敢的人，集中起来组建一支部队；把那些能够登越高墙、跋涉远途、腿脚轻便、善于奔走的人，集中起来组建一支部队；把那些曾经失职丢官而如今想杀敌立功重获君主赏识的人，集中起来组建一支部队；把那些曾经弃城逃跑擅离职守而如今想洗刷耻辱的人，集中起来组建一支部队。这五支部队的人，都是军中的精锐之士。有这样三千人，由内出击可以冲破敌人的包围，由外进攻可以摧毁敌人的城池。”

武侯问曰：“愿闻陈必定、守必固、战必胜之道①。”起对曰②：“立见且可，岂直闻乎③！君能使贤者居上，不肖者处下，则陈已定矣④。民安其田宅，亲其有司，则守已固矣⑤。百姓皆是吾君而非邻国，则战已胜矣⑥。”

【注释】

①愿闻陈必定、守必固、战必胜之道：施子美曰：“用兵有当然之理，故不可不之求。人君有乐听之心，故求之为甚切。陈守必定必固、战必胜，用兵之理当然也。武侯欲必其然，故以是而求之吴起，而欲愿闻之。是三者为之必有其道。”

②起对曰：《群书治要》卷三十六无“起”字。

③立见且可，岂直闻乎：意谓立即见到成效尚且可以，岂止只是听听而已。直，但，只不过。《群书治要》卷三十六无此两句。施子美曰：“其为道无甚难言者，立则见其参于前，殆可以立谈判矣，岂直闻之而已乎？”

④“君能使贤者居上”三句：《群书治要》卷三十六“君”下无“能”字，“肖”下无“者”字。施子美曰：“夫贵足以驭贱，则其势不乱。下

乐以从上，则其心不散。道可以得民，则其功可成。所谓陈定、守固、战胜之理，于此可必矣。贤而尊之于上，不肖者属之于下，则贵可以驭贱矣。孰谓阵不定乎？”刘寅曰：“立众人之所易见者犹之可也，岂欲直闻陈之必定，守之必固，战之必胜乎？”陈宇说：“从前官吏和将帅是世袭的，吴起则反对‘世卿世禄’，打破原来的世袭制度。主张任人唯贤，选贤任能，重用有贤德和有才能的人，把他们选拔到统治阶级的上层，担任要职，以利治国安民；对于缺少德行、没有真才实学的人，只能把他们放在下层使用。任用‘贤者’还是任用‘不肖者’，这是能否治好国家、治好军队的一个关键问题。”

⑤“民安其田宅”三句：意谓国君如果能让百姓安居乐业，亲近管理他们的官员，那么防守必能稳固。有司，指官吏。施子美曰：“民安其俗，乐其业，服其上而循其教，则下乐于从上矣。孰谓守之不固乎？”刘寅曰：“使吾民皆安居其田宅，亲爱其有司，则守已先固矣。安其田宅，民不失业矣。亲其有司，民知爱其上，死其长矣。”朱墉引《大全》曰：“民者国之根本，本固邦宁，但民不能自安，是在上者有以使之安，则民始安也。”

⑥百姓皆是吾君而非邻国，则战已胜矣：意谓百姓如果都认可自己的国君而反对邻国的国君，那么打起仗来一定能够取胜。是，拥护，支持。非，反对。《群书治要》卷三十六“是”下无“吾”字。施子美曰：“是其君则直在我，非邻国则曲在彼，是道可以得民也，孰谓其战之不胜乎？昔晋之伯也，举不失职，官不易方，是贤不肖得其所。农工皂隶不知迁业，则安其居而亲其上也。民无谤言，是其君也，此晋之所以强。”刘寅曰：“百姓皆以吾君为是，而以邻国为非，则战已先胜矣。以吾君为是，以邻国为非，则可与之同死，可与之同生，而不畏危也。”朱墉引《新宗》曰：“最难调摄者，百姓是非之口也。今百姓皆以吾君为是，而自效死力于君，

乐为之战矣，焉有不胜者乎？”又引《开宗》曰：“此节言定阵、固守、战胜之道，只在用贤亲民之间。”

【译文】

魏武侯对吴起说：“我愿意听您阐述布阵必能安定、防守必能稳固、打仗必能取胜的道理。”吴起答道：“立即见到成效尚且可以，岂止只是听听而已！国君如果能把贤能人士提拔到高位，让没有才能的人居于低位，那么布阵必能安定。国君如果能让百姓安居乐业，亲近管理他们的官员，那么防守必能稳固。百姓如果都认可自己的国君而反对邻国的国君，那么打起仗来一定能够取胜。”

武侯尝谋事，群臣莫能及，罢朝而有喜色①。起进曰②：“昔楚庄王尝谋事③，群臣莫能及，退朝而有忧色。申公问曰④：‘君有忧色，何也？’曰：‘寡人闻之，世不绝圣，国不乏贤，能得其师者王，得其友者霸⑤。今寡人不才，而群臣莫及者，楚国其殆矣⑥。’此楚庄王之所忧，而君说之，臣窃惧矣⑦。”于是武侯有惭色⑧。

【注释】

①“武侯尝谋事”三句：意谓魏武侯曾经与大臣谋划国事，群臣没有一个人的见识能超过他，退朝后武侯心中得意，面带喜色。《群书治要》卷三十六“武侯”前有“魏”字。施子美曰：“人莫不有求胜人之心。人之所以求胜人者，矜也，忌也。矜则欲夸己之长，忌则恶人之出其右。人孰无是矜忌之心？人而无矜忌之心，则无胜人之心矣。是心也不独众人有之，虽君乎人上者，亦有所不免。隋炀帝善属文，不欲人出其右。薛道衡以诬死，帝曰：‘更能作“空梁落燕泥”否？’王胄以罪诛，帝诵其嘉句曰：‘“庭草无人随

意绿”，胄复作此语耶？’文章末技耳，岂人君所宜与臣下争能？今隋帝知其不如而幸其死，此其求胜之心，为如何耶？隋帝亡国之君，固不责，乃若唐太宗与臣言事，引古人以折之，使之愧恐而后已。太宗且尔，况其他乎？”朱墉引汪殿武曰：“罢朝而有喜色者，在朝之臣岂无智虑过武侯者，由武侯好谀恶直，群臣罔敢与衡，甘为退逊耳。武侯不以为忧，反以为喜，即此愈足以证其骄矜之念矣。”李硕之说：“本篇的最后一段，论述的是‘武侯与群臣商讨国事’的一个小故事。表面看来，似乎与吴子论兵的关系并不十分密切，然而它是‘图国’的一项重要内容，是‘内修文德’的一个重要方面。它说明治国制军，君主必须谦虚谨慎，去蔽纳谏，广谋从众，励精图治，决不可自命不凡，孤芳自赏。更不能嫉贤妒能，专断蛮横，唯我独尊，使自已成为众叛亲离的孤家寡人。这个小故事给人们的启示是：‘要学庄王之忧，莫学武侯之喜。’”按，本段叙述的小故事，又见载于《荀子·尧问》。

②起进曰：《群书治要》卷三十六“起”前有“吴”字。

③昔楚庄王尝谋事：楚庄王，春秋时楚国国君，芈姓，熊氏，名侣，又作“吕”“旅”，谥庄，又称“荆庄王”“严王”。公元前613—前591年在位。即位之初耽于淫乐，不理政事。经伍举、苏从屡谏，乃省悟，委伍举、苏从以国政，伸张王权。重用孙叔敖改革内政，兴修水利，平定若敖氏之叛乱，连年出兵北伐，力图称霸中原，先后伐宋、陆浑之戎（在今河南嵩县北）。周定王元年（前606），陈兵于周郊，问周王九鼎之轻重，大有取周而代之之势。先后灭庸、舒、陈诸小国，将楚国推向全盛时期。又大败晋军于邲（今河南荥阳东北），成为代晋而起的中原霸主。《群书治要》卷三十六无“尝”字。

④申公：即申叔时，春秋时楚国大臣。刘寅曰：“申公，申叔时也，盖楚申县尹而僭称公者也。楚子爵而僭称王，故其臣皆僭公，如叶

公、白公之类是也。”

⑤能得其师者王，能得其友者霸：意谓能得到可以作为老师的人才的君主可以称王，能得到可以作为朋友的人才的君主可以称霸。朱墉引刘拱辰曰：“从来圣贤其道德足以为君之师表者，决不肯屈节求售。必人主有德以感召之，又尽其礼以尊崇之，彼方动其泽民之志而翻然乐出，斯之谓能得。”又引《大全》曰：“降君臣为师友，其器量识见自非世主可及，为其所得者，自不同于逢迎将顺之流。”

⑥而群臣莫及者，楚国其殆矣：意谓群臣没有一个能超过我，这样下去楚国会陷入危境。殆，危险。《群书治要》卷三十六“及者”作“之过”，无“国”字。刘寅曰：“圣者，神明不测之号。贤者，才德出众之称。得师者王，成汤之于伊尹；得友者霸，桓公之于管仲是也。楚庄此言真可为万世法。《书》曰：‘能自得师者王。’谓人莫己若者亡，好问则裕，自用则小，楚庄其亦知此道欤？”朱墉引李卓吾曰：“吴子所引之言，似为拂君，而不知实为爱君，即古良臣进规当不过此。”

⑦“此楚庄王之所忧”三句：《群书治要》卷三十六作“庄王所忧”。施子美曰：“贤矣哉，楚庄王也！谋事而群臣莫及，是可忧也。庄王之所以忧者，谓其世不绝圣，国不乏贤也。得其师而后可以王，得其友而后可以伯。若此者，盖其所得之材不同，故其所成之功亦异。才可以为师，则可以王；才可以为友，则可以伯。吕望之为文武师，干木之为文侯友，此王伯之所由分也。今以庄王之材，而群臣莫之及，则是楚国无材也，岂不殆哉？楚王之所忧，而武侯之所喜，宜吴起举是以谏之。然尝论之，汤之于伊尹，学焉而后臣之。桓公之于管仲，亦学焉而后臣之，则伯者之于臣，未尝不以为师也。此之所言，以其才之小大也，非师而后王、友而后伯也，不然《书》何以言能自得师者王。”

⑧于是武侯有惭色:《群书治要》卷三十六"有惭色"作"乃惭"。朱墉引《开宗》曰:"此节言武侯有自骄之萌,起能革君心之非。"朱墉《全旨》曰:"《吴子·图国篇》虽每节问对自为始终,然细玩文意,原自一气贯下,通章不离'图国'二字。盖国之本恃贤与民,图国之术在文与武,未有不得民之心而可以用民者也,未有不得贤之心而可以治民者也。故欲得民之心,不外于亲爱教训而主于和;欲得贤之心,不外于尊礼虚受而主于敬。而其亲教之实,惟加意绥理动抚而已。亲教既成,民有耻心,自能知方效力,固结而不可解,国有不安者乎?若内外纲纪文德武功俱已兼尽,当知起兵之由与制人之道,然后选卒练兵,为不可胜之计。是可见战守之方,不必事乎奇谋诡术,总于上下吏民而得之。究其所以能然者,敬贤礼士之效也。此汤、武帝王之大略也。"钮先钟说:"《吴子》全书中最值得重视的即为其第一篇《图国》,那也代表了《吴子》战略思想的最高境界,实可谓全书的精华。"又说:"《图国》篇是《吴子》全书中最完整的一篇,也是最精彩的一篇,足以代表其对于国家战略的若干创见,可以算是其思想的结晶。"张世超在《〈吴子〉研究》一文(载《古籍整理研究学刊》,2002 年第 6 期)中说:"吴起不仅是一位军事家,还是一位政治家。《史记·吴起列传》记有吴起与武侯浮西河论山河之固在德之事,《韩非子·内储说上》记有吴起为西河守取秦小亭之事,皆与《吴子》此处所记相类。《吴子》其他地方也可以见到政论片断,如《图国》篇:'吴子曰:夫道者,所以反本复始;义者,所以行事立功;谋者,所以违害就利;要者,所以保业守成。'类似的议论是符合吴起的生平行事和思想的。如果战国末年一专事武学的人托名作《吴子》,是不会想到表现这类思想的。这一点只要比较一下《孙子兵法》《孙膑兵法》《尉缭子》等兵书便可明白。《吴子·图国》:'吴子曰:昔之图国家者,必先教百姓而亲万民。'与《国语·齐语

中》'遂滋民,与无财,而敬百姓'句相同,'百姓'皆与'民'对举,义为百官,这是一种较古的词义,战国末人行文不如此用了。以上的现象说明,《吴子》的作者在撰写该书时,手里是有一些吴起的著述及其他较早的材料的。其实,《吴子》一书中'吴子曰'和'起对曰'叙述方式的不协调,也说明了这个问题。"

【译文】

魏武侯曾经与大臣谋划国事,群臣没有一个人的见识能超过他,退朝后武侯心中得意,面带喜色。吴起进谏说:"从前楚庄王曾谋划国事,群臣没有一个人的见识能超过他,退朝后他神情忧虑。申公问道:'国君您为什么神情忧虑呢?'他回答:'我听说,世上的圣人不会断绝,国中的贤人不会缺乏,能得到可以作为老师的人才的君主可以称王,能得到可以作为朋友的人才的君主可以称霸。而今我没有才能,群臣也没有一个能超过我,这样下去楚国会陷入危境。'这是楚庄王忧虑的事情,您却为此高兴,我私下为您感到忧惧。"武侯听后面露愧色。

料敌第二

【题解】

本篇题为“料敌”，着重于研讨如何分析、判断敌情，以及立足于“料敌”的治军用兵之术。

在第一节，吴起首先提出了“夫安国家之道，先戒为宝”的思想，指出只有加强对敌戒备，才能在危机四伏的国际斗争中保证自己国家的安全。

第二节，吴起针对魏武侯的询问，较为细致地分析了齐、秦、楚、燕、赵、韩等国的国情，内容包括民情、国力、君臣关系、军队素质等，并分别给出了打败这些国家应采取的具体战术。

第三节，吴起特别就魏国军队建设强调了人才的重要。对于那些具有战斗能力的“虎贲之士”“坚阵之士”，君主要“选而别之，爱而贵之”。这些人是“军命”，能决定一支军队的命运，因此要“加其爵列”“厚其父母妻子”，以此激励他们报效国家，贡献才智。

第四节概括了八种“击之勿疑”的情况，以及六种“避之勿疑”的情况。吴起在这里认为仗打还是不打的依据，不需根据神秘莫测的占卜结果，而应根据扎扎实实的料敌功夫与实战经验，秉持“见可而进，知难而退”的作战原则。

第五节介绍了如何通过表象获知敌人的实力与意图，进而针对不同的情况，或采取“以一击十”之术，或采取“以半击倍”之术，取得作战的胜利。

第六节描述了十三种“急击勿疑”的情况，补充、延伸了第二节的内容，进一步显示了吴起对“料敌”的高度重视，以及他在这方面深入细致的研究心得。吴起在此还提出了“审敌虚实而趋其危”的用兵原则，认为要充分掌握敌我双方的虚实强弱，寻找敌人的薄弱点并给予痛击。这条原则将孙武的“知彼知己”“虚实”“众寡”“专分”等军事思想，发展到了一个更高的境地，历来被视为用兵者的箴言。

清人朱墉在《吴子汇解》中概括本篇之“全旨”说：“此章大意在筹度敌情，即孙子知彼之旨。盖敌之强弱不知，虚实不明，或以轻待重，或以怯待勇，或以散待整，或以懈待严，或以乱待治，未有能取胜者也。惟知敌之所长，更知敌之所短，长者从而避之，短者从而攻之，伺隙捣虚，以我之长，乘彼之短，敌无不为我所败者。然敌虽有可击之机，使我无可用之卒，亦不能取胜，是在厚养勇士而为击敌之资。乃敌情多端，因应不一，由于方隅土俗者，此固平日之大概。而由于将不知兵者，或强变为弱，实变为虚，则有一时之机宜，必剖决分明，然后进退无愆，举止不误，不然事会一失，当面错过，奚能以制胜乎？而敌情之显露，又有不能掩饰者，在我有观察之明，则虚实自呈。吴子又发出‘趋危’二字，正兵贵神速之道也。十三可击，约举示人，皆愚将所致，偶然遭逢，乌可视为易得之事？故以急击断之。此章前段言料敌，后段言选士。料敌者，知彼也；选士者，知己也。然必先选士养己之势力，然后料敌有可乘之隙而取胜也。”概括可谓全面，可为参考。

武侯谓吴起曰：“今秦胁吾西①，楚带吾南②，赵冲吾北③，齐临吾东④，燕绝吾后⑤，韩据吾前⑥。六国兵四守，势甚不便，忧此奈何⑦？”起对曰：“夫安国家之道，先戒为宝⑧。今君已戒，祸其远矣。

【注释】

①今秦胁吾西：意即现在秦国威胁着我国的西部。秦，秦国，战国七雄之一。辖境在今河南西部、陕西中部、甘肃东南一带地区。秦国在魏西，与魏在今河南西部、陕西东部接壤。胁，威胁，胁迫。吾，指魏国，战国七雄之一。其疆域约有今山西东南部和河南北部，兼有河北广平、大名，山东冠县、河南黄河以南沿河地及陕西华阴左右、韩城南部一带。刘寅曰："秦大国，而居其西，故曰胁，谓迫胁于西秦之国，势之逼也。"

②楚带吾南：意即楚国包围着我国的南部。楚，楚国，赵国七雄之一。疆域东南到昭关（今安徽含山西北），南达洞庭湖以南，西北至武关（今陕西商南东南），被及河南南阳。战国时疆域进一步扩大，东北到今山东南部，东南有钱塘江以北地，西南直至今广西西北角。楚国在魏南，与魏在今河南南部接壤。带，傅绍杰说："本为衣带，引申之有包围之意。"刘寅曰："（楚）在魏之南，如衣带之相连接也。"

③赵冲吾北：意即赵国正对着我国的北部。赵，战国，战国七雄之一。疆域相当今河北西部，山西中部、北部，陕西东北角和内蒙古河套地区。赵国在魏正北，与魏在今河南北部、河北南部、山西南部接壤。冲，向，对着。刘寅曰："赵籍本晋大夫，与韩、魏共分晋地，为诸侯，都邯郸，与魏最近，故曰冲，言为魏之冲要也。"

④齐临吾东：意即齐国逼临我国的东部。齐，齐国，春秋末年姜姓齐国被田氏（即陈氏）所篡，在魏武侯初年正式被周天子策命为诸侯。此当指田氏齐国，战国七雄之一。疆域东至于海，南到泰山，西达黄河，北及无棣（今属山东），相当于今山东泰山以北黄河流域及胶东半岛地区。齐国在魏东，与魏在今河南东南、山东西南接壤。刘寅曰："齐为大国，故曰临，言势之大如居上而临下也。"

⑤燕绝吾后：意即燕国阻断我国的后方。燕，燕国，战国七雄之一。疆域约有今河北北部、辽宁西南部及山西东北角。秦开击退东胡，设立上谷、渔阳、右北平、辽西、辽东等郡，扩展了东北疆土。魏、燕并非邻国，燕在魏东北方，中有赵、齐相隔，燕与赵、齐北部接壤。其如与魏交恶，则赵、齐攻魏便无后顾之忧，故魏之退路便被断绝。绝，阻断，断绝。刘寅曰："绝吾后者，谓断绝其后，退无所往也。"

⑥韩据吾前：意即韩国盘踞在我国的前方。韩，韩国，战国七雄之一。疆域有今山西东南部和河南中部地区。韩在魏正西，与魏在今河南中部接壤。据，盘踞，扼据。刘寅曰："据于前者，谓据抗于前，进无所之也。"

⑦"六国兵四守"三句：意谓这六个国家的军队从四面八方包围着我国，形势极为不利，我对此感到忧虑，该怎么办呢？施子美曰："魏大梁之墟，故晋之都也。秦居其西，楚居其南，燕、赵在其北，齐居其东，而韩据其前，此古战场之地也。惠王尝曰：'及寡人之身，东败于齐，西丧地于秦，南辱于楚。'是魏之见陵于六国也，为有日矣。今以武侯庸孱之材，而当六国之冲，得无忧乎？是固可忧也。而有不足忧者，以知所戒也。何者？有备则无患。"刘寅曰："六国之兵四面与吾相守，其势甚有不便者，忧此将为之奈何？"朱墉引《大全》曰："魏之形势在天下之中，左右前后皆属邻封，四面受敌，日无宁息，不可不预为防备。武侯之意实以发奋图霸以为雄于天下，正见其忧深虑远，与他人苟安目前者迥异。"

⑧夫安国家之道，先戒为宝：意谓安国保家的方法，最先重视的是要有所戒备。施子美曰："居山者虑虎豹之为患，则必谨陷阱以为戒。居市者虑穿窬之为患，则必修垣墙以为戒。苟知所戒，祸不及之。在《易》之《萃》曰：'君子除戎器以戒不虞。'而范文子之告楚子亦曰：'君其戒之。'是知戒之所以为宝也。燕惟不虞制故

亡,鲁惟不备邾故北。今武侯既知所戒,六国虽强,吾何畏彼哉?”朱墉引尤尺威曰:“‘先戒’当就君心言,戒者心中儆惕,不敢自安之意。祸患至而始戒,虽戒无益也。惟人君先存此心,绸缪于未雨,则安国家之道不外是,岂不为宝?”又引赵克荣曰:“圣智之心,如临深履薄,故于国家之事,思患预防,无一不周,则动静俱获安全,非国家之宝而何?”又引周鲁观曰:“能常存戒惧之心,则所以谨设战守,预备提防,自无不严密强大,无隙可乘矣。”李硕之说:“熟知敌我双方情况,是探求战争客观规律的基础。而查明、分析和判断敌情,又是定下作战决心,采取不同作战方法,歼灭敌人,夺取战斗胜利的主要依据。处在当时历史条件下的吴起,他能够从魏国的地理条件出发,针对魏国处于六国包围之中的不利态势,首先用极为精炼和高度概括性的语言,向魏武侯提出了‘安国之道,先戒为宝’的总方针,认为只有加强戒备,才能保障国家的安全,这确实是很有战略眼光的。他从战略的高度,立足于魏国,着眼于‘戒备’,对六国的政治、经济、军事、地理条件、民情风俗,以及六国军队的素质、阵法特点诸方面的优劣情况,进行综合性的分析和判断。在‘料敌’的基础上,又提出了对付六国不同的作战指导方针和具体的作战方法。这些又都是对‘先戒为宝’的战略方针的具体化。”钮先钟说:“孙子曰‘先知’,吴子曰‘先戒’,他们所重视同样都是那个‘先’字。简言之,他们都同样具有未来意识,前瞻导向。二者之间又是那样相辅相成,相得益彰。先戒必须先知,先知的目的即为先戒。”

【译文】

魏武侯对吴起说:“现在秦国威胁着我国的西部,楚国包围着我国的南部,赵国正对着我国的北部,齐国逼临我国的东部,燕国阻断我国的后方,韩国盘踞在我国的前方。这六个国家的军队从四面八方包围着我国,形势极为不利,我对此感到忧虑,该怎么办呢?”吴起答道:“安国保家的方法，最先重视的是要有所戒备。现在国君您已有所戒备了，祸害会远离您的。

"臣请论六国之俗[①]：夫齐陈重而不坚[②]，秦陈散而自斗[③]，楚陈整而不久[④]，燕陈守而不走[⑤]，三晋陈治而不用[⑥]。

"夫齐性刚[⑦]，其国富[⑧]，君臣骄奢而简于细民[⑨]，其政宽而禄不均，一陈两心[⑩]，前重后轻[⑪]，故重而不坚[⑫]。击此之道，必三分之，猎其左右，胁而从之，其陈可坏[⑬]。

"秦性强[⑭]，其地险[⑮]，其政严，其赏罚信[⑯]，其人不让，皆有斗心，故散而自战[⑰]。击此之道，必先示之以利而引去之，士贪于得而离其将，乘乖猎散，设伏投机，其将可取[⑱]。

"楚性弱[⑲]，其地广，其政骚[⑳]，其民疲，故整而不久。击此之道，袭乱其屯[㉑]，先夺其气[㉒]，轻进速退，弊而劳之，勿与战争，其军可败[㉓]。

"燕性悫[㉔]，其民慎，好勇义[㉕]，寡诈谋[㉖]，故守而不走。击此之道，触而迫之[㉗]，陵而远之[㉘]，驰而后之[㉙]，则上疑而下惧，谨我车骑必避之路，其将可虏[㉚]。

"三晋者，中国也[㉛]，其性和，其政平[㉜]，其民疲于战，习于兵[㉝]，轻其将，薄其禄[㉞]，士无死志[㉟]，故治而不用。击此之道，阻陈而压之[㊱]，众来则拒之，去则追之，以倦其师[㊲]。此其势也[㊳]。

【注释】

①臣请论六国之俗：俗，风俗，这里指的是各国的军情特点。傅绍杰说："俗，不止于一般所谓习俗，内涵有国性、国风、政情、民性、

民风、民情,最直接反应的是军中情形。”施子美曰:“广谷大川异制,民生其间异俗。因其俗而以求其性,则其临阵搏战之机,皆可得而预言之矣。齐,东国也;楚,南邦;燕为幽蓟之都;秦乃山西之地;而韩、赵又晋之遗壤也。彼其所处之地、所习之性有不同,则及其用之,亦必各从其性之所欲。故或重而不坚,或散而自斗,或整而不久,或守而不走,或治而不用,皆其俗之所习也,乌得同?”朱墉引邓伯莹曰:“起先论六国之俗,正谓知其风俗而致其戒惧度量,则治之道在是,待之道在是,击之道亦在是。”

②齐陈重而不坚:意即齐国军阵庞大却并不坚固。陈,同“阵”,阵势。重,厚重,这里指军阵庞大。刘寅曰:“夫齐国之陈重而不甚坚者,以其后轻也。”

③秦陈散而自斗:意即秦国军阵分散而各自为战。散,指兵力部署分散。自斗,各自为战。刘寅曰:“秦国之陈人心散而欲自为战者,以其不让也。”

④楚陈整而不久:意即楚国军队阵势秩序良好却不耐久战。整,齐整,秩序良好。刘寅曰:“楚国之陈齐整而不能久者,以其数战而民力疲也。”

⑤燕陈守而不走:意即燕国军队的阵势利于防守却不善机动。守,防守。不走,这里指军队缺乏机动灵活的作战能力。刘寅曰:“燕国之陈能守而不能走者,以其性悫而心慎也。”

⑥三晋陈治而不用:意即韩、赵军队的阵势看起来治理得好却并不实用。三晋,原指韩、赵、魏三国,公元前453年晋国一分为三而成,此处专指韩、赵两国。治,治理得好。刘寅曰:“三晋之陈整治而不能用者,以其无死志也。”

⑦齐性刚:刘寅曰:“齐人心性刚忿,如云‘吾姑剪此而朝食’,是其性之刚也。”

⑧其国富:刘寅曰:“其国富饶,以其通工商之业,便鱼盐之利也。”

⑨简于细民:意即对下层民众轻慢苛刻。简,轻慢,苛刻。细民,小民,下层民众。

⑩一陈两心:刘寅曰:"言其心之不一也。"

⑪前重后轻:意即前锋部队实力强大,作战能力强;后续部队实力弱小,作战能力差。前,指前锋部队。后,指后续部队。刘寅曰:"前军重而后军轻,言其力之不齐也。"

⑫重而不坚:刘寅曰:"心不一,力不齐,故虽重而不坚固也。"

⑬"击此之道"五句:意谓攻击这种军阵,一定要兵分三路,袭击其左右两翼,以主力正面进攻形成威势,追击敌人,这样敌阵就可以击垮。猎,打猎,这里是袭击、攻击的意思。胁,威胁,这里指用主力部队正面攻敌以形成威势。从,追赶,追击。施子美曰:"齐,山东之国,其人多才强,故其性刚。地之所产,鱼盐为多,故其国富。诗人刺其荒淫怠慢,故其君臣骄奢。孟子言其恩足以及禽兽,而功不加于百姓,故简于细民。政之所宽者,以其通工商之业,便鱼盐之利,而有太公之风,故其政宽。禄之所以不均者,以其田氏封邑大于平公,故不平。以其所媟近之人,驱之虐用之士,故一阵两心,前重后轻,虽重而不坚。若欲击之,则何以哉?于此有术焉。三分其兵,猎其左右,胁而从之,则其阵必坏。昔晋侯伐齐,使司马斥山泽之险,虽所不至,必旆而疏阵之,使乘车者,左寔右伪,以旆先舆,曳柴而从之。齐侯见其众乃脱走。此正击齐之道也。"刘寅曰:"击此之道必三分吾军,猎齐人之左右,以势胁而从之,其陈可得而坏矣。"

⑭秦性强:刘寅曰:"秦人性强,如所谓'悍然有招八州而朝同列之气也'是也。"

⑮其地险:刘寅曰:"左殽函,右陇蜀,地岂不险乎?"

⑯其政严,其赏罚信:刘寅曰:"步过六尺者有罚,政岂不严乎?立信于徙木,立法于弃灰,赏罚岂不信乎?"

⑰“其人不让”三句：意谓秦国军士好狠斗勇，都有高昂斗志，所以军阵分散而各自为战。不让，不谦让，这里是好狠斗勇的意思。刘寅曰：“其人不相逊让，皆有争斗之心，故陈散而各欲自为战也。”张世超在《〈吴子〉研究》一文（载《古籍整理研究学刊》，2002年第6期）中说：“这里所说的秦，显然是商鞅变法后的情况。商鞅变法在孝公三年（前359年），其后之秦，吴起并未及见，故其文当成于后人之手。”

⑱“乘乖猎散”三句：意谓可趁敌人乖离分散之际出兵进攻，设置埋伏，找准战机，敌将自可擒获。乘乖，傅绍杰说：“趁其乖离彼此不能紧密连系之际。”猎散，趁敌散乱实施袭击。设伏，设置埋伏。投机，找准战机。施子美曰：“秦尚勇力，故其性强，殽函之地，形势百二，故其地险。商君执政，惨酷是尚，故其政严。太子之傅可诛则诛，徙木之人可赏则赏，故其赏罚信。秦人之法，所得于敌者，还以予之，故其人不逊，而皆有斗心。此其阵所以散而自战也。若欲击之，亦必有术焉。诱之以利，使士贪于得而离其将，然后乘乖猎散，设伏投机，故其将可取。高祖入峣关，使郦食其持重宝啖秦将，秦将果叛连和。张良又劝帝因懈击之，果大破秦军。此击秦之道也。”刘寅曰：“我则乘其乖错，猎其散乱，设伏以待之，发机以胜之，其将可得而取之。”

⑲楚性弱：刘寅曰：“楚人性弱，以南方风气柔弱故也。”

⑳骚：动乱，扰乱，这里指政令烦乱。

㉑袭乱其屯：意即要袭扰其军营与仓库。傅绍杰说：“屯，聚集之处，此概兼指军营与仓库。”

㉒先夺其气：黄朴民说：“首先设法挫伤敌人的锐气。《孙子兵法·军争篇》：‘故三军可夺气，将军可夺心。’”

㉓勿与战争，其军可败：施子美曰：“楚，故荆州之地，夷德易衰，其俗剽轻，故其性弱。东连吴越，南有黔中，故其地广。传称‘不恤

其民而劳之，吴不动而速之'，故其政骚。或一岁而七奔命，或一动而楚三来，故其民疲。以烦扰之令，而役疲劳之民，故整而不久。若欲击之，亦必有道焉。袭乱其屯，先夺其气，轻进速退，弊而劳之，又勿与争战，则其军可败矣。城濮之役，晋师先犯陈、蔡，陈、蔡奔，右师溃；狐毛设二旆而退，栾枝使舆曳柴而遁，楚师驰之，原轸、郤溱以中军公族横击之，狐毛以上军夹攻之，楚左师溃。此击楚之道也。"

㉔悫(què)：朴实，质朴。

㉕好勇义：刘寅曰："好爱勇义，以荆轲事观之可见。"

㉖寡诈谋：刘寅曰："寡少诈谋，以骑劫事观之可见。"

㉗触而迫之：傅绍杰说："紧密接近而压迫之。"

㉘凌而远之：傅绍杰说："予以凌辱后而又迅速远离之。"凌，凌辱，侵侮。

㉙驰而后之：傅绍杰说："俟其退走又自后驰逐之。"

㉚"上疑而下惧"三句：意谓敌人的将领会疑惑，士卒会惊惧，我们的战车骑兵埋伏在敌人的必退之路，敌将就可被俘虏。避，退，退避。施子美曰："燕之民，刚狠小虑，故其性悫。近夷之俗，其人悖固，故其民谨。奇士居多，故好勇义。巧不足而谅有余，故寡诈谋。触而迫之，以使之惧。陵而远之，以致其来。夫如是，故守而不走。若欲击之，则何以哉？亦必有道焉。驰而役之，使不得与我战，则必且疑而惧。又且谨我之车骑必避之道，则其将可虏。北戎侵郑，郑伯御之，公子突曰：'使勇而无刚者尝寇而速去之，君为三覆以待之。戎轻而不整，贪而无亲，先者见获，必务进，进而遇覆，必速奔，后者无救，则难继矣。乃可以逞。'戎人之前遇覆者奔，祝聃逐之，前后尽殪。此击燕之道也。"

㉛中国：指中原地区。

㉜平：稳定。

㉝习：习惯，这里是厌倦的意思。

㉞薄：鄙薄，不满。

㉟死志：拼死的意志。

㊱阻陈而压之：意谓用坚强的阵势迫近它。阻阵，能阻止敌人的阵势，即坚强的阵势。压，迫近的意思。

㊲"众来则拒之"三句：意谓敌众前来进攻就迎头阻击它，一旦撤退就追击它，使敌军疲惫不堪。施子美曰："三晋者，韩、赵、魏也。魏斯、韩虔、赵籍三分晋国而君之，故谓之三晋。其地乃涧瀍之间，天地所合，风雨所会，故其性和。圣贤之所教，仁义之所施，故其政平。介于大国之间，处于四战之地，故其民疲于战，习于兵。李牧之吏，皆以为吾将怯，故轻其将。中原之士，衣褐不全，糟糠不厌，故其禄薄。不恤其民而强用之，孰视其上而不之救，故士无死志。其阵虽治而不用。若欲击之，则何以哉？亦必有道也。阻陈而压之，所以陵之也；来则拒而去则追，所以倦其师也。秦之御赵军也，秦军佯败而走，张二奇兵以劫之。赵军逐胜，返造秦壁，秦壁坚拒不得入。而秦奇兵绝赵粮道，一军绝赵壁。赵括出锐搏战，秦军射杀之。此击赵之道也。"

㊳此其势也：意谓这就是六国的军情大势。施子美曰："盖必有以知敌人之势，乃可以施制敌之术。既得其势，其于制敌也，又何难焉？"钮先钟说："在提出基本观念之后，吴子遂开始解答现实问题，他所采取的方法非常合理，充分表现出其治学的科学精神。吴起首先分别探讨各国的民族性（俗），并分析形成此种民族性的环境和背景，然后再断定各国的民族性对于其军事组织（陈）会造成何种影响。最后基于此种敌情研判，提出应如何应付的对策。虽然古人文辞是比较简略，不易了解，但其所显示的基本步骤，则可以说与现代战略家所采取的几乎完全一样。"

【译文】

“请允许我接下来论述一下六国的军情:齐国军阵庞大却并不坚固,秦国军阵分散而各自为战,楚国军阵秩序良好却不耐久战,燕国军阵利于防守却不善机动,韩、赵的军阵看起来治理得好却并不实用。

“齐人性情刚强,国家富裕,君臣上下骄奢淫逸,对下层民众轻慢苛刻,政策宽泛,俸禄不均,军阵中将士人心不一,前锋部队战斗力强,后续部队战斗力差,所以军阵虽然庞大却并不坚固。攻击这种军阵,一定要兵分三路,袭击其左右两翼,以主力正面进攻形成威势,追击敌人,这样敌阵就可以击垮。

“秦人性情强悍,国家地形险峻,政策严明,赏罚必信,军士斗狠好勇,都有高昂斗志,所以军阵分散而各自为战。攻击这种军阵,一定要让敌人看到小利,引诱其出击,士卒贪图利益,脱离将领的指挥,我们可趁敌人乖离分散之际出兵进攻,设置埋伏,找准战机,敌将自可擒获。

“楚人性情柔弱,土地广阔,政令烦乱,民众疲惫,所以军阵虽然看起来秩序良好却不耐久战。攻击这种军阵,要袭扰其军营与仓库,首先挫伤敌人的锐气,突然进攻,快速撤退,使其疲敝劳碌,不要与它正面决战争夺,这样敌阵就可以击败。

“燕人性情朴实,民众做事谨慎,爱好勇敢义气,缺少诡诈智谋,所以军阵利于防守却不善机动。攻击这种军阵,要密切接近,使敌人产生强大压力,予以侵侮而后迅速远离,俟其退走便自后追逐,这样敌人的将领就会疑惑,士卒就会惊惧,我们的战车骑兵埋伏在敌人的必退之路,敌将就可被俘虏。

“韩国与赵国地处中原,人民性情和顺,政策稳定,民众疲于争斗,厌倦战争,轻视自己的将领,不满军队的俸禄,士卒没有拼死的意志,所以军阵看起来治理得好却并不实用。攻击这种军阵,要用坚强的阵势迫近它,敌众前来进攻就迎头阻击它,一旦撤退就追击它,使敌军疲惫不堪。以上便是六国的军情大势。

"然则一军之中必有虎贲之士[①],力轻扛鼎[②],足轻戎马[③],搴旗斩将[④],必有能者。若此之等,选而别之,爱而贵之,是谓军命[⑤]。其有工用五兵,材力健疾,志在吞敌者,必加其爵列[⑥],可以决胜。厚其父母妻子,劝赏畏罚[⑦]。此坚陈之士,可与持久[⑧]。能审料此,可以击倍。"

武侯曰:"善!"[⑨]

【注释】

①一军之中必有虎贲之士:意即一军之中必有勇猛之士。虎贲,殷周时期,虎贲专指战车甲士,春秋时期,才有车下的甲士。他们都有军官的身份。迄至战国时期,士与卒联称士卒,因此,《墨子》中也有"虎贲之徒"的说法。朱墉引许洞曰:"勇士无地不有,即一军之中亦必有之。"又引周鲁观曰:"虎贲之士,有材智勇力可以制敌者也,重为将者能选别贵爱之。"

②力轻扛鼎:刘寅曰:"言力之多不以鼎为重也。"

③足轻戎马:刘寅曰:"言足之疾过于马也。"

④搴(qiān):拔取。

⑤是谓军命:意即这些人是决定军队命运的人。施子美曰:"世未尝无杰特之材,患不见知耳。不有萧何,则韩淮阴终于都尉。不求自效,则皇甫规老于功曹。士不患无材,患不见知耳。是以一军之中,必有虎贲之士。虎贲者,取其猛毅也。《书》所谓'虎贲三百人'是也。力轻扛鼎,则其力为足取者也。传所谓'扛鸿鼎'是也。足轻戎马,则以其捷速也,《韬》所谓'轻足善走'者也。搴旗取将,则以其能破军杀将也,《韬》所谓'绝灭旌旗'者是也。若此之类,必有能者,要在乎选别而爱贵之。盖将以牵众,则人之有能者,必致其辨。将以励众,则人之有能者,必致其厚。选而

别之，所以致其下而以牵众也。爱而贵之，所以致其厚而以励众也。若是之人，谓之何哉？军之死生系焉。其在张昭兵法有曰：‘将者，一军之司命。’知将为军之司命，则此之所谓军命者，亦其豪杰之士，可擢以为将者也。薛仁贵恃骁悍，欲立奇功，白衣自显，持戟鞬弓，驰呼而前，太宗见而嗟异之，立赐金帛，且曰：‘朕不喜得辽东，喜得虓将。’岂非选而别之，爱而贵之乎？”朱墉引眉山苏氏曰：“军命者，三军之士属目于一夫之先登，则勃然者相继矣。岂非军命之所赖乎？”傅绍杰说：“谓此种人有如军中之生命，即决战胜败之所系也。”

⑥“其有工用五兵”四句：意谓对那些擅长使用各种兵器、身材强壮、动作敏捷、志在灭敌的人，一定要加官晋爵。工用五兵，意即擅长使用各种兵器。工，善于，擅长。五兵，据《考工记》，车兵五兵为戈、殳、戟、酋矛、夷矛，都插在车侧备用。步卒五兵，无夷矛而有弓矢，即《司马法》所说弓矢、殳、矛、戈、戟五种。这里可理解为各种兵器。材力健疾，身材强壮、动作敏捷。爵列，爵位等级。施子美曰：“其有工用五兵，材力健疾，志在吞敌者，是亦敢为之士也。五兵，弓矢、戈、矛、殳、戟也。工用五兵，则其用五兵者也。如此之人，亦必加其爵列，厚其父母妻子。”刘寅曰：“其善用五兵，材技勇力轻健剽疾，志在吞灭敌人，必加其爵禄之等列。”

⑦厚其父母妻子，劝赏畏罚：意谓要厚待这些人的父母妻儿，以勉励人们受赏立功，并对刑罚有所畏惧。施子美曰：“既劝以赏以勉其心，又威以罚以惩其心。”刘寅曰：“厚待其父母妻子，劝之以重赏，畏之以重罚。”

⑧此坚阵之士，可与持久：意谓这些坚守军阵的人才，是可以长期报效国家的。坚阵之士，指坚守军阵的将士。施子美曰：“若是则人皆可用，以攻则必取，故可以决胜；以守则必固，故可与持

久。人君诚能审察此人而用之,是虽一可以击倍。"朱墉引徐象卿曰:"坚阵之士可与持久,盖厚其家属,收揽其心,誓报以死,上下结成一片,虽蹈危亡之地,阵自坚固,如'撼山易撼岳家军难'也。"

⑨武侯曰:"善":刘寅曰:"此章前段言料敌,后段言选士。料敌者,知彼也;选士者,知己也。然必先选士养己之势力,然后料敌有可乘之隙而取胜也。"朱墉引《开宗》曰:"此节言形胜在握,则当选士以为三军司命,荣其身,厚其家,而后可以得其死力,而后可以无敌。"

【译文】

"既然这样,那么一军之中必有勇猛之士,力气大得能轻松扛起大鼎,腿脚敏捷,速度快于战马,能在战场上夺旗斩将,必定有这样能力强的人。像这样的人才,选拔甄别出来,爱护并重用他们,他们是决定军队命运的人。对那些擅长使用各种兵器、身材强壮、动作敏捷、志在灭敌的人,一定要加官晋爵,这才可以在战场上决战取胜。还要厚待这些人的父母妻儿,以勉励人们受赏立功,并对刑罚有所畏惧。这些坚守军阵的人才,是可以长期报效国家的。能够审慎处理好这个问题,便可以击败成倍的强敌。"

魏武侯说:"讲得太好了!"

吴子曰:"凡料敌,有不卜而与之战者八①:一曰疾风大寒,早兴寤迁,刊木济水,不惮艰难②;二曰盛夏炎热,晏兴无间,行驱饥渴,务于取远③;三曰师既淹久,粮食无有,百姓怨怒,妖祥数起,上不能止④;四曰军资既竭,薪刍既寡,天多阴雨,欲掠无所⑤;五曰徒众不多,水地不利,人马疾疫,四邻不至⑥;六曰道远日暮,士众劳惧,倦而未食,解甲而息⑦;七曰将薄吏轻，士卒不固，三军数惊，师徒无助[8]；八曰陈而未定，舍而未毕，行阪涉险，半隐半出[9]。诸如此者，击之勿疑[10]。有不占而避之者六[11]：一曰土地广大，人民富众[12]；二曰上爱其下，惠施流布[13]；三曰赏信刑察，发必得时[14]；四曰陈功居列，任贤使能[15]；五曰师徒之众，兵甲之精[16]；六曰四邻之助，大国之援[17]。凡此不如敌人，避之勿疑，所谓见可而进，知难而退也[18]。”

【注释】

①凡料敌，有不卜而与之战者八：料敌，分析敌情，判断敌情。卜，占卜。施子美曰：“用兵之道，料敌为先。何者？知吾卒之可以击，而不知敌之不可击者，胜之半也，故必料敌而后与战。料之既审，则决胜在己，何必求之于神？故虽不卜而可以与战。自‘疾风大寒’，至于‘阵而未定’，此八者，皆敌有可克之理，虽战可也。”朱墉引胡君常曰：“八者必败之道，敌有一于此，当无烦审问，而以兵击之，未有不胜者。岂可以战为危事，而必俟卜而后决哉？”又引邓伯莹曰：“不卜与战，重‘不卜’二字。凡人临阵，胜负未分，必多疑惧。不卜者，败征已见，何必疑虑？”又引《醒宗》曰：“八者之事是彼之败形已彰，乃事机所不易遘，彼之逆情已见，为时候所最难逢。”

②“一曰疾风大寒”四句：意谓一是在大风严寒的天气，昼夜兼程急行军，砍伐树木做成木筏渡河，不顾士卒行动艰难。早兴寤迁，日夜行军。寤迁，指在夜间行动。寤，睡醒。刊木，伐木。此指砍伐树木做成木筏。施子美曰：“一曰疾风大寒，此以隆冬盛寒而兴师者也。此正曹公赤壁之役，时方盛寒，驱士卒远涉，不习水土，而败于周瑜之时也。加以早兴寤迁，割冰济水，不畏艰难，

则其士卒必劳，故可与战。”刘寅曰：“初一曰遭遇迅疾之风，其时隆冬大寒，或早而兴起，或始寤而迁移，剖冻冰而济水，不畏惮其艰难劳苦者。”解文超曰：“《尉缭子·武议》中对吴起作战也有一定篇幅的描写，第一：‘吴起与秦人战，舍不平陇亩，朴樕盖之，以蔽霜露’与《吴子·料敌》的‘疾风大寒，早兴寤迁，剖冰济水，不惮艰难’内容、形式相似。”

③“二曰盛夏炎热”四句：意谓二是在盛夏酷热时节，部队出发时间晚，途中没有休息的空暇，驱赶士卒在饥渴状态下行军，只顾着赶远路。晏兴无间，指出发时间晚，途中没有休息的空暇。取远，赶远路。施子美曰：“二曰盛夏炎热，此以盛夏之际而兴师也。正马援壶头之役，士卒疾疫之时也。况以晏兴无间，行驱饥渴，务于取远，则士卒亦劳耳。故可与之战。”刘寅曰：“次二曰盛夏之时，天气炎热，起之又晚，无有暇隙之处。行走驱驰，饥而又渴，务取远路而与人战。”

④“三曰师既淹久”五句：意谓三是部队在外停留已久，没有粮食，百姓怨恨恼怒，多次出现反常怪异的现象，将帅却不知停止进军。淹久，指部队在外停留已久。淹，停留，延迟。妖祥，反常怪异的现象。施子美曰：“三曰师既淹久，粮食无有，其老师费财可知矣。加之百姓怨怒，而下无以得人之心，妖祥数起，而上无以当天之意，为之上者，有所不能知止，不败何为？其可战也必矣。此正公孙文懿之师虽众而饥，时有长星出自襄平西南，堕于凉水。文懿惧请降，率为司马所斩是也。”

⑤“四曰军资既竭”四句：意谓四是军需物资已经耗尽，柴草与饲料已经短缺，阴雨连绵不断，无处掠夺军资。薪刍，柴草与饲料。寡，少，短缺。施子美曰：“四曰军资既竭，则无以给军食，薪刍既寡，则无以给樵苏，加以天多阴雨，欲掠无所，故可与战。此唐太宗之克突厥，所以因天雨甚，冒雨而进，丑徒果震骇也。”

⑥“五曰徒众不多”四句：意谓五是兵力不多，水土不服，人马染上疾病，四邻援军不能赶到。水地不利，意即水土不服。施子美曰：“五曰师众不多，则其兵寡也。水地不利，则不得地利也。人马疾疫，则失时也。四邻不至，则无援也。故亦可击。此正薛仁贵之击吐蕃，谓乌海地阴而瘴，可谓危地。及后至乌海以待援，果为吐蕃所败是也。”

⑦“六曰道远日暮”四句：意谓六是路途遥远，已近黄昏，士卒疲劳恐惧，困倦不堪，没吃上饭，脱掉铠甲，倒头便睡。施子美曰：“六曰道远日莫，士众劳惧，是则倍道兼行之际，其众亦云倦矣。倦而未食，又且解甲而息，故可击。此正孙膑之斩庞涓，度其行暮当至马陵而克之是也。”

⑧“七曰将薄吏轻”四句：意谓七是各级将领无德无能，缺乏威信，军心不稳，三军屡屡惊乱，孤立无援。将薄吏轻，黄朴民说：“各级将领无德无能，缺乏威信。《孙子兵法·地形篇》，‘卒强吏弱’，‘将弱不严’。”士卒不固，意即军心不稳。施子美曰：“七曰将薄吏轻，士卒不固，此则上不能以制下也。故三军数惊，则其心必疑，师徒无助，则其势必孤，故亦可击。此正邲之战，晋之从政者新，以中军佐济，二憾皆往，余师不能军，舟中指可掬，所以见败于楚也。”

⑨“八曰陈而未定”四句：意谓八是阵势还未布好，宿营还未完毕，只有一半人马翻过高山，越过险境。陈，同“阵”，阵形，阵势。行阪，翻过高山。阪，山坡。施子美曰：“其八者，阵必欲其定，今而阵未定，舍必欲其毕，今而舍未毕；行山阪，涉险阻，半隐半出，其师不相续也。是亦可击。此如史祥与余公理对军，公理未成列，而祥纵击大破之是也。凡此八者，皆敌有可击之道。故有如此者，则击而勿疑。”

⑩诸如此者，击之勿疑：朱墉引黄皇肱曰：“知其可战，则得随机制

胜之策；知其可避，则得畏天保国之图。”又引金千仞曰：“此章之旨，吴子亦举其大概言之。兵家之势不常，亦有变强为弱、转祸为福者，如太王避狄人而兴周，勾践收祸败而灭吴，苻坚恃强大而亡，隗嚣恃富盛而灭，不可以执一论也。”朱墉引《开宗》曰：“此一节言敌势有八败之道，而在我贵乘机以击之，不可逗遛也。”

⑪有不占而避之者六：意即有六种情况可以不必占卜便可决定避开敌人。施子美曰：“敌有可击者，亦有不可击者。可击而不击，则为失利；不可击而击之，则为妄进。法曰：‘合于利而动，不合于利而止。’合于利而动者，此不卜而与之战者也。不合于利而止者，此不占而避之者也。不占而避之者，是亦自知其未可以胜，故不必占之于神也。”朱墉引陈孝平曰：“‘避’之一字，今人皆以为讳，不知善避正所以为善击也。”

⑫一曰土地广大，人民富众：施子美曰：“此强敌也。敌强下之，故避而不与战。此如燕欲伐齐，乐毅曰：‘齐地大人众，未易攻也。’”朱墉引《醒宗》曰：“土地广大知其富，惠施流布知其仁，刑赏贤能知其哲，师徒援助知其交。”

⑬二曰上爱其下，惠施流布：惠施流布，意即施与的恩惠能泽及众人。施子美曰：“此恩足以及人者也。蓄恩不倦，以一取万，故亦避之而不与战。此如楚子已责逮鳏，救乏赦罪，而晋人避之也。”朱墉引芮文其曰：“惠施流布，言仁恩汪涉布满国中，大公之恩非私恩小惠之可比也，人人被泽受恩，自人人输忠效力。”又引《大全》曰：“人君施惠于民，往往有上行而下滞者，虽有惠施之多，而无惠施之实，此则流布充满，人人被泽矣。”

⑭三曰赏信刑察，发必得时：赏信刑察，意即赏罚严明。发必得时，意即行动及时。施子美曰：“此赏罚之必行而事无妄动故也，故必避之。此如楚子讨郑，叛而伐之，服而舍之，德刑以成，故虽入陈入郑，民不罢劳，而随季知其不可敌是也。”刘寅曰：“次三曰赏

有功者务信，刑有罪者务察。察者，明也。发动必得其时，言不违时也。”

⑮四曰陈功居列，任贤使能：陈功居列，指根据战功的大小论定官职爵位。施子美曰：“此谓有功者，既陈而在列，而又贤有德者则任之，能有材者则使之，是得人则国必强也，故必避之。此如廉颇、蔺相如之在赵，而强秦不敢加兵是也。”

⑯五曰师徒之众，兵甲之精：施子美曰：“此谓士卒强而器用备也，故必避之。此如邲之战，随武子谓楚君荆尸而举，前茅虑无，中权后劲，百官象物而动，军政不戒而备，而不敢与之敌是也。”

⑰六曰四邻之助，大国之援：施子美曰：“此谓资人之助，而其势强盛也，故亦当避之。正如六国合从，秦兵不敢出关者十五年是也。”朱墉引王圻曰：“助者，因弱而扶之之谓；援者，将危而救之之谓。”张少瑜说：“在治国治军的手段上，吴起兼具儒法两家的思想倾向，这与他是一个治国治军的实干家而不是一个书斋中的学问家的经历和地位分不开。《吴子》基本思想是儒家的。……但是吴起又有着浓厚的法家思想。他认为当今之世‘要在强兵’，如果只是‘修德废武’，会‘灭其国’，因而反对空谈德政仁义。他认为不可战胜者应具备这样几个条件：‘土地广大，人民富众；上爱其下，惠施流布；赏信刑察，发必得时；陈功居列，任贤使能；师徒之众，兵甲之精；四邻之助，大国之援。’（《料敌》）为激励士卒杀敌积极性，他主张‘举有功而飨之，无功而励之’（《励士》）。在富国强兵的基础上，他主张军队要以治取胜，‘法令明，赏罚信’，要严格执法。他在楚国‘明法审令，捐不急之官，废公族疏远者，以抚养战斗之士。要在强兵，破驰说之言从横者’（《史记》本传）。《韩非子·内储说上》还记载吴起在魏国时，为攻占秦的小亭曾下令说：‘有能先登（小亭）者，仕之国大夫，赐之上田上宅。’可以说这也是典型的法家思想和法治措施。

也正因为此,许多学者把吴起列为早期法家的代表人物之一。吴起在持国治军的实践中把儒法二家思想中的积极的东西统一了起来。他看到了人性的两重性和治国方法的综合性,因而两手兼用,是个英明的实干家,事实也证明了他的'两手都硬'的做法是正确的。"

⑱所谓见可而进,知难而退也:施子美曰:"凡此六者,吾不若敌。不若者,能避之,故避之勿疑。惟夫知其可击而击之,是见可而进也;知其不可击而避之,是知难而退也。此随武子于邲之战,所以亦曰'见可而进,知难而退'。"朱墉引周鲁观曰:"见知最要醒露。兵机宜慎,岂可轻进?盖诚见其可也。兵任最重,岂可甘退?盖诚知其难也。"又引汪殿武曰:"'见可''知难'二句,是总结上文语,非轻敌而进,非畏敌而退,实我心中有料敌之明也。"又引方伯闓曰:"此节所云料敌,虽累累多言,然详其实,究不过示人以进退之机耳,故避实击虚,孙子一生妙用。"又引《开宗》曰:"此一节言敌势有六胜之道,而在我贵察理以避之,不可侥幸也。"李硕之说:"在作战指挥上,吴起更为强调在战场上对敌情的观察、分析和判断,以此定下打还是不打的决心。这就是吴起所论述的'见可而进,知难而退'的作战原则。他归纳的不卜而'击之勿疑'的八种情况、'避之勿疑'的六种情况,以及'可击之道'的十三种情况,都是吴起从当时的实战中总结出来的经验之谈。《孙子》在论述'相敌'时,列举了敌军在战场上出现的三十多种现象,显得繁杂和无重点,而吴起的总结则比较简明而具体。可见《吴子》的'料敌'比《孙子》的'相敌'有了新的发展。"钮先钟说:"吴子提出两种极端的情况:(1)凡料敌有不卜而与之战者;(2)有不占而避之者。前者可分八类,后者可分六类。吴子所说的'卜占'并不带有迷信的意味,而只是表示考虑的慎重。他认为有某些情况是应该'击之勿疑',所以必须立即采取行动。

既然无疑，也自然不必占卜（不疑何卜）。于是其结论曰：‘见可而进，知难而退。’他的话与孙子所说‘合于利而动，不合于利而止’，也正是异曲同工，若合符节。”

【译文】

吴起说：“判断敌情时，大概有以下八种情况可以不必占卜便与敌作战：一是在大风严寒的天气，昼夜兼程急行军，砍伐树木做成木筏渡河，不顾士卒行动艰难；二是在盛夏酷热时节，部队出发时间晚，途中没有休息的空暇，驱赶士卒在饥渴状态下行军，只顾着赶远路；三是部队在外停留已久，没有粮食，百姓怨恨恼怒，多次出现反常怪异的现象，将帅却不知停止进军；四是军需物资已经耗尽，柴草与饲料已经短缺，阴雨连绵不断，无处掠夺军资；五是兵力不多，水土不服，人马染上疾病，四邻援军不能赶到；六是路途遥远，已近黄昏，士卒疲劳恐惧，困倦不堪，没吃上饭，脱掉铠甲，倒头便睡；七是各级将领无德无能，缺乏威信，军心不稳，三军屡屡惊乱，孤立无援；八是阵势还未布好，宿营还未完毕，只有一半人马翻过高山，越过险境。像以上这些情况，均可击敌，不必迟疑。有以下六种情况可以不必占卜便可决定避开敌人：一是土地广大，人口众多，百姓富足；二是国君爱护下民，恩惠泽及众人；三是赏罚严明，行动及时；四是根据战功的大小论定官职爵位，任用贤能之士；五是军队众多，武器装备精良；六是得到四邻帮助与大国援救。凡是以上这些方面不如敌人的，要避免作战，不必迟疑，这就是人们所说的，发现可以获胜就进军，知道难以获胜就后退。”

武侯问曰：“吾欲观敌之外以知其内①，察其进以知其止②，以定胜负，可得闻乎？”起对曰：“敌人之来，荡荡无虑③，旌旗烦乱，人马数顾，一可击十，必使无措④。诸侯未会，君臣未和⑤，沟垒未成，禁令未施，三军匈匈⑥，欲前不能，欲去不敢,以半击倍,百战不殆[7]。"

【注释】

①吾欲观敌之外以知其内:外,指外在现象。内,指内部情况。施子美曰:"量敌而后进,虑胜而后会,此兵法之常也。将以量敌而进,虑胜而会,吁亦难矣。何者?敌人之情伪有可得而知者,有不可得而知者。可得而知者,外也,进也;不可得而知者,内也,止也。吾欲由内以知外,由进以知止,不亦难乎?既知乎此,则胜负可以坐决矣。此武侯之所以问吴起也。"刘寅曰:"我欲观敌之外,以知其在内之虚实。"朱墉引《新宗》曰:"有诸内者必形于外,凡事皆然,何况于兵?故欲知敌在内之虚实,不必于其内也,察其在外之形,而一虚一实之理,莫不昭然矣。"

②察其进以知其止:进,指进兵的形势。止,指最终的作战意图。刘寅曰:"察其前进之势,以知其所止之形。"朱墉引叶伯升曰:"观敌外以知其内,察敌进以知其止,则胜负之理,无不自我全操,不待接刃交戈而可豫决者矣。"

③荡荡无虑:行动散漫,毫无顾虑。刘寅曰:"荡荡,轻忽之貌。"

④"旌旗烦乱"四句:意谓敌人的旌旗纷杂混乱,士卒不断东张西望,内心紧张不安,对这类敌人可以一击十,必能使其措手不及。数顾,士卒不断东张西望,内心紧张不安。无措,措手不及。施子美曰:"起之意谓欲知之,即其势而求之可也。堂堂之阵不可击,正正之旗不可邀。今而敌人之来,荡荡无虑,则其军为妄进也;旌旗烦乱,则其众为无统也;况又人马数顾而莫有斗心。若此之势,一可击十,必能使之无所措矣。何者?言军之自乱,取之易也。此如苻坚淮淝之役,一麾之间,军乱莫止,众心已怖。是虽谢玄之八千可以破其百万,非以一击十乎?"刘寅曰:"旌旗烦扰紊乱,人马频数顾望,此为愚将,吾以一倍之少可击十倍之

多,必使之仓皇无措也。”

⑤诸侯未会,君臣未和:意谓诸侯的盟军未能会合,君臣上下不和睦。会,会师,会合。未会,底本作“大会”,《施氏七书讲义》本、《武经七书直解》本均作“未”,于意为顺,今据改。

⑥三军匈匈:意即三军上下扰攘不安。匈匈,同“汹汹”,动乱,纷乱。朱墉引《大全》曰:“汹汹,其中怀漫无主张可知。夫兵以安静胜人,未有惊皇无措而可以致胜者也。”

⑦以半击倍,百战不殆:殆,失败。施子美曰:“若夫诸侯未会,君臣未和,沟垒未成,禁令未施,如此之时,军士匈匈然不敢进,亦不敢退,此正疑惑之际。三军既感且疑,则必有隙可乘,故可以半击倍。能审乎此,虽百战而不危殆矣。此如郧人军于蒲骚,将与随、绞、州、蓼伐楚,军其郊而不诫,旦日虞四国之至。斗廉知其可取,故不待济师而克之,且谓师克在和不在众,是非以半击倍之意乎?虽然,前之所言‘以一击十’,是十倍其数而克之也,至于此,特以半击倍者,盖荡荡无虑,旌旗烦乱,此乱军也,乱军引胜,故虽一可击十。至于诸侯未会,必有时而会,君臣未和,必有时而和,沟垒未成,禁令未施,必有时而可成可施。吾乘其未然而击,故特可以半击倍。”朱墉引《开宗》曰:“此节言按兵之整乱,可知其内之虚实;察进之备缺,可知其止之坚瑕。”李硕之说:“由于战争是敌对双方武装着的活人之间的生死搏斗,在临敌作战中,双方必然采取各种手段隐藏自己的企图,并制造各种假象以欺骗和迷惑双方。因此,在查明、分析和判断敌情的过程中,敌情会有真伪虚假之别。吴起强调‘料敌’之时,十分重视不要被敌人的表面现象所迷惑,必须把握敌军实情,准确地判断敌人的行动企图,尔后再定下自己的作战决心。当魏武侯向他请教‘观敌之外以知其内,察其进以知其止’的问题时,吴起根据自己的实战经验,从战场上可能观察到的敌人行动的不同情况,通过对

这些表面现象的分析判断，把感性的认识加以提高，把握敌情本质的东西，从而得出‘一可击十’‘以半击倍’的结论。”

【译文】

魏武侯问道：“我想做到观察敌人的外在现象便能掌握内部情况，观察敌人进兵的情形便能掌握其最终的作战意图，凭借这些决定胜负，其中的道理可以说给我听听吗？”吴起答道：“敌人前来进攻，行动散漫，毫无顾虑，旌旗纷杂混乱，士卒不断东张西望，内心紧张不安，对这类敌人可以一击十，必能使其措手不及。诸侯的盟军未能会合，君臣上下不和睦，防御工事没有修成，颁布的禁令未能落实，三军上下扰攘不安，想进兵而不能，要撤退却不敢，对这类敌人可以半击倍，百战不败。”

武侯问敌必可击之道①，起对曰：“用兵必须审敌虚实而趋其危②。敌人远来新至，行列未定，可击③；既食未设备，可击④；奔走，可击⑤；勤劳，可击⑥；未得地利，可击⑦；失时不从，可击⑧；旌旗乱动，可击⑨；涉长道，后行未息，可击⑩；涉水半渡，可击⑪；险道狭路，可击⑫；陈数移动，可击⑬；将离士卒，可击⑭；心怖，可击⑮。凡若此者，选锐冲之⑯，分兵继之⑰，急击勿疑⑱。”

【注释】

①武侯问敌必可击之道：朱墉引周鲁观曰：“击与战不同，战必两敌交锋，击则乘虚忽入也。击之之法，只在呼吸转盼间。”

②用兵必须审敌虚实而趋其危：趋其危，指集中兵力攻打敌人的薄弱之处。施子美曰：“敌有必可击之道乎？曰：有。何以知其有也？兵形避实而击虚，惟乘其虚，故可击。是以吴起对武侯之问，谓必审敌之虚实而趋其危。昔太宗尝曰：‘《孙子》十三篇无

出虚实。'知虚实之势,则无不胜矣。既知其虚实,则必避实击虚以趋其危,是岂不为必可击乎?"刘寅曰:"凡用兵之法,必须审察敌人之虚实而趋其危急之隙,乃可胜也。若不审虚[实],恐彼实而示之虚,虚而示之实,反为所胜耳。"朱墉引方伯閤曰:"兵家出奇,多是击法,但非真见虚实,又是冒险,故必须审察。"李硕之说:"把握敌人的真实情况,熟知对手的强弱、虚实和短长,对作战的胜负有着决定性的影响。但是,还必须正确地使用兵力,灵活地运用各种作战手段,即采取不同的战法,避敌之长,击敌之短,才能出奇制胜。吴起针对六国所提出的不同战法,以及他所说的'可击之道',都是通过对敌人优劣形势的分析和判断,找出敌军内部所暴露出来的薄弱环节和危及生死存亡的要害而提出来的。他把这些不同的战法又上升到理论的高度,总结出'审敌虚实而趋其危'的作战原则,含有查清敌人的虚实强弱之后,再从敌人的弱处开刀,攻击危及其存亡的要害之意。这是一条富有生命力的作战原则,在今天看来,仍有其借鉴价值。"卫广来在《〈吴子兵法〉简论》一文(载《山西师大学报》,1992 年第 1 期)中说:"作战理论,包括判断敌情、攻敌虚弱、选择战机、灵活应变、瓦解敌军五个内容。前两个内容,吴起概括为一句话,叫做'审敌虚实而趋其危'(《料敌》篇)。……趋其危,是攻敌之薄弱环节。他认为任何军队都有其弱点,'齐阵重而不坚,秦阵散而自斗,楚阵整而不久,燕阵守而不走,三晋阵治而不用'(《料敌》篇),可分别情况而击之。敌方将领的弱点也要利用,'其将愚而信人,可诈而诱;贪而忽名,可货而赂;轻变无谋,可劳而困;上富而骄,下贫而怨,可离而间;进退多疑,其众无依,可震而走'(《论将》篇)。"徐勇在《〈吴子〉的成书、著录及其军事思想》(载《军事历史研究》2001 年第 3 期)一文中说:"在《吴子·料敌第二》中,吴起认为:'用兵必须审敌虚实而趋其危。'即指挥作战必须在了解了敌方的真实情况后，才能‘以半击倍，百战不殆’，有效地打击其薄弱环节。这对《孙子·谋攻篇》‘知彼知己，百战不殆；不知彼而知己，一胜一负；不知彼，不知己，每战必殆’的著名命题，是一个总结性发展。”

③“敌人远来新至”三句：意谓敌人远道而来，刚到阵地立足未稳，阵型部署还未确定，可以攻击。行列未定，傅绍杰说：“此概指部署上秩序未定。”施子美曰：“如陈庆之之伐魏也，谓魏人远来，皆已疲倦。及其未集，须挫其气是也。”

④既食未设备，可击：既食，用餐完毕。设备，指布置必要戒备。施子美曰：“此如光弼伺贼方饭而击之是也。”

⑤奔走，可击：奔走，傅绍杰说：“奔驰狂走，秩序混乱。”施子美曰：“此如罗之役，楚师乱次以济，而为罗所败是也。”

⑥勤劳，可击：勤劳，此指疲劳、疲惫。施子美曰：“此如周访击杜曾曰‘彼劳我逸，故克之’是也。”

⑦未得地利，可击：意谓敌人未能占据有利地形，可以攻击。施子美曰：“此如窦泰依山为陈，未成列，为周文帝所击是也。”

⑧失时不从，可击：意谓敌人未能顺从天时展开行动，可以攻击。施子美曰：“此如宋襄公不阻险，不鼓不成列，而为楚人所败是也。”刘寅曰：“凡举事动众，必顺其时，若失时不顺者，则可击。”

⑨旌旗乱动，可击：施子美曰：“此如曹刿望其旗靡而追齐师是也。”刘寅曰：“旌旗乱动，是无节制也，故可击。”

⑩“涉长道”三句：意谓敌人长途跋涉，后续部队未能休息，可以攻击。施子美曰：“此如周文帝谓左右曰‘高欢数日行八九百里，晓兵者所忌，正须乘便击之’是也。”

⑪涉水半渡，可击：施子美曰：“此如高祖击曹咎，俟其半渡而击之是也。”

⑫险道狭路，可击：意谓敌人在险峻狭隘的道路上行军，可以攻击。

施子美曰:“此如孙膑斩庞涓于马陵是也。”刘寅曰:“险道狭路,或冲其中,或掩其后,敌难以相救,故可击。”

⑬陈数移动,可击:意谓敌人的阵型多次移动,可以攻击。施子美曰:“此如徐敬业置阵既久,士皆瞻顾,阵不能整,为李孝逸所击是也。”刘寅曰:“陈数移动,人心不定也,故可击。”

⑭将离士卒,可击:施子美曰:“此如刘裕入长安,令其子居守,率之狼狈而归是也。”刘寅曰:“将离士卒,则上下相隔,令不一也,故可击。”

⑮心怖,可击:施子美曰:“此如苻坚之军,见八公山草木皆人形,而为谢玄所败是也。”

⑯选锐冲之:朱墉引胡君常曰:“十三可击处,皆是敌人之危,选锐可击之。危而我不乘机选锐,因势分兵以趋人之危,更待何时?”

⑰分兵继之:意即继而派遣兵士加强进攻。傅绍杰说:“承上句,选锐冲之,未必只在一处,只予以一冲,未必能收歼灭之效,故必须分兵以继其后,而扩张战果。”

⑱急击勿疑:施子美曰:“其在杜佑《通典》,亦有所谓敌有十五形可击:曰新集、曰未食、曰不顺、曰后至、曰奔走、曰不戒、曰动劳、曰将离、曰长路、曰候济、曰不暇、曰险路、曰扰乱、曰惊怖、曰不定。凡此十五形,求其旨意,亦必自吴子始也。”朱墉引《翼注》曰:“‘击’字最有气力,其势如雷霆击物,当之者碎。”又引王汉若曰:“‘可’字正是审量真切处。‘急击’,‘急’字宜重看,盖敌人此隙乃不可多得之候,稍迟则敌人有备,错过事机便难以取胜。”吴如嵩等著的《中国军事通史》第三卷《战国军事史》说:“关于‘击虚’,《料敌》中列举了‘击之勿疑’的八种情况和‘急击勿疑’的十三种情况。其核心含义,就是要牢牢抓住有利的战机,利用敌人显露的虚弱之点,发起凌厉的打击,力求以最小的代价夺取最大的胜利。由此可见,吴起这种‘见可而进,知难而退’(《料敌》),

主张避实击虚的作战指导思想，既是对孙武等前人军事思想的继承，又有所发展，丰富了具体的内容，增添了新的见解。”卫广来在《〈吴子兵法〉简论》一文（载《山西师大学报》，1992 年第 1 期）中说：“选择战机，要求善于捕捉战机，果然断之。《料敌》篇列举出‘击之勿疑’八种情况，‘避之勿疑’六种情况，‘急击勿疑’十三种情况，要求指挥员以智慧去捕捉。战机既捉，这时指挥员应拿出坚决果断之气质，当机立断，下决心时来不得半点的犹豫和彷徨。”解文超说：“《六韬·武锋》‘十四变’袭用《吴子·料敌》中的‘十三击’，相比之下，《六韬》的总结和概括比较简明、扼要。另外，这段‘十四变’行文对照工整、紧凑，不枝不蔓，明显是对《吴子》之语加工的结果。”

【译文】

魏武侯向吴起询问可以击敌获胜的条件，吴起答道：“将领用兵必须明察敌人的虚实，集中兵力攻打敌人的薄弱之处。敌人远道而来，刚到阵地立足未稳，阵型部署还未确定，可以攻击；没设置必要戒备，可以攻击；敌人混乱奔逃，可以攻击；敌人疲惫不堪，可以攻击；敌人未能占据有利地形，可以攻击；敌人未能顺从天时展开行动，可以攻击；敌人旗帜紊乱，可以攻击；敌人长途跋涉，后续部队未能休息，可以攻击；敌人渡河过了一半，可以攻击；敌人在险峻狭隘的道路上行军，可以攻击；敌人的阵型多次移动，可以攻击；敌将脱离士卒，可以攻击；敌人军心恐慌，可以攻击。大概像这些情况，可挑选精锐之士向敌人发起冲击，继而派遣兵士加强进攻，迅速出击，不要迟疑。”

治兵第三

【题解】

本篇题为“治兵”，叙述了治理军队的一些基本原则，内容涉及军法、装备、军事训练、军人心理、作战方法、宿营原则、战马驯养等诸多方面，内容十分丰富。共分以下八节文字。

第一节提出了“四轻”“二重”“一信”的概念。“四轻”指的是在作战时要重视地形的险易、战马的喂养、战车的保养，以及兵器的锋利、铠甲的坚实，做到“地轻马，马轻车，车轻人，人轻战”。“四轻”将诸多战争要素勾连为一个环环相扣的系统，而最终的落脚点在“人”，不仅极大地凸显了“人”的重要性，也凸显了与“人”的作战状态密切相关的军事地形、战马战车、武器装备等战争要素的重要性。“二重”指的是“进有重赏，退有重刑”，以两个“重”字，强调了战时奖赏要优厚，惩罚要严厉。“一信”指的是赏罚必信。只有落实了“二重”与“一信”，军队才会法纪严明，服从指挥，取得胜利。

第二节承接“二重”“一信”，继续申说法纪问题，提出了“以治为胜”的主张。吴起认为一支军队是否具有战斗力，与人数多少没有必然联系。如果“法令不明，赏罚不信”，军人不听号令，这样的军队“虽有百万，何益于用”。他还指出了治军的内容与目标，就是把军队训练成“父子之兵”。这一建军目标的核心内容就是法纪严明，军人只有敬畏礼法，才会一切行动听指挥，具有强大战斗力。

第三节指出了在不同地形条件下作战、驻扎与宿营时将领应掌握的原则，防止“进止不度，饮食不适，马疲人倦而不解鞍”。

在第四节，吴起彰显了战争的极端残酷，说战场是一个“立尸之地”，军人要想活着走出战场，就要拥有不怕死的品性。他揭示出了一条关乎军人生死的至理名言——“必死则生，幸生则死”，越是抱着必死的信念忘我杀敌，就越是能活下来；如果心怀侥幸，贪生怕死，反而会命丧疆场。这启发军人应悟透极端环境下的生与死，战胜死亡恐惧，大力培养不怕牺牲的职业素养。这一节的至理名言还有“用兵之害，犹豫最大；三军之灾，生于狐疑”，这几句话启发将领及时抓住战机，当断则断，不可胆怯狐疑，造成兵败灾难。

第五节先是强调了军事训练的重要性，所谓“用兵之法，教戒为先”，并给出了如何“教成三军”的基本方法。接下来重述了孙武“以近待远，以佚待劳，以饱待饥”的作战指导原则，交待了阵法训练的基本程序。

第六节叙述了军事训练的一些基本条令，内容包括：如何根据士兵的体能与智力，颁发适合他们使用的武器，分配他们从事力所能及的工作；如何将同乡同里的士卒编在一起，让同什同伍的士卒相互担保；如何让士兵掌握各种鼓声所蕴含的不同军事命令等。

第七节交代了军队行进、驻扎时所应遵循的宿营原则，以及前军、后军、左军、右军、中军所应分别使用的旗帜是青龙旗、白虎旗、朱雀旗、玄武旗、招摇旗。还叙述了即将作战时要注意风向顺逆，顺风时乘势进攻，逆风时坚守阵地，等待战机。

第八节叙述了驯养战马的基本方法。战国前期新兵种骑兵的出现，使战马成为决定战争胜利的基本要素，然而在当时却少有这方面的理论。吴起对马政的高度重视与深入研究，既说明他的军事理论来自于战场实际，更说明了他的与时俱进与远见卓识。

综观八节内容，可见本篇内容主要是围绕“以治为胜”这个中心展开的，而其中讨论最为充分的是关于军队教育训练的问题。李硕之总结分析本篇所体现的吴子军队教育训练思想说：“吴子认为，建设一支强大的军队，教育训练是首要的。我们知道，严格训练是提高军队战斗力的重要手段；缺乏训练的军队是不能打仗的；而且训练只有符合实战要求，军队才有较强的战斗力。吴起对军队训练的一整套方法，是他从事建军的实践经验中总结出来的。吴起所说的教育训练包括两个方面的内容，即军事基础训练和战备行动训练。军事基础训练包括单兵技术训练、战斗队形训练和阵法训练。战备行动训练，他强调‘进兵之道’‘行军之道’‘驻止之道’和‘驯养马匹之道’。主张按照‘四轻、二重、一信’的进兵原则，根据实战要求和各种地形条件，进行行军、宿营、通信联络、部署兵力，以及临阵对敌的训练等。训练方法主要有两点，吴子强调‘学战之法’和‘教战之令’。所谓学战之法，就是从‘一人学战’，推广到‘教成三军’的办法，先学单兵格斗、拼杀技术，尔后学战术，熟练各种阵法。所谓‘教战之令’，是指在组织训练上，根据士卒的不同特点、进行适应的分工教练；并规定军队一天训练活动的内容和程序。这些训练方法，虽然显得有点机械呆板，但确有一定的普遍意义。”

又，本篇中有“必左青龙，右白虎，前朱雀，后玄武，招摇在上，从事于下”一段，郭沫若先生曾在《述吴起》一文（载《青铜时代》一书，科学出版社 1957 年版）中据以论定“《吴子》实可断言为伪”。他说：“（这数句）系袭用《曲礼》或《淮南子·兵略训》。……‘行，前朱鸟而后玄武，左青龙而右白虎，招摇在上，急缮其怒。’（《曲礼上》）‘所谓天数者，左青龙，右白虎，前朱雀，后玄武’（《淮南子·兵略训》）。四兽本指天象，即东方之角亢为青龙，西方之参井为白虎，南方之星张为朱雀，北方之斗牛为玄武，而《吴子》所说则似乎已转为地望。像这样的含混不明，则语出剿袭，毫无可疑。且此四兽之原型始见《吕氏春秋·十二纪》，所谓：‘春……其虫鳞。’‘夏……其虫羽。’‘秋……其虫毛。’‘冬……其虫介。’

《墨子·贵义篇》言五方之兽则均为龙而配以青黄赤白黑之方色。此乃墨家后学所述，当是战国末年之事。若更演化而为四兽，配以方色，则当更在其后。用知四兽为物，非吴起所宜用。故今存《吴子》实可断言为伪。以笔调睹之，大率西汉中叶时人之所依托。”郭氏的这一说法颇有影响，然高文、何法周、李学勤等根据出土文献与海外文物，对此做了有力驳正。高文、何法周在《〈吴子〉考补证》一文（载《学术研究辑刊》，1980 年第 2 期）中说：“先秦古籍之《右官篇》虽然已经说明‘五方之兽均为龙’‘演化而为四兽’已经完成；但遗憾的是，郭老未能见到青龙、白虎、朱雀、玄武这四兽的具体名称。他见到的只是倮兽、羽兽、毛兽、介兽、鳞兽等名称。现在银雀山西汉墓《六韬》竹简的出土，证实先秦时代已应用四兽具体名称；随县曾侯乙墓天文图像上，更绘制有青龙、白虎图；因此，关于‘用知四兽为物，非吴起所宜用，故今存《吴子》，实可断言为伪’的结论，我们就可以代郭老修正了。”李学勤在《〈吴起传〉序》一文（载《晋阳学刊》1988 年第 3 期）中说：“（《吴子》）书中某些看起来较晚的词语，有的未必晚出。例如‘左青龙，右白虎’等语，《礼记·曲礼上》和湖南长沙马王堆西汉墓所出帛书中都有。一九七八年在湖北随县擂鼓墩一号墓出土一件漆衣箱，上绘青龙、白虎，并写有‘斗’及二十八宿名称。墓的年代是公元前四三三年，比吴起的活动年代还略早一些。事实上青龙、白虎等四神的观念至少西周初就存在了。最近我们在海外见到的周初饕餮纹四神尊，是一个有力的证据。”

武侯问曰：“用兵之道何先①？”起对曰：“先明‘四轻’‘二重’‘一信’②。”曰：“何谓也？”对曰：“使地轻马，马轻车，车轻人，人轻战③。明知险易，则地轻马④；刍秣以时，则马轻车⑤；膏锏有余，则车轻人⑥；锋锐甲坚，则人轻战⑦；进有重赏，退有重刑⑧。行之以信⑨。审能达此，此胜之主也⑩。”

【注释】

①用兵之道何先:用,底本作“进”,于义不顺,《施氏七书讲义》本、《武经七书直解》本、《武经七书汇解》本作“用”。今据改。朱墉引陈孝平曰:“不徒问用兵之道,而问用兵之道何先,正有励精图治,向吃紧处着力意。吴起终日讲先教先和,讲礼义,讲料人,犹觉迂阔不切。故武侯振起精神,要求个预先下手处。”又引尤尺威曰:“武侯以何先为问,有时势不得不用兵意。”又引胡君常曰:“为将莫不以审察敌情为先,而未知所以为先者,不在敌而在吾致用之道也。”

②先明“四轻”“二重”“一信”:意谓要掌握用兵的方法,首先是要清楚什么是“四轻”“二重”“一信”。施子美曰:“天下之事,必有所谓先务者,况于用兵乎?兵之所谓先务者,不一而足。兵之所资以为用者,必使其便。兵之所资以为权者,必欲其诚。惟便故可以制敌,惟诚故可以驭人。兵之所先,其在是乎?‘四轻’者,必兵之所资以为用者也。‘二重’‘一信’者,此兵之所资以为权者也。”朱墉引周介生曰:“大约以信为主。无信则赏罚不明,赏罚不明则徒有‘四轻’而人不为我用。惟以信治兵,则赏罚自足以服人,而趋事于‘四轻’者,勇往争先,胜势自我操矣。用兵孰有先于此者?”又引邓伯莹曰:“单重‘信’字固是。盖‘四轻’非信无以联束,行赏非信无以言明,但吴子从‘四轻’说起,原有个次序。所谓信者,非诚一不二之说,不过谓当赏即赏,当刑即刑而已。”

③“使地轻马”四句:意即使地形便于战马奔驰,使战马便于驾车,使战车便于载人,使人便于战斗。轻,轻便,便捷。陈宇说:“战国初期,虽然在战场上出现了步战和骑战,但车战仍然居主要地位:‘车五百乘,骑三千匹,而破秦五十万众,此励士之功也。’……由此战争规模看,有许多战马参战于其中。既然如此,讲用兵就不应仅考虑人的因素和武器的‘锋锐甲坚’,还要考虑到‘车’和‘马’,甚至还要考虑到‘地’。所以,吴起在本篇中有

‘四轻’的说法：‘使地轻马，马轻车，车轻人，人轻战。’这种把马作为战争重要要素来论述的观点，在战国以前的兵书中很少涉及，反映出在吴起生活的战国前期有一个新的兵种——骑兵出现了，也说明骑兵驰骋于战场的数量在逐步增多。”

④明知险易，则地轻马：意谓熟悉地形的险峻与平易，就能便于战马的奔驰。险易，底本作“阴阳”，《施氏七书讲义》本、《武经七书直解》本均作“险易”，于意为佳，今据改。施子美曰：“惟轻故便，惟信故诚，地有异形，明知险易，则为得地之利矣。故地轻于马。”刘寅曰：“明知地之险易，则利于驰逐，故地轻便于马也。”

⑤刍秣以时，则马轻车：意谓按时给战马喂饲料，就能使战马便于驾车。刍秣，喂养战马的饲料。施子美曰：“马有常饩，刍秣以时，则马轻于车。”刘寅曰：“喂饲刍秣不失其时，则力有余，故马轻便于车也。”

⑥膏锏有余，则车轻人：意谓用油脂充分地润滑战车的车轴，就能使战车便于载人。膏，油脂。锏，指包裹战车车轴的铁皮。施子美曰：“膏者，所以脂车也，膏之欲其利。锏者，所以为键也，锏之则车坚。膏锏有余，故车轻于人。”刘寅曰：“脂膏锏铁常不缺少，则轴滑泽，故车轻便于人也。”

⑦锋锐甲坚，则人轻战：意谓锋刃锐利，铠甲坚固，就能使人便于战斗。施子美曰：“励乃锋刃，则锋必欲其锐；縠乃甲胄，则甲必欲其坚，故人轻于战。此兵之所资以为用者，既得其便，而所以为驭人之权者，又不可废也。”刘寅曰：“兵刃锋锐，铠甲坚固，则无所失，故人轻便于战也。”张文儒在《论〈吴子兵法〉里的统御意识》（载《中国文化研究》1993 年第 2 期）一文中说：“为了易于使人们领会，吴子用‘四轻’之说阐明了一个组织的层层节制和有效运转之间的相互关系。‘轻’指什么？是指轻易从事。放在这里，就是说在两个相关部位之间建立起‘调适’或‘适合’的关系。《吴子兵法》里说的四轻是‘地轻马，马轻车，车轻人，人轻战’，也

就是使地适合于马的行进和作战,马适合于拉车(拉车而不觉得累),车适合于载人,人适合于作战(个个奋勇争先,不以战事为畏途)。连贯起来,就是在地、马、车、人、战这几个环节之间建立起既相互节制而又彼此调适的关系。如何调适,当然应采取许多办法。吴子举例说,要使地形适合于马的驰逐,应事先审视所经地形的险易程度,有选择地加以使用;要使马适合于拉车,就要依季节变换调整马的饮食,使其膘肥体壮;要使车适合于载人,就应在车轴上涂上膏油,使车轮和车轴之间能滑润坚牢;要使人适合于作战,就要使士兵所持的兵器锋利,披戴的衣甲坚实,又经过良好训练。总之,地、马、车、人、战之间是一个制约一个,连环套结的,只要其中一个环节未加调适,整个统御系统就将被破坏。”

⑧进有重赏,退有重刑:意谓“二重”指的是前进杀敌就有优厚奖赏,后退逃跑就有严厉惩罚。施子美曰:“进有重赏,所以示之劝;退有重刑,所以示之惩。二者之用,非诚不可也。”

⑨行之以信:意即“一信”指的是赏罚必信。张少瑜说:“吴起主张军中法要约省,但在执法上必须严格、守信。他的名言是‘进有重赏,退有严刑,行之以信’(《治兵》)。他认为,将领必须做到‘施令而下不敢犯’;如果‘法令不明,赏罚不信,金之不止,鼓之不进,虽有百万,何益于用’?他同前辈兵家一样,强调军队行动的一致性,认为只有全军整齐行动,才能取得胜利。对那些不顾命令、只图一时之快的‘勇士’决不姑息。《尉缭子·武议》曾记载一则吴起执法事例:‘吴起与秦战,未合,一夫不胜其勇,前获双首而还,吴起立斩之。军吏谏曰:“此材士也,不可斩。”起曰:“材士则是矣,非吾令也,斩之。”’为什么这样强调严格执法?这来源于他对刑罚目的的认识。他认为‘鼙鼓金铎所以威耳,旌旗麾帜所以威目,禁令刑罚所以威心。耳威于声,不可不清;目威

于色，不可不明；心威于刑，不可不严。三者不立，虽有其国，必败于敌'(《论将》)。刑罚的目的既然是让士兵心中感到军法、将令的威严，因而不能不严格。只有严格执法，才能全军一致，服从指挥，才能做到'将之所麾，莫不从移。将之所指，莫不前死'。如果'其众喧哗，旌旗烦乱，其卒自行自止，其兵或纵或横，其追北恐不及，见利恐不得，此为愚将，虽众可获'(《论将》)。这样乱哄哄的军队打仗肯定要失败。"

⑩审能达此，此胜之主也：意谓确能做到上述"四轻""二重""一信"，就能成为胜利的主宰。审，确实。胜之主，胜利的主宰。审能达此，底本作"令制远此"，意不顺，《施氏七书讲义》本、《武经七书直解》本均作"审能达此"，于意为佳，今据改。施子美曰："行之必以信，用既得其便，权既参其诚，以是而待敌，何往而不克？此能审乎此者，所以为胜之主也。谓之胜之主者，盖胜之本在是也。求之于成周之际，司马之职有所谓'险野人为主，易野车为主'，此则知险易也。趋马齐其饮食，圉人掌刍秣之事，此则刍牧以时也。车仆掌戎路之萃、广车之萃、轻车之萃，与夫轮人之为轮，辀人之为辀，则其膏锏必有余也。函人之为甲，犀甲七属，兕甲七属，合甲五属，与夫桃氏之为剑，与夫庐人之为庐器，其锋锐甲坚之可知也。不独是也，获则有小禽之私，徇则有斩牲之誓。率之皆坐皆噪，而无不如令者，必其行之信也。成周之制若是，一有用焉，又何患其不胜哉？"刘寅曰："为将者能审察晓达此理，乃制胜之主也。"朱墉引汪殿武曰："'主'如'主宰'之'主'，言兵之用虽千变万化，而其致胜之主，不过节制合宜，赏罚必信耳。"朱墉引《开宗》曰："此节言兵道所先，在明轻重之衡，而本之于一信。"张文儒在《论〈吴子兵法〉里的统御意识》(载《中国文化研究》1993年第2期)一文中说："如果说，治理是吴子提出的统御意识的基本措施或主要内容，那么，赏和罚便是执行这些措施

的必备的手段。把前者比作是一把刀，后者则是锋利的刀刃。在《吴子兵法》里，关于信赏信罚的内容论述颇多。如《料敌》篇里，当说明军队有六种情况应当撤退时，两种便与赏罚有关。一是当敌对一方的君主很会用怀柔政策，其恩惠所赐遍及各个阶层（'上爱其下，惠施流布'）；二是当对方将领能做到有功者必赏，赏能守信，有罪者必刑，刑能明察，而且又赏罚及时（'赏信刑察，发必得时'）之时。又如在同一篇里，当说明对于出类拔萃者应给予特殊待遇时，又进一步阐述了赏善罚恶的重要。……再如，吴子在《图国》篇里表示了对秦国奖励军功、信赏信罚等办法的极度赞赏。……基于上述种种的观察，吴子把信赏信罚看作是决定战争胜败的重要关节。"

【译文】

魏武侯问吴起道："最先应该掌握的用兵方法是什么？"吴起答道："最先应该清楚何为'四轻''二重''一信'。"魏武侯问道："为什么这样说呢？"答道："'四轻'指的是：使地形便于战马奔驰，使战马便于驾车，使战车便于载人，使人便于战斗。熟悉地形的险峻与平易，就能便于战马的奔驰；按时给战马喂饲料，就能使战马便于驾车；用油脂充分地润滑战车的车轴，就能使战车便于载人；锋刃锐利，铠甲坚固，就能使人便于战斗。'二重'指的是前进杀敌就有优厚奖赏，后退逃跑就有严厉惩罚。'一信'指的是赏罚必信。确能做到上述'四轻''二重''一信'，就能成为胜利的主宰。"

武侯问曰："兵何以为胜①？"起对曰："以治为胜②。"又问曰："不在众寡③？"对曰："若法令不明，赏罚不信，金之不止，鼓之不进，虽有百万，何益于用④？所谓治者，居则有礼，动则有威⑤，进不可当，退不可追，前却有节，左右应麾，虽绝成陈，虽散成行[6]。与之安，与之危，其众可合而不可离，可用而不可疲，投之所往，天下莫当[7]。名曰父子之兵[8]。”

【注释】

①兵何以为胜：胜，优胜，优先。此指首要条件，决定性因素。何以，《群书治要》卷三十六作“以何”。施子美曰：“战不必胜，不足为善。战胜固可为也，而所以为胜者，则何以哉？曰‘治’也。治可以胜，而武侯必问起者，盖君有疑于其心者，则必质之于其臣也。武侯方求其所以胜，而未得其道，得不以其疑而问之起乎？”

②起对曰：“以治为胜”：以治为胜，意即依靠严格治兵就能获胜。《群书治要》卷三十六“起对曰”作“吴子曰”。施子美曰：“（吴）起以‘治’而答之者，盖所以理军者，既尽其法，则所以制胜者，必尽其道。楚之军，惟乱次以济，故败于罗。晋之军，惟不能军，故败于楚。苻坚之军，惟乱莫能止，故败于谢玄。周挚之师，惟方阵而嚣，故败于光弼。惟乱故败，若夫治则胜矣。师行有纪，邓禹之所以胜。驭戎严整，杨素之所以胜。治军驯整，子仪之所以胜。持军整齐，彭岑之所以胜。由是观之，则治之可以为胜也明矣。”朱墉引陆萝雨曰：“兵不整饬，即如失驭之马而不可用，故云以治为胜，中间教戒教战，皆治兵之事，而居有礼，动有威，则治兵之效也。”又引王汉若曰：“‘以’字最要醒露，欲求胜者当于此处着力也。‘治’字统‘治心’‘治气’‘治力’，有礼有威，如父子之谊，才算作治，方可致胜也。”李硕之说：“《治兵》篇的中心内容是，论述军队的建设‘不在众寡’，而要‘以治为胜’的道理。如何‘以治为胜’？吴子主要谈论了三个方面的问题。其一，军队要建设成为‘父子之兵’。其二，治军要以‘教戒为先’。其三，治军将领要有果敢决心。”黄朴民说：“本篇所论述的重点，是关于治理军队的基本原则和主要方法。吴起认为一支军队要拥有强大

的战斗力，在金戈铁马的沙场上一往无前、克敌制胜，圆满完成上级所赋予的作战任务，关键在于治军严整，驭众有方。概括地讲，就是所谓的‘以治为胜’。这一思想，在吴起整个军事理论体系中占有非常显著的地位，对后世治军理论的发展也具有相当深远的影响。”钮先钟说：“吴起是精兵主义者，他认为决定因素不是数量，而是‘治’，治的意义即为组织，也就是管理。”

③又问曰：“不在众寡”：不在众寡，意即不在兵力的多少吗？《群书治要》卷三十六无“曰”字，“寡”作“乎”。施子美曰：“武侯复疑乎治之未必胜，且问：‘不在众乎？’夫岂知众而不治，适以召乱，不若寡而治者之为有功也。张昭论教习之法，军无众寡，士无勇怯，以治则胜，以乱则败。如昭之言，何众之云？”钮先钟说：“吴子是精兵主义者，认为素质比数量远较重要，但孙子则与克劳塞维茨的想法相同，认为数量优势，尤其是决定点上的压倒优势即为胜利的保证。这又与时代背景不无关系。孙子时代的各国兵力在素质上大致相等，所以可以凭数量优势一决胜负；吴子时代各国兵力改由老百姓组成，素质良莠不齐，所以国家内部团结（和）、教育程度，以及军事组织的管理（治）变成了决胜的基础。”

④“若法令不明”六句：意谓如果法令不严明，赏罚不讲信用，鸣金时士卒不停止，击鼓时士卒不冲锋，即使有百万之众，又有什么益处呢？金，金属打击乐器，如钲、铎等。此处作动词讲，即鸣金。鼓，此处作动词讲，即击鼓。古代以鼓声作为战场上前进、冲锋的信号。《群书治要》卷三十六“万”下有“师”字。施子美曰：“使其法令不明，赏罚不信，金之不止，鼓之不进，虽有百万，何所用之？众而不治，不足用也。吴宫之教，三令五申之后，二姬既斩之余，约束为已明，申令为只熟，左右前后跪起皆中绳墨，虽赴水火犹可，况于统军持势之际，申令赏罚既明以示之，又安有望敌不进，弃甲而走者乎？”张文儒在《论〈吴子兵法〉里的统御

意识》(载《中国文化研究》1993 年第 2 期)一文中说:"荀子说:'法者,治之端也。'他把法令的施行看作治理国家的开端。应当说,吴子已先于荀子认识到这一点。说过:'若法令不明,赏罚不信,金之不止,鼓之不进,虽有百万,何益于用?'但吴子理解的治,似乎比荀子说的法含义更为宽泛,除了法令之外,还包括各种条令和规范,以及掌握这些条令、规范的主将本人的品格等等。如他认为,作为一名合格将领,应当谨慎把握的五种品质,其中第一种是理(有条理,由近及远井然有序),第五种是约(凡事要提纲挈领,执简驭繁),都是有关'治理'的内容。"张少瑜说:"在这里他提到军队要有严明的军法,否则人数再多也是一盘散沙,无法打胜仗。他把这种严格依法行事的状况和手段叫做'治',这个概念的提出是一个很大的发明。"按,《吕氏春秋》与《韩非子》两书均记载有吴起在西河地区的民众当中树立其赏罚以信的形象的故事,可与本篇此处内容相互参看印证。《吕氏春秋·慎小篇》载:"吴起治西河,欲谕其信于民,夜日置表于南门之外,令于邑中曰:'明日有人偾南门之外表者,仕长大夫。'明日日晏矣,莫有偾表者。民相谓曰:'此必不信。'有一人曰:'试往偾表,不得赏而已,何伤?'往偾表,来谒吴起。吴起自见而出,仕之长大夫。夜日又复立表,又令于邑中如前。邑人守门争表,表加植,不得所赏。自是之后,民信吴起之赏罚。"《韩非子·内储说上》载:"吴起为魏武侯西河之守,秦有小亭临境,吴起欲攻之。不去则甚害田者,去之则不足以征甲兵。于是乃倚一车辕于北门之外,而令之曰:'有能徙此南门之外者,赐之上田上宅。'人莫之徙也。及有徙之者,遂赐之如令。俄又置一石赤菽于东门之外,而令之曰:'有能徙此于西门之外者,赐之如初。'人争徙之。乃下令曰:'明日且攻亭,有能先登者,仕之国大夫,赐之上田上宅。'人争趋之,于是攻亭,一朝而拔之。"

⑤"所谓治者"三句:意谓所谓治兵治得好,就是平时士卒的行为合乎礼法,战时士卒的行为具有威势。居,平居,平时。动,指展开军事行动的战时。施子美曰:"所谓治者,何也?居则有礼,动则有威也。兵之未用也既有所制,则兵之既用也必不可御。居则有礼,此节制之兵也。动则有威,非无敌而何?惟其居有礼,故能动有威。轻而无礼,秦师之所以败。少长有礼,晋师之所以胜,有礼必有威也明矣。武王之兵,六步七步而止齐,六伐七伐而止齐,此礼也;如虎如貔,如熊如罴,于商郊,非威而何?"刘寅曰:"所谓兵得其治者,平居则上下有礼,动作则奋发有威。"朱墉引臧云卿曰:"此全重'居则有礼'句。从所居者动之即威矣,有威则振旅矣。礼无离绝处,成败以之,安危以之,天下谁得乘其疲?故曰父子之兵。"又引尤尺威曰:"当平居无事之时,皆知尊君亲上之礼,临敌而动自有奋勇挞伐之威,此诚节制之师,天下自然莫敢当也。"又引王汉若曰:"平居礼则动自威也。动威从居礼来,而居礼则又本于将之能以礼倡率之。"

⑥"进不可当"六句:意谓士卒前进时无可抵挡,退却时追赶不上,前进与后撤均有节制,向左或向右行动时均能听从将领的指挥,部队即使被冲断了,也能很快恢复阵形,部队即使被冲散了,也能迅速恢复队列。却,退却,后撤。节,节制。左右,指部队向左或向右行动。应麾,指听从将领的指挥。麾,指挥。绝,阻绝,阻断,隔断。散,冲散。列,队列,行列。有,《群书治要》卷三十六作"如"。施子美曰:"兵惟尽是道,故其效无所不全。其进也则不可当,以其进之勇也;其退也则不可追,以其退之速也。一前一却,莫不有节;或左或右,莫不应麾。故虽绝而不绝,又且成阵;虽散而不散,又且成行。方其绝也、散也,似真败却者矣,而旗齐鼓应,号令如一,纷纷纭纭,斗乱不乱,混混沌沌,形员不散。向非节制之兵,其能若是乎?"

⑦“与之安”六句:意谓将领与士卒同享安乐,共赴危难,这样的军队可以紧密团结而不会被离散,可以使用而不会疲惫,无论把他们派往何处,天下谁也无法阻挡。施子美曰:“无事可守,则可以共其安;有事而用,则可以共其危。故可合而不可离,可用而不可疲。一有用之,莫之敢当。”张文儒在《论〈吴子兵法〉里的统御意识》(载《中国文化研究》1993 年第 2 期)一文中说:“吴子在论述‘以治为胜’时讲过一句非常重要的话:‘与之安,与之危。’就是主张统御者和被统御者,也就是将帅和士卒能共患难、共安乐。这样,在一项活动中执行统御职责的人和被统御的对象便处在了十分和谐的地位,成为父子之兵。若能如此,则‘投之所往,天下莫当’。吴子所说的同安共危包括两方面内容:一是统率士兵的人应切实做到‘爱兵’‘爱民’和重视下级的意见,二是在危急关头,将帅应身先士卒,不顾个人之安危。吴子说过,作为一位君主,他所期待的应是所统率的士兵能为其效命,也就是‘乐闻’‘乐死’‘乐战’,但又如何能获得这种胆力和勇气呢?这要看君主对部属的态度如何,特别是能否珍爱士兵的生命。用他的话说,叫是否能‘先教百姓而亲万民’。对于‘爱民’的道理,他作过正负两方面分析。从正面说,一个国家或一支军队的力量首先在于‘和’,也就是君臣上下能和衷共济,团结一致。为做到这一点,君主本人应当有修身、尊贤、亲民、爱士等等的美德,也包括不把个人的企图和意愿置于至高无上的地位。如果真能做到这一点,臣民们也就不再把自己的生命看得那么贵重了。临赴国难时,‘士以进死为荣,退生为辱’,在战斗激烈时,即便是大军之中彼此隔绝而丧失联系,小股部队仍能各自为战;大部离散了,小部还能成行,在精神上万众一心,行动上互相默契,相互感召,相互信赖,共安共危,同生共死。从负面说,齐国的君臣相怨事实提供了有益的教训。齐国是负海之国,广收鱼盐之利,财

壮气粗，本应做到国富民强，但为什么齐国军队的战斗力并不强？原因之一是齐国的君主和大臣骄纵奢侈，从不把下等小民的生活放在眼里，结果是上厚下薄，强而不坚，一个群体之内有两条心，这样一来，其威力也就大大下降了。”按，身为军事家的吴起亲身实践了与士卒共安危、同劳苦。据《史记·孙子吴起列传》载：“（吴）起之为将，与士卒最下者同衣食。卧不设席，行不骑乘，亲裹赢粮，与士卒分劳苦。卒有病疽者，起为吮之。”

⑧名曰父子之兵：《群书治要》卷三十六“兵”下有“也”字。施子美曰：“谓之父子兵者，以其恩之固结，出于天性之自然也。惟其恩足以结之，故其情故有必亲也，言兵者得不推其恩而究其情乎？法有所谓视卒如婴儿、视卒如爱子。知婴儿爱子之说，则知父子之兵所由命矣。不然越之图吴，何以有所谓君子六千人。夫谓之君子者，言君养之如子也。”刘寅曰：“盖父子之兵，上下一心者也。非结之以恩信，施之以仁义，其能然乎？孙子曰：‘道者，令民与上同意，可与之死，可与之生，而不畏危。’即此义耳。”朱墉引赵光裕曰：“‘治’字合下居动进退、前却左右、可合不可离、可用不可疲意。‘法令不明’至‘何益于用’言不治之弊也。‘居则有礼’至‘不可疲’，正言兵之治处。‘投之所往’二句，言治而胜也。‘名曰’一句，总结上文之意。”又引汪升之曰：“今既有礼有威之兵，投之所往，天下莫当，则是形既联属，情复孚洽，即一体之爱，何以加之？非父子之兵而何？”朱墉引《开宗》曰：“此节言兵不贵众而贵治。”李硕之说：“父子之兵，是吴起为魏武侯提出的建军方向和建军目标。他认为，军队有没有战斗力，不是看其数量的多少，而主要看法令是否严明，赏罚是否有信，军纪是否严格，训练是否有素，将领能否与士卒共危难，内部是否团结。如果达到了这些标准，那么这支军队就天下无敌。所谓‘投之所往，天下莫当’。这就是他所提倡的‘父子之兵’的思想。在这

里，吴子提出了'不在众寡'的问题，认为不按'父子之兵'的标准建设军队，即使有'百万之众'，也没有战斗力，完全不能用于作战。反映出吴子有'兵贵精不贵多'的思想。他主张军队要提高质量，而不主张发展数量；提倡'精兵'，而不提倡'臃兵'。他所说的'父子之兵'，就是一支质量很高的'精兵'。'兵贵精不贵多'的思想，历来为兵家所重视，直至现在，这一思想仍对军队建设具有重大的现实指导意义。"陈宇说："'父子之兵'，在中华文化中是一句妇孺皆知的成语，其最早出处即在本篇，发明权应属于吴起。"又说："他主张建立一支精锐的军队，其中心思想是军队'不在众寡'，要'以治为胜'。……吴起虽然也重视军队数量众多在战争中的作用，但他从军队在战争中所起的实际作用出发，着眼于一个'用'字，更注重提高军队的质量。"

【译文】

魏武侯问吴起道："用兵依靠什么才能获胜？"吴起答道："依靠严格治兵就能获胜。"武侯又问道："不在兵力的多少吗？"吴起答道："如果法令不严明，赏罚不讲信用，鸣金时士卒不停止，击鼓时士卒不冲锋，即使有百万之众，又有什么益处呢？所谓治兵治得好，就是平时士卒的行为合乎礼法，战时士卒的行为具有威势，前进时无可抵挡，退却时追赶不上，前进与后撤均有节制，向左或向右行动时均能听从将领的指挥，部队即使被冲断了，也能很快恢复阵形；部队即使被冲散了，也能迅速恢复队列。将领与士卒同享安乐，共赴危难，这样的军队可以紧密团结而不会被离散，可以使用而不会疲惫，无论把他们派往何处，天下谁也无法阻挡。这叫做父子之兵。"

吴子曰："凡行军之道，无犯进止之节，无失饮食之适，无绝人马之力①。此三者，所以任其上令②。任其上令，则治之所由生也③。若进止不度④，饮食不适，马疲人倦而不解舍[5]，所以不任其上令。上令既废，以居则乱，以战则败[6]。”

【注释】

①“凡行军之道”四句：意谓凡是军队在不同地形条件下作战、驻扎与宿营的原则，是不要打乱前进、停止的节奏，不要忘记让士卒适时饮食，不要耗尽人马的精力。行军，词义同于《孙子兵法·行军篇》中的“行军”，指的是军队在不同地形条件下的作战、驻扎与宿营。无犯进止之节，意即不要打乱前进、停止的节奏。节，节制，节奏。适，适时。绝，尽，耗尽。施子美曰：“此又吴子申言所以治军之道。治军之道，既无不得其宜，则三军之士，亦无不惟上之听。何则？进止之节，饮食之适，人马之力，各有所宜。令而进止无犯其节，则军无失次之患；饮食各适其适，则军无饥渴之患；人马不绝其力，则军无疲困之患。”刘寅曰：“凡行军之道，无犯其前后进止之节，使之有所守；无失其平日饮食之适，使之有所养；无绝其人马佚饱之力，使之有所恃。”朱墉引方伯闇曰：“以治为胜，似乎止知用严，及其行军，又如此能体恤下情，则士卒能不感激思奋也？”

②此三者，所以任其上令：任其上令，意即士卒能够服从将领的命令。任，服从，听从，听凭。施子美曰：“三者既得其宜，则人惟上之从矣。”朱墉引周鲁观曰：“三者皆指行军时言。行军之时，为将者能‘无犯’‘无失’‘无绝’，如此休养则士卒之气力全，自然任服将之驱使而呼吸相应也。‘任’字当在士卒之能遵行上讲。”又引邓伯莹曰：“‘任’字有一一归命，不敢违错之意。”

③任其上令，则治之所由生也：意谓士卒听从将领的命令，是治理好军队的根基所在。施子美曰：“故任其上而无不治者也，此治之所由以生也。成周之际，大司马之教战也，车骤徒趋，及表乃止；车驰徒走，及表乃止；三发三刺，及表乃止。所以然者，欲其

无犯进止之节也。挈壶以令军，并挈畚以令粮，所以然者，欲其无失饮食之适也。进与马谋，退与人谋，终日驰骋，左不揵，行数千里，马不契需，所以然者，欲其无绝人马之力也。故其大阅之际，坐作进退，疾徐疏数，无不如节者，其任上令为如何。”朱墉引徐象卿曰：“行军莫难于治，而治必有所由生。下皆听从上之命令，则上下整齐，有严有翼，是‘无犯’‘无失’‘无绝’之中纪律生焉，恩爱流焉，情意通焉，志气感焉，所谓父子之兵由此而成矣，故曰治之所由生也。”

④不度：不合法度，没有章法。度，制度，法度。

⑤解舍：指解甲卸鞍休息。舍，止，止宿，休息。

⑥“上令既废”三句：居，平时，此处指和平时期。战，此处指战争时期。施子美曰：“苟为不然，进退无度，饮食无适，马疲人倦，尚不获舍，若是则彼必怨嗟，其肯任上之令乎？宜其居则乱而战则败也。”朱墉引《开宗》曰：“此节言士卒之任令不任令，由养之裕与不裕。”张少瑜说：“吴起还认识到要做到治，不能只靠上级的教令，还需要一定的物质条件，这就是不竭军力。……这种认识是难能可贵的。”

【译文】

吴起说：“凡是军队在不同地形条件下作战、驻扎与宿营的原则，是不要打乱前进、停止的节奏，不要忘记让士卒适时饮食，不要耗尽人马的精力。这三条，是士卒能够服从将领命令的原因所在。士卒能服从将领的命令，是治理好军队的根基所在。如果士卒的前进与停止不合法度，饮食不能按时进行，人马疲倦却不准解甲卸鞍休息，这些都会造成士卒不服从将领的命令。将领的命令被废弃了，和平时期军队就会混乱，战争时期就会打败仗。”

吴子曰：“凡兵战之场，立尸之地，必死则生，幸生则死[①]。其善将者,如坐漏船之中,伏烧屋之下,使智者不及谋,勇者不及怒,受敌可也[②]。故曰,用兵之害,犹豫最大;三军之灾,生于狐疑[③]。”

【注释】

①“凡兵战之场”四句:意谓凡是冲突征战的战场,就是尸体横陈之地,若抱着必死的决心就能活下来,若怀着侥幸求生的想法反而必死无疑。立尸之地,陈尸的场所,即流血牺牲的地方。立,黄朴民说:“立,成,成为。《广雅·释诂》:‘立,成也。’”或将“立”解释为立即。傅绍杰说:“立尸之地,一着失手立即死亡之地。”幸生,侥幸求生。幸,侥幸。立,《武经七书直解》本作“止”。施子美曰:“人有所甚爱,亦有所甚畏。生者所甚爱也,死者所甚畏也。捐其所甚爱而乐其所甚畏,此固人情之所不忍也。兵战之场,立尸之地,固万死一生之所,非可以侥幸求也。人而至此,乃能捐其所爱而乐其所畏者,盖甚陷则不惧,无所往则斗。士于斯时,有死之心,无生之志,故能变死而为生。苟为幸生,则必不致死战,故陷于死。昔王官之役,孟明视济河焚舟,示以必死,故能封殽尸而还,此必死则生也。邲之战,晋赵婴齐使其徒先具舟于河,欲败而先济,是以大败,此幸生则死也。”刘寅曰:“凡两兵交战之场,乃止尸之地也。战危事,兵死地,不可不谨也。”陈宇说:“他(吴起)讲的一些道理却具有朴素的辩证法因素。‘必死’与‘则生’、‘幸生’与‘则死’初看是对立的,其实又是统一的。如果整天想的是避战,那就会处处被动挨打。尤其是攻坚战,精神加胆量是非常重要的。没有胆量,任何事情办不成。因为在那‘兵战之场,立尸之地’,只有敢于出击,才能取得战场上的主动权;只有不怕牺牲,果敢决斗,消灭或赶走敌人,才能保存自己。”按,《孙子兵法·九地篇》曰:“投之亡地然后存,陷之死地然后生。”

又,《九变篇》曰:“必生,可虏。”与本篇四句意义相近,可对照参看。

②“其善将者”六句:意谓善于领兵打仗的人,要让士卒如同坐在漏船之中,或者就像身处着火的房屋之下,使得有智谋的人来不及谋划,勇敢的人来不及发怒扬威,让他们以这种状态去迎战敌人,就能取得胜利。受敌,迎战敌人。施子美曰:“善将者置之于死地,陷之于亡地,譬犹坐漏船之中,伏烧屋之下。夫漏船之中,其沉也必矣;烧屋之下,其焚也必矣。于斯之时,虽有勇者不及怒,智者不及谋。何者?势不可也。用众而若此,以之受敌,何有不可?彼于斯时,惟知受敌而不知有他,故能以万死而易一生。昔王仁鉴有言:事有迫于不得已者,前有渊谷不可跃而越也,后有猛虎不可狎而近也。一旦不幸而临乎渊谷之险,视其后而猛虎逐之,宁跃而越渊谷乎?将坐而待毙于猛虎乎?坐而待毙于猛虎死也,跃而越渊谷亦死也,等死耳,待毙于猛虎,万万之死也,跃而越渊谷,万一之生也。与其有万万之死,孰若有万一之生?兵战之场,立尸之地,万万之死也,必受敌而可以求万一之生于万万之死矣。”朱墉引王汉若曰:“坐漏船之中,无有不沉者;伏烧屋之下,无有不焚者。此极状至急至迫之象。”又引芮文其曰:“临战切不可以幸生为念,其心如坐漏船之中而沉溺在迩,伏烧屋之下而性命旦夕,无刻之可缓,则敌莫能御矣。”又引唐顺之曰:“漏船烧屋是何等时候,此时求生之念,虽愚者亦智,怯者亦勇矣。”

③“用兵之害”四句:按,以上四句又见于《六韬·龙韬·军势》,仅两字不同,“生于”作“莫过”。施子美曰:“此言用兵之道,不可以无断,亦不可以有惑也。犹之为兽,一行而一退,若不断之象也。狐之为兽,一步而一止,此疑惑之象也。犹豫则不断,故其为害也大。《传》曰:‘当断不断,反受其乱。’则不断者为害,岂不大

乎？狐疑则众惑，故灾之所由起，未至于甚害也。法曰：'众疑无定。'国疑则不定，不疑则复定。故狐疑但可以为灾，而犹豫则为大害也。《传》曰：'持不断之志者，开群枉之门；执狐疑之心者，来谗贼之口。'《传》以狐疑对不断而言之，则犹豫之为不断也明矣。不然《韬》何以亦曰：'用兵之害，犹豫最大；三军之灾，莫过狐疑。'"朱墉引邓伯莹曰："看本文犹豫之害，狐疑之灾，见为将者当临战之时，如遇水火一般，当奋然勃然，有必死无幸生，如项羽之沉船破釜，淮阴之背水置阵，乃可以成战胜之绩也。"又引陈明卿曰："当断不断，反受其乱。彼犹豫狐疑，所怕只是一个死耳。"又引汪升之曰："疑志不可以应敌，若筹算不决，展转胸中，不但胜之分数少，而且害之分数多矣。"又引《开宗》曰："此节言将兵在持之以必死之志，能使敌之智勇皆不及施，而后可以受敌。"李硕之说："吴子强调，治军的将领在作战指挥时，必须决心果断，切忌优柔寡断。战争实践表明，将领能否根据敌我双方情况，把握战机，沉着、冷静、果断正确地定下决心，这对部队的行动和作战的胜负有着重大的关系。如果将领优柔寡断，事到临头前怕狼，后怕虎，当断不断，当动不动，当战不战，必然坐失战机，瞬息多变的战场形势将会带来不堪设想的后果。可见治军将领的犹豫不决，是作战指挥的大忌，而沉着、冷静和果断的决心则是夺取战斗胜利的重要保证。吴子要求将领在作战指挥中，犹如'坐漏船之中，伏烧屋之下'那样沉着、冷静；而计谋之成，决心之定，行动之快，要使'智者不及谋，勇者不及怒'。吴子所说的'用兵之害，犹豫最大，三军之灾，生于狐疑'，已成为历代兵家极为重视的至理名言。"陈宇说："许多战争经历者谈经验时有一共同感受，都会说道：打仗只要有60%的把握，就坚决打。顾虑不能太多，该出手时就出手。有绝对的把握是不可能的，关键是不要怕，不能怯敌。常胜将军是没有的，打成平局、吃点亏的事是常有的。多数仗能打赢,少数仗输了;大规模的仗能打赢,小规模的仗输了。这就是赢。"

【译文】

吴子说:"凡是冲突征战的战场,就是尸体横陈之地,若抱着必死的决心就能活下来,若怀着侥幸求生的想法反而必死无疑。善于领兵打仗的人,要让士卒如同坐在漏船之中,或者就像身处着火的房屋之下,使得有智谋的人来不及谋划,勇敢的人来不及发怒扬威,让他们以这种状态去迎战敌人,就能取得胜利。所以说,用兵打仗最大的危害就是犹豫不决,军队战败的灾难来自狐疑多虑。"

吴子曰:"夫人常死其所不能,败其所不便①。故用兵之法,教戒为先②。一人学战,教成十人;十人学战,教成百人;百人学战,教成千人;千人学战,教成万人;万人学战,教成三军③。以近待远,以佚待劳,以饱待饥④。圆而方之,坐而起之,行而止之,左而右之,前而后之,分而合之,结而解之,每变皆习,乃授其兵。是谓将事⑤。"

【注释】

①夫人常死其所不能,败其所不便:不能,指未经学习而能力达不到的事。不便,此指虽曾练习而尚未熟练掌握的技能。常,底本作"当",《施氏七书讲义》本、《武经七书直解》本均作"常",于意为佳,今据改。施子美曰:"《传》曰:'不教民战,谓之殃民。'民不素教,则耳目不熟于旗鼓,手足不熟于器械。一有用焉,是以其卒予敌也,故死于其所不能,败于其所不便。"刘寅曰:"凡人常死其战阵之所不能者,败其坐作进退之所不便者。若能战阵,岂可致之死?若便于坐作进退,岂可使之败?"

②故用兵之法，教戒为先：意谓所以用兵的方法，首先在于士卒的教育与训诫。施子美曰："《司马法》曰：'用其所欲，行其所能，废其不欲不能，于敌反是。'废其不欲不能，则不至于死败矣。将欲使之各尽其能，各得其便，则何以哉？亦不过先之以教戒而已。有以教之，则人知所习，有以戒之，则人谨所习，是必明之以号令，示之以赏罚，使之闲于驰逐，熟于击刺，明于坐作、进退、疾徐、疏数之节。其在《周官》有所谓教振旅、教茇舍、教治兵、教大阅，此之所谓教也。有所谓前期戒众庶，鼓戒三阕。若大师，则掌其戒令，此所谓戒也。成周之际，犹以是而为先，况战国乎？"朱墉引尤尺威曰："教节制言戒，乃就教之时，而寓儆戒之意。盖教而不戒，则士多怠玩不遵，所以用兵必以此为先也。"又引王汉若曰："教者，训导也。戒，警惕也。教所以练其才能，戒所以饬其怠玩，二者并行不悖，而戒即寓于教之中。如孙武教宫嫔视心、视背、视左右手，此教也；笑者斩之，此戒也。"又引金千仞曰："初募之兵，未习行阵，必为将者预教之以进退而部伍不乱，申饬之以刑罚而齐勇若一。若临时训练则不及矣。"陈宇说："吴起所说的'教戒为先'，就是指教育训练在先，也就是 20 世纪 70 年代末、80 年代初邓小平常强调的'要把训练提高到战略地位，因为不打仗，部队军事素质的提高就得靠训练'（《邓小平文选》，第 2 卷，288 页，北京：人民出版社，1994），军事训练的摆位问题，看来是古今军队所遇到的共同课题。战争的经验告诉人们，打仗固然要靠勇敢精神，但是，光靠勇敢而不懂战术技术，也是不能打胜仗的。'从战争中学习战争'，这是在战争环境下提高部队作战技能的重要方法，但在和平条件下，抓好平时的教育训练，乃是提高部队军事素质的基本途径。吴起继承了春秋时期以来即重视军队训练的优良传统，对训练的重要意义有了进一步的认识。他认为，建设一支强大的军队，兴兵打仗，必须首先加强部

队教育训练。为了提高军队的整体素质，除了对军中精华进行精心培养外，对一般士卒也要强化训练。严格训练是提高军队战斗力的重要手段，缺乏训练的军队是不能打胜仗的，而且训练只有符合实战要求，军队才能有较强的战斗力。只有平时搞好训练，使全军掌握战术方法，熟悉作战号令，才能使部队在实战中看到指挥旗帜的变化而采取相应行动，听到鸣金击鼓的声响而进退自如。平时教育训练卓有成效，战时才能多打胜仗，否则，就要吃败仗。孔子也讲'以不教民战，是谓弃之'，说的也是这个道理。"

③万人学战，教成三军：意谓一万人学会战法，可以教会全军。施子美曰："教戒之法，由寡而后可以至众。自治可以待敌，习变而后可以应率。自一人学战，教成十人，累而至于教成三军，此由寡以至众也。由寡以至众，则其力不劳而教亦易成矣。其在《尉缭子》，有所谓'百人而教战，教成，合之千人；千人教成，合之万人；万人教成，合之三军'，是亦吴子教阵之法也。"解文超说："《尉缭子·勒卒令》篇云：'百人而教战，教成，合之千人；千人教战，合之万人；万人教成，合之于三军。三军之众，有分有合，为大战之法，教成，试之以阅。'这种'百人教战'的练兵方法，即源于《吴子·治兵篇》：'一人学战，教成十人。十人学战，教成百人。百人学战，教成千人。千人学战，教成万人。万人学战，教成三军。'《尉缭子》在军队的编制和规模方面显得更具体，这说明《尉缭子》受《吴子》的影响之深。"

④"以近待远"三句：施子美曰："以我之近，待彼之远；以我之佚，待彼之劳；以我之饱，待彼之饥。此自治而后可以待敌也。自治以待敌，则敌必为我致矣。其在孙子亦有所谓'以近待远，以佚待劳，以饱待饥，此治力者也'。是亦吴子教战之法也。"刘寅曰："此孙子治力之法也。或曰：吴子论学战，言以近而待其远，以佚

而待其劳，以饱而待其饥，欲其三军同心一力也。然必先能齐己之力，而后治彼之力耳。”

⑤“圆而方之”十句：按，此即平时训练的内容，亦是将帅的职责与任务。圆而方之，指阵势上由圆阵迅速转为方阵。圆，圆阵，是一种防御型的军阵。《孙子兵法·势篇》：“浑浑沌沌，形圆而不可败也。”方，方阵，是进攻型的军阵。坐而起之，由坐姿转换为立姿。坐，古人席地而坐，其坐姿如同今之跪姿。古代作战，凡进行防守时多采用坐姿，进行攻击时多采用立姿。分而合之，由分散变为集中。合，集中，集结。结而解之，由集中变为分散。解，化解，此指分散。每变皆习，各种阵法变化都做到熟练地掌握。每，各种，各式各样。习，熟悉，熟练。授其兵，向官兵发放兵器装备。先秦时期武器装备平时由国家专设的府库统一保管，临战时才发放给官兵使用。《左传·隐公十一年》：“郑伯将伐许，授兵于大宫。”施子美曰：“圆而方之者，既教以方，又教以圆，既教以圆，又教以方，欲其明于动静之理也。坐而起之者，既坐而复起之，欲其明于作止之理也。或左或右，或前或后，欲其运用之皆得也。或分或合，或结或解，欲其聚散之适宜也。若是者，每变皆习，是能习变，而后可以应率也。其在张昭教习法，亦有所谓‘方之圆之，曲之锐之，行而止之，左而右之，前而后之，离而合之’。是亦吴子之法也。谓每变皆习，则自方圆坐作以至于分合结解，莫不随变而习之。既习之矣，然后可用。故乃授之兵，使之将而以用之，故可以谓之将军。将军者，将是军而为之将也。一本以为将事。”刘寅曰：“圆而方之者，谓随阵变化成形也。如十二《将兵》有方阵，有圆阵，或方而变成圆，或圆而变成方，随将所指也。坐而起之者，谓一坐一起如《司马法》‘立进俯，坐进跪’是也。行而止之者，谓行人当止而齐之也。如‘六步七步乃止齐焉’是也。左而右之者，谓麾之左则左，麾之右则右也。

前而后之者，谓或进之前，或退之后，如前却有节是也。分而合之者，谓分而能合也。结而解之者，谓合而能分也。太公曰：'分不分为縻军，聚不聚为孤旅。'兵不能分合解结，何益于用哉？使吾军每变皆习熟之，乃授其兵，是谓大将之事。"朱墉引《开宗》曰："此节言用兵当循序成教，使之习变化之法，然后授以待敌之兵，则自不劳而兵治。"

【译文】

吴起说："人常常死于未能学习的某件事情，败于未能熟练掌握的某项技能。所以用兵的方法，首先在于士卒的教育与训诫。一个人学会战法，可以教会十个人；十个人学会战法，可以教会一百个人；一百人学会战法，可以教会一千人；一千人学会战法，可以教会一万人；一万人学会战法，可以教会全军。让士卒学会：用近道便捷对付敌人的远途奔波，用安逸对付敌人的疲劳，用饱食对付敌人的饥饿。由圆阵转为方阵，由坐姿转为立姿，由前进变为停止，由向左变为向右，由向前变为向后，由分散转为集中，由集中转为分散，每种变化都熟练地掌握，才将武器发放给士卒。这些是将帅应该完成的任务。"

吴子曰："教战之令，短者持矛戟，长者持弓弩，强者持旌旗，勇者持金鼓，弱者给厮养，智者为谋主①。乡里相比，什伍相保②。一鼓整兵，二鼓习陈，三鼓趋食，四鼓严辨，五鼓就行。闻鼓声合，然后举旗③。"

【注释】

①"教战之令"七句：此即军事条令中按照士兵不同特点类型分配不同岗位职责的规定。教战之令，指军事训练的条令。短者，指身材矮小的士卒。长者，指身材高大的士卒。厮养，指各种勤杂

事物。谋主，为主将出谋划策的人。施子美曰："在人有不同之才，在我有因用之法。瞽司声，聋司火，奴司耕，婢司爨，因而用之，未有不适其用者，况于用兵之际，可不因而用之乎？夫杀人于五十步之内者，矛戟也，其所用者近，故使短者持之可也。杀人于百步之外者，弓矢也，其所用者远，故使长者持之。旌旗所以形众也，强者持之，则力于率众，必有以蝥弧登，周麾而呼者。金鼓所以声众也，勇者持之，则敢于进战，必有伤矢流血及屦，而鼓音未绝者。其在张昭教阵法，亦曰'长持弓矢，短持矛戟，力者持旗，勇者击鼓'，亦此意也。若夫弱者，似不足用矣，而厮养之役，亦足以给之，是则无弃人矣。至于智者，其谋足多，故以为谋主，必终之以智者为谋主者，盖言军不可以无谋主也。是以李荃之《阴经》有所谓'将有智谋'。如曰汉用张良、陈平之智而灭项籍，光武任寇恂、冯异之智而降王莽，曹公任许攸、曹仁之智而破袁绍，孙权任周瑜、鲁肃之智而败魏武，刘备任诸葛孔明之智而王巴蜀，晋任杜预、王濬之智而平南吴。若是者，未有不任智谋而有成也。故善战者不可以无谋主。"刘寅曰："勇力者持金鼓以进止。金鼓体重，非勇者不能持。力弱者不能战，故使给厮养之役。有智者能料敌，故使为计谋之主。"朱墉引尤尺威曰："智者明哲之士，见理分明，料敌画策，故为计谋之主。'主'字有不可枉挠之意。"又引秦少游曰："兵家之所以取胜，非特将良而士卒劲也。必有精深领悟之士，料敌应变出奇无穷者为之谋主焉。将者心也，谋者思虑也，乃一军胜败之枢机也。"又引方伯闇曰："一军之中，人有短长强弱智愚，不一其材。为将者量材器使，人人皆可用，固宜人人自奋，重在军中无废弃之人上。"

②乡里相比，什伍相保：意谓将同乡同里的士卒编在一起，让同什同伍的士卒互相担保。乡，周代的居民组织，一万二千五百户为一乡。里，二十五家为一里。比，近，指将士卒编在一起。什伍，

古代军队最基层的单位，十人为一什，五人为一伍。施子美曰："至于乡里相比，什伍相保，此又联民之法也。方其居于比间旅党之中，其出入相友，守望相助，疾病相扶持，其情固已亲矣。及用之于伍两师旅之际，亦向之比间旅党之民也。推其乡里之情，而用之于什伍之际，一有患难，其不知所救援乎？故同其乡里而使之相比，所以亲之也。列为什伍而使之相保，所以联之也。其在《周官·旅师》，有所谓'五家为比，十家为联，五人为伍，十人为什，使之相保相受'，正此意也。"刘寅曰："使同乡同里者相亲比，同什同伍者相保护。万二千五百家为一乡，二十五家为一里，十人为一什，五人为一伍，皆古法也。"黄朴民说："什伍相保是古代统治者控制军队，确保其不至于涣散瓦解的重要手段。《尉缭子·伍制令》：'军中之制：五人为伍，伍相保也；十人为什，什相保也……伍有干令犯禁者，揭之，免于罪；知而弗揭，全伍有诛。什有干令犯禁者，揭之，免于罪；知而弗揭，全什有诛。'可谓是对'什伍相保'内容的具体说明。"

③"一鼓整兵"七句：此即军事训练中关于按鼓声行动的条令。习阵，练习布阵。趋食，就食，就餐。严辨，严格辨明各种器物的功用。就行，就列，排好队列。施子美曰："一鼓整兵，二鼓习阵，此则以鼓而为节也。一鼓则整齐其兵旅，再鼓则使之习阵，三鼓则趋之以食，四鼓则严辨其器用，五鼓则就行列。虽五鼓之后，必待众鼓声合，然后举旗。夫旗鼓者军之耳目也，所以齐之也。晋张侯曰：'师之耳目，在吾旗鼓。'则非鼓，其何以齐之乎？杜佑载《步战令》曰：'严鼓一通，步骑悉装；再通，骑上马、步结屯；三通，以次出之。'其载《船战令》曰：'雷鼓一通，吏士皆严；鼓再通，什伍皆就，船整持橹；三通，大小战船以次发。'是皆以鼓为节也。"朱墉引徐象卿曰："教战非可以言传。将之命令在于旗鼓，初整兵以次习阵，渐次兴起，井然有条，莫不齐一，全在于平时娴熟，

则耳目自不惊扰矣。”又引《开宗》曰：“此节言教战当随材器使而以智为谋主，使之相亲相保，听鼓声而施号令。”

【译文】

吴起说：“军事训练的条令是，身材矮小的士卒使用矛戟，身材高大的士卒使用弓弩，体质强壮的士卒举着军旗，勇敢无畏的士卒敲击金鼓，体质孱弱的士卒从事各种杂务，聪明智慧的士卒为主将出谋划策。将同乡同里的士卒编在一起，让同什同伍的士卒互相担保。听到第一通鼓时整理各种兵器，听到第二通鼓时练习布阵，听到第三通鼓时就餐，听到第四通鼓时严格辨明各种器物的功用，听到第五通鼓时排好队列。听到众鼓敲响，然后高举旗帜发号施令。”

武侯问曰：“三军进止，岂有道乎①？”起对曰：“无当天灶，无当龙头②。天灶者，大谷之口；龙头者，大山之端③。必左青龙，右白虎，前朱雀，后玄武，招摇在上，从事于下④。将战之时，审候风所从来。风顺致呼而从之，风逆坚陈以待之⑤。”

【注释】

①三军进止，岂有道乎：意谓军队的行进与驻扎，难道有必须遵循的原则吗？止，指扎营，驻扎。施子美曰：“行军之道必欲违害而就利。天灶、龙头，此军之害也。青龙、白虎，招摇在上，此军之利也。害欲其避，故无当之；利欲其就，故从事于下。”朱墉引《新宗》曰：“世将有兵，止知有进，不知有止，往往犯天灾，蹈地危，此用兵之深戒也。故武侯问及之。”

②无当天灶，无当龙头：当，正对，对着。天灶，此指山谷之口。龙头，此指山巅。

③“天灶者”四句：施子美曰：“天灶者，大谷之口，乏水草之地。龙

头者，大山之端，是为绝地。张昭安营垒法谓：安营筑垒，须知阴阳吉凶、山川向背、岗陵地形。亦举《吴子》曰：'无当天灶，无当龙头。'继之以凡出军，遇已上之地，急去无留，不可驻军。以是知害不可以不避也。"刘寅曰："三军进止，无当天灶。天灶者，大谷之口。当大谷之口而营，一则恐为敌所冲，二则恐为水所没。龙头者，大山之端。当大山之端而营，一则恐为敌所围，二则恐水草不便。太公曰'处山之高则为敌所捷，处山之下则为敌所困'是也。"

④"必左青龙"六句：意谓军队的左军用青龙旗指挥，右军用白虎旗指挥，前军用朱雀旗指挥，后军用玄武旗指挥，中军用招摇旗在高处指挥，军队在旗帜的指挥下行动。《武经七书注译》曰："青龙，古代军旗名，青色，上绘龙，一般作左军的军旗。白虎，古代军旗名，白色，上绘熊虎，一般作右军的军旗。朱雀，古代军旗名，红色，上绘鸟，一般作前军的军旗。玄武，古代军旗名，黑色，上绘龟蛇，一般作后军的军旗。招摇，古代军旗名，黄色，上绘北斗七星，作中军指挥旗。据《礼记·曲礼》：'招摇在上。'《释文》：'北斗第七星也。'有'居北辰而众星拱之'的意思，所以用作中军之旗。"施子美曰："必左青龙，右白虎，前朱雀，后玄武，此欲四方拥护也。张昭又曰：朱雀、青龙辅翼，白虎长远，玄武不逼，玉案横长，连珠堆阜，即为胜。正此意也。招摇，斗柄之星也。斗，北方星也，以杀为义也。招摇之名，取其麾指之意也。招摇在上，而从事于下，取其得天也。张昭曰：天子常居斗四星下，前将军居太微下，后将军居华盖下，左将军居太冲下，右将军居文昌下。知此则知招摇所在，从事于下，必吉可知，所以就利也。或以招摇为旗，谓画星于旗也。《礼记·曲礼》曰：'行前朱雀，后玄武，左青龙，右白虎，招摇在上，急缮其怒。'郑氏释之曰：'以象天地之怒。'此则旗说也。后世神旗之制，亦画斗星于其上，则招摇之

为旗也，亦明矣。”刘寅曰：“左青龙者，所谓蛟龙，曰旂也。右白虎者，所谓熊虎，曰旗也。前朱雀者，所谓鸟隼，曰旟也。后玄武者，所谓龟蛇，曰旐也。招摇，星名，在北斗傍梗河上，此中军之旗也，故曰从事于下。”

⑤“将战之时”四句：意谓将要战斗时，要仔细观察风从哪个方向刮来，顺风时就让士卒大声呼喊并乘势进攻，逆风时就坚守阵地等待时机。审候，仔细观察。治呼，呼喊，呐喊。从，出击，攻击。施子美曰：“至于将战之时，必审候风之所从来。风顺致呼而从之，欲以鼓噪而夺之也。风逆坚壁以待之，惧其因风纵火而为李孝逸之举，顺风扬灰而为杨琁之举，故须坚阵以待之，此亦欲就利而避害也。若五代晋张彦泽为契丹所围，契丹顺风扬尘，奋击甚锐。军中大惧，诸将皆曰：‘贼乘上风，吾居其下，待风回，乃可战。’彦泽以为然。其偏将谓彦泽曰：‘今军中饥渴已甚，若待风回，吾属为虏矣。且逆风而战，敌人必谓我不能，所谓出其不意。’即追契丹，败之。是又权以济之也，不必坚壁以待之也。”刘寅曰：“将欲战斗之时，必要审察候伺风所从来之处。若风顺，则致吾士卒，使大呼而从之；若风逆，则坚守吾阵以待之。”朱墉引《大全》曰：“风所以助势也。风顺则旌旗可以前指，人马可以鼓行，胜势无非我操。风逆则气力必为所绝，心志必为所疑，胜势悉为敌握。此将战在所必审也。”朱墉引《开宗》曰：“此言三军进止，当审地利而占风候。”

【译文】

魏武侯问吴起道：“军队的行进与驻扎，难道有必须遵循的原则吗？”吴起答道：“不要正对着天灶驻扎，也不要在龙头驻扎。天灶就是大山谷之口，龙头就是大山之巅。军队的左军用青龙旗指挥，右军用白虎旗指挥，前军用朱雀旗指挥，后军用玄武旗指挥，中军用招摇旗在高处指挥，军队在旗帜的指挥下行动。将要战斗时，要仔细观察风从哪个方向刮来。顺风时就让士卒大声呼喊并乘势进攻，逆风时就坚守阵地等待时机。”

武侯问曰：“凡畜卒骑，岂有方乎①？”起对曰：“夫马，必安其处所，适其水草，节其饥饱。冬则温厩，夏则凉庑②。刻剔毛鬣，谨落四下③。戢其耳目④，无令惊骇。习其驰逐，闲其进止⑤。人马相亲，然后可使⑥。车骑之具，鞍、勒、衔、辔⑦，必令完坚。凡马不伤于末，必伤于始；不伤于饥，必伤于饱⑧。日暮道远，必数上下⑨；宁劳于人，慎无劳马；常令有余，备敌覆我⑩。能明此者，横行天下⑪。”

【注释】

①凡畜卒骑，岂有方乎：畜，饲养，驯养。卒骑，指军马，战马。施子美曰：“马者，甲兵之本，军之所急务者也，诗人之美鲁僖公也，不及其他，而称其有骓有駓有骝有骆而已；其美卫文公也，不及其他，而称其秉心塞渊，騋牝三千而已。是马之为用大矣，武侯安得不问其所以蓄之之道乎？”刘寅曰：“‘卒骑’一本作‘率骑’，皆误也，旧本作‘车骑’为是，下文‘车骑之具’乃一证也。”朱墉引方伯闇曰：“马为士卒设，畜之无非为保全士卒，不欲使之轻有所犯，故马虽畜类，而其饮食居处之情，亦未尝与人异。故将欲畜之，必令其调适，用之不可过劳，是爱马正所以爱人也。”陈宇说：“战国时代，车战少不了马，骑战少不了马，运送军用物资也要使用马。所以，吴起在本篇论‘治兵’中，不能不谈到对战马的驯养和使用。在《吴起兵法》中，本篇用了较大篇幅专讲军队使用的战马，这在古代兵法中是少见的，对了解那个时期的战争样式和形态有着重要的文献价值和历史意义。”

②"夫马"六句：庑，大屋子，此处指马厩。厩，底本作"烧"，于意不通，《施氏七书讲义》本、《武经七书直解》本均作"厩"，于意为佳，今据改。施子美曰："夫蓄马之法，以居处则欲其安，以水草则欲其得，以饥饱则欲其节。冬则温厩，虑其伤于寒也；夏则凉庑，虑其伤于热也。庑者，郑司农以为庑，所以庇马凉也。"

③刻剔毛鬣，谨落四下：意谓剪刷战马的鬃毛，小心地给战马的四蹄钉掌。刻剔，剪刷。鬣，马的鬃毛。落，指给马钉掌。四下，指马的四个蹄子。施子美曰："'刻剔毛鬣，谨落四下'者，攻其蹄齿也。"刘寅曰："刻剔毛鬣，使之疏通；谨落四下，使之轻便。"

④戢(jí)其耳目：训练战马的听力与视力。戢，训练。

⑤习其驰逐，闲其进止：闲，通"娴"，娴熟。施子美曰："'习其驰逐，闲其进止'，又欲使之熟于战也。"

⑥人马相亲，然后可使：施子美曰："成周之时，蓄马之官非一职也，有趣马以齐其饮食，则所谓适其水草，节其饥饱者，为有官也。有圉官以衅厩庑，马则安其处所，而温厩凉庑者，为有官也。有廋人以教駣、攻驹、执驹、散马耳，则刻剥谨落、戢其耳目、闲其驰逐者，为有官也。若是则人马其不相亲乎？乃若郑之小驷，骄偾不驯，卒之还泞而止者，以其蓄之教之无术，故人与马不相亲也。"

⑦车骑之具，鞍、勒、衔、辔：车骑之具，指战马的各种装配器件。鞍、勒、衔、辔，分别指的是马鞍、笼头、嚼子、缰绳。

⑧"凡马不伤于末"四句：意谓大致说来战马不是伤于使用的最后期间，就是伤于使用的开始阶段；不是伤于饥饿，那就一定是伤于过饱。施子美曰："此马之所以为难蓄也。"

⑨日暮道远，必数上下：意谓天色已晚，路途遥远，一定要经常下马步行一段，让骑马与步行交错进行。必数上下，意谓乘马与步行交替进行，以节省马的体力。上下，上马与下马。施子美曰："此

马之所以为难用也。"刘寅曰:"所以初乘马者,必缓驰之,遇日暮道远,必频数上下,节其力也。"

⑩常令有余,备敌覆我:覆,伏兵。此处的意思是指敌人伏兵的突然袭击。施子美曰:"惟马力有余,然后可以备敌之虞。"刘寅曰:"常令其力有余,防备敌人掩覆而用以战。"

⑪能明此者,横行天下:施子美曰:"昔汉之盛时,卫青以三万骑出雁门,霍去病以万骑出陇西,与夫李广、张骞等凡十四万骑,所以能立功异域。其后马死十余万匹,汉马既少,不能复击匈奴。知此则知蓄马繁盛者,岂不足以横行天下乎?"朱墉引王汉若曰:"调量寒热饥饱,慎重早暮劳倦,爱惜毛鬣,安顿精神,畜马之法可谓备善矣。'明此'二字,总结上文之词。"又引周鲁观曰:"大抵兵革之用马为要,故《周礼》以司马名官,而厩政亦列于庶府。《小雅》以既同兴诵,而美业遂以致中兴。非子牧马于汧渭之间,马大蕃息,而秦以强大。马政可不急讲哉!"又引汪殿武曰:"马所以备冲突、驾车轮、设奇伏,兵家第一要务。故畜养之方虽次于士卒,而其情由较士卒为更难者,故吴子历历言之。"又引《开宗》曰:"此节言养马之事,而并及驾马之具,又为马计始末饥饱,宁劳人以养马力,以备敌之掩我。"朱墉《全旨》曰:"此章总是教民后战之旨。治者整之,使不乱也。语云卒不可用,以其将予敌也,故用兵在于卒服习。若士不选练,卒不服习,起居不精,动静不集,趋利弗及,避难不毕,前击后解,与金鼓之音相失,此不习勒卒之过也。苏子瞻亦云:'昔先王于秋冬之隙,致民田猎以讲武,教之以坐作进退之方,使其耳目习于钟鼓旌旗之间而不乱,使其心志安于斩刈杀伐之际而不慑,是以虽有盗贼之变而民不至于惊溃。'况武侯之时为何时乎?乌可以不教之民战也。篇中教以进止之方,全在于号令严明,赏罚信必,然后能有礼有威而成节制之师。又能蓄养气力,无致困乏,始易于从令。不但士卒

当爱惜,即马亦当善养,知其劳逸饥饱,则车马精良,士卒选练,可以有勇知方,而预治之道得矣。”李硕之说:“吴子对战马的驯养和使用提出了非常具体的意见。这是战国以前兵书中很少涉及到的。反映出战国前期一个新的兵种骑兵出现了,也说明骑兵驰骋于战场的数量增多了。战马也是战斗力。它不仅只是用于驾驶战车作战,而且也作为乘骑,用于骑兵作战。战马对于车兵、骑兵这两个兵种的作战行动,起着至关重要的作用。所以,吴起十分强调战马的驯养和使用,并从战争实践中总结出经验。他认为,能够明白‘驯养战马之道’,就可以横行天下。”钮先钟说:“这一篇最后一段中,吴子大谈马经,表示他对养马用马之道大有研究,实在令人深感诧异。吴起为何如此重视马?在古代战争中,马是一个非常重要的因素,马政是否受到重视,对国运的兴衰具有重大影响作用。所以,吴子的确具有远见,他在战国初期即已知马之重要,并预言:‘能明此者,横行天下。’”

【译文】

魏武侯问吴起道:“驯养战马,难道有必须依靠的方法吗?”吴起答道:“一定要把战马安置在合适的地方,适时地饮水吃草,节制其饥饱。要让马厩冬天温暖,夏天凉爽。剪刷战马的鬃毛,小心地给战马的四蹄钉掌。训练战马的听力与视力,不让其在战场上因为声音或颜色的干扰而惊慌失措。训练其奔驰追逐的能力,娴熟掌握前进与停止的要领。让骑兵与战马相互亲近,这样战马才能使用。马鞍、笼头、嚼子、缰绳等战马的各种装配器件,一定要完整坚固。大致说来战马不是伤于使用的最后期间,就是伤于使用的开始阶段;不是伤于饥饿,那就一定是伤于过饱。天色已晚,路途遥远,一定要经常下马步行一段,让骑马与步行交错进行;宁可让人受累,也千万别让马累坏;经常让战马保持充足的体力,以防备敌人对我发动突然袭击。能明白上述道理,就能纵横天下,所向披靡。”

卷下

论将第四

【题解】

本篇题为“论将”，集中展现了吴起的将领论。全文共分五节，前三节提出了“五慎”“四机”“三威”等关于将帅能力素质的睿智见解，拓展、深化了孙武“智”“信”“仁”“勇”“严”的将领论；后两节论述了判断敌方将领能力素质的基本方法，给出了战胜不同类型敌将的具体战术。

第一节的开篇两句就是“夫总文武者，军之将也”，指出将领应该文武双全，不但要懂军事，有血性，还要懂政治，有品德。就“武”而言，一般人往往会对将领是否勇敢格外看重，但吴起却说：“勇之于将，乃数分之一耳。”提醒将领不要为了显示自己的勇敢而头脑发热，盲目决策。紧接着，吴起提出了“理”“备”“果”“戒”“约”的“五慎”论，要求将领具备以下要求：高超的管理能力、保持对敌警惕、不能贪生怕死、胜利后也要心存戒备、制定的法令简明扼要。还要求将领在出征之日，就要“有死之荣，无生之辱”，要怀有大无畏的光荣战死的决心，绝不畏敌退缩、屈辱苟活。

第二节论述了将领必须掌握的“四机”——“气机”“地机”“事机”“力机”，要求将领能够鼓舞士气，懂得军事地理，善于使用间谍，会管理、训练部队。吴起还要求将领具有“威、德、仁、勇”，发号施令时下属不敢违犯，指挥作战时敌人不敢抵御。站在国家兴亡的高度，吴起指出了良将的价值："得之国强，去之国亡。"含有提醒君王重视良将、善待良将的言外之意。

第三节论述了将领必须掌握的"三威"论。"三威"指"威耳""威目""威心"，要求将领严格训练士卒，让他们真正懂得各种鼙鼓金铎、旌旗麾帜、法规条令的内涵，在感官与心理上产生"威耳""威目""威心"的效果，从而实现令行禁止、服从指挥的训练目的。

第四节先是论述了如何根据敌方将领的能力素质以采用相应的对敌之策，继而又提供了在一些特殊的地形、气候、敌情的情况下所应采用的克敌之术。在这一节，吴起还提出了"因形用权，则不劳而功举"的军事思想，说明将领只有掌握了灵活机动的指挥艺术，才会有费小力而获大功的用兵之效。

第五节介绍了如何判断敌将是"智将"还是"愚将"的基本方法。对于"智将"，要小心谨慎，"勿与战也"；对于"愚将"，则可主动出击，敌人"虽众可获"。

在本篇中，关于"四机"的论述很值得重视，《中国历代军事思想》指出，《吴子》"四机"所要求的将帅的指挥才能，"比《孙子兵法》要求的'智信仁勇严'更高、更全面。有关'四机'的内容，《孙子兵法》都曾提过。不过概括为四个关键性的问题，并联系起来进行论述，还是第一次"。

吴子曰："夫总文武者，军之将也[①]。兼刚柔者，兵之事也[②]。凡人论将，常观于勇[③]。勇之于将，乃数分之一尔[④]。夫勇者必轻合，轻合而不知利，未可也[⑤]。故将之所慎者五：一曰理，二曰备，三曰果，四曰戒，五曰约[⑥]。理者，治众如治寡[⑦]。备者，出门如见敌[⑧]。果者，临敌不怀生[⑨]。戒者，虽克如始战[⑩]。约者，法令省而不烦[⑪]。受命而不辞，敌破而后言返，将之礼也[⑫]。故师出之日，有死之荣，无生之辱[⑬]。"

【注释】

①夫总文武者，军之将也：总文武，意即文武兼备。总，总括，总揽。施子美曰："才足以兼资，然后可以统军。术足以相济，然后可以治军。文武者，材也。总文武而后可以为军之将，非才足以兼资而后可以统军乎？"刘寅曰："夫总文武者，三军之将也。文以附众，武以威敌，缺一不可。"朱墉引周鲁观曰："文非《诗》《书》六艺之文，指附民御众之德；言武非血气勇猛之武，指克敌制胜之略。言'总'字则重武有其文上。"

②兼刚柔者，兵之事也：意谓刚柔兼济的人，才能尽知兵机。兼刚柔，意即刚柔兼济。施子美曰："刚柔者，术也。兼刚柔而后可以尽兵之事，非术足以相济而后可以治军乎？陆机识能辨亡，无救河桥之败。养由基射穿七札，不免鄢陵之奔。才不兼资，如统军何？子玉刚而无礼，卒至于败。李广行无部伍，终于失道。术不兼济，其何以治军乎？昔田穰苴可谓两尽乎是矣。文能附众，武能威敌，则其材尽矣。于将军也何有？庄贾可斩，则斩之而不贷。士卒可恤，则抚之而不以为过。是又术之兼尽也。其于军事，亦优为矣。古之择将，必欲材与术两尽而不偏，然后为得。"刘寅曰："兼刚与柔者，用兵之事也。大刚则折，大柔则废。《三略》曰：'能柔能刚，其国弥光。'二者亦不可缺也。"

③凡人论将，常观于勇：《群书治要》卷三十六、《太平御览》卷二七三"人"下有"之"字，"常"作"恒"。《太平御览》卷二七三"观"下有"之"字。施子美曰："凡人论将，则先乎勇。夫岂知独勇不足以尽其材也。且《孙子》之论将，则曰：智、信、仁、勇、严。太公论将则曰：勇、智、仁、信、忠。五材兼备，然后可也，可独勇乎？勇非不足取也。白衣自显，仁贵所以为虓将；锦裘自表，李晟所以敌万人。勇固不足取耶？"

④勇之于将，乃数分之一尔：意谓勇敢对于将领来说，只不过是考

察其素质的诸多项目中的一项罢了。《太平御览》卷二七三“数”作“万”字。施子美曰:“勇虽可取,特数分之中一分耳。办大事者非勇者所为也。才气无双,李广非不勇也,而终于失道。被羽先登,贾复非不勇也,而不得别将。勇其可独任乎?”李硕之说:“关于将领的勇敢精神,也是非常重要的。因为,没有非凡的勇气和胆略,纵有天大的指挥才能,也决然不能在战争舞台上成为涉冠称雄的胜利者。纵观古今中外杰出的军事家、优秀的将领,勇敢是首先必须具备的素质。吴子对将领的‘勇’,认识是非常深刻的。他在论述为将标准时,认为‘勇’只是将领必备条件的数分之一,反对有勇无谋的轻率之‘勇’,更为强调将领在临敌作战中的英勇献身精神。因此,他所说的‘勇’,含意更深,要求更高,认为‘良将’必备这样的‘勇’。”傅绍杰说:“‘勇’,在一般军人而言,毕竟是个主要基本条件。具有血气之勇的底基,再加以学问修养上的锻炼,自能提高境界更上一层。那是最为理想的要求。但如不具此底基,一上战线,手软心颤,魂飞魄散,还那里有什么余神余力来谈运用指挥?大勇?小勇都不知何处去也,大勇早已丢得一干二净了。一个人的禀赋、气质,和先天遗传、后天教养都有关系。一个民族亦复如此。血气之勇,历来论兵者无不以之为将领之大戒。但是我们读史所及,外国姑不论,遍观所有名将,在少年时代几乎没有一个不是满腔忠义,浑身是血的。路见不平,拔刀相助,自是家常便饭。甚至因血气方刚之故,而有逾越常轨的行为。至于以后的作为、成就,那都是不是经过名家指教,就是自动悔改折节向学之后的事。汉初张良故事,不须再说。唐代李勣曾对人说:‘余十二三时为无赖贼,逢人便杀;十四五为难当贼,有所不惬则杀人;十七八为佳贼,临阵乃杀敌;二十为大将,常用兵以救人于死。’真是英雄自白,快人快语。……注译者并无意提倡动手动刀的意思。讲的是气质问题。养气是要紧的。如果根本没气，你养什么？个人如此，国族亦然。”解文超曰：“《尉缭子》一书不但有其内容与《吴子》相吻合者，还有的直接来自吴起的言论，如《尉缭子·武议》云：‘吴起临战，左右进剑。起曰：‘将专主旗鼓尔。临难决疑，挥兵指刃，此将事也。’《尉缭子》引用吴起论述将领之责的言论，可能是《吴子》的佚文，因为这段话与《吴子·论将》的‘夫总文武者，军之将也；兼刚柔者，兵之事也。凡人论将，常观于勇。勇之于将，乃数分之一尔’有着承传关系。”

⑤“夫勇者必轻合”三句：意谓光有勇敢，这种将领必会轻率地与敌交战，轻率地与敌交战便会不懂利害所在，这不值得称道。轻合，指与敌轻率交战。《群书治要》卷三十六前两句作“夫勇者轻命而不知利”。施子美曰：“勇之所以不足多者，谓其轻合也。轻合则不知利之所在，其可乎？昔子路问夫子曰：‘行子三军，则谁与？’子曰：‘暴虎凭河，死而无悔者，吾不与也。必也临事而惧，好谋而成者也。’论将之道，非勇所能尽也。”

⑥“故将之所慎者五”六句：朱墉引王圻曰：“‘慎’字只是不敢怠忽之意，就将心里言。”又引徐象卿曰：“即孔圣‘临事而惧’之旨，总是以心战为主。治众恐其不知理，出门恐其不知备，临敌恐其不知果，克敌恐其不知戒，法令恐其不知约。”杨斐在《融会儒法兵，通合政经军——〈吴子兵法〉军事思想论析》（载《滨州学院学报》2013 年第 5 期）一文中说：“吴子‘五慎’论的特点，一是系统，了了五字，内涵甚丰，涉及建军治军、作战指挥、思想修养等多个方面；二是实用，后学将帅拿来即可作为行动准则。若将吴子的‘五慎’与孙子的‘五德’（智、信、仁、勇、严）相比较，则正如钮先钟先生所言，‘孙子所言为体，吴子所言为用’，两者各有侧重，相得益彰。”薛国安说：“许多古代兵家经典都对将帅应该具备的素质进行了简明扼要的概括。如《孙子·计篇》把将帅素质总结为

‘智’‘信’‘仁’‘勇’‘严’等‘五德’。《六韬·论将》提出将帅必须具备‘五材’:‘勇’‘智’‘仁’‘信’‘忠’。吴子则在《论将》篇提出‘五慎’论,认为将帅必须做到‘理’‘备’‘果’‘戒’‘约’。‘五慎’论对后世颇有影响,在中国军事思想史上也是别具一格。”

⑦理者,治众如治寡:意谓理指的是管理大部队如同管理小部队一样有条不紊。众,指人数众多的大部队。寡,指人数少的小部队。施子美曰:“所谓理者,盖统军之际,其人虽若难治,而吾能治之以易治,故虽众犹寡也。如韩信之多多益辨,非理者乎?”刘寅曰:“理者,治众多之兵如治寡少之兵,言得其治兵之理也。”朱墉引邓伯莹曰:“‘理者’二字极重,‘治众如治寡’,只解明‘理者’二字之意。盖‘治寡’与‘治众’不同,而曰如‘治寡’,正以其理也。条分缕析,总其大纲,而纷纭不乱,何众之不如寡哉?”薛国安说:“是指将帅必须能够像治理小部队一样,有条不紊地治理大部队。‘理’是一种将帅必备的治军能力。‘凡治众如治寡,分数是也’(《孙子·势篇》),要想做到‘治众如治寡’,关键在于合理、明确、严格的组织编制体制。吴子主张把军队的编制体制与地方行政组织紧密结合起来,使‘乡里相比,什伍相保’,从而达到‘治众如治寡’的目的。古人对‘理’莫不重视。韩信与刘邦讨论带兵能力,自云‘将兵’‘多多而益善’,就在于‘分数之明’。明代民族英雄戚继光在《纪效新书·束伍篇》中认为‘分数者,治兵之纲也’,在同书《严节制》中又指出‘舍节制必不能军’,都是强调‘理’对治军的重要。”

⑧备者,出门如见敌:意谓备指的是部队刚开拔就像遇见敌人一样保持高度警惕。施子美曰:“所谓备者,盖预防之术。虽无所畏而常若有所畏。故虽出门之际,常如见敌。如冯道根之远斥候,有若敌将至者,非备者乎?”刘寅曰:“备者,一出辕门如见敌之在前,言其预备之谨也。”朱墉引汪殿武曰:“如见敌者,总是不见敌

以目，而见敌以心意。”又引方虞升曰：“‘出门’二字不要死讲，精神只在一‘如’字，总是极形容其慎耳。无时无刻非出门之时，即无时无刻非见敌之时，不备于外而备于内，不备以事而备以心，当未有敌之时，而能存见敌之心，则不必备之时，必能周无所不备之虑，有敌固备，无敌亦备，斯称善备敌者矣。”薛国安说：“‘备’首先是对将帅指挥行军作战的要求。古代行军打仗，通常都要派出‘斥候’——警戒分队，以便及时发现敌情，使主力部队能够及时应变。比如《六韬·虎韬·绝道》指出：‘凡帅师之法，当先发远候，去敌二百里，审知敌人所在。’这种做法就是‘备’的表现。当‘备’成为一种习惯，就内化为将帅一种基本素质和修养。只有具备了这种素质和修养，才能始终保持高度警惕，才能充分估计和侦知各种情况，并预先制定和及时实施各种应对方案，才能真正做到《孙子·九变篇》‘无恃其不来，恃吾有以待也’。唐元和十二年(817 年)，唐将李愬利用雪夜，偷袭反抗中央的割据势力吴元济的老巢蔡州。吴元济缺乏戒备，直至听到唐军号令才登城组织抵抗，但为时已晚，最终城破被俘。历史上像吴元济这样因无备而战败的战例是不胜枚举的。可见，‘备’确为将帅必备的修养之一。”

⑨果者，临敌不怀生：意谓果指的是临敌交战时不贪生怕死。《群书治要》卷三十六“临”作“迎”。施子美曰：“所谓果者，盖有敢为之志者，虽有可畏而常若不足畏。故临敌之际，示以必死，而无贪生之心。如田单之在即墨有死之心，士卒无生之气是也。”刘寅曰：“果者，临敌有必死之志，无怀生之心，言果敢于战也。”朱墉引尤尺威曰：“果与勇不同。勇者不惧，果者能断。”又引唐顺之曰：“临敌不怀生，非轻生也。盖当临敌之时，不难慷慨捐躯，从容就义，这是何等明断刚决，然此大非易事。”薛国安说：“将帅临敌作战时就要将个人生死置之度外。《尉缭子·武议》提倡将

帅要做到'受命之日忘其家，张军宿野忘其亲，援枹而鼓忘其身'，说的也是这个意思。为将者能够'临敌不怀生'，与全军同生死，共进退，既可以激励部属士气，也可以使自己的决策更坚决果断。反之，过于考虑个人安危，指挥作战枭视狼顾，就会给敌人以可乘之机，导致战败，所谓'必生，可虏也'。不言而喻，指挥员是否具备'果'的素质和修养，会影响部队战斗力。在人民军队发展史上，绝大多数各级指挥员能够不怕牺牲，坚守岗位，表现出无与伦比的果敢，这无疑是构成人民军队强大战斗力的重要因素。"陈宇说："'勇敢'这两个字，对于出生入死的军人来说非常重要，对于战场指挥员尤为重要。……而勇敢可以避免牺牲最终赢得胜利。因此，善于带兵的将领要懂得'必死则生，幸生则死'的道理，要有'必死'的决心，'临敌不怀生'(《论将篇》)，才会有果敢的行动，毫不犹豫地带领部队冲锋迎敌，使我方士卒奋不顾身、勇往直前。"

⑩戒者，虽克如始战：施子美曰："所谓戒者，谓善虑事者，虽已胜而常若未胜，故虽克战而如始战。郑败楚师，国人皆喜，唯子良独忧曰：'是国之灾也。'非虽克如始战乎?"刘寅曰："戒者，以胜敌如初交战之时，言戒之至也。"朱墉引张泰岳曰："为将者得胜之后，必不如未胜之先。盖未胜之先，常存危惧。及到克敌之后，便生骄惰。此皆是不戒之故。"又引陈明卿曰："戒于未战易，戒于既战难。戒于既战之时固难，而戒于既克之后则甚不易。此云虽克如始战，分明是无时而不惕虑矣，如此方谓之戒。"又引叶伯升曰："人当临战之始，则胜负未分，孰不兢兢戒之? 惟于既胜之后，犹如始战之时一般，毫不敢骄肆怠忽，斯真为能戒者。"又引李静园曰："将不慎戒，靡不有初，鲜克有终。"薛国安说："将帅即使打了胜仗也要保持战斗开始时的谨慎。因胜而骄，因骄而失于谨慎，便会导致下一次的失利，这是战场上一般的道理。知

易行难，同许多战争规律一样，'虽克如始战'的道理易于理解却难以做到。1949年10月，解放军进攻金门岛失利，便是一例。当时第三野战军第10兵团向福建进军，一路连战连捷，接连攻克福州、漳州、厦门等地，但也因此产生了骄傲轻敌的思想。受这种错误思想和情绪的影响，前线指挥员在对守岛敌军情况不甚明了，渡海准备不足的情况下，贸然发动总攻，导致作战失利，登岛的9000官兵壮烈牺牲。毛泽东深刻指出金门之战失利'其主要原因，为轻敌与急躁所致'，并告诫全军'……必须以金门岛事件引为深戒。对于尚在作战的兵团进行教育，务必力戒轻敌急躁……'。解放军吸取了金门失利的教训，戒骄戒躁，认真备战，在接下来的作战中顺利解放了海南岛、舟山群岛等沿海岛屿。战争史上常有这样的战例：一方示弱佯败，在将敌人诱至预定战场的同时，也助长敌人的轻敌情绪，使其放松警惕，然后后发制人，一举战而胜之。从某种角度看，这种'能而示之不能'的战法，可以视为吴起'虽克如始战'思想的反用。"

⑪约者，法令省而不烦：省，简明。烦，繁杂。施子美曰："所谓约者，盖得治军之要者，不欲使之苦其劳，而使之乐为用。李光弼之代子仪，一无所更，非约而不烦乎？"刘寅曰："约者，法令减省而不烦苛，言令之简也。"朱墉引《大全》曰："约束其下者，惟减省不烦，则人易明而易从。"张少瑜说："同其他战国早期军事家一样，吴起主张军中法要简明扼要。他提出军中之法要'约'：'约者，法令省而不烦。'(《论将》)《吴子》全书中记其军令只有一条：'先(与秦)战一日，吴起令三军曰：'诸吏士当从受敌。车骑与徒(都听着)：若车不得车，骑不得骑，徒不得徒，虽破军皆无功。'故战之日，其令不烦而威震天下。'(《励士》)军中法为什么要约而不烦？约到什么程度？《吴子》中没有论述。纵观全文，以理推之，这可能与吴起重将、重德的观念分不开。吴起认为将是军队

的中心，要能‘总文武’‘兼刚柔’，‘威德仁勇必足以率下安众，怖敌决疑’。既然将是最高的，那么法就只是他统军、治军的一种手段了。这种手段只为贯彻军令、完成军事行动而使用。为了保证将的权威的确定性和应付千变万化的军事形势，军中法就必然要简明扼要。另外，吴起重德教，认为士气主要来自于杀敌立功的物质诱惑和将领对士兵的‘爱护’，因而也没有必要制定太多的法，更没有必要用强力去压服人。”薛国安说：“这里的‘法令’当然是军队适用的军法和军令。吴子认为，一名优秀的将帅应能够做到颁布军法，发布命令时简明而不繁琐。而他本人即能做到‘其令不烦而威震天下’。对士卒来说，军法纪律越简明，则越利于记忆贯彻；命令越简单，则越利于下级得其要领，正确执行。军法军令既要简明，又要切合实际，产生效力，这不是降低了而是提高了对为将者的要求。刘邦攻入秦都咸阳之后，与秦民约法三章，‘杀人者死，伤人及盗抵罪’，迅速稳定了社会秩序，赢得了秦民的拥护。虽然刘邦所约三章并非军法军令，但却十分贴切地折射出‘法令省而不烦’的意义。再如，我军历史上著名的‘三大纪律，八项注意’，就是把最重要的纪律以最简明、通俗的语言总结出来，从而便于全军指战员，尤其是文化水平较低的指战员们学习和遵守。”

⑫“受命而不辞”三句：意谓接受上级命令时不避重担，战胜敌人以后才班师返回，这是将领应遵守的军礼。《群书治要》卷三十六“辞”下有“家”字。施子美曰：“志在奉公者，必不避难；志在克敌者，必不怀生。受命而不辞，此志在奉公也。一有命焉，即就道而往，吾何以避难为辞。敌破而后言返，此志在敌者也。敌未亡则无还期，吾何以怀生而思返乎？为将之礼，其在是矣。郭子仪之为师也，诏至即引道，纤芥顾望，此受命而不辞也。裴度之为师也，谓‘贼未授首，臣无还期’，此敌破而后言返也。为将之礼，

必裴晋公、郭汾阳而后可也。”刘寅曰：“旧本‘辞’下有‘家’字。”

⑬“故师出之日”三句：《群书治要》卷三十六“之”作“而”，“辱”下有“也”字。施子美曰：“师出之际，虽死之日，犹生之年，宁死以为荣，无生以为辱。此白起所以不为辱军将，而严颜谓有断头将军者，诚以幸生为可愧也。”刘寅曰：“故师旅出行之日，将有进而必死之荣，无退而幸生之辱。”朱墉引《大全》曰：“此节言为将之道，而并及为将之礼。”《中国历代军事思想》说：“《吴子》的军事人才思想，要求指挥人员‘总文武’‘兼刚柔’，即政、军兼备，勇智双全。它反对‘论将常观于勇’的片面观点，认为指挥官主要是‘临难决疑’的，持剑冲锋不是主要任务。这是战争由力量制胜发展为谋略制胜的必然结果。因而，《吴子》对将帅品质的要求，较春秋更高。认为必须具备理、备、果、戒、约五项条件。即‘治众如治寡’的指挥能力，‘出门如见敌’的敌情观念，‘临敌不怀生’的奉献精神，‘虽克如始战’的谨慎态度和‘法令省而不烦’的简练作风。特别强调将帅必须有‘师出之日，有死之荣，无生之辱’的高贵政治品质，并要作到‘受命而不辞，敌破而后言返’。”

【译文】

吴起说：“文武兼备的人，才能成为军队的将领。刚柔兼济的人，才能尽知兵机。一般的人论述将领，常会仅仅考察勇敢这一项。但勇敢对于将领来说，只不过是考察其素质的诸多项目中的一项罢了。光有勇敢，这种将领必会轻率地与敌交战，轻率地与敌交战便会不懂利害所在。这不值得称道。所以将领需慎重对待以下五个方面的要求：一是理，二是备，三是果，四是戒，五是约。理，指的是管理大部队如同管理小部队一样有条不紊。备，指的是部队刚开拔就像遇见敌人一样保持高度警惕。果，指的是临敌交战时不贪生怕死。戒，指的是即使战胜了敌人也要像刚开始打仗一样心存戒备。约，指的是法令简明扼要，不繁杂琐碎。接受上级命令时不避重担，战胜敌人以后才班师返回，这是将领应遵守的礼节。所以在军队出征之日，要怀有光荣战死的决心，绝不屈辱苟活。”

吴子曰：“凡兵有四机：一曰气机，二曰地机，三曰事机，四曰力机①。三军之众，百万之师，张设轻重，在于一人，是谓气机②。路狭道险，名山大塞，十夫所守，千夫不过，是谓地机③。善行间谍，轻兵往来，分散其众，使其君臣相怨，上下相咎，是谓事机④。车坚管辖，舟利橹楫，士习战陈，马闲驰逐，是谓力机⑤。知此四者，乃可为将⑥。然其威、德、仁、勇，必足以率下安众，怖敌决疑，施令而下不犯，所在寇不敢敌⑦。得之国强，去之国亡，是谓良将⑧。”

【注释】

①“凡兵有四机”五句：四机，指用兵的四种要领。机，关键，要点。气机，指士气。地机，指地形。事机，指谋略。力机，指战斗力。施子美曰：“兵必有其用，用各有其要。四机者，皆用兵之要也。一曰气机者，谓其作气而使勇也。二曰地机者，谓因地形而用之也。三曰事机者，谓有以离其君臣上下也。四曰力机者，谓舟车士马之力，必欲其有余也。”朱墉引袁了凡曰：“所谓机者，必使气、地、事、力，无不由我抟转，方谓之机。四者操纵振作一自将出。”薛国安说：“在本篇，吴子首创了‘四机’理论，对将帅的指挥才能提出了要求。他认为将帅领兵作战必须把握四个关键环节：气、地、事、力。《吴子》对‘四机’并没有给出科学的定义，只是用类似举例的方法进行了大概的解释。‘四机’用现代语言可以大致依次解释为：士气、地形、谋略和力量（即战斗力）。吴子认为：‘知此四者，乃可为将。’”

②“张设轻重”三句：张设轻重，指掌握士气的盛衰情况。张设，掌握，了解。轻重，指士气的萎靡不振与高昂充沛。施子美曰：“法曰：战在于治气。欲治其气，则必作之使锐，养之使闲。杂三军之众，百万之师，张设轻重，皆在于将，此之谓气机。怒自十倍，田单所以胜燕；彼竭我盈，曹刿所以胜齐。是得乎气机也。”刘寅曰：“言百万士众之气在将帅一人之气，故将勇则兵强，将怯则兵弱，气使然也。”薛国安说：“将帅如何‘张设轻重’呢？吴子并没有给出更多直接的意见。结合《吴子》全书及吴起的军事实践来看，大概有这样几点：一是‘教戒为先’，加强军队的教育训练。通过教育，‘教之以礼，励之以义’，使官兵在战场上能够自觉做到‘进死为荣，退生为辱’；通过训练，使官兵熟练掌握各种技战术，提高部队战斗力，如此，就能增强其取胜的信心。二是提高作战指挥水平。将帅决策得当，指挥得法，号令清晰，部属依令而行，常常能够避免陷于疲惫危怠的不利局面之中，则不致军心混乱。如能常打胜仗，则更可以取得部属信赖和尊重，更利于鼓舞士气。三是提高军队管理水平。将帅能否做到宽严相济，信赏明罚，军令素行，能否做到身先士卒，率先垂范，也会影响所部军心士气。总之，军队士气的盛衰变化受多种因素影响，将帅要掌控部队士气的变化也必须从多个方面入手。……无独有偶，兵圣孙子也主张将帅要能掌握敌我双方军心士气的变化规律。《孙子·军争》篇提出了‘四治’之计：‘故善用兵者，避其锐气，击其惰归，此治气者也。以治待乱，以静待哗，此治心者也。以近待远，以佚待劳，以饱待饥，此治力者也。无邀正正之旗，勿击堂堂之阵，此治变者也。’显然，吴子思想与孙子的‘治气’‘治心’之说颇有相通之处，但孙子之说显得更加明晰。重视军心士气在战争中的作用，是中国传统军事思想的一大特点。早在公元前684年的齐鲁长勺之战中，鲁国布衣曹刿便成功地运用士气消长

与战争胜负关系的规律，协助鲁庄公指挥，取得了战争胜利，并总结出一段千古传颂的名言：‘夫战，勇气也。一鼓作气，再而衰，三而竭，彼竭我盈，故克之。’唐代大军事家李靖提出兵有三势：‘一曰气势，二曰地势，三曰因势。若将勇轻敌，士卒乐战，三军之众，志厉青云，气等飘风，声如雷霆，此所谓气势也。’这些可以帮助我们对吴子‘气机’的理解。”

③“路狭道险”五句：意谓道路狭窄险恶，名山要塞关隘，令十名士卒把守，便使一千敌人无法通过，这就叫掌握了地机。施子美曰：“法曰：地形者，兵之助。惟得其地，则据其险隘要害之处，虽十夫所守，可使千夫不敢过。夫是之谓地机。马陵道隘，孙膑所以胜庞涓；殽有二陵，晋人所以御秦师。是得夫地机也。”刘寅曰：“路狭道险，如车不得方轨，骑不得成列。名山大塞，如蜀之剑阁，秦之潼关。十夫守之，千夫不过。是谓地机也。”薛国安说：“众所周知，地形对战争有着重要影响。吴子把地形作为将帅领兵作战必须掌握的第二个关键，称之为‘地机’。可惜的是，对于‘地机’，吴子也没有展开论述，我们的分析仍需从全书着眼。吴子能从战略高度认识‘地机’。他认为某国的战略地理环境会对其军队战斗力产生一定程度的影响。如在《料敌》篇，吴子在分析六国战斗力及如何战而胜之的时候，就曾提到‘秦地险’是造成秦军易‘散而自战’的原因之一：因为地形险要，小的部、分队乃至单兵都可以借助有利地形各自为战，久而久之，便形成了秦军的传统。……在吴子的军事生涯中，大部分时间都是在与秦军争夺河西之地的战斗中度过的。河西之地对魏国来说既是进攻秦国的桥头堡，也是抵御秦国进攻的最前沿，谓其性命攸关，毫不为过。吴子以其出色的军事才华，全部夺取了这一区域，并以西河郡守之职率该区军民坚守十余年，牢牢扼住了秦国东出的咽喉。当魏武侯听信小人谮言将他调离西河郡的时

候，吴子流下了热泪，痛心疾首地对手下人说：‘君知我，而使我毕能西河，可以王。今君听谗人之议，而不知我，西河之为秦取不久矣，魏从此削矣！’历史的发展正如吴子所预料，秦国夺取了河西之地，全据崤函之险，进退裕如，不断东出进攻关东六国，并最终统一了中国。吴子对河西之地战略价值的认识，充分反映出他是能够也善于从战略高度认识‘地机’的。”

④“善行间谍”六句：意谓善于使用间谍，派遣小股部队机动来往于敌阵，分散敌人的兵力，使其君臣互相怨恨，上下抱怨，这就叫掌握了事机。轻兵，指小股部队。咎，责怪，埋怨。施子美曰：“法曰：事莫密于间。则行间谍以离其情，用轻兵以分其势，使其君臣上下至于相怨咎，是之谓事机。秦人使间间赵，而廉颇果代；越人使间间吴，而子胥果杀。此得乎事机也。”刘寅曰：“善行间谍以离之，轻兵往来以疑之，分散其众，使力不齐；君臣相怨，上下相咎，使心不一。此谓事机也。”薛国安说：“重视谋略，是中国传统军事思想的一大特色。兵圣孙武‘上兵伐谋’，‘不战而屈人之兵’等经典名言，就是这一传统特色的最好概括。从兵家始祖姜尚，到齐桓、晋文等春秋霸主，到伍子胥、范蠡等谋臣武将，创造了无数重谋、用谋、谋胜的精彩战例。作为中国古代杰出的军事家和军事理论家，吴子也高度重视谋略在战争中的作用，把‘事机’——谋略——作为将帅领兵作战必须掌握的第三个关键。谋略是思维的产物，是智慧的表现，它在从大战略直到战役、战斗的各个层面都可以彰显其价值。从这个角度看，吴子‘内修文德，外治武备’‘先戒为宝’‘以治为胜’等思想也是谋略。这些思想看上去并没有什么飘渺玄妙之处，但实际上却是最为高超的‘大谋’‘远谋’！一个国家政治清明，上下齐心，武备强大，自然会对对手产生强大的威慑，使之不敢心存觊觎，也就在最大程度上远离了战争，正所谓‘大智不智，大谋不谋’。而要真

正因时因势，贯彻好吴子这些思想，需要指挥员具备超前的战略判断力、果敢的决断力、坚韧的执行力等素质能力，恐怕要比战阵之间料敌制胜更难一些。《吴子》书中也提出了一些具体作战行动中的谋略法则，这些谋略法则基本是对孙子思想的继承。如：'善行间谍'，使敌'上下相咎'，大概来自孙子的'亲而离之'；对'愚而信人'的敌将'可诈而诱'，对'贪而忽名'的敌将'可货而赂'，与孙子提出的'利而诱之'相仿；'轻兵往来'大概就是指孙子所说的'作之''形之''角之'等侦察性作战行动。吴子在《应变》篇针对不同情况提出了相应战法，同样基本没有超越孙子的新论。"

⑤"车坚管辖"五句：意谓能让战车的轮轴坚固，战船的船桨好使，士卒熟习于战地阵法，战马熟练于驰骋奔腾，这就叫掌握了力机。管辖，指战车车轴两边的铁插销，用以固定车轮。橹楫，均指船桨，在船后单摇且形制较大的为橹，在两侧双划的为楫。闲，通"娴"，熟练掌握。施子美曰："车以管辖而致用，故必坚之；舟以橹楫而后济，故必利之。以士则必习于战阵，以马则必闲于驰逐，是之谓力机。水陆并进，王濬所以平吴；兵马甚盛，吴汉所以克成都。此得力于力机也。"刘寅曰："车坚管辖，备陆战也；舟利橹楫，修水战也。人习战陈，教练之有素；马闲驰逐，控御之有法。此谓力机也。"薛国安说："吴子把'力机'作为将帅领兵作战必须具备的第四个关键因素。训练部队，管理部队，培养、保持和提高部队战斗力，是为将者的份内之事。现代军事理论认为，影响部队战斗力的因素主要有三：一是人，二是武器装备，三是人与武器装备的结合，即编制体制。这三点，吴子均不同程度地考虑到了。《吴子》中《治兵》《论将》《励士》等三篇主要是针对'人'的因素而言的。同时，吴子也重视装备因素。比如，对于当时的重要装备战车，吴子指出要使'车坚管辖''膏锏有余'。吴

子对另一重要装备战马尤为重视，在《治兵》篇专门对驯养战马进行了论述，总的要求就是使‘马闲驰逐’。”

⑥知此四者，乃可为将：朱墉引邓伯莹曰：“‘知此四者’，‘知’字不得浅略，有洞晰精审区处得宜之意，不知固不可以为将，即有一不知，亦不可以为将也。”又引叶伯升曰：“‘乃可’二字，见将之不易为也。”《中国历代军事思想》说：“(《吴子》)对将帅的指挥才能，要求必须能掌握‘四机’，即善于控制士气，利用地理条件，运用战略战术和保持、加强部队战斗力。这比《孙子兵法》要求的‘智信仁勇严’更高、更全面。有关‘四机’的内容，《孙子兵法》都曾提过。不过概括为四个关键性的问题，并联系起来进行论述，还是第一次。”

⑦“然其威、德、仁、勇”五句：率下，指将领成为部下的表率。施子美曰：“知此四机，虽可以为将，而所谓良将者，又必其有威、德、仁、勇也。威、德、仁、勇足以率下安众，则施令而下不犯；足以怖敌决疑，则所在而寇不敢敌。盖能足以抚士，而后人莫不从；能足以制胜，而后敌无不服。威、德、仁、勇，此将之能也。推是以怖敌决疑，则可以制胜矣。故所在而寇不敢敌，非敌无不服乎？且吴起之为将也，前获双首者，虽有功而不赦，五万之众可使为一死贼，其威勇为如何？衣食必与士卒同，廉平可以得士心，其德为如何？以是而率下安众，则见于亲万民，使士卒乐死；以是而怖敌决疑，则见于大战七十六，全胜六十四。至于车骑与徒皆从受敌，其令不烦而威震天下，非所谓施令而下不敢犯乎？守西河而秦兵不敢东向，韩、赵宾从，兹非所在而寇不敢敌乎？”刘寅曰：“威，严畏也。德，恩信也。仁，慈爱也。勇，果敢也。四者必足以率下安众，怖敌决疑。率下安众，德也，仁也。怖敌决疑，严也，勇也。施令而下不敢犯，又专言严也。所在而寇不敢敌，又专言勇也。”“旧本‘寇’上有‘而’字。”朱墉引《新宗》曰：“‘四机’

虽足以运行变化，而'四德'不足以安循士卒，犹不足以言全才也。故必威与德齐驱，仁与勇兼至，而后神其'四机'之措施。"薛国安说："'五慎'之外，吴子还要求将帅具备'威''德''仁''勇'的素养。……'威'即威严、威信。将帅之威严源自何方呢？从上下文看，吴子认为将帅能够指挥有方，赏罚有信，就能有'威'。'德'的含义则颇广泛而含糊，概而言之，吴子心目中的将德至少应当包括'受命而不辞，敌破而后言返'的所谓'将之礼'，和'进死为荣，退生为辱'的封建社会荣辱观。'仁'，即仁义、仁爱，大抵与《图国》篇提出的'四德'（道、义、礼、仁）中的'仁'含义相当。'勇'，即勇敢。吴子对'勇'的认识颇为深刻。他强调和欣赏'勇'，但同时又指出'勇之于将，乃数分之一尔'。在他看来，将帅的责任是专主旗鼓，'临难决疑，挥兵指刃'，指挥全军作战，而'一剑之任，非将事也'。如果一名将帅只顾像偏裨士卒那样冲锋陷阵，就势必影响对全军的指挥，'夫勇者必轻合，轻合而不知利，未可也'。因此，吴子要求的'勇'是更加理智的'勇'，是更高层次的'勇'，是真勇、大勇，而绝非匹夫之勇。"

⑧"得之国强"三句：施子美曰："观起之在魏而魏盛，在楚而楚强，兹非所谓良将乎？夫所谓良将者，以其才之出于自然，非人所可及也。知而谓之良知，能而谓之良能，皆其天资自然出乎众表也。故傅说之相高宗也，则以为良弼；魏徵之佐太宗也，则愿为良臣。将而谓之良，其可以强国安民，而非庸将所及也。"刘寅曰："得而任之则国强，失而去之则国亡，如乐毅归燕而昭王盛强，奔赵而骑劫败死。此谓之良将也。"朱墉引《开宗》曰："此言良将必审'四机'而具'四德'，然后国赖以强。"李硕之说："吴子所说的'良将'，就是指优秀的将领，即将领之中的出类拔萃者'良将'，是吴子在论述了为将的标准和将领的职责的基础上提出来的。认为称得上'良将'的将领，还应具备两条：第一，将领

具备的'威、德、仁、勇'，要能够'率下安众，怖敌决疑'。第二，发号施令'下不敢犯'，指挥作战'寇不敢敌'。吴子非常重视选拔良将，强调良将在治军、作战中的地位和作用，认为'得之国强，去之国亡'。"

【译文】

吴起说："用兵大概有以下四种要领：一是气机，二是地机，三是事机，四是力机。三军将士，百万军队，掌握士气的盛衰情况而做出正确部署，全在于将领一人，这就叫掌握了气机。道路狭窄险恶，名山要塞关隘，令十名士卒把守，便使一千敌人无法通过，这就叫掌握了地机。善于使用间谍，派遣小股部队机动来往于敌阵，分散敌人的兵力，使其君臣互相怨恨，上下抱怨，这就叫掌握了事机。能让战车的轮轴坚固，战船的船桨好使，士卒熟习于战地阵法，战马熟练于驰骋奔腾，这就叫掌握了力机。懂得这四种要领，才可以成为将领。然而除此之外，将领还要具备威、德、仁、勇的品质，必须足以成为表率，安抚部众，震慑敌人，判定疑难，一旦发布命令，下属便不敢违犯，所到之处敌人不敢抵御抗衡。得到他国家就会强大，失去他国家就会危亡，这就是所谓良将。"

吴子曰："夫鼙鼓金铎，所以威耳；旌旗麾帜，所以威目；禁令刑罚，所以威心①。耳威于声，不可不清；目威于色，不可不明；心威于刑，不可不严②。三者不立，虽有其国③，必败于敌。故曰：将之所麾，莫不从移；将之所指，莫不前死④。"

【注释】

①"夫鼙鼓金铎"六句：鼙鼓金铎，均为军队指挥工具。鼙鼓，泛指军鼓。鼙，一种军用小鼓。铎，大铃。威，威慑。旌旗麾帜，《太平御览》卷二七〇作"旌麾旗章"。施子美曰："张昭教习之法，举

兵法云：三官不谬，五教不乱，是谓能军。三官者，鼓也、金也、旗也。五教者，耳、目、手、足、心也。教目知形势之旗，教耳知号令之数，教足知进退之度，教手知兵之长短，教心知赏罚之用。五者闲习，是取胜之道也。知此则知《吴子》之所以威其耳、威其目、威其心者，正为将之所先也。”朱墉引《大全》曰：“威慑一也，将之所以役使乎三军者，耳、目、心也。苟无所以慑一之具，虽家人父子不可以麾指，况乌合之众乎？故必清其鼙鼓金铎之声，明其旌旗麾帜之色，严其禁令刑罚之具，使三军之耳目与心俱为其慑一，以是而战无有不胜者矣。”又引《醒宗》曰：“军旅主威，故军中所有无一件不是示威之具，但其权俱操之于将，故以三者先立望之。”薛国安说：“‘三威’理论是从作战指挥的角度立言的。‘鼙鼓金铎’‘旌旗麾帜’都是古代的指挥工具。平时，通过训练，使部属熟练掌握各种听觉和视觉信号，并能依据信号动作；战时，根据作战形势，迅速决策，将清晰准确的命令传达全军，这是作战指挥的基本要求。在‘威耳’‘威目’的基础上，还要‘威心’，就是以禁令刑罚严肃军纪，以维护将帅的权威，尤其是作战指挥上的权威。吴子在《治兵》篇提出‘进有重赏，退有重刑。行之以信。审能达此，胜之主也’，这里也包含着‘威心’的含意。”

②心威于刑，不可不严：意谓由心理产生的震慑来自于刑法，因而要让士卒不能不严格了解各项法规。朱墉引谈歖公曰：“威耳、威目、威心，人所皆知也。但混杂不清之弊，昏昧不明之弊，凌夷不振之弊，谁知之？”

③虽有其国：《太平御览》卷二七〇无“其”字。

④“将之所麾”四句：意谓将领下达的指挥命令，没有一个士卒不执行；将领指明的作战目标，没有一个士卒不前往赴死。麾，指挥。《太平御览》卷二七〇作“心威于形，不可不战”。施子美曰：“昔成周之世，天下太平，五兵不试，宜无用于此也。而教战之法，辨

鼓铎镯铙之用，则所以威耳也；辨旗物之用，则所以威目也；前期而戒，斩牲以徇，则所以威心也。成周之法，若此其善，此后世所以必来取法也。将之治兵，惟其教习之有法，故将之所麾，莫不从移；将之所指，莫不前死。此言教习有素，故民之从之，若是其顺也。方其麾指而使往，则莫不从而趋之，及其指之而使进，则复莫不前趋于死矣。昔李光弼善驭军者也，申号令，鸣鼓角，赏当功，罚适过。北城之役，光弼执大旗曰：'望吾旗麾，三麾至地，诸军毕入。'此麾之而从趋也。及三麾之后，诸军争奋，贼众奔败，非所指而莫不前死乎？"朱墉引《开宗》曰："此言将有三威，而后国不败而众可死。"按，《尉缭子·武义》载有吴起斩杀一个不听命令的士卒的故事，可与本篇此处思想相互参看印证，即："吴起与秦战，未合，一夫不胜其勇，前获双首而还。武起立斩之。军吏谏曰：'此材士也。'起曰：'材士则是也，非吾令也，斩之。'"

【译文】

吴起说："鼙鼓金铎，是用来震慑士卒听觉的；旌旗麾帜，是用来震慑士卒视觉的；禁令刑罚，是用来震慑士卒心理的。由耳朵产生的震慑来自于声音，因而要让士卒不能不清楚各种军鼓的声音；由眼睛产生的震慑来自于色彩，因而要让士卒不能不明白各种军旗的色彩；由心理产生的震慑来自于刑法，因而要让士卒不能不严格了解各项法规。以上三条原则不确立，即使掌握全国的军队，也必定会被敌人打败。所以说：将领下达的指挥命令，没有一个士卒不执行；将领指明的作战目标，没有一个士卒不前往赴死。"

吴子曰："凡战之要，必先占其将而察其才[①]，因形用权，则不劳而功举[②]。其将愚而信人，可诈而诱[③]；贪而忽名，可货而赂[④]；轻变无谋，可劳而困[⑤]；上富而骄，下贫而怨，可离而间[⑥]；进退多疑，其众无依，可震而走[⑦]；士轻其将而有归志，塞易开险，可邀而取[8]；进道易，退道难，可来而前[9]；进道险，退道易，可薄而击[10]；居军下湿，水无所通，霖雨数至，可灌而沉[11]；居军荒泽，草楚幽秽，风飚数至，可焚而灭[12]；停久不移，将士懈怠，其军不备，可潜而袭[13]。”

【注释】

①凡战之要，必先占其将而察其才：占，了解，察明。施子美曰：“智将与愚将战则智者胜，勇将与怯将战则勇将胜，天下之将与一军之将战则天下之将胜。将之所系，如此其大。凡战之道，可不先占其将而察其材乎？惟有以察之，则制胜之术可得而施。”朱墉引《大全》曰：“占，探问也。两敌相交，情态万变，故必探问其姓氏，以审察其才干，斯虚实有以毕露，而微权合乎机宜也。”又引陈大士曰：“占问敌国之将，而审察其才之能否，盖欲得其虚实之情状，于以因形用权、夺敌制胜也。占将察才，固致战之要，而为将者，能晰几于隐微，度情于方动，使彼形状显然，虚实毕露，尤为占将察才之要。”

②因形用权，则不劳而功举：意谓根据敌方的客观情况灵活应对，就能不太费劲便取得成功。因形用权，指根据客观情况采取灵活机动的应变措施。因，利用，依据。权，权变，随机处置。《孙子兵法·计篇》：“势者，因利而制权也。”朱墉引汪升之曰：“战之要道不可以胶常泥经，贵乎达权通变。然达权通变之道又非恃才漫用，必因乎敌人之情形虚实何如，而后用之乃当耳。”李硕之说：“在这里，吴子提出了一个含有辩证法思想的军事命题。就是说，在查明敌将的情况之后，‘因形用权，则不劳而功举’。‘不劳而功举’，不仅为战争指导者，而且也为战役、战斗指挥员所追求。然而，在临敌作战中，军队欲想‘功举’那么必须‘费劳’，拿出一定的力量。不过，所费之‘劳’与所成之‘功’，并非像一般人

所想象的只存在着一种简单的、固定的比例关系。在战争史上，大体存在着两种情况：一是劳与功相当，费大劳举大功，费小劳举小功；一是劳与功悬殊，费小劳而举大功，费大劳而举小功，甚至劳而无功。正因如此，历代军事家、将领都很重视探索'不劳而功举'的作战理论问题。《孙子》主张'我专而敌分''以十攻一''以众击寡'，其意在于以众强之势，击寡弱之兵，使我众费劳少，就可以取得较大的'功'。吴子所探索的是在敌众我寡的情况下，主张'因形用权'，根据不同的敌情，采取不同的战法，以己之长，击敌之短，从而达到'不劳而功举'的效果。'不劳而功举'，表面上看，好像是矛盾的、不可思议的；用辩证的观点看，它又是统一的、是可能做得到的。能否做到，那就取决于将领作战指挥艺术的高超与否。"薛国安说："吴子在《论将》篇提出了'因形用权'的思想。这里的'形'指战争中千变万化的各种情况，包括敌情、我情、战场环境等各个方面，'权'指权变。'因形用权'就是说在战场上要根据不同情况，采取不同的战法。'因形用权'思想是吴子作战指导思想的核心，讲的是作战指挥的灵活性问题。"

③其将愚而信人，可诈而诱：施子美曰："其将愚而信人者，谓昧于事机而好信人者也。如骑劫之攻即墨也，信其劓军之言，从其掘墓之间，果为田单所败。非可诈而诱乎？"朱墉引太原刘氏曰："愚可诈诱，如商鞅假盟会虏公子卬，白起佯败引赵括之类是也。"

④贪而忽名，可货而赂：忽名，不顾忌名声。施子美曰："贪而忽名者，谓贪财而不好名者也。如秦峣关之将者，屠子贾孺，汉使郦食其持重宝以啖之，果欲连和，非可货而赂乎？"刘寅曰："性好贪财而轻忽名位者，可以货物赂之。"朱墉引太原刘氏曰："贪可货赂，如张良以金帛啖秦将，范蠡以美女宝器献伯嚭之类是也。"

⑤轻变无谋，可劳而困：施子美曰："轻变无谋者，谓其轻动而无谋也，如子仪之料思明曰：'彼得加兵，必易我；易我，心不固。'于是昼扬兵，夜捣垒，使贼不得息。非可劳而困乎?"刘寅曰："轻于变动又无深谋远计，可劳扰而疲困之。"朱墉引太原刘氏曰："轻变可劳而困，如袁术得玺称帝，愤亡于江亭是也。"

⑥"上富而骄"三句：施子美曰："上富而骄，将之贪也；下贫而怨，则失士心也。此如慕容评卖樵鬻水，绢如丘陵，三军莫有斗志，果为王猛所败。其可离而间之也必矣。"朱墉引太原刘氏曰："上富而骄，如项羽疏于防间是也。"

⑦"进退多疑"三句：施子美曰："进退多疑，此为将者不能断也，故士卒无所依。此如荀攸说曹公曰：'布气未复，宫谋未定，进急攻之，布可拔也。'其可震而走也必矣。"刘寅曰："欲进不能，欲退不敢，多怀疑惑，其众又无所依恃，可惊而走也。"朱墉引谈敷公曰："'进退多疑'三句，将胆怯而不勇决，士卒何所倚恃？故可震骇而走之。"又引太原刘氏曰："多疑，如桓玄迟回奔散怀疑可震是也。"

⑧"士轻其将而有归志"三句：塞易开险，意即堵塞平易的道路，开放险恶难走的道路。邀，拦截，截击。施子美曰："士轻其将而有归志，此士不用命之时也，必塞易开险以邀之。邲之役，桓子令军中先济，而舟中之指可掬，所以败于楚也。"朱墉引谈敷公曰："'士轻其将'三句，士心不固，我开险峻之路，诱敌出走，可设奇邀险而取之也。"

⑨"进道易"三句：施子美曰："进道易，退道难，故可使前来。泜水之役，阳子使子上济而陈，大孙伯恐其半渡而薄我。阳子之意，欲其来而前也。"刘寅曰："进道平易，退道艰难，可来而进也。"朱墉引谈敷公曰："'进道易'三句，我军佯退，彼自深入，坚壁勿战，绝其粮道，可不战擒也。"

⑩“进道险”三句：薄，迫近，逼近。施子美曰：“进道险，退道易，可薄而击之。阏与之役，赵奢谓其道远险狭，譬犹两鼠相斗于穴中，将勇者胜。赵奢之意，欲其薄而击之也。”朱墉引谈敷公曰：“‘进道险’三句，进攻甚难，迫其前而击之，则其众易溃也。”薛国安说：“吴子认为应该迅速脱离不利地形。……如果尚未脱离地形不利的地区，而与敌遭遇，怎么办呢？针对这种情况，吴子总结出一系列战法。他主张，在隘口地带，即‘易’形与‘隘’形的连接部，如果敌军进军方向是由‘隘’至‘易’，‘进道易，退道难’，我军‘可来而前’。在这种情况下，敌军后退不便，一旦受到拦阻，必拼命死战，这就增加了我军作战的难度，因此吴子主张应先引诱敌人前进再加以歼灭。如果敌军进军方向是由‘易’至‘隘’，‘进道险，退道易’，我军‘可薄而击’。在这种情况下，敌人易于退却，战斗意志会受到影响，一旦作战不利，便会自然而然地想到撤退，因此，吴子主张应积极迫近敌人并展开攻击。孙子将这种地形称为‘挂’形，指出在挂形地带，敌人如果没有防备，我军就可以突然出击战胜他们；敌人如果预有防备，我军出击不能取胜，又难以返回，这样就对我军不利。可见，在这种地形上，孙、吴二子的战术思想是基本一致的，只是两人论述角度不同罢了。”

⑪“居军下湿”四句：意谓敌军若驻扎在低洼潮湿之地，积水排泄不畅，阴雨连绵不停，便可灌水淹没敌军。下湿，指低洼潮湿之地。霖雨，阴雨连绵。沉，此处意为淹没。施子美曰：“居军下湿，水无所通，加之霖雨数至，故可以灌而沉之。如于禁处军卑下而为关羽所灌是也。”刘寅曰：“处军卑下润湿之地，水无所流通之处，又有霖雨频数而至，因而灌而沉之也。”

⑫“居军荒泽”四句：意谓敌军若驻扎在荒芜的沼泽地，草木丛生，狂风常刮，便可燃起大火消灭敌人。草楚幽秽，意即草木丛生。

楚，一种矮小丛生的木本植物。秽，从生的样子。飚，狂风。施子美曰："居荒泽之地，草楚幽秽，加之风飚数至，故可以焚而灭之。如张角衣草结营，皇甫嵩谓其易为风火是也。"刘寅曰："处军荒泽之中，草茅荆棘幽深翳秽，又有疾风频数而至，因可焚而灭之也。"

⑬"停久不移"四句：意谓敌军若长久驻扎一地不换防，将士懈怠涣散，军中缺乏戒备，便可暗中行动，偷袭敌人。施子美曰："停久不趋，将士懈怠，其军不备，故可潜而袭之。此如徐敬业置阵既久，士卒疲怠，而为李逸所败是也。凡此皆因其有可取之形，从而取之，故可以不劳余力而收其成效也。"刘寅曰："停滞日久，不能移动，将士懈怠，无警戒之心，其军卒亦无备虞之计，故可以潜往而袭之也。"朱墉引《开宗》曰："此言占将察才、因形用权以取胜之道。"李硕之说："他（吴起）要求将领在战场上要有观察力、识别力和判断力，并列举了战场上敌军可能出现的十一种现象，通过对这些现象的观察、识别，判断敌将作战指挥能力的强弱，战法运用的优劣等等，尔后避长击短，乘敌之隙，打败敌军。"

【译文】

吴起说："大概说来，作战的关键在于首先必须了解敌将的特点，清楚他的才能，根据敌方的客观情况灵活应对，就能不太费劲便取得成功。敌将若愚妄蠢笨，轻信他人，便可施以诈术，诱他上当；敌将若贪图钱财，不顾忌名声，便可用财货贿赂他；敌将若轻举妄动，缺乏谋略，便可骚扰他，让他疲困不堪；如果敌方的上层军官富裕而骄傲，下级军官贫困而有怨恨，便可分化离间他们；如果敌将进退多有疑虑，部众无所依从，便可以兵威加以震慑，把他们吓跑；如果敌方士卒轻视其将领，产生厌战归乡的想法，便可堵塞平易的道路，开放险恶的道路，在半道上设伏截击，就能取得胜利；如果敌人进军的道路平易好走，撤退的道路险恶难走，可诱使其前来而发兵攻击；如果敌人进军的道路险恶难走，撤退的道路平易好走，可逼近敌人予以打击；敌军若驻扎在低洼潮湿之地，积水排泄不畅，阴雨连绵不停，便可灌水淹没敌军；敌军若驻扎在荒芜的沼泽地，草木丛生，狂风常刮，便可燃起大火消灭敌人；敌军若长久驻扎一地不换防，将士懈怠涣散，军中缺乏戒备，便可暗中行动，偷袭敌人。”

武侯问曰：“两军相望，不知其将，我欲相之，其术如何①？”起对曰：“令贱而勇者，将轻锐以尝之，务于北，无务于得②。观敌之来，一坐一起，其政以理③。其追北佯为不及，见其利佯为不知，如此将者，名为智将，勿与战矣④。若其众讙哗⑤，旌旗烦乱⑥，其卒自行自止，其兵或纵或横，其追北恐不及，见利恐不得，此为愚将，虽众可获⑦。”

【注释】

①“两军相望”四句：相，侦查，查明。施子美曰：“昔高祖之伐魏也。问：‘魏大将谁也？’食其曰：‘柏直。’曰：‘是口尚乳臭，安能当吾韩信。’问：‘骑将谁也？’曰：‘冯敬。’曰：‘是秦将冯无择子也。虽贤，不能当灌婴。步卒将谁也？’曰：‘项它。’曰：‘不能当曹参。吾无患矣。’盖善战者必先占将而察材，将孰有能？吾以此知胜负矣，知其将则知其胜负所在矣。设如秦使武安君白起为将，令军中有敢泄武安君将者斩。若是而欲知其将，则何以哉？不过诱之而已。诱之而不从，则智者也。诱之而从，则愚者也。盖兵法千章万句，不出于致人而不致于人。”刘寅曰：“两军对垒相望，不知敌将之能否，我欲令人视之，其术将如何也？”李硕之说：“如何‘相敌将’？相敌将，就是侦察、了解、查明敌军将领的军事才能，包括他的指挥作战特点等方面的情况。这是将领在指挥作

战时不可忽视的一个重要问题。古代著名的军事家或优秀将领，都把‘相敌将’看作是‘将军之职’‘用兵之本’。吴子极为强调‘相敌将’，认为在临敌作战时，首先就要在战场上查清敌将的特长、指挥能力以及弱点等，尔后针对敌将的指挥特点，‘因形用权’，采取相应的行动，以求不费大劲，就能取得作战的胜利。”

②“令贱而勇者”四句：意谓派一名地位不高、英勇无畏的军官，率领一支轻装善战的小股部队尝试攻击敌人，务求败北，不求胜利。贱而勇者，指地位不高、英勇无畏的下级军官。轻锐，指一支轻装善战的小股部队。尝，试探。务，务求。北，败北。得，指得胜，胜利。朱墉引王圻曰：“贱而勇者，贱则不耻败北，勇则敢于赴敌也。”李硕之说：“相敌将的方法，吴子主张采取积极手段，即派轻锐的小部队进行武装侦察。观察敌军的动静，从敌军对我军的试攻的反映或出现的不同情况中，判断敌将是‘良将’，还是‘愚将’，尔后定下打还是不打的决心。”解文超说：“《吴子》的某些思想在《孙膑兵法》中也有所体现。例如，《孙膑兵法·威王问》载齐威王问曰：‘两军相当，两将相望，皆坚而固，莫敢先举，为之奈何？’孙子答曰：‘以轻卒尝之，贱而勇者将之，期于北，毋期于得。’这与《吴子·论将》中魏武侯与吴起的问对极为相似。《吴子》载武侯曰：‘两军相望，不知其将，我欲相之，其术如何？”起对曰：“令贱而勇者，将轻锐以尝之，务于北，无务于得。’无论从内容还是表达方式上都可见两者的承传关系。”

③“观敌之来”三句：意谓观察敌人前来，从其停止与前进，就能看出将领指挥是否有条有理。坐，停止。起，前进。政，指军事指挥。刘寅曰：“观敌人之来，士卒一坐一起皆有节，其政又整治而不乱。”

④“如此将者”三句：朱墉引周鲁观曰：“人多轻信逐利，以至纪纲混淆，举止无措，势必为人所陷，而兹则理焉，佯为不及不知焉，洞

烛乎事先而不为人所诱误。非抱明哲之智者不能如此。'此'字指上起坐有法，政事有条，不穷追、不苟取也。"又引《大全》曰："'勿与战'，言不可轻与之交锋也，必运谋画策以取之。若彼既兵众不理，行阵不齐，贪饵逐北，毫不知我尝试之术，岂非将之至愚者乎？乘机何难擒获也？"

⑤讙(huān)哗：喧哗吵闹。

⑥旌旗烦乱：旗帜纷乱不整。

⑦此为愚将，虽众可获：施子美曰："王翦伐楚，楚数挑战而翦不出；亚夫拒吴，吴数挑而亚夫不出，此智将也。若夫秦士会使轻者肆晋军，而赵穿果追之不及；郑公子突使勇而无刚者寇戎而速去之，而戎果奔。此非所谓愚将乎？"朱墉引《开宗》曰："此言试敌将之术。"钮先钟说："吴子把将才分为两类，其一为智将，其二为愚将。假使敌将为智将则勿与战；假使敌将为愚将，则他虽握有数量优势，还是能将其击败(虽众可获)。吴子的思想与孙子非常接近，孙子认为'古之所谓善战者，胜于易胜者也'。换言之，不要花太大的力量即能很轻松地将敌人击败。这也是他所谓'胜兵先胜而求战'的理由。孙子在其中也曾使用'智将'这个名词。《作战》篇中有'故智将务食于敌'之句，但其意义与吴子所谓智将者并不相同，而且也未将智将与愚将作相对的分类。所以，把将分为智愚两类实乃吴子的创见。"朱墉《全旨》曰："此章通篇论将。前半先论己将，后半兼论敌将。己将当择其才，敌将当知其不才。盖有文武之全才，然后可以当大任；有占察之明哲，然后可以乘敌危。以'慎'论将，全是在心上讨分晓。观下三'如'字，一'怀'字，便见如者，心如之也，怀者，心怀之也，即孔子'临事而惧'之旨，荀卿'主敬'之言，慎非畏葸之谓。与'肆'字对照，心一弛肆便易于言兵，遂为赵括一流，未战先有轻忽之心，将战又有怠玩之心，既战更有骄矜之心，如何不败？惟能慎以行

之，小心翼翼，临深履薄，自始至终，无一时之敢纵。兢兢业业，不敢自恃其勇，乃为大将。然兵者，机事也。发动之由，操之于一人，苟或不知机，失而莫之及矣。惟操纵在我，迎机善导，而又宽严并用，刚柔兼施，方不为徒勇之夫。而不第此也，三军之统驭，全在于号令之严明，而进止之肃齐，必先治兵士之耳目。故将威行则心志一，心志一则耳目清。权秉于独尊，庶三军皆惟我所使，而进退可以无愆也。若夫敌国之将，则又与我角力而抗能者也。我欲诱之、困之、间之、走之、取之、前之、击之、沉之、灭之、袭之，奈彼不入我彀中，可若何？又乌可以轻言战也？必先深知其人之性情、上下之人心、天时与地利，孰为得失，而以我之才制彼之不才，而坐胜矣。虽知人之明自古维艰，而相敌亦自有术，轻尝佯北则贤愚自形，何难立辨妍媸，进观成败哉？噫！三军之强弱视乎将，将才之偏全听之君。得勇将而不得大将，犹之未得将也。知己将而不知敌将，犹之未知将也。择才而任使之，当敌而衡量之，思过半矣。”

【译文】

魏武侯问吴起道：“两军对峙相望，不了解敌军将领，我想查明他的特点，有什么好办法吗？”吴起答道：“派一名地位不高、英勇无畏的军官，率领一支轻装善战的小股部队试探性地攻击敌人，务求败北，不求胜利。观察敌人前来，从其停止与前进，就能看出将领是否指挥得有条有理。追击败军假装追赶不上，见到战利品装作没看见，像这样的将领，可称为有智谋的将领，不要与他交战。如果敌军喧哗吵闹，旗帜纷乱不整，士卒自由行动，兵器横七竖八地乱放，追赶败敌唯恐赶不上，见到战利品唯恐得不到，这是愚蠢的将领，即使敌军众多也可将他擒获。”

应变第五

【题解】

本篇题为“应变”，内容围绕“因形用权”展开，叙述了在不同战争情况下所应采取的灵活机动的对敌战术，共分十节文字。

在第一节，针对“车坚马良，将勇兵强，卒遇敌人，乱而失行”的情况，吴起强调此时指挥员要用严刑峻法来维护权威，“不从令者斩”。

在第二节，针对“敌众我寡”的情况，吴起给出了“避之于易，邀之于厄”的对策。在险要的地势截击敌人，会有“以一击十”“以十击百”“以千击万”的功效。

在第三节，针对敌军人多势众、拥有地利、粮食充足、战斗力强的情况，吴起给出了他的“击强之道”，即兵分“五军”以迷惑敌人，派遣间谍以探明敌情，与敌作战时“五军”分工明确，相互配合，合围歼敌。

在第四节，针对“敌近而薄我，欲去无路；我众甚惧”的情况，吴起认为可根据敌我力量的多寡而采取不同的战术。若“我众彼寡”，就兵分几路展开进攻；若“彼众我寡”，就集中兵力打击敌人。

在第五节，针对“遇敌于谿谷之间，傍多险阻，彼众我寡”的情况，吴起认为应该快速撤离不利地形。如果在不利地形突然与敌遭遇，要先鼓噪呐喊，乘势进攻，敌人若乱，则“击之勿疑”。

在第六节，针对“左右高山，地甚狭迫，卒遇敌人，击之不敢，去之不得”的情况，吴起给出了出奇制胜的“谷战之法”，令敌惊惧，“进退不敢”。

在第七节，针对“与敌相遇大水之泽，倾轮没辕，水薄车骑，舟楫不设，进退不得”的情况，吴起给出了“水战”之法。要求“必得水情”，再“为奇以胜之”，趁敌人“半渡而薄之”。

在第八节，针对“天久连雨，马陷车止，四面受敌，三军惊骇”的情况，吴起提出了与敌车战的具体措施，提出了“阴湿则停，阳燥则起，贵高贱下，驰其强车”的车战原则。

在第九节，针对“暴寇卒来，掠吾田野，取吾牛羊”的情况，吴起给出的御敌之策是先“善守勿应”，待敌暮归，再“追而击之”。

第十节论述了“攻敌围城之道”，其内容可与《司马法·仁本篇》的如下文字对读，即：“入罪人之地，无暴神祇，无行田猎，无毁土功，无燔墙屋，无伐林木，无取六畜、禾黍、器械。见其老幼，奉归勿伤。虽遇壮者，不校勿敌。敌若伤之，医药归之。”彰显了吴起对西周“军礼”和儒家仁本思想的继承。

以上十节文字提示用兵者，作战条件是千变万化的，应对方略也是各有不同的，但有一条作战指导原则应该始终牢记，切实贯彻，那就是“因形用权”。薛国安说：“吴子在《论将》篇提出了‘因形用权’的思想。这里的‘形’指战争中千变万化的各种情况，包括敌情、我情、战场环境等各个方面，‘权’指权变。‘因形用权’就是说在战场上要根据不同情况，采取不同的战法。‘因形用权’思想是吴子作战指导思想的核心，讲的是作战指挥的灵活性问题。”(《吴子新说》)

武侯问曰：“车坚马良，将勇兵强，卒遇敌人，乱而失行，则如之何①？”起对曰：“凡战之法：昼以旌旗幡麾为节，夜以金鼓笳笛为节②。麾左而左，麾右而右，鼓之则进，金之则止，一吹而行，再吹而聚，不从令者诛③。三军服威，士卒用命，则战无强敌，攻无坚陈矣④。”

【注释】

①“车坚马良”五句：意谓我方战车坚固，战马精良，突然遇见敌人，军中混乱，队列失序，这种情况该怎么办呢？卒，通“猝”，仓促，突然。乱而失行，指部队混乱不成行列。即如《孙子兵法·九地篇》所说“前后不相及，众寡不相恃，贵贱不相救，上下不相收，卒离而不集，兵合而不齐”。施子美曰：“有能之将，有制之兵，不可得而败也。教战之法，前却有节，左右应麾，虽绝成阵，虽散成行，此有制之兵也。虽使之卒遇敌人，乱而失行，亦无足虑也。吴起之对，其亦以节制为主欤？”刘寅曰：“吾车既坚，吾马又良，将士勇敢，兵众强盛。卒然遭遇敌人，则惊而失其行列，将如之奈何？”朱墉引《醒宗》曰：“天下事每败有所恃而无所警，故虽坚良勇强，而或乱而失行者有之。”

②昼以旌旗幡麾为节，夜以金鼓笳笛为节：意谓白天用旌旗幡麾作为指挥工具，夜晚则用金鼓笳笛作为指挥工具。旌旗幡麾，均为军队旗帜。节，节制，指挥。这里指指挥工具。施子美曰：“用兵之道，不过旌旗、金鼓而已。昼则目足以有见，故以旌旗幡麾为节；夜则以耳而闻，故以金鼓笳笛为节。”朱墉引《翼注》曰：“旌旗等物，平昔教演既习熟，临期自遵指麾，夜战与昼战不同，所以不言旌旗旛帜，惟以金鼓笳笛慑一其听闻而已。”

③“麾左而左”七句：施子美曰：“夫既有节矣，则麾左而人皆左，不可得而右；麾右而人皆右，不敢以或左。此旌旗幡麾之节也。郑人之周麾，光弼之三麾，而卒以取胜者，麾之有节也。鼓之而进，怯者不得以独退，金之而止，勇者不得以独进，此金鼓之节也。吴汉齐鼓而进，周人以镯止之。此金鼓之有节也。至于一吹而莫不行，再吹而莫不聚，兹又笳笛之有节也。李靖兵法：‘角一声

而皆散立。'即此推之,亦笳笛之有节也。金之鼓之,麾之吹之,莫不有节。苟有不从令者,诛之可也。此孙子所以斩左右二姬,吴起斩非令之材士,光弼斩不战而却者。"薛国安说:"'用战之法'强调用严刑峻法来维护指挥命令的权威性,保证它能被不折不扣地正确执行。指挥员决策英明,指挥得当,而部属却'金之不止,鼓之不进',这样的军队'虽有百万,何益于用'?靠什么使部属服从命令,听从指挥呢?吴子再一次显现出法家本色,说'不从令者诛'!利用严刑峻法、信赏明罚,来维护军纪,是整部《吴子》的一贯思想。"

④"三军服威"四句:意谓三军服从指挥,士卒听从命令,这样就不会有战胜不了的强大敌人,也不会有攻克不了的坚固阵势。服威,服从指挥。用命,听从命令。施子美曰:"如此则三军服上之威,士卒各用其命。以之而战则必胜,固无强敌也;以之而攻则必取,固无坚阵也。又岂有卒遇敌而失行者哉?此皆有制之兵也。不然,《周官》何以特重大司马大阅之法。"朱墉引《大全》曰:"将之于士,平昔贵以恩德相感,既战贵以形威相惧。畏敌则违命,畏我则用命,此兵家之所以尚威也。"朱墉引《开宗》曰:"此节言行兵必节制先定,虽使卒遇敌人而威命足以慑服众士,则击强摧坚无乎不可,自无乱而失行之患。"李硕之说:"吴起强调运用作战指挥手段应变。古代的作战指挥手段很简单,主要依靠'旌旗幡麾,金鼓笳笛'。吴子认为,运用作战指挥手段应变,是临敌作战的一般方法,运用得好,强敌可以打败,坚阵可以攻破。他指出:根据敌情,白天以旌旗幡麾为视号指挥,夜间以金鼓笳笛为音号指挥,这样部队就可以按照作战指挥手段的号令,随时变更战斗队形、作战方向、战斗部署,以及前进或停止等行动。所谓'麾左而左,麾右而右;鼓之则进,金之则止'。他还指出,运用作战指挥手段应变能否成功,关键在于'三军服威,士卒用命',

只有这样,才能打败强敌,攻破坚阵,夺取胜利。”陈宇说:“吴起在其他篇章中对严格纪律也有着精辟的论述,如在《治兵篇》《论将篇》中指出:‘进有重赏,退有重刑’,‘将之所麾,莫不从移,将之所指,莫不前死’。他在本篇中进一步认为,运用作战指挥手段应变能否成功,关键在于‘三军服威,士卒用命’,只有这样,才能打败强敌,攻破坚阵,夺取胜利。吴起把严明军纪、三军畏服威严作为战斗力的因素,克敌制胜的保证。他强调只要一切行动听指挥,就没有打不败的强敌,没有攻不破的坚阵。”解文超指出《尉缭子·武议》中对吴起作战也有一定篇幅的描写,其中“吴子临战,左右进剑。起曰:‘将专主旗鼓尔。……临难决疑,挥兵指刃,此将事也。一剑之任,非将事也。’与《吴子·应变》的‘凡战之法:昼以旌旗幡麾为节,夜以金鼓笳笛为节。麾左而左,麾右而右,鼓之则进,金之则止,一吹而行,再吹而聚,不从令者诛。三军服威,士卒用命,则战无强敌,攻无坚陈矣’内容文风相似。”

【译文】

魏武侯问吴起道:“我方战车坚固,战马精良,突然遇见敌人,军中混乱,队列失序,这种情况该怎么办呢?”吴起答道:“作战的一般方法是:白天用旌旗幡麾作为指挥工具,夜晚则用金鼓笳笛作为指挥工具。向左指挥,士卒就向左,向右指挥,士卒就向右,敲鼓就前进,鸣金就停止,第一次吹笛就行动,第二次吹笛就会合,不服从命令的就诛杀。三军服从指挥,士卒听从命令,这样就不会有战胜不了的强大敌人,也不会有攻克不了的坚固阵势。”

武侯问曰:“若敌众我寡,为之奈何①?”起对曰:“避之于易,邀之于厄②。故曰以一击十,莫善于厄;以十击百,莫善于险,以千击万,莫善于阻。今有少卒,卒起击金鸣鼓于厄路,虽有大众,莫不惊动③。故曰:‘用众者务易,用少者务隘④。’”

【注释】

①若敌众我寡，为之奈何：施子美曰："兵有数，地有形。数异乎众寡，形分乎险易。且以兵法观之，一曰度，二曰量，三曰数，四曰称，五曰胜。盖言因地用兵，而多寡险易之适称者之可以胜也。若夫人众而地隘，则难于驰逐，人寡而地易，则何所依据？不过曰用众者务于易，用少者务于隘而已。《周礼》曰：'险野人为主，易野车为主。'人主于险，谓其所用者少而务隘也。车主于易，谓其人众而务易也。武侯问吴起以彼众我寡，为之奈何，武侯之意，盖虑其寡之不可以敌众也，而不知寡有时而可以胜者，据得其地也。"张世超在《〈吴子〉研究》一文（载《古籍整理研究学刊》，2002 年第 6 期）中说："固定语辞'为之奈何'通行于战国末至秦汉间。在先秦的文献中，《穀梁传》成公五年一见，《庄子》二见，《荀子》一见，《韩非子》六见，都可用以证明其战国末年的时代性。新出的《孙膑兵法》'为之奈何'二见，此外还有'用之奈何''击之奈何''击钧奈何''击穷寇奈何'等。从全书的语言运用看，当时'奈何'已凝定为固定结构，包括'为之'在内的与之相连的词语随文而变，并不固定。在此之后，由于'为之奈何'的适用范围广，逐渐凝成固定结构。《吴子》一书中发问时频频使用'为之奈何'，其辞已凝定，正是晚于《孙》书时代的语言现象。"

②避之于易，邀之于厄：意谓要避免在平易的地势与敌作战，要在险要的地势截击敌人。易，指平坦的地势。邀，拦截，截击。厄，指险要的地势。施子美曰："避之于易，邀之于险，虽众无所用之。夫何避之易而邀之厄也？用少者务隘故也。大抵以寡胜众，在兵必有异数，而少之所用则惟隘是务。其于地也，独无异形乎？以一击十，以十击百，以千击万，寡胜众也。曰厄、曰险、曰阻，用少者务隘也。厄、险、阻，皆隘也，而所以异者，阻大于险、厄，而厄小于险、阻。厄者，厄塞之地也。厄可以塞，则厄之

形小。阻者,长江大川之限也。惟可以限阻,则其形为大矣。至于险之为地,则可以为守国之形,不惟阻也,而亦匪厄也,不小亦不大耳。厄惟小,故可以一击十;阻惟大,故可以千击万;险惟不小不大,故可以百击千。此因地而论其大概也。分而谓之,则有一、有十、有千之异数,合而言之,均之以寡胜也。分而言之,则有厄、有险、有阻之异形,合而言之,均之用少者,惟隘之务也。但其数有多寡,故其形有大小也。孙膑之马陵、韩信之井陉、谢玄之淮淝者是也。"朱墉引《大全》曰:"平易之地,便于驰纵,故用众敌寡者务焉。隘窄之地,便于诡谲,故用寡敌众者务焉。"又引《醒宗》曰:"用众者务斗于平易之地,分合出奇为便也。用少者务厄于险阻,敌之众不得施,我反有据可恃,盖避其所短用其所长也。"

③"今有少卒"四句:意谓现在有少量士卒,突然在险要路段鸣金击鼓,即使敌军人数众多,也没有谁不会惊慌震动。少卒,底本作"少年",《施氏七书讲义》本、《武经七书直解》本均作"少卒","少卒"与"大众"对文,于意为佳,今据改。施子美曰:"今有少卒,卒起击金鸣鼓于厄路,虽有大众,莫不惊动者,为其厄隘之中,寡可以胜吾众也。用兵者可不相地形而分兵数乎?"

④用众者务易,用少者务隘:施子美曰:"故用众者则务易,用少者务隘,亦因数而异其地也。(史)思明得加兵,则兵多于(李)光弼矣,故恨不得野战,非欲务易乎? 光弼之兵少于思明,故欲迫险而阵,非寡务隘乎?"朱墉引《开宗》曰:"此一节言避易邀厄,为用兵以寡击众之法。"

【译文】

魏武侯问吴起道:"如果敌众我寡,该怎么办呢?"吴起答道:"要避免在平易的地势与敌作战,要在险要的地势截击敌人,所以说以一击十,没有比在险要地势进行更好的了;以十击百,没有比在险峻地带进行更好的了；以千击万，没有比在险阻地带进行更好的了。现在有少量士卒，突然在险要路段鸣金击鼓，即使敌军人数众多，也没有谁不会惊慌震动。所以说：'指挥人数众多的军队务必在平坦地势上与敌作战，指挥人数少的军队则务必在狭隘险要的地势上作战。'"

武侯问曰："有师甚众，既武且勇，背大险阻，右山左水①；深沟高垒，守以强弩②；退如山移，进如风雨③；粮食又多，难与长守，则如之何④？"对曰："大哉问乎！非此车骑之力，圣人之谋也⑤。能备千乘万骑，兼之徒步⑥，分为五军，各军一衢⑦。夫五军五衢，敌人必惑，莫之所加。敌人若坚守，以固其兵，急行间谍，以观其虑。彼听吾说，解之而去；不听吾说，斩使焚书。分为五战，战胜勿追，不胜疾归⑧。如是佯北，安行疾斗⑨，一结其前，一绝其后，两军衔枚，或左或右，而袭其处⑩，五军交至，必有其利⑪。此击强之道也⑫。"

【注释】

①背大险阻，右山左水：刘寅曰："背倚高大之势，前阻险绝之地，右依山陵，左近水泽，言得地之利也。"黄朴民说："右面依托高山，左面挨近水流。按'右山左水'是古代军队驻扎或布阵的理想状态。《史记·淮阴侯列传》：'兵法：右倍山陵，前左水泽。'"

②深沟高垒，守以强弩：刘寅曰："深沟高垒，守以强弩，言备御固也。"

③退如山移，进如风雨：刘寅曰："退如山移，进如风雨，言有节制也。"黄朴民说："撤退时稳如山岳移动，进攻时疾如狂风暴雨。《孙子兵法·军争篇》：'其疾如风，其徐如林，侵掠如火，不动如山。'"

④则如之何：底本无此句，今据《武经七书讲义》本增补。

⑤“大哉问乎”三句：意谓您问的是一个大问题啊！这不能靠车骑的力量，而要靠圣人的智谋才能解决。施子美曰：“在彼有难击之势，在我有击之之术，此固非可以力争也，智胜之也。较以力，则彼强我弱；较以智，则我雄彼雌。有师甚众，既武且勇，固难击也。况又背大险阻，右山左泽，而得地之利；深沟高垒，守以强弩，而尽守之法。进不可当，如风雨然；退不可乘，如山移然。将欲与守，其粮食又多，此固不容易击也。宜为武侯之所疑，而吴起亦以为问之大也。谓之大者，以其兵之众，事之重，非可以轻进而力争也。必圣人之谋，有以大过人者，而后可以胜之也。谓之圣人之谋者，以其非常智所可及也。”朱墉引周鲁观曰：“圣人不作德全之圣人看，通明之谓也。言御敌捍患，固贵于谋，然谋非通明的圣人之谋，终不足以御强而捍敌。今既众且勇矣，又得地利而善守之，且进止有节，而粮饷充足，是岂人力所可胜哉！则非有明敏之才运谋决策，以计取不以力争，未可以语者，故曰圣人之谋也。”又引胡君常曰：“圣人之谋，是出鬼入神、千变万化、不可测识之谓。如此强敌，非势力所可拒，小智所能胜。除非神明坐照，谋发而人不及知之圣人乃可耳。”又引邓伯莹曰：“‘圣人’二字不必太说尊高了。”又引汪升之曰：“善谋者虽金城汤池可袭可攻，何师众武勇之足论哉？何背大险阻、右山左水之足惧哉？何强弩之守、粮食之多足怯哉？”

⑥能备千乘万骑，兼之徒步：意谓要能准备千辆战车，万名骑兵，再加上步兵。徒步，指步兵。刘寅曰：“国家能备车千乘，骑万匹，兼之徒步，其法共一十万众也。”

⑦分为五军，各军一衢：意谓分成五支部队，让每支部队分别准备进攻盘踞某一要道的敌军。衢，四通八达的道路，这里指盘踞要道的敌军。刘寅曰：“可分为五军，令一军当一衢。”

⑧“分为五战”三句：刘寅曰：“然后五军分为五战，战若胜则勿追，恐有伏也；若不胜当疾走，避其强也。”“旧本‘归’字作‘走’字，用韵。”

⑨如是佯北，安行疾斗：刘寅曰：“如是敌人佯为败北，我当安行疾斗，不可忽也。或曰：我当佯北以诱之，亦通。”

⑩“一结其前”五句：意谓一支部队在前面作战，另一支部队在后面截断敌人的后路，另外两支部队悄悄行动，分别从左、右两个方向，袭击敌人的薄弱地方。衔枚，古代行军为了保持肃静，防止喧哗，让士卒在口中衔一根形状如同筷子的竹子或木片，即“枚”。刘寅曰：“使一军结其前，一军绝其后，又使两军衔枚而进，或于左，或于右，而袭其不足之处。”

⑪五军交至，必有其利：意谓五支部队协同作战，必定会形成有利局面。利，底本作“力”，《施氏七书讲义》本、《武经七书直解》本均作“利”，于意为佳，今据改。朱墉引《大全》曰：“五军交至，此形人之法也。我以五兵分营迭战，使敌人莫测其虚实，彼将分兵以应我矣。分兵以应我者，不且有救援不暇之虞乎？彼有救援不暇之虞，我必有到处获利之机矣。”又引太原刘氏曰：“据孙子之法，宜务专而不可分。若五军五衢，我分于势，而敌得以十攻一，戒遇大敌者，勿以形兵为其所分可矣。然郭子仪迫于李归仁，使王昇等伏兵连桥，五衢合击，大破之，此又深得五军五衢之术者。是法不可混，神而明之，存乎其人也。”

⑫此击强之道也：施子美曰：“圣人之谋何如哉？分兵以形之，遣间以疑之，然后从而夹攻之，是必备之以千乘万骑，兼之以徒步之兵，其为车步骑，亦足用矣。分为五军，军之五衢，所以形之也。彼于见吾形，必惑而不知所加。彼若坚守不动以自固，我则用间以动之，以观其谋。彼听吾说，则为无谋矣，故解之而去。彼若不然，则为有谋矣，斩使焚书，以无通其往来，亦以必战。分为五

战，使五军各自战也。战之而胜，不可追之，谓其敌众故也。不胜则遽归，惧其乘我也。必也佯北以致之，安行而疾斗，或结其前，或绝其后，或含枚而进，或左右而袭之，是乃夹攻之也。故五军交至，必有得其利者。击强之道，其在是乎？昔楚汉之强弱，固不容言。然汉终以胜，楚终以弱者，汉得夫击之之道也。观其使黥布留楚，使韩信当一面，使陈平行反间，至于垓下一集，而楚亡无日。非得所以击强之道乎？"朱墉引《开宗》曰："此节言击强之道，法在分军，而推本于圣人之谋。"李硕之说："以我之变，迫敌就范。吴子总结的'击强之道'，就是采取这种积极的应变措施和主动的战法。他认为：与兵力众多、战斗力强、既据有利地形，而粮食又多的敌军作战，那就应首先兵分五军，采取分进合击的战法，车、骑、徒协同作战，并配合偷袭以及利用间谍活动，迫使敌军被动应付，就我范围，尔后五军合围歼敌。"

【译文】

魏武侯问吴起道："敌军人多势众，士卒勇猛果敢，背靠大山险岭，左面依山，右面傍水；深深的壕沟，高高的壁垒，强劲的弩兵守卫着；撤退时稳固如山岳移动，进攻时猛烈如狂风暴雨；加之粮食很多，我军很难与敌长期对峙，这种情况该怎么办？"吴起答道："您问的是一个大问题啊！这不能靠车骑的力量，而要靠圣人的智谋才能解决。要能准备千辆战车，万名骑兵，再加上步兵，然后将他们分成五支部队，让每支部队分别准备进攻盘踞某一要道的敌军。五支部队将要分别进攻五路敌军，敌人一定会疑惑，不知道到底该往哪一路增派援军。敌人如果坚守据点，以稳定部队军心，这时就要赶快派出间谍，以观察敌人到底思虑什么。如果敌人接受我方使者的意见，就彼此撤兵离去；如果不接受我方使者的建议，就斩杀使者，焚烧战书，兵分五路与敌作战。如果战胜敌人，不要追赶败敌，如果没有获胜，就迅速撤回。像这样假装战败，要谨慎行动，迅速战斗，一支部队在前面作战，另一支部队在后面截断敌人的后路，另外两支部队悄悄行动，分别从左、右两个方向，袭击敌人的薄弱地方，五支部队协同作战，必定会形成有利局面。这就是击败强敌的方法。”

武侯问曰：“敌近而薄我[1]，欲去无路；我众甚惧，为之奈何？”对曰：“为此之术，若我众彼寡，分而乘之；彼众我寡，以方从之；从之无息，虽众可服[2]。”

【注释】

①薄：迫近。

②“若我众彼寡”六句：按，此是从兵力对比分别谈论制敌之术。方，并，比，这里是集中兵力的意思。从，追赶，这里是攻击、打击的意思。底本“分而乘之”上有“各”字，于意不顺，《施氏七书讲义》本、《武经七书直解》本均无，今据改。施子美曰：“法曰：‘识众寡之用者胜。’知众寡之用可以胜，则敌虽薄我，吾何畏焉？是以吴起对武侯之问，必欲知其众寡，而为之势以制之。当其险而薄我之时，我去无路，我众又甚惧，此不得已则战之时也。战之之际，必量其众寡而用之。我众彼寡，则分而乘之，此得夫法之所谓‘倍则分之’之说也。彼众我寡，则因其方而从，其从之也，又无得休息，此得夫法之所谓‘皆战则强’也。故彼虽众，可得而服之矣。北戎侵郑，郑伯惧其侵轶我，而公子突乃请为三覆以待之，而戎师果奔，此则分而乘之也。光弼击周挚，使郝廷玉以三百骑击西北隅，使论惟正以二百骑击东南隅，此则以方从之也。从之而不止，则彼必为我所困，故虽众可服也。”朱墉引汪殿武曰：“彼兵虽众，我兵虽寡，不足以虑也。我以出奇变化之方，更番而迭战之，使彼无有休息，自可慑服之矣。”又引《开宗》曰：“此章言敌来薄我而应之术，在酌众寡而妙分合之权。”李硕之说：

“灵活使用兵力应变。吴子认为，根据不同的敌情，灵活使用兵力也是应变的重要方法。他指出：在临敌作战中，如我众敌寡，就采用分兵几路合击的战法；如敌众我寡，就采用集中兵力攻击的战法，连续发起攻击，就可以制服敌人。”卫广来在《〈吴子兵法〉简论》一文（载《山西师大学报》，1992 年第 1 期）中说：“战争本身是生动而富于变化的，绝没有僵死不变的模式，故战略战术之应用，不可墨守成规，则须灵活应变。兵力对比，‘若我众彼寡，分而乘之；彼众我寡，以方从之’（《应变》篇）。地形利用，应‘避之于易，邀之于厄’（同上）。战场形势，‘见可而进，知难而退’（《料敌》篇）。士气之利用，‘必死则生，幸生则死’（《治兵》篇）。这些都是主张扬长避短，促使事物矛盾朝着有利于自己的方面转化，积极争取战争的主动权，含有朴素的辩证法思想。”徐勇在《〈吴子〉的成书、著录及其军事思想》（载《军事历史研究》2001 年第 3 期）一文中说：“《孙子》提到了在战争中使‘我专而敌分’，即集中优势的兵力‘以众击寡’，打击敌人。《吴子》在此基础上进一步指出：‘凡战之要……因形用权，则不劳而功举。’这就是说只要对敌军的情况了如指掌并且做好了一切准备，那么即使在敌众我寡的条件下也‘可潜而袭’，敌军‘虽众可获’，由此可以看出，《吴子》的阐述更为深刻、全面，将《孙子》提出的（敌我双方兵力）‘多’与‘少’的辩证思想，提高到了一个新的层次。”

【译文】

魏武侯问吴起道：“如果敌人逼近我军，距离已经很近了，我军想撤离却没有退路，士卒们都很恐惧，该怎么办呢？”吴起答道：“针对这种情况应该采取的办法是：如果我军人多、敌军人少，就兵分几路对敌展开攻击；如果敌军人多、我军人少，就集中兵力打击敌人；攻击敌人不要停歇，敌军即使人多势众也会被制服。”

武侯问曰："若遇敌于谿谷之间，傍多险阻，彼众我寡，为之奈何？"起对曰："遇诸丘陵、林谷、深山、大泽，疾行亟去，勿得从容[①]。若高山深谷，卒然相遇，必先鼓噪而乘之[②]。进弓与弩，且射且虏。审察其政，乱则击之勿疑[③]。"

【注释】

①"遇诸丘陵、林谷、深山、大泽"三句：意谓如果与敌人在丘陵、林谷、深山、大泽等地形上相遇，要迅速行动，尽快离开，不要拖延。从容，这里是迟缓拖延的意思。底本无"遇"字，于义不顺。《武经七书汇解》本有"遇"字。今据改。李硕之说："以快应变，先机制敌。吴子认为，如果在'丘陵、森林、谷地、深山、大泽'等复杂地形条件下与敌军遭遇，那就应'疾行亟去，勿得从容'，动作要猛，行动要快。"薛国安说："吴子认为应该迅速脱离不利地形。指出'遇诸丘陵、林谷、深山、大泽'，必须'疾行亟去，勿得从容'，尽量规避可能的危险。这与孙子的思想是一致的。《孙子·九地篇》指出'行山林、险阻、沮泽，凡难行之道者，为圮地'，而'圮地则行'。吴蜀夷陵之战中，刘备便违反了这一原则，将大军驻扎于崇山峻岭之中，无法迅速通过，给了吴军以可乘之机。"

②"若高山深谷"三句：意谓如果在高山深谷，突然与敌相遇，一定要首先擂鼓呐喊并乘势攻敌。卒，同"猝"，突然。鼓噪，擂鼓呐喊。刘寅曰："若高山深谷，卒然与敌相遇，必先鼓噪而从之。《春秋》传曰：'宁我薄人，勿人薄我。'所谓先人，有夺人之心也。此云必鼓噪而从之者，薄之也。"李硕之说："在高山深谷遇敌，则应首先鼓噪呐喊发起攻击，争取主动，打败敌军。"

③审察其政，乱则击之勿疑：意谓仔细观察敌情，若敌阵混乱就迅速攻击，不要迟疑。施子美曰："善用兵者，无所往而不胜。羊肠可以胜，锯齿可以胜，缘山可以胜，入谷可以胜。是虽遇于谿谷

之间，傍多险阻，众寡不敌，吾何患焉？诸丘陵、林谷、深山、大泽，此固非用兵之地也，疾行亟去，不可从容，此常法也。设不幸而卒遇于此，则何以哉？必也鼓噪以乘之，所以夺之也；进弓与弩，且射且虏，所以驱之也。然必审察其政，果乱则击之勿疑，使其未乱，则未可击也。马援壶头之役，匈奴升险鼓噪，此乃援失其利，而匈奴为得之也。然匈奴卒不敢取之者，以援军犹治故也。使援而不善兵，其不亡于匈奴也几希。"刘寅曰："审察其治乱之势，若乱则击之勿疑，若治则又当设奇以乱之也。旧本'政'作'治'。"朱墉引《醒宗》曰："大抵应变之法在于审时势，察机宜，不疾不徐，不离不合，用无不当，施无不得，敌我众寡在所不计也。"又引《开宗》曰："此节言谿谷与敌击之法。"李硕之说："地利，乃兵家之要，攻防作战的依托。《孙子》主张要'知地'，即熟悉远近、险易、广狭等作战地区的各种地形。它也是从战略的高度来要求将领的。同时，从战术的角度，它也重视对地形条件的利用，认为'夫地形者，兵之助也'。就是说地形是用兵作战的辅助条件。而吴子从战术角度总结的以寡击众，充分利用不同地形条件而应变的战法，就比《孙子》更为具体。"

【译文】

魏武侯问吴起道："如果与敌人在谿谷之地相遇，两边多为险阻地势，敌人兵力多而我军兵力少，这种情况该怎么办？"吴起答道："如果与敌人在丘陵、林谷、深山、大泽等地形上相遇，要迅速行动，尽快离开，不要拖延。如果在高山深谷，突然与敌相遇，一定要首先擂鼓呐喊并乘势攻敌。令弓手与弩手上前，一边射击，一边俘虏敌人。仔细观察敌情，若敌阵混乱就迅速攻击，不要迟疑。"

武侯问曰："左右高山，地甚狭迫①，卒遇敌人，击之不敢，去之不得，为之奈何？"起对曰："此谓谷战，虽众不用②。募吾材士，与敌相当，轻足利兵，以为前行[③]，分车列骑，隐于四旁，相去数里，无见其兵[④]，敌必坚陈，进退不敢。于是出旌列旆，行出山外营之。敌人必惧，车骑挑之，勿令得休。此谷战之法也[⑤]。”

【注释】

①迫：狭窄。

②虽众不用：我军即使人多也用不上。

③“募吾材士”四句：意谓从我军选出勇猛善战的士卒，与敌人抗衡，再选出轻装上阵、配备锐利兵器的士卒，组成先锋部队。募，挑选。材士，指勇猛善战的士卒。当，同“挡”，抵挡，抗衡。轻足，意即轻装上阵。利兵，意即配备锐利的兵器。前行，指先锋部队。朱墉引《醒宗》曰：“山谷之战不在兵卒之众多，而在募吾材士为前行。赵奢所谓‘将勇者胜’也。”

④见：同“现”，显现，暴露。

⑤此谷战之法也：施子美曰：“秦伐韩于阏与，王召赵奢而问以救韩之事。奢对曰：‘其道远险狭，譬如两鼠斗于穴中，将勇者胜。’奢之所言，谷战之法也。卒遇敌人于左右高山之间，其道甚狭迫，既不敢击，又不能去，此其地正所谓谷战也。一可击十，十可击百，千可击万，何以众为？然必择士而使之，伏兵以袭之，引而致之，挠而劳之，然后可胜也。募吾材士，与敌可以相当者，与夫轻足利兵者，为利于战，故以为前行，此则择士而使之也。分车隐于四旁，相去数里，无见其兵，此则伏兵以致用也。彼既不见吾之兵，则必坚阵以待我，而进退有所不敢。于是出旌列旆，行出山外而营之，所以引而致之也。敌人既不知吾谋，则必惧吾覆彼也，吾则挠之以车骑，勿使得息，则彼必为我所劳也。凡此者乃战于山谷之间者之所为也，故曰此谷战之法也。”李硕之说：“设伏应变，为奇制胜。吴子总结的‘谷战之法’‘水战之法’，都体现

这一战术思想。在谷战中,他提出:分列车骑设伏,主力以突然的行动'出旌列旆',冲出山谷之外向敌挑战。在水战中,他主张'无用车骑',查清水情,'为奇以胜之'。"薛国安说:"谷地相对平坦易行,且水源汇聚,行军其中不必为此担心。因此,在古代,谷地往往是山地、丘陵地区的交通要道。孙子将谷地地形称为'隘形',指出,对于隘形,如果我军先到达,就要用重兵占领隘口,以等待敌军来犯;如果敌人先用重兵占据隘口,我军就不要去攻击;如果敌人没有用重兵据守隘口,那就迅速攻占它。但如果两军在谷地之中遭遇怎么办呢?显然,孙子没有给出答案,而吴子则回答了这个问题,名之为'谷战'。吴子的谷战战术,一是要求示形惑敌,分兵乱敌,持续袭扰,疲敌弱敌;二是要求发挥远射兵器的威力,先发制人。"

【译文】

魏武侯问吴起道:"左右是高山,地形非常狭窄,突然与敌相遇,想进攻却又不敢,想撤退却又不行,这种情况该怎么办?"吴起答道:"这叫做谷战,我军即使人多也用不上。从我军选出勇猛善战的士卒,与敌人抗衡,再选出轻装上阵、配备锐利兵器的士卒,组成先锋部队,与此同时把车兵、骑兵分别隐伏在四周,与敌人相距数里,不要暴露我军的兵力,敌人一定固守阵地,不敢前进也不敢后退。这时我军打出各种战旗,部队开到山外安营扎寨。敌人一定惧怕,再派车兵骑兵挑战,不让敌人有空休息。这就是谷战的方法。"

武侯问曰:"吾与敌相遇大水之泽,倾轮没辕[①],水薄车骑[②],舟楫不设[③],进退不得,为之奈何?"起对曰:"此谓水战,无用车骑,且留其傍。登高四望,必得水情。知其广狭,尽其浅深,乃可为奇以胜之。敌若绝水,半渡而薄之[④]。"

【注释】

①倾轮没辕：意即大水冲坏车轮，淹没车辕。倾，倾斜，这里是冲坏的意思。没，淹没。

②薄：迫近，这里是快要吞没的意思。

③设：准备，安排。

④敌若绝水，半渡而薄之：意谓敌人如果渡河，就在他们渡到一半时攻击敌人。绝水，渡河。薄，迫近，这里是攻击的意思。施子美曰："《孙子·行军》有处山之军，有水上之军。武侯之所问者，水上之军也。……古者水战有蒙冲，有斗舰，有海鹘，若此之类，皆水战之具也。设与敌遇于此，舟楫未具，则何以哉？不过留而不行，登高以望，知其浅深广狭之处，则水情为可以得矣。既得其情，必制以奇，乃可以胜。敌若绝水而来，必候其半渡而举之，此韩信之所以囊沙睢水，候其半渡而击之者，得乎此也。"解文超说："《六韬·鸟云泽兵》之言'泽兵'者，则袭用《吴子·应变》之之'水战'，《六韬·鸟云山兵》之言'山兵'者，则袭用《吴子》之'谷战'。《六韬》之'十一卒'，即袭用《吴子》之'五练'。在此，《六韬》沿用并发展了《吴子》的作战思想和作战方法。"薛国安说："在河流湖沼地带作战，吴子名之为'水战'。对于水战，吴子强调，第一要迅速察明水情，'知其广狭，尽其浅深'。第二，要求根据河流湖沼地带的地形特点，放弃车兵和骑兵，'无用车骑，且留其傍'，而以步兵为主力与敌较量。第三，结合天时，以特殊战法，'为奇以胜之'。如果敌军'居军下湿，水无所通'，恰逢'霖雨数至'，就'可灌而沉'。如果敌军'居军荒泽，草楚幽秽'，恰逢'风飙数至'，便'可焚而灭'。"

【译文】

魏武侯问吴起道："我军与敌人在很大的河水湖泽地带相遇，大水冲坏车轮，淹没车辕，快要吞没车兵与骑兵，而我军却没有准备舟船，进退都不行，这种情况该怎么办?”吴起答道:“这叫做水战，不要让车兵与骑兵出战，把他们暂时留在水岸旁边。登高四处远望，必能了解水情大势。察明水域的宽窄，掌握水的浅深，这样才可以出奇招战胜敌人。敌人如果渡河，就在他们渡到一半时攻击敌人。”

武侯问曰:“天久连雨，马陷车止，四面受敌，三军惊骇，为之奈何[①]?”起对曰:“凡用车者，阴湿则停，阳燥则起，贵高贱下，驰其强车[②]。若进若止，必从其道。敌人若起，必逐其迹[③]。”

【注释】

①“天久连雨”五句:意谓天气阴雨连绵，车马陷在泥路上动弹不得，四面遭敌攻击，三军惊慌恐惧，这种情况该怎么办?施子美曰:“太公论车骑之地，有曰:‘汙下沮泽，进退渐如，此骑之患地也;圮下渐泽，黑土粘埴，此车之劳地也;日夜霖雨，旬日不止，道路溃陷，前不能进，后不能解，车之陷地也。若是者，皆车骑死败之地。’武侯之所问，天久连雨，马陷车止，此正太公之所戒也。加之四面受敌，三军惊骇，得无忧乎?”

②“凡用车者”五句:意谓使用战车的一般方法是:天阴地湿就停下来，天晴地燥就行动，选择高地，避开低地，让强固的战车行驶起来。施子美曰:“高则阳燥之地也，故贵之;下则阴湿之地也，故贱之。凡此皆车之用，贵得其地也。是以成周轮人为轮，有行山之轮，有行泽之轮。行山者欲侔，行泽者欲舒。侔以行山则不甗，舒以行泽，是刀以割涂也。成周之法，因地而异其制。吴子之言，则论其地之所宜。”朱墉引汪殿武曰:“此言车战之法，不可乱用也。如进止之间，必由高燥之道，则驰骋自如而纵横由我。”

又引《醒宗》曰:"阴湿则停,此用车趋避法。必逐其迹者,前车即后车之鉴。"

③"若进若止"四句:意谓无论是行进还是停止,都必须让战车在道路上,顺路前行;敌人如果有所行动,就要追踪敌人的车辙以免迷路。迹,此处指敌人战车的车辙。施子美曰:"若夫用之又当驰其强车,或进或止,必从其道。从其道者,所以求其利也。敌人若起,必逐其迹,此正践墨随敌也。"朱墉引《大全》曰:"必从其道,道指高燥言,言车道贵高燥,贱阴湿,今久雨道失,务必追寻其道,以为进止。下文云敌人若起,必逐其迹,亦是追其去迹,恐失迷其道也。"李硕之说:"《孙子》主张要'知天',就是说要掌握昼夜、阴晴、寒暑等天时气象的变化,以及四季时令的更替等。它是从战略的高度来要求将领的。吴子则从战术的角度,总结了在'天久连雨,四面受敌'的情况下,与敌车战时的应变措施和具体战法。说明要因天时之变,而采取不同的战法。"

【译文】

魏武侯问吴起道:"天气阴雨连绵,车马陷在泥路上动弹不得,四面遭敌攻击,三军惊慌恐惧,这种情况该怎么办?"吴起答道:"使用战车的一般方法是:天阴地湿就停下来,天晴地燥就行动,选择高地,避开低地,让强固的战车行驶起来,无论是行进还是停止,都必须让战车在道路上,顺路前行。敌人如果有所行动,就要追踪敌人的车辙以免迷路。"

武侯问曰:"暴寇卒来①,掠吾田野,取吾牛羊,则如之何?"起对曰:"暴寇之来,必虑其强,善守勿应②。彼将暮去,其装必重,其心必恐,还退务速③,必有不属④,追而击之,其兵可覆⑤。"

【注释】

①暴寇：凶暴的敌人。

②"暴寇之来"三句：意谓凶暴的敌人突然来袭，一定要顾及敌人强大的作战能力，要善于防守而不能应战。朱墉引叶伯升曰："暴寇之来，必在掠取，若即应之，彼不得货，必伤人也，故无如善守勿应。"李硕之说："待敌之变，以变胜变。如果敌军发动突然袭击，企图'掠田野，取牛羊'。在此情况下，吴子主张'善守勿应'，以待敌之变，就是说等到天黑敌人撤退之时，我便由守转攻，彻底歼灭敌人。"

③"彼将暮去"四句：意谓等到敌人黄昏将要撤兵时，他们的装载必定很沉重，心情必定恐慌，撤退务求迅速。暮去，在黄昏时分撤兵退走；一说，"暮"指士气衰竭，即《孙子兵法·军争篇》所言"朝气锐，昼气惰，暮气归"。装，装载，运载。刘寅曰："彼将暮晚而去，其所负载之物必重，其心必恐惧，还归退去，务在急速。"朱墉引《大全》曰："暮去，是我料其暮归也。彼既恣情掠取，辎装必然众多。且暮归懈怠可乘，因其恐心速念，追而击之，其兵可覆。"

④属：联系，连接。

⑤追而击之，其兵可覆：覆，覆灭。施子美曰："凡为客之道，利于速战。彼暴寇之来，掠田野，取牛羊，其势虽暴，然不能久居。吾必虑其强，而思所以制之。故善守而勿应，彼不得所欲，必将暮去。其装必重者，以其务于侵掠，故其装重也。装重则行迟，故其心恐吾之袭其后也。其还退也，必务于速。速则其行列必不相继属，吾因而追击，则其兵可覆而取。大抵锐于进取者，其退必速，而贪于所得者，必无远图，欲速则不达。今暴寇卒来，亦锐矣，而不知锐者易失之躁，见小利则大事不成，亦古之戒也。今暴寇惟以掠取为务，亦贪矣，而不知贪于得者必丧于所得，此所以反为人所击也。"朱墉引张江陵曰："如马援因诸羌数万，屯聚寇掠，辎

重盈幕，乃潜行间道袭击之，羌惊散往北山，援复纵火焚之罄尽，获牛马万余是也。”

【译文】

魏武侯问吴起道：“凶暴的敌人突然来袭，掠夺我田野上的粮食，抢劫我的牛羊，该怎么办？”吴起答道：“凶暴的敌人突然来袭，一定要顾及敌人强大的作战能力，要善于防守而不能应战。等到敌人黄昏将要撤兵时，他们的装载必定很沉重，心情必定恐慌，撤退务求迅速，部队的行列必定做不到有序连贯，此时发起追击，就能全歼敌人。”

吴子曰：“凡攻敌围城之道①，城邑既破，各入其宫②。御其禄秩，收其器物③。军之所至，无刊其木、发其屋、取其粟、杀其六畜、燔其积聚④，示民无残心⑤。其有请降，许而安之⑥。”

【注释】

①凡攻敌围城之道：朱墉引《大全》曰：“‘攻敌围城之道’，此‘道’字即汤、武安民恤众，诛暴除残之道也。”傅绍杰说：“类似吴子于此段中所论的原则，在姜太公《六韬》的《虎韬》中，以及《司马法》的《仁本》第一中，均曾有所述及，意义极为近似，而发挥较多，文句亦较清爽。但是《吕氏春秋·孟秋纪·怀宠篇》中所论，却又有集其大成而后来居上之势。兹引述如后以供参考。‘义理之道彰，则暴虐、奸诈、侵夺之术息也。暴虐、奸诈之与义理反也，其势不俱胜，不两立。故兵入于敌之境，则民知所庇矣，黔首知不死矣。至于国邑之郊，不虐五谷，不掘坟墓，不伐树木，不烧积聚，不焚室屋，不取六畜。得民虏，奉而题归之，以彰好恶；信与民期，以夺敌资。……先发声出号曰：‘兵之来也，以救民之死。子之在上无道，据傲荒怠，贪戾虐众，恣睢自用也，辟远圣制，謷丑先王，排訾旧典，上不顺天，下不惠民，征敛无期，求索无厌，罪

杀不辜，庆赏不当。若此者，天之所诛也，人之所仇也，不当为君。今兵之来也，将以诛不当为君者也，以除民之仇，而顺天之道也。民有逆天之道、卫人之仇者，身死家戮不赦。有能以家听者，禄之以家；……以国听者，禄之以国。'故克其国，不及其民，独诛所诛而已矣。举其秀士而封侯之，选其贤良而尊显之，求其孤寡而振恤之，见其长老而敬礼之。皆益其禄，加其级。论其罪人而救出之。分府库之金，散仓廪之粟，以镇抚其众，不私其财……是以贤者荣其名，而长老说其礼，民怀其德……诛国之民望之若父母，行地滋远，得民滋众，兵不接刃，而民服若化。'……我们读到这一段引述文字，更可以了解其内容的义理旨趣。就战争立场而言，这一大段，简直就是王者之师的行军基本原则。其中'先发声出号曰……'那一节，岂不就是吊民伐罪的讨暴檄文？"

②宫：指敌人的宫殿、官府。

③御其禄秩，收其器物：意谓控制敌方的大小官吏，收缴敌方的各种器物。御，驾驭，控制。禄秩，俸禄和爵位，这里指的是各级官吏。刘寅曰："旧本'御'作'衔'。"朱墉引《醒宗》曰："攻敌围城之事，得道者少，失道者多。城邑既破之后，入其宫，皆以子女玉帛为重，何暇御其禄秩、收其器物乎？'军之所至'以下一段，真帝王仁义之师也，谓非有道之兵不可。"

④刊：砍伐。发：刘寅曰："旧本'发'作'伐'。"积聚：指敌人储存的各类物资。

⑤示民无残心：薛国安说："吴子朴素的人道主义精神跃然纸上。"又说："柏举之战距吴子时代不到百年，以其影响之巨，自然会对吴子思想有所影响。吴子时代，《孙子兵法》业已问世百年，孙子'战胜修功'的警语也应该为吴子所知了。可以说，孙子的军事实践——孙子亲身参与了柏举之战——和理论，是吴子朴素的

人道主义精神的重要来源。吴子朴素的人道主义精神与儒家思想也密不可分。儒家反对争名夺利、戕害人命的'不义'之战，而支持吊民伐罪，救民于水火，为'仁政'开辟道路的'义战''仁战'。强调战争对政治的从属性，崇尚民本、重视民心归向对于战争成败的意义。在儒家看来，'义战'顺乎天道而应乎民心，必定是所向披靡，无敌于天下。如果能够将一切军事活动始终置于道德自觉和政治自律的基础之上，约束暴力，爱惜民命，'则天下之民皆引领而望之矣'。这些价值观念，构成了中国古代人道主义的重要内涵。它们对曾在青年时代师事曾子的吴子，有着深刻的影响，吴子在其兵书中，强调'仁''义'、爱民即为明证。"

⑥其有请降，许而安之：意谓敌军如果有请求降顺的，就应当准许，妥善安置。施子美曰："《司马法》曰：'入罪人之地，无暴神祇，无行田猎，无毁土功，无燔墙屋，无伐林木，无取六畜、禾黍、器械，见其老幼，奉归勿伤。'法之所言，盖仁人之师，本欲吊民伐罪，岂以残民为心？齐之伐燕，孟子劝之以反其旄倪，归其重宝，亦此意也。吴子战国之将，岂意所言乃有仁人之举耶？谓凡攻敌围城之道，破其城邑，入其宫室，非利其物也，为之御其禄秩，收其宝器而已。军之所至，无刊其木，无发其屋，无取其粟，无杀其六畜，无燔其积聚，凡若是者，所以示民以无残害人之心也。盖林木者，民之所资以用；屋室者，民之所托以居；粟、畜、积聚，又民之所资以养。此而无所害，则其不残民也可知。其有降者许而安之，盖人既不我敌，则我亦不人杀。且人已降，杀之不祥，宜有以许其来而安定之也。项王羽入关之初，烧秦宫室，坑秦子弟，秦民失望。嗟夫，羽剽悍贼也！咸阳三月火，骸骨乱如麻。惨怛之容，略不形于色，何其忍也？其死垓下亦晚耳。"朱墉《全旨》曰："此章篇名《应变》，盖敌之与吾相遇不一其方，吾御敌之道与为转移，不一其术。所谓决机于两阵之间，裁制于一心之内者

也。若用兵而不知变通,则胶固执滞,敌至而莫能应矣。吴子约举数节言之,非以尽应变之法也。从节制说起,是用兵之本,而归重于无残,亦孙子全军全国之意。但应众者,当知邀击厄隘之利;应强者,又必设五军交袭之谋。应诸迫近者,相敌而分合可也;应诸险阻者,力战而亟去可也;应诸山谷者,多设疑兵可也;应诸水泽者,先得水情可也。若阴雨之变,则高迹可从;暴寇之变,则归途可掩。临时运用,乌可拘执于定见而以冥冥决事哉?"陈宇说:"在战场临敌作战中,吴起十分强调部队要有严格的战场纪律。在本篇中,主要体现在最后一个段落中,他在此主要讲了攻破敌人城邑之后应遵循的一些原则。(1)'各入其官';(2)'御其禄秩';(3)'收其器物';(4)大军所到的地方,禁止'刊''发''取''杀'和'燔';(5)如果有请求投降的,'许而安之'。这几条原则,比较全面地规定了攻破敌人城邑后应注意的事项。"又说:"司马穰苴曾说:'入罪人之地,无暴神祇,无行田猎,无毁土功,无燔墙屋,无伐林木,无取六畜,无取禾黍,无取器械。见其老幼,奉归勿伤。虽遇壮者,不校勿敌。敌若伤之,医药归之。'(《司马兵法·仁本篇》)吴起继承了司马穰苴的这些思想,规定了军队在攻破敌人城邑后应执行的政策和应遵守的纪律,是为了'示民无残心',便于瓦解敌人而壮大自己,反映了这个历史阶段的统治阶级重视争取民众的政治诉求。"

【译文】

吴起说:"攻敌围城的一般方法是:城邑攻克之后,部队分别进入敌人的宫殿、官府。控制敌方的大小官吏,收缴敌方的各种器物。大军所到之处,不准砍伐树木、毁坏房屋、抢夺粮食、宰杀牲畜、焚烧库存物品,向民众表明我军绝无害人之意。敌军如果有请求降顺的,就应当准许,妥善安置。"

励士第六

【题解】

本篇的四节文字在内容上紧密相承，讲述了魏武侯在吴起的指导下，施行了鼓励将士立功的有效措施。

在第一节，吴起给出了他的“三乐”说，即“夫发号布令而人乐闻，兴师动众而人乐战，交兵接刃而人乐死”，认为士卒在战场上的“乐闻”“乐战”“乐死”，才是君主所应依赖的关键所在。

第二节写魏武侯为实现“三乐”，经吴起指导在庙廷“为三行飨士大夫”，奖励有功者，激励无功者。此法“行之三年”，成效显著。数以万计的魏国将士，“不待吏令”便奋勇争先，迎战秦人。

在第三节，吴起首先指出“人有短长，气有盛衰”，将帅要想办法发挥士卒的特长，激发他们的士气。继而以“一人投命，足惧千夫”为例，向魏武侯说明他能将“无功者五万人”，每个人都训练成“死贼”，让敌人难以抵挡。

第四节写“励士之功”。武侯听从了吴起的建议，打败了五十万秦敌。战前一日，吴起号令三军，说如果车兵没有擒获敌人的车兵，骑兵没有擒获敌人的骑兵，步兵没有擒获敌人的步兵，便属“无功”，意在强调三大兵种各负其责，充分发挥各自优势。作战当天，“其令不烦而威震天下”。

吴起“励士”的手段是通过公开、隆重地按功劳大小赐酒食、颁奖赏的形式，激发将士的荣誉感，激励士气，以达到“乐闻”“乐战”“乐死”的效果，实现提高全军的战斗力；其特点是不仅激励有功之士，更要激励无功之士，提振全军的整体士气。

吴起的“励士”思想对后世产生了很大影响，李筌《太白阴经·励士篇》就是对其的全面借鉴和发挥。兹录其文，以资参考：“经曰：激人之心，励士之气，发号施令，使人乐闻；兴师动众，使人乐战；交兵接刃，使人乐死。其在以战劝战，以赏劝赏，以士励士。木石无心，犹可危而动，安而静，况于励士乎？古先帝王伯有天下，战胜于外，班师校功，集众于中军之门。上功赐以金璋紫绶，锡以锦彩，衣以缯帛，坐以重裀，享以太牢，饮以醇酒；父母妻子皆赐纹绫，坐以重席，享以少牢，饮以酎酒。大将军捧赐，偏将军捧觞。大将军令于众曰：‘战士某乙等，奋不顾身，功超百万，斩元戎之首，搴大将之旗，功高于众，故赏上赏。子孙后嗣，长称卿大夫之家；父母妻子，皆受重赏。牢席有差，众士咸知。’次功赏以银璋朱绶、纹绫之衣，坐以重席，享以少牢，饮以酎酒；父母妻子赠以缯帛，坐以单席，享以鸡豚，饮以醨酒。偏将军捧赐，子将军捧觞。大将军令于众曰：‘战士某乙等，勇冠三军，功经百战，斩骁雄之首，搴虎豹之旗，功出于人，赐以次赏。子孙后嗣，长为勋给之家；父母妻子，皆受荣赏。牢席有差，众士咸知。’下功赏以布帛之衣，坐以单席，享以鸡豚，饮以醨酒；父母妻子，立而无赏，坐而无席。子将军捧赐，卒捧觞。大将军令于众曰：‘战士某乙等，戮力行间，劬荣岁月，虽无搴旗斩将，实以跋涉疆场，赐以下赏。子孙后嗣，无所庇诸；父母妻子，不及坐享。众士咸知。’令毕，命上功起，再拜大将军，让曰：‘某乙等，忝列王臣，敢不尽节？有愧无功，叨受上赏。’大将军避席曰：‘某乙等不德，谬居师长，赖尔之功，枭悬凶逆，盛绩美事，某乙等无专善。’退而复坐。命次功再拜上功。上功曰：‘某乙等无谋无勇，遵师长之命，有进死之荣，无退生之辱，身受殊赏，上光父母，下及妻子，子其勉旃。’退而复坐。命下功再拜次功。

次功坐受曰：‘某乙等少猛寡毅，遵师长之命，决胜负于一时，身受次赏，上光父母，下及妻子，子其勉旃。’下功退而复坐。夫如是励之，一会则乡勉党、里勉邻、父勉子、妻勉夫，二会则县勉州、师勉友，三会则行路相勉。闻金革之声，相践而出，邻无敌国，邑无坚城，何患乎不勉哉？”

武侯问曰：“严刑明赏，足以胜乎[①]？”起对曰：“严明之事，臣不能悉，虽然，非所恃也[②]。夫发号布令而人乐闻，兴师动众而人乐战，交兵接刃而人乐死[③]，此三者，人主之所恃也[④]。”

【注释】

①严刑明赏，足以胜乎：意谓做到刑罚严厉、奖赏明确，就足以取胜吗？施子美说：“驱之而用之，不若使人之自为用。刑赏之用，所以驱之也。驱而用之，出乎勉强，有所不足恃也，孰若自为之用者出于诚心耶！”黄朴民说：“（严刑明赏）即严明赏罚。这是先秦时期大多数思想家在治国治军问题上的基本主张，尤以法家提倡最力。兵家对此也持赞同肯定态度，但同时主张推行政治道义教化，使两者相辅相成。”

②“严明之事”四句：悉，详尽地叙述。恃，依赖，依靠。《群书治要》卷三十六“严明之事”句下无“臣不能悉，虽然”两句。施子美曰：“人主之所恃者，人心也。人心自从，则不必待赏而后劝，不待罚而后惩。彼惟恐攻之不取而战之不克也，岂严刑明赏所能驱乎？宜吴起以为不能悉其事。起非不能详尽其事也，以其不足恃，故不之悉也。”朱墉引张贲曰：“武侯严明足恃之问，只是要使人畏服，殊不知严刑之威，能行于刑之所加，而不能行于刑之所不加；明赏之令，能结于赏之所及，而不能结于赏之所不及，又何可恃？”又引唐荆川曰：“人最难得者心，而况号令师旅兵刃之际，尤为难之难者。使人主素无深仁厚泽以孚结其心，方且逡巡畏缩

之不暇，而肯为人主效力耶？惟欣欣踊跃而令出惟行，趋事恐后，奋不顾身焉，则虽有敌国外患，庶可恃以无恐矣。岂严刑明赏之足恃乎？”

③“夫发号布令而人乐闻”三句：意谓发号施令而人们乐于听从，兴师动众开启战端而人们乐于作战，与敌人交锋拼杀而人们乐于战死。乐闻，乐于听从。交兵接刃，指在战场上交锋拼杀。《群书治要》卷三十六无“夫”字，“人”均作“民”。施子美曰：“今夫三令五申，所以为号令也。申令而有不如法者，则令所不行也。故将用之际，必使之乐闻而后可。一鼓再鼓，所以兴师动众也。鼓之而不进者，则众为不可用也。将用之际，必使之乐战而后可。所指而莫不前死，所以为交兵接刃也。一有弃甲曳兵而走者，则无以得其死力也。故于已用之际，必使之乐死而后可。”朱墉引傅服水曰：“兵凶战危，将又死官，有何可乐？须知所以乐战者，以未战之先，有一步作用在。教之有勇知方，亲上死长，有以深入士卒之心，方与师而乐战。”又引《大全》曰：“三‘乐’字，真觉人心这一段踊跃，虽虎狼之众亦不可当，故云人主之所可恃者，非恃其斗战死也，恃其乐也。设一有不乐，彼虽斗、虽战、虽死，已不足恃矣。但吴子既言三‘乐’，其所以使之乐者，何不说些仁民爱物的工夫，而乃仅及三行享士，依然一刑赏之余绪也。”陈宇说：“本篇讲激励将士，尤其是激励广大的无功者‘三乐’的意义和作用。不限于‘明赏’，还注意用酒食等来直接激励广大的无功者，务必使人人‘三乐’，这是吴起的‘励士’主张与众不同的地方。吴起论述‘励士’，即是鼓励全体将士期望立功。既主张奖励有功将士，又必须同时激励无功将士。他非常强调军队整体士气的重要性，全体将士的士气是战斗力，是夺取战争胜利的重要因素。只有提高全体将士的士气，同仇敌忾，奋勇作战，才能形成所向无敌的强大战斗力。”

④此三者，人主之所恃也：《群书治要》卷三十六无“主”字。施子美曰：“是三者，皆人心之乐从也。人主之所恃者，不在是乎？昔武王伐商之际，《牧誓》一作而人莫不从，白旄一麾而人莫不进。至于如熊、如罴、如虎、如貔于商郊，则其为交兵接刃之际，又为如何？其为乐闻乐战乐死者可立见矣。武王惟此之恃，所以一戎衣而天下定也。”朱墉引《开宗》曰：“此言刑赏不足恃，必士卒乐为之用，乃可为恃。”

【译文】

魏武侯问道：“做到刑罚严厉、奖赏明确，就足以取胜吗？”吴起答道：“刑罚严厉、奖赏明确这方面的内容，我不能向您详尽地叙述，虽然这方面的内容很重要，但我深知它不是您要依赖的关键所在。发号施令而人们乐于听从，兴师动众开启战端而人们乐于作战，与敌人交锋拼杀而人们乐于战死，这三点，才是君主应该依赖的关键所在。”

武侯曰：“致之奈何①？”对曰：“君举有功而进飨之，无功而励之②。”于是武侯设坐庙廷③，为三行飨士大夫④。上功坐前行⑤，肴席兼重器、上牢⑥；次功坐中行，肴席，器差减⑦；无功坐后行，肴席，无重器⑧。飨毕而出，又颁赐有功者父母妻子于庙门外，亦以功为差⑨。有死事之家，岁被使者劳赐其父母，著不忘于心⑩。行之三年，秦人兴师，临于西河，魏士闻之，不待吏令，介胄而奋击之者以万数⑪。武侯召吴起而谓曰：“子前日之教行矣⑫。”

【注释】

①致之奈何：致之，指做到前面论及的三点。施子美曰：“将有以得士卒之力，必有以尽劝勉之术。吴起之所对，劝勉之术也。方武

侯未知其术，则必求所以致之之道，曰‘致之奈何’者，盖欲致此人心之乐从而未得其道也。”

②君举有功而进飨之，无功而励之：进飨，进献酒食，宴请。励，勉励，激励。《群书治要》卷三十六“进”字下无“飨”字，“无”字前有“飨”字，“励”作“厉”。施子美曰：“吴起对曰‘举有功而进享之，无功而励之’，正所谓勉励之术也。夫人有功而见知则悦，赏当功而后臣下励。”张文儒在《论〈吴子兵法〉里的统御意识》（载《中国文化研究》1993 年第 2 期）一文中说：“吴子不但力主信赏信罚，还发明了一种新的办法，就是通过奖赏有功人员去激励尚无功业的人建立功勋。他把这种办法叫做‘奖有功，激无功’。……吴子信赏信罚的思想并非偶然，是同中国古代的法治思想一脉相承的。这里只要举出齐国大政治家和大军事家管子说过的话，同吴子上述思想略加比较，便一目了然了。《管子·七法第六》里说：‘言是而不能立，言非而不能废，有功而不能赏，有罪而不能诛，若是而能治民者，未之有也。’《管子·幼官第八》里又说：‘明法审数则治，同异分官则安。’《管子·权修第三》里还说：‘赏罚不信，民无廉耻，而求百姓之安难，兵士之死节，不可得也。’”陈宇说：“吴起认为，要使军队打胜仗，国君的‘严刑明赏’固然重要，但仅仅靠严明刑赏还无法激起将士的乐战乐死之心。还必须做到‘举有功而进飨之，无功而励之’，发号布令而人人乐闻，兴师动众而人人乐战，交兵接刃而人人乐死。这就是孙武所说的使民众与国君同心同德。而要实现上述‘三乐’目标，就应尊崇有功，论功行赏，优待战死者的家属，激励无功者立功受奖。只有形成这种社会风气，在出兵作战时，才会‘其令不烦，而威震天下’。”

③设坐庙廷：指在祖庙的大殿设置酒宴座位。坐，同“座”，座位。庙廷，祖庙的大殿；一说指宫廷的正殿。

④为三行：指安放三排座位。行，排。

⑤前行：指前排，第一排。

⑥肴席兼重器、上牢：肴席，有鱼肉等荤菜的酒席。肴，熟的鱼肉等。重器、上牢，指贵重的器皿与丰盛的食物。重器，宝器，一般指鼎，是用于盛宴的餐具。上牢，又称"太牢"，指古代用于祭祀或宴席的牛、猪、羊三牲。《群书治要》卷三十六"兼"作"有"。

⑦差减：等差递减，依次递减。

⑧无重器：《群书治要》卷三十六无"器"字。施子美曰："三行之礼，以功之高下而为等，则有功者已见知，而上之所以报功者亦当矣，何惧其不劝乎？上功者，功之莫大者也。其功大者，其礼宜隆。"朱墉引张贲曰："三行享士者，国家事功多成于激励，使一概混施，则人心懈而自勉者少矣。武侯则为三行享士，上功坐前行，次功坐中行，无功坐后行，肴席重轻皆有丰减，激励人心，奋发以成功，吴起迪君之功大矣哉！"又引《大全》曰："当此飨士之日，不独居前者固因荣而愈励，即居后者亦且因所见以自奋，交相鼓舞之机，较之严刑者，奚啻天渊？"

⑨又颁赐有功者父母妻子于庙门外，亦以功为差：以功为差，意即按照立功的大小而分出奖品的差别。《群书治要》卷三十六"又"前有"乃"字，"颁"作"班"，"外"前有"之"字，"差"下有"数"字，且下有"唯无功者不得耳"句。施子美曰："彼有功者，既等而当其功，无功者，又奋而思立功，其为勉励之术亦至矣！且以周成待诸侯之礼观之，公于上等，侯、伯于中等，子、男于下等，其车服旗物有异制，其刍积牢礼有异数，其摈相有异人，其所立有异地，凡若此者，亦以其爵有尊卑，命有隆杀，故不得不异之也。以是观之，吴子三行之法，不无所本也。不独吴子言之，其在李筌《阴经·励士篇》，亦备言三行之制。筌之所言，其有得于吴子也。三行之享，享于庙内也。其于庙内之外，又颁赐有功者之父母妻

子。其颁赐之也，亦不容无差等，此正《周官·司勋》‘凡赏无常，轻重视功’之说也。”

⑩“有死事之家”三句：意谓对那些阵亡将士的家庭，每年派使者慰问赏赐死者的父母，以表明不忘他们的牺牲。死事之家，指阵亡将士的家庭。著，显示，表明。《群书治要》卷三十六无“有”字，“被”作“使”。施子美曰：“其有死于王事者，是为伏节死义之人，人君亦必有所不敢忘也。必岁使劳赐其父母，所以示吾著于心而不敢忘也。此正《周官·司关》所谓‘以其财养老死与其孤’之意也。彼见其君报之以礼如此其厚，彼而木石则已，若犹人也，独不思所以报乎？是宜行之三年，秦人临西河，而魏之士卒莫不思奋。虽吏令有所未及，而皆欲介胄奋击，殆以万数。所以然者，由吾励士之法，有以感激之也。非所谓赏当功而臣下劝乎？”朱墉引张江陵曰：“激励人心，固在三行享士一端，尤在注念死事之家上。盖阵亡之人虽没，而忠魂正自难忘，所以岁遣使者劳赐其父母，著不忘于心，是励士之恩，不独厚于其生者，亦且痛念于既死。”

⑪介胄而奋击之者以万数：介胄，铠甲与头盔，此处作动词讲，意即穿上铠甲，戴上头盔。《群书治要》卷三十六“介胄”两字在“不待吏令”句前，无“而”字。薛国安说：“吴子在《励士》篇指出，仅仅做到‘严明刑赏’，是不足以克敌制胜的，还必须能够做到‘发号布令而人乐闻，兴师动众而人乐战，交兵接刃而人乐死’，而要做到这三点，就要‘举有功而进飨之，无功而励之’。吴子还向魏武侯建议了‘举有功而进飨之’的具体操作办法，即在宫廷设宴，分前、中、后三排席位款待将士。从前至后，参与宴会的将士所享受的酒食器皿等待遇依次降低标准。并对功臣家属进行赏赐，其标准也依战功大小而有所差别。每年还要派人对阵亡将士家属进行慰问和赏赐，表明国君没有忘记他们。显然，这些措施给

予功臣们的，不仅仅是物质上的享受和待遇，更重要的是精神上的荣誉！在庄严隆重的宴席之上，在每年的慰问之中，将士们的功绩得到了国君的肯定。这必然使他们心灵深处那种强烈的成就感和归属感油然而生，在精神上获得极大满足。功绩不同，待遇不同，进一步强化了他们对荣誉的不懈追求，使之获得了继续为国家、为君王、为人民奋勇作战的澎湃动力。无功人员，自然也会从中获得精神激励，战斗精神得到鼓舞。三年之后，'秦人兴师，临于西河，魏士闻之，不待吏令，介胄而奋击之者以万数'，就是'励之以誉'的效用。"

⑫子前日之教行矣：朱墉引王圻曰："'教行'，'行'字当'效'字看，要见忠勇之气，人所素具，只是不激励则不奋发耳。"朱墉引《开宗》曰："此教武侯以致人乐为用之道。"

【译文】

魏武侯问道："如何才能做到您说的这三点呢？"吴起答道："您挑选出作战有功的将士，举办酒席宴请他们，对那些无功的将士则勉励他们。"于是魏武侯在祖庙的大殿设置酒宴座位，安放了三排座位以宴请将士。立上等功的坐在前排，有丰盛的食物，还有贵重的器皿，以及牛、猪、羊三牲；立次等功的坐在中排，有丰盛的食物，但器皿的质量递减一等；没有立功的坐在后排，有丰盛的食物，但没有贵重器皿。酒宴结束后大家退出，魏武侯又在祖庙大殿的门外颁发奖品赏给有功人员的父母妻儿，奖品的等级同样按照立功的大小而分出差别。对那些阵亡将士的家庭，每年派使者慰问赏赐死者的父母，以表明不忘他们的牺牲。这项举措实行了三年，秦人发兵，临近西河，魏国士卒闻讯，不必等待将吏的命令，便有上万人穿上铠甲、戴上头盔奋起抗击秦人。魏武侯召见吴起，对他说："您以前的教诲已经见到成效了。"

起对曰："臣闻人有短长，气有盛衰①。君试发无功者五万人，臣请率以当之[②]。脱其不胜，取笑于诸侯，失权于天下矣[③]。今使一死贼，伏于旷野，千人追之，莫不枭视狼顾。何者？忌其暴起害己[④]。是以一人投命，足惧千夫[⑤]。今臣以五万之众而为一死贼，率以讨之，固难敌矣[⑥]。”

【注释】

①臣闻人有短长，气有盛衰：施子美曰：“不愤不启，不悱不发，常人之情也。人君因其情而用之，故先之以激励之术，而后可以作其敢为之心。武侯之报功，既尽其术，而魏士之报也，至于不待令而奋击，其效可见矣。宜武侯召而谓曰：‘子前日之教行矣。’而起又从而申其说，谓‘人有短长，气有盛衰’，用其所长激之使盛，则可以必胜矣。”陈宇说：“吴起对士气在战争中的作用，认识比较深刻。他不仅重视对将士的物质奖励，也特别强调精神鼓励，并主张两者并用。他认为，必须做好将士们的思想政治工作，因为这是打胜仗的重要因素。治军，教育工作很重要，特别是思想政治工作，要通过做好思想工作来发挥人的长处与激励士气。吴起在本篇中指出：‘人有短长，气有盛衰。’这即是说，要充分调动将士和百姓们的积极性，做好民众的思想激励工作，是取得战争胜利的基础。……必须通过思想教育，充分调动人的积极性，达到‘发号布令而人乐闻，兴师动众而人乐战，交兵接刃而人乐死’，才能确保战争胜利。”气，指士气。

②君试发无功者五万人，臣请率以当之：当，阻挡，抵挡。《群书治要》卷三十六“臣请率以当之”句下有“其可乎”句。施子美曰：“苟为不然，试发无功者五万人，而令起率以当之，其胜未可必也。何者？非其所长，衰而不胜也。”

③“脱其不胜”三句：脱，倘若，假设。失权，意即丧失在天下的地位。施子美曰：“设其不胜，必取笑于诸侯，失权于天下。若是则

其可无术以使之愤悱乎?"刘寅曰:"起恐人不能致死而取败也。"

④"今使一死贼"六句:死贼,指亡命徒。枭视狼顾,指像枭鸟与恶狼一样瞻前顾后,保持高度警惕。暴起,突然出现。《群书治要》卷三十六"起"下无"而"字。施子美曰:"且以一死贼伏于旷野,其人未为众也,而千人追之,至于枭视狼顾,却而不敢进者,非其众寡不敌也,死贼之气盛,而千夫之气馁也。是虽千夫,惟恐其暴起而害己,所以反顾而莫有进士也。一死贼投命于必死,犹足以惧千夫,况以五万之众而为一死贼以讨之,其谁敢当我?其难敌也必矣。其在《尉缭子》亦曰:'一贼伏剑击于市,万人无不避之者,非一人之独勇,万人皆不肖也。何则?必死与必生,固不侔也。然臣之术,足使三军为一死贼,莫当其前,莫随其后,而能独出独入焉。'是亦吴子死贼之说也。"张文儒在《论〈吴子兵法〉里的统御意识》(载《中国文化研究》1993 年第 2 期)一文中说:"治理的最终目的在于启发并调动每个战士的积极性,并进而构成整体威力。吴子认为,对于决定国家存亡和个人死活的战争行为来说,个人的积极性和献身精神往往成为取胜的关键。如果说,层层治理只是为发挥个人积极性创造良好条件的话,那么,参战的每一个人都能在自己的岗位上英勇战斗,甚至视死如归,才能使治理和节制产生出良好的效果。他举例说,一人舍命,可威慑千人,可见精神的力量之大。这里所指,是说有一个不顾生死的悍贼,潜伏于荒野之中,虽派出一千人去追捕,却未见得能捕到。原因何在?在于每个人都在极力地搜寻,但又很害怕这个悍贼会出其不意地向自己袭击,这样,就变得畏首畏尾了。吴子据此推论说:如果参战的每一个人都能像那个伏没于草莽中的悍贼,置个人生死于度外,不用多说,只要五万条心合为一条心,五万条命合为一条命,就会变成一个大的舍命死贼,率领其讨伐敌军,岂不是可以无敌于天下吗?"

⑤是以一人投命，足惧千夫：投命，意即拼命，不要命。刘寅曰："是以一人能投命，足可惧千夫。起欲人人致死而战也。"傅绍杰说："'一人投命，足惧千夫'，的确是至理名言，但不必过于拘执数字之间的比例。连命都不要了，还有什么瞻前顾后，犹疑不决的。这并非是说，一切应备条件可以置诸不问，只要'舍命'即可保证成功。事情并不如此简单。但是反而言之，一切应备条件俱已存在，就是缺欠'舍命'一条，大概十之八九，失败成分居多。"又举吴越檇李之战中，勾践使罪人三行阵前自刭以震骇吴军，趁机攻击而取胜的例子，说："关键所在，还是仗恃有一批'不要命'的人，作开路先锋。"

⑥"今臣以五万之众而为一死贼"三句：敌，抵挡，抵抗。《群书治要》卷三十六"众"下有"而"字，"率以"作"以率"，"敌"作"当"。

【译文】

吴起答道："我听说人有短有长，士气则有盛有衰。您尝试派遣五万没有立过战功的人，并请允许我率领他们抵御敌人。倘若我们不能取胜，就会被诸侯耻笑，在天下丧失魏国的地位。假如现在有一个亡命徒，隐伏在旷野，上千人追捕他，其中没有一个人不像枭鸟与恶狼一样瞻前顾后，保持高度警惕。为什么会这样？是担心亡命徒突然出现伤害自己。所以只要有一个人拼命，就足以使上千人恐惧。现在我能让五万兵士每人都成为一个亡命徒，率领他们去讨伐敌人，必定使敌人难以抵挡。"

于是武侯从之，兼车五百乘，骑三千匹，而破秦五十万众，此励士之功也[①]。先战一日，吴起令三军曰："诸吏士当从受敌[②]。车骑与徒，若车不得车，骑不得骑，徒不得徒，虽破军，皆无功[③]。"故战之日，其令不烦而威震天下[④]。

【注释】

①“于是武侯从之”五句：兼，施子美的解释是兼有轻车、重车，朱墉《直解》的解释是“杂用车、骑也”。施子美曰：“惟武侯能从其说，故付以兼车五百乘，骑三千匹，而破秦五十万。兼车者，以其兼轻重二车而为一也。向非励士有术，其何以致然？故曰：‘此励士之功也。’”李硕之说：“吴起主张‘奖励有功’的同时，更重视‘激励无功’，即对那些没有立战功的将士，也要给予次等的犒赏，以示鼓励。他亲自统率五万人的无功将士，只加派了部分战车、骑兵，就打败了秦军五十万之众。在兵力众寡悬殊、相差十倍的情况下，魏军之所以能够取胜，关键是士气高昂，‘一夫投命，足惧千夫’，形成了强大的战斗力，这就是《吴子》所说的‘励士之功’。”

②受敌：指迎战敌人。敌，底本作“驰”，于意不顺，《施氏七书讲义》本、《武经七书直解》本均作“敌”，今据改。

③“车骑与徒”六句：意谓车兵、骑兵与步兵，大家听着：如果车兵没有擒获敌人的车兵，骑兵没有擒获敌人的骑兵，步兵没有擒获敌人的步兵，即使打败了敌军，也都不算立功。车骑，指车兵与骑兵。徒，指步兵。功，底本作“易”，于意不顺，《施氏七书讲义》本、《武经七书直解》本均作“功”，今据改。施子美曰：“战敌易，胜敌难。胜之易，胜之而不失其所当者难。车、步、骑三者，各有所当也。彼徒我车，惧其侵轶我，则车与徒，非所当从也。何者？徒之胜车也易。夫车当车徒二十四人，则车徒与骑，非所当从也。何者？骑之胜车徒也亦易。以易而胜，其谁不能？使其车从车、骑从骑、徒从徒，三者皆从其所当敌者而胜之，然后可以为能也。苟车不得车，骑不得骑，徒不得徒，则非所谓当从受敌，亦非其所令也。虽能破军，皆不足以为功。”刘寅曰：“车骑与徒，若用车战者不获敌人之车，用骑战者不获敌人之骑，用徒者不获敌

人之徒，虽破秦兵，皆如无功。”张文儒在《论〈吴子兵法〉里的统御意识》(载《中国文化研究》1993 年第 2 期)一文中说：“关于层层节制的原则，吴子把它贯彻到底。既包括在平时的训练和教养中各就其位，各负其责，也包括在战争到来时能各对其阵，尽其所长，即用自己的各个兵种对付敌人的各个兵种，如车兵对车兵，步兵对步兵，骑兵对骑兵。在吴子看来，正因为平常的训练里职责分明，临战时便用不着再作详细的指派。下达的命令虽极简约，依然能使自己的军队威慑天下，各国军队莫不闻风畏服。但是，他又指出，如果发现了失职情况，如我方的战车没有俘获敌方的战车，我方的骑兵未能俘获对方的骑兵，步兵也未能俘获对方的步兵，这样，虽说在整体上击破了敌军，各个军种也都无功绩可言。”

④其令不烦而威镇天下：施子美曰：“惟其法之素定，故当战之日，其令不烦，而威振天下矣。在法有曰：‘教约，人轻死。’如起之所令，其教亦约矣。人而轻死，则其威之所振，宜如何耶？此李克言之武侯所以曰‘其用兵虽司马穰苴莫能及’，非溢美也。”朱墉引周鲁观曰：“威震天下，是称其励士之效，赞其用兵之神，正谓有军令在先也。故此时不必烦琐，而得胜之威，自足以震叠于天下。”又引《开宗》曰：“此言得士卒敢死之气，则虽众难与为敌。”朱墉《全旨》曰：“此章着眼在一‘恃’字。得所恃则足以取胜于诸侯而威震天下，失所恃则必取笑于列国而开隙于邻封。而所恃又不在号令与赏罚，直从人心中一点欢欣鼓舞念头。平日蓄积者甚深，而一旦发之于翻然勃然之顷，此其有可思致也。武侯苟思何以致其‘乐闻’‘乐战’‘乐死’如此也，自可寻出本源善根来，亦使有一番实际。惜吴子不讲爱民大道，亦只以饮食、肴席为激励之功，使人主即便流入霸道气习。篇中极言取胜功勋，声光赫奕动人，兵机如此，时君乌能不为之移席而听哉？”解文超说：

"《尉缭子》曰:'有提七万之众而天下莫当者,谁?曰:"吴起也。"'这句话不但提到了吴起,还与《吴子·应变》的'三军服威,士卒用命,则战无强敌,攻无坚阵矣'内容大致相似;也与《励士》的一段话相呼应:'"今臣以五万之众,而为一死贼,率以讨之,固难敌矣。"于是武侯从之,兼车五百乘,骑三千匹,而破秦五十万众,此励士之功也。先战一日,吴起令三军曰:"诸吏士当从受敌。车骑与徒,若车不得车,骑不得骑,徒不得徒,虽破军,皆无功。"故战之日,其令不烦而威震天下。'可以想见,《尉缭子》受吴起影响之深。"

【译文】

魏武侯于是听从了吴起的建议,同时给了他战车五百辆,战马三千匹,结果打败了五十万秦兵,这就是鼓励将士的功效。在两军交战的前一天,吴起号令三军道:"各位将士都要跟从我迎战敌人。车兵、骑兵与步兵,大家听着:如果车兵没有擒获敌人的车兵,骑兵没有擒获敌人的骑兵,步兵没有擒获敌人的步兵,即使打败了敌军,也都不算立功。"所以在作战当天,他发布的号令虽然不多,却打败了敌人,威名远播,震动天下。

司马法

前言

宋神宗元丰三年(1080)诏命校订《武经七书》,《司马法》从卷帙浩繁的兵学著作中脱颖而出,成为“七书”之一;到了清康熙四十八年(1709),朝廷从“七书”中精选出三本,号称《武经三书》,《司马法》入选其中,成为“三书”之一。能够挺进不同时期皇家钦定的“七书”乃至“三书”的顶级方阵,可知《司马法》在中国古典兵学体系中,早已与《孙子》《吴子》等书一起,成为古代兵学最高水平的代表,享有一般兵书所难以企及的崇高地位。

在现存文献典籍中,最早对《司马法》不吝赞美之辞的,是西汉大史学家司马迁撰著的《史记》。司马迁在《史记·司马穰苴列传》中盛赞《司马法》是一本“闳廓深远”、博大精深的兵书;不仅如此,他还首次记述了关于此书作者与成书时代的如下重要信息:

> ……因自立,为齐威王,用兵行威,大放穰苴之法,而诸侯朝齐。齐威王使大夫追论古者《司马兵法》而附穰苴于其中,因号曰《司马穰苴兵法》。(《史记·司马穰苴列传》)
>
> 自古王者而有《司马法》,穰苴能申明之。(《史记·太史公自序》)
>
> 司马法所从来尚矣,太公、孙、吴、王子能绍而明之,切近世,极人变。(同上)

由上引文字，可明确获知《司马穰苴兵法》成书于齐威王（前356—前320）在位期间，时值战国中期。至于《司马法》的成书时代与作者，则难以从上引文字遽然得知，而需首先搞清"古者"《司马兵法》《司马穰苴兵法》与《司马法》的关系之后才能明了。

"古者"《司马兵法》，实即宋人陈师道所谓"周之正典也"（《文献通考·经籍考》引），亦即由周代"王者"（笔者注："王者"意即天子、君主，儒者用此词指称以王道治天下的理想君主，司马迁"自古王者而有《司马法》"中的"王者"，当取此义）制定的一部治兵法典、军法一类著作。"司马"为古代职官名。据《周礼》，西周时期设有"夏官司马"的部门，其职掌是"帅其属而掌邦政，以佐王平邦国"，有大司马、小司马、军司马等官职。《司马兵法》的内容当与"司马"的职责密切相关。又据《周礼》中的《夏官司马·司兵》记载："司兵，掌五兵五盾，各辨其物与其等，以待军事。及授兵，从司马之法以颁之。"掌管兵器的"司兵"之官，是按照"司马之法"给军人颁发武器的。这里的"司马之法"，应该就是"古者"《司马兵法》。姜太公（吕尚）作为周初最负盛名的军事家，自然是对这部《司马兵法》"能绍而明之"的最佳人选。甚至也不排除这种可能性，即"古者"《司马兵法》的实际制定者是周公、姜太公等掌控周初军政大权的人物。他们在周公"制礼作乐"的文化背景下，借鉴前代军法思想，整合周人的治兵法典，制定出了一部体现西周礼乐文明的军法著作《司马兵法》。春秋以来礼崩乐坏，包括《司马兵法》在内的西周军政法规不断遭到侵蚀、破坏，能够说明、阐释《司马兵法》的人士渐趋凋零，仅有司马穰苴、孙武、吴起、王子（成甫）等寥寥数位军事理论家了。

司马穰苴对《司马法》的成书作出了巨大贡献，其事迹见载于《史记》《战国策》《说苑》《晏子春秋》等。《史记》本传的如下记述最为详尽，是考索司马穰苴事迹的最重要的史料：

> 司马穰苴者，田完之苗裔也。齐景公时，晋伐阿、甄，而燕侵河上，齐师败绩。景公患之。晏婴乃荐田穰苴曰："穰苴虽田氏庶孽，

然其人文能附众，武能威敌，愿君试之。”景公召穰苴，与语兵事，大说之，以为将军，将兵扞燕晋之师。穰苴曰：“臣素卑贱，君擢之闾伍之中，加之大夫之上，士卒未附，百姓不信，人微权轻，愿得君之宠臣，国之所尊，以监军，乃可。”于是景公许之，使庄贾往。穰苴既辞，与庄贾约曰：“旦日日中会于军门。”……日中而贾不至，……夕时，庄贾乃至。……召军正问曰：“军法期而后至者云何？”对曰：“当斩。”……于是遂斩庄贾以徇三军。三军之士皆振栗。久之，景公遣使者持节赦贾，驰入军中。……乃斩其仆，车之左驸，马之左骖，以徇三军。遣使者还报，然后行。士卒次舍井灶饮食问疾医药，身自拊循之。悉取将军之资粮享士卒，身与士卒平分粮食。最比其羸弱者，三日而后勒兵。病者皆求行，争奋出为之赴战。晋师闻之，为罢去；燕师闻之，度水而解。于是追击之，遂取所亡封内故境而引兵归。未至国，释兵旅，解约束，誓盟而后入邑。景公与诸大夫郊迎，劳师成礼，然后反归寝。既见穰苴，尊为大司马。田氏日以益尊于齐。已而大夫鲍氏、高、国之属害之，谮于景公。景公退穰苴，苴发疾而死。

可知司马穰苴出身于齐国田氏宗族的支系，被著名政治家晏婴视为“文能附众，武能威敌”的栋梁之材。在齐国遭到外敌侵犯的危急形势下，晏婴将其举荐给齐景公，被任命为将军。为了整肃军纪，树立军威，司马穰苴拒绝接受国君的赦免指令，果断斩杀失约误期的宠臣庄贾。《史记》所载的这一脍炙人口的故事，使司马穰苴成为历史上不畏权贵、严格执法的治军典范。司马穰苴有效地激发了齐军的战斗热情，提高了士卒的作战能力，从而一举击退入侵者，收复全部失地，解除了齐国的危难，凯旋后荣升为大司马。不久因遭到来自于齐国大族鲍氏、高氏、国氏等邪恶势力的诋毁、迫害，听信谗言的齐景公解除了他的职位。时当盛年的司马穰苴受此打击，精神郁闷，很快便因染上沉疴而英年早逝，悲剧结局令人感慨叹息。

司马穰苴在其短暂的军旅生涯中，不仅积极“申明”、借鉴了“古者”《司马兵法》，还进而建立了一套颇具个性、行之有效的治军理论，并在其后的战争实践中因被齐国将领所效法而得以流传。历史的车轮驶入战国以后，在变法图强的时代风气鼓荡下，励精图治的齐威王不但效法了司马穰苴的用兵之术，还出于对军事理论建设的高度重视，“使大夫追论古者《司马兵法》而附穰苴于其中，因号曰《司马穰苴兵法》”。司马迁在《史记·司马穰苴列传》中紧承上引两句，写道：“太史公曰：余读《司马兵法》，闳廓深远，虽三代征伐，未能竟其义。”可知由齐威王下令该国“大夫”编纂而成的这部《司马穰苴兵法》，即《司马兵法》，简称《司马法》。它成书于齐威王时代，是一部兼容了西周、春秋后期、战国中期等不同时代军事思想的兵书。概括而言，其主体内容可分成三个部分：其一，是由齐景公时期的司马穰苴所“申明”，后又由齐威王时期的“大夫”所追记、阐释的西周军法著作——“古者”《司马兵法》；其二，是司马穰苴独创的治兵理论；其三，是齐威王的“大夫”在追记、阐释“古者”《司马兵法》时，所夹杂表现出来的战国中期的文化理念与军事思想。《隋书·经籍志》《旧唐书·经籍志》《新唐书·艺文志》《宋史·艺文志》、晁公武的《郡斋读书志》等，纷纷将《司马法》的作者题为司马穰苴，当属不小的历史误会。

《司马法》的最早著录，见于东汉班固的《汉书·艺文志》，称有“《军礼司马法》百五十五篇”。在“礼”类书目的篇末，班固自注曰：“入《司马法》一家，百五十五篇。”在“兵权谋”类的书目篇末，班固又自注曰：“出《司马法》入礼也。”可知《军礼司马法》即《司马法》。班固之所以将《司马法》归入“礼”类，且将书名题为《军礼司马法》，是因为他看到了此书更多记述的是国家的军事制度和治军的法律条例，内容有别于《孙子》《吴子》等专门研讨用兵之法的兵书。西周以来“礼”与“法”尚无明显界限，所谓“周礼”，实即当时宗法社会的典章、制度、规矩、仪节等，其中包含着政治、军事领域的制度与法规。班固生活于“罢黜百家，独尊儒术”

的文化环境，看到《司马法》一书追记了大量的西周军礼（法）内容，出于儒者对周礼的虔敬，因而特地将它从“兵权谋”类移到“礼”类，此举足以启发后人跳出兵学研究的疆域，重视该书对儒学思想史的贡献。令人遗憾的是，《汉书·艺文志》所录《司马法》一百五十五篇，到了唐初修撰的《隋书·经籍志》的著录中却仅有三卷，可知该书大部分篇章已在唐初以前散失。即使如此，我们仍能从今本《司马法》中看到丰富、深邃的政治、军事思想。笔者以为其中至少有如下四点值得重视：

第一，对有极高史料价值的周代军礼的大量记述。

军礼是《周礼》所载“五礼”之一，指的是与军事有关的所有规章制度。《周礼·春官宗伯·大宗伯》说：“以军礼同邦国。大师之礼，用众也；大均之礼，恤众也；大田之礼，简众也；大役之礼，任众也；大封之礼，合众也。”田旭东在《周代军礼考》一文中，据此将军礼分为五大类：“大师礼，指天子或诸侯的征伐活动，包括宗庙谋议、命将出师、载主远征、凯旋献俘等仪节；大田礼，指天子和诸侯定期的狩猎活动，实际上是训练士卒的军事演习；大均礼，指天子在畿内、诸侯在邦国内检校户口、征收赋税；大役礼，指各种由国家发起的营建工程；大封礼，指勘定各种封地之间的疆界。”以上五类军礼，在今本《司马法》以及《司马法》的佚文中都有反映。比如书中对属于“大师礼”的出师时令的记述：“战道：不违时，不历民病，所以爱吾民也。不加丧，不因凶，所以爱夫其民也。冬夏不兴师，所以兼爱民也。”（《仁本》）规定不在农时举兵，不在疾病流行时举兵，不在敌国有国丧时举兵，不趁敌国闹灾荒时举兵，不在隆冬、盛夏两季举兵。再如书中对同属“大师礼”的作战原则的记述：“古者，逐奔不过百步，纵绥不过三舍，是以明其礼也；不穷不能而哀怜伤病，是以明其仁也；成列而鼓，是以明其信也；争义不争利，是以明其义也；又能舍服，是以明其勇也；知终知始，是以明其智也。六德以时合教，以为民纪之道也，自古之政也。”（同上）规定追逐败逃的敌兵不能超过一百步，追击退却的敌兵不能超过九十里，不让失去作战能力的敌军陷入困境，要怜悯他们的伤病员，要等敌军摆好阵势之后我军方可击鼓进攻。又如对属于“大田礼”的军队训练的记述：“天下既平，天子大恺，春蒐秋狝；诸侯春振旅，秋治兵。所以不忘战也。”（同上）规定要开展“春蒐”“秋狝”的田猎活动，以此教战整军，示意全国不忘备战。《司马法》记述了内容丰富的周代军礼，这使它成为人们了解春秋中期之前的军事制度并从中窥视西周礼乐文明的珍贵文献。就此意义而言，完全可将《司马法》称为我国现存最早的一部军事法典，它在古代兵学史上的重要地位是不言而喻的。

第二，对“以仁为本”“以礼为固”的儒家思想的大力揄扬。

由齐威王下令“追论古者《司马兵法》”的“大夫”，应该就是当时齐国的稷下学者。活跃于齐威王、齐宣王时期的稷下学者观念不一、派别有异，分属儒、道、法、名、墨、阴阳、纵横、小说等各家。据钱穆《先秦诸子系年·稷下通考》附《稷下学士名表》，齐威王时期著名的稷下学者有孟子、淳于髡、慎到、宋钘、接子等。参与“追论古者《司马兵法》”的稷下学者的信息现虽已无可考，但可以断定的是他们当为一批向往周代礼乐文化、崇奉儒家理想的儒者。他们与孔子一样认为“天下有道，则礼乐征伐由天子出”（《论语·季氏》），非常重视维护宗法等级秩序的周礼，故而追记了由周天子主导颁布执行的“九伐之法”：“会之以发禁者九：凭弱犯寡则眚之，贼贤害民则伐之，暴内陵外则坛之，野荒民散则削之，负固不服则侵之，贼杀其亲则正之，放弑其君则残之，犯令陵政则杜之，外内乱、禽兽行则灭之。”书中对于儒家最为核心的两大思想范畴——“仁”与“礼”，给予了不遗余力的揄扬。如“古者，以仁为本，以义治之之为正”（《仁本》），“逐奔不过百步，纵绥不过三舍，是以明其礼也”（同上），“不穷不能而哀怜伤病，是以明其仁也”（同上），“贤王制礼乐法度，乃作五刑，兴甲兵，以讨不义”（同上），“古者，逐奔不远，纵绥不及。不远则难诱，不及则难陷。以礼为固，以仁为胜。既胜之后，其教可复，是以君子贵之也”（《天子之义》），等等。这些论述，充分彰显了《司马法》"以仁为本""以礼为固"的儒家价值理念与兵儒合流的文化色彩。

第三,对"忘战必危"、依法治军等军事文化理念的郑重强调。

《司马法》既反对穷兵黩武,又反对忽视备战,十分精辟地指出:"故国虽大,好战必亡;天下虽安,忘战必危"(《仁本》)。几千年来,此论作为《司马法》一书引用率极高的警世名言,启示着人们不可须臾忘记军队建设,阐明了积极备战对于国家兴亡的重大意义。书中一再指出即使是在天下太平的时候,也要勤于备战,"春振旅,秋治兵",以示"不忘战也"(同上)。对于治军有别于治国的军队建设的特殊性,《司马法》也给予了言简意赅的说明:"国容不入军,军容不入国。"(《天子之义》)认为治国与治军各有其不同的方法与要求,不能将治国的模式用于治军,也不能将治军的模式用于治国,因为"军容入国则民德废,国容入军则民德弱"(同上),并进而深刻指出了礼与法、文与武的相互依存的关系,所谓"礼与法表里也,文与武左右也"(同上)。书中强调要依法治军,将帅应向士卒申明法纪的严肃性,用好权力,严格执法,不能让军中出现由法规松弛所造成的各种"战患"与"毁折"的现象。书中提出了立法时要遵循的原则,即"立法:一曰受,二曰法,三曰立,四曰疾,五曰御其服,六曰等其色,七曰百官无淫服"(《定爵》)。其中第一条强调法规的制定要合理,使人人都能接受;第二条强调法令要严明;第三条强调法规一旦制定下来就不能动摇;第四条强调执行法规要雷厉风行;第五至七条强调的是法规要辐射到军中各种级别,使人人有法可依。书中还说:"定爵位,著功罪,收游士,申教诏,讯厥众,求厥技。"(同上)说明一支军队若想获得优秀人才,拥有强大的作战能力,就必须严肃制定、严格执行包括军功爵位、奖惩法令等在内的各项军队法规。

第四,对"轻重""众寡"等战略战术范畴的深入研究。

《司马法》在战略战术方面的深刻思想,主要体现于它对"轻重""众寡"等范畴的深入研究。"轻"和"重"在书中或指进入敌境的浅与深,或指兵力的少与多,《司马法》认为要恰当使用兵力,处理好"轻"与"重"的辩证关系，所谓“以轻行轻则危，以重行重则无功。以轻行重则败，以重行轻则战。故战相为轻重”(《严位》)。使用重兵时，要“既固勿重，重进勿尽，凡尽危”(同上)，行动不要迟缓，且进击敌人时不要耗尽兵力，主张集中优势兵力，以强击弱，战胜敌人。书中还总结了有关“众寡”的用兵思想，即“凡众寡：既胜若否。兵不告利，甲不告坚，车不告固，马不告良，众不自多，未获道”(同上)，“用寡固，用众治。寡利烦，众利正。用众进止，用寡进退”(《用众》)，“若分而迭击，寡以待众，若众疑之，则自用之”(同上)。指出无论是以少胜多还是以多胜少，都要戒骄戒躁，不要炫耀；作战时应根据兵力的多与寡，采取灵活机动的克敌战术。这些都能启发历代用兵者精研用兵艺术，提高指挥能力，打败各类对手。

《司马法》一书经历了漫长曲折的成书过程，蕴含有不同时期的战争文化理论，这形成了该书内容的丰富驳杂。以上思想介绍难免挂一漏万，但因篇幅所限，不再赘述。

《司马法》现有今本、辑本两个系统。对辑本系统作出重大贡献的主要有清人张澍、钱熙祚、黄以周等。张澍与钱熙祚所辑逸文均作一卷，分别收于《二酉堂丛书》与《指海》内。黄以周所辑为《军礼司马法考证》二卷，以及该书所附《司马法逸文》。他们从古书的引文与注疏中辑出逸文约六十条，计有一千六百余字。今本《司马法》计有三千四百余字，版本极为多样。据田旭东《司马法浅说》所述，仅明清时期就有五六十种之多，其中有《武经七书》本、《孙吴司马法》本、《四库全书》本、《四部丛刊》本、《四库备要》本，以及《平津馆丛书》《长恩书室丛书》《半亩园丛书》《子书百家》《槐庐丛书》《指海》《述记》《二酉堂丛书》等各种丛书本。

本书原文以涵芬楼《续古逸丛书》影印宋刊《武经七书》本为底本。在注译的过程中，除了展示笔者对《司马法》的浅见外，还较为重视吸纳、采录古今研究成果。本书引用的书籍主要有：施子美的《施氏七书讲义》(收录于《中国兵书集成》第八册，解放军出版社、辽沈出版社，

1992年版)、朱墉的《武经七书汇解》(收录于《中国兵书集成》第四十二、四十三两册,解放军出版社、辽沈出版社,1992年版)、刘寅的《武经七书直解》(岳麓书社,1992年版)、蓝永蔚的《春秋时期的步兵》(中华书局,1979年版)、《中国军事史》编写组撰写的《武经七书注译》(解放军出版社,1986年版)、田旭东的《司马法浅说》(解放军出版社,1989年版)、李零的《司马法译注》(河北人民出版社,1992年版)、吴如嵩等的《中国军事通史·战国军事史》(军事科学出版社,1998年版)、钮国平的《司马法笺证》(甘肃人民出版社,1998年版)、徐勇主编的《先秦兵书通解》(天津人民出版社,2002年版)、陈宇的《司马兵法破解》(解放军出版社,2005年版)、张少瑜的《兵家法思想通论》(人民出版社,2006年版)、《中国军事史》编写组撰写的《中国历代军事思想》(解放军出版社,2007年版)、黄朴民的《黄朴民解读吴子·司马法》(岳麓书社,2011年版)、王联斌的《中华传统武德发展史略》(军事科学出版社,2011年版)等,在此笔者致以深深的敬意与谢意!

陈曦

2017年6月写于军艺南楼翕然斋

卷上

仁本第一

【题解】

本篇首句为"古者,以仁为本",故择取"仁本"二字作为"标题"。《司马法》一书崇尚仁义的战争观,由这一标题极为醒目地彰显了出来。作者认为战争是实现理想政治的手段。"仁"被视为理想政治的根本,所谓"以仁为本";"仁"的主要表现是"爱民"。只要能实现"安人""爱民"的目的,就可以动用战争这种暴力手段。在这一语境下,作者提出了著名的"以战止战"的思想。以战争的方式制止战争,既意味着战争是实现和平的不可或缺的手段,也意味着要想实现和平,就必须拥有战胜敌人的强大军力。从"爱民"思想出发,本篇提出了"不加丧""不历民病"的出兵原则,以及震撼千古的名言——"国虽大,好战必亡;天下虽安,忘战必危",一方面警示大国君主切勿"好战",否则国家"必亡",另一方面警示统治者切勿在和平时期"忘战",否则国家"必危"。

本篇还记录了春秋中期以前的某些"军礼",如"逐奔不过百步,纵绥不过三舍","不穷不能而哀怜伤病","成列而鼓","又能舍服",以及"入罪人之地,无暴神祇,无行田猎,无毁土功,无燔墙屋,无伐林木,无取六畜、禾黍、器械。见其老幼,奉归勿伤。虽遇壮者,不校勿敌。敌若伤之,医药归之"等。上述"军礼"所彰显的军事法规与战场纪律,主要源自于春秋以前的政治格局与战争目的。务求对方臣服的战争目的,使得当时战争的实施者，有可能制定并贯彻闪现着原始人道主义光芒的“军礼”。作者认为落实“军礼”是为了追求军人的“六德”，即“礼”“仁”“信”“义”“勇”“智”。孔子曾说“克己复礼为仁。一日克己复礼，天下归仁焉”（《论语·颜渊》）；还将“知”“仁”“勇”称为“三达德”（《礼记·中庸》）。孟子把“仁”“义”“礼”“智”说成是人的“四端”（《孟子·告子上》），董仲舒则将“仁”“义”“礼”“智“信”称为“五常”（《贤良对策》）。联系本篇开端便强调的“以仁为本”的思想，可知作者是利用了儒家最核心的概念去追想并记述春秋以前的治国治军情形，并进而揭示军人修养必备的“六德”的。

对于古今政治发展的历史，本篇划分为“圣德之治”“贤王之治”与“王霸之治”三个阶段。首先是想象中的远古时代的“圣德之治”，其时代特征是“诸侯说怀，海外来服，狱弭而兵寝”，可谓达到了理想政治的最高境界，为作者所倾心歌颂。其后是“贤王之治”，其时代特征是“礼乐法度”的制定，以及“作五刑，兴甲兵，以讨不义”；作者还介绍了贤王兴兵讨伐不义诸侯的程序。再后是“王霸之治”，指的应是春秋以来的政治，作者记述了天子与霸主整治各地诸侯的六种方法，即“以土地形诸侯，以政令平诸侯，以礼信亲诸侯，以材力说诸侯，以谋人维诸侯，以兵革服诸侯”；还记述了天子与霸主向各地诸侯颁发的九条禁令，分别是“凭弱犯寡则眚之，贼贤害民则伐之，暴内陵外则坛之，野荒民散则削之，负固不服则侵之，贼杀其亲则正之，放弑其君则残之，犯令陵政则杜之，外内乱、禽兽行则灭之”。春秋以来天子失势，霸主迭兴，他们主导着“国际”秩序，联合受其控制的诸侯组成联军，以威慑、惩罚征讨对象。本篇所记述的“六种方法”与“九条禁令”，大都能在记述春秋史的《左传》等书中找到史实印证。

古者，以仁为本①，以义治之之谓正，正不获意则权②。权出于战，不出于中人③。是故杀人安人，杀之可也；攻其国爱其民，攻之可也[4]；以战止战，虽战可也[5]。故仁见亲，义见说，智见恃，勇见身，信见信[6]。内得爱焉，所以守也；外得威焉，所以战也[7]。

【注释】

①古者，以仁为本：认为上古三代时期治国治军以仁为本，此乃基于儒家思想以及西周以来古军礼的某些遗存，是对当时社会的一种美好想象，其中闪烁着原始氏族制度、风俗的斑驳史影。刘寅曰："古之治国治军者，皆以仁为根本。仁者本心之全德，其用则主于爱。爱莫先于仁民爱物，能仁民爱物，其于治国治军也不难矣。此古者必以仁为根本也。"朱墉引陈明卿曰："先王用兵，虽是以兵毒天下，其中却全是如伤不忍之仁，更无别意。到得后世，相征互战，止知有胜无败，便把初意失了。司马伤今思古，特地提出源头醒人。"又引《大全》曰："以人为本，直喝起千古用兵源头。先王用兵，原止一个仁念。"又引《醒宗》曰："古圣王无事不是仁爱，即不得已而用兵，无非仁爱天下，非争城争地而有盈城盈野之惨也。"徐勇说："本篇题为'仁本'，以为全篇纲领。'仁'字在春秋以前的古书里不多见，在甲骨文中用作'人''尸''夷'。道德范畴的'仁'字大量出现于《论语》《左传》及战国文献。《论语》中，有五十八章论'仁'，'仁'字出现了百余次。孔子的'仁'内容丰富，是社会生活的最高道德原则，能实现完满的'仁'的，惟有'圣'，只有这种'仁圣'，才能使'老者安之，朋友信之，少与怀之'(《论语·公冶长》)。孔子实际已把'仁'作为圣人之治的根本。本篇开篇即言'以仁为本'，显然是以孔子为代表的儒家仁学为指导思想的。"黄朴民、徐勇在《试析〈孙子兵法〉与〈司马法〉在战争理论上的若干差异》(载《天津师大学报》1993年第5期)一文中说："在论述重点上，《司马法》注重于申明军礼，

论列军制,而对具体的作战战术问题则较少涉及。而《孙子兵法》则注重于探讨作战指导,比较少地纠缠于战争的伦理道德原则。在战争目的方面,《司马法》基于'军礼'的'仁义'特色,因而将战争活动的宗旨归结于'讨不义''诛不罪''会天子正刑',强调战争的'以礼为固,以仁为胜'性质。而《孙子兵法》则明确提出'伐大国',主张战胜强立。这影响到战争善后处理问题上,便是《司马法》'又能舍服''正复厥职'的做法与《孙子兵法》'信己之私,威加于敌',拔'其城'、堕'其国'行为之间的截然对立。在作战方式上,《司马法》主张'军旅以舒为主',要求做到'徒不趋,车不驰';而《孙子兵法》则提倡'兵之情主速',努力做到'动如脱兔,敌不及拒'的效果。在战场行动方面,《司马法》的主张是'成列而鼓',堂堂正正,鸣鼓而战,以著其信义。而《孙子兵法》则推崇以'诡道'克敌制胜,主张'攻其无备,出其不意',即'乘人之不及,由不虞之道,攻其所不戒也'。在后期保障及执行战场纪律方面,《司马法》主张'入罪人之国','无取六畜禾黍器械';反复强调'不穷不能而哀怜伤病','见其老幼,奉归勿伤'。而《孙子兵法》则明确主张,'因粮于敌',鼓吹'掠于饶野''掠乡分众'。凡此种种,不胜枚举。由此可见,《司马法》与《孙子兵法》实际上反映了两个不同时期的军事传统。从单纯军事学意义上说,《司马法》所体现的是大方阵车战的作战特点,即《尚书·牧誓》中所称的'不愆于六步七步,乃止齐焉','不愆于四伐五伐六伐七伐,乃止齐焉'。而《孙子兵法》所体现的则是机动野战的用兵艺术。两者反映的作战条件的差异,直接决定了彼此理论表述的不同。就整个社会大环境而言,《司马法》是古典社会政治、经济、文化对军事活动制约的产物,而《孙子兵法》则是古典社会向中世纪社会嬗变过程中,诸多客观因素作用于军事理论建树的结果。"

②以义治之之谓正,正不获意则权:意谓用合于仁义的方法治国治

军,可称之为常法;用常法达不到目的就采用非常规的手段,可称之为权变。正,指常法,正常的方法;一说指政治。不获意,指用仁义方法遇阻而不能达到目的。权,权变,变通,指战争等非常规的方法;一说指权势,权威。施子美曰:"以道而服人者,兵之常。反经而合道者,兵之变。正,常也。权,变也。权之为义非谲也,权一时之宜,将以反经而合道也。兵以爱人为主,故本之以仁,兵以合宜而动,故治之以义。二者兼尽,谓之何哉?谓之正也。此服人之道也。苟其仁义有所不能也,圣人又安能恝然哉?故正不得已则有权焉。权者,权时之宜而为之战也。汤武之师,仁义之师也。汤之所以割正夏,武王所以大正于商,皆正也。桀纣之君,有非仁义之所能化,汤武又安得而已之乎?故又有所谓权也。鸣条、牧野之师,此汤武之至权也。"刘寅曰:"义者心之制,其用则主于断。断莫先于因事之宜而治之,故治国治军者必以义治之,谓得其正尔。仁义专言之则各有体有用,对言之则仁为体而义为用也。"朱墉引王元翰曰:"'义'字从'仁'字生来,义即仁中之义也。盖仁是帝王的本体,即不兵,帝王何尝不仁?因值不得不兵之时,古帝王犹是此仁耳。譬之时有春生,则有秋肃,惟秋乃肃,此秋之义,乃谓之正。大抵仁者,只觉其哀怜矜恤;义者,只觉其诛禁征讨。虽诛禁征讨,亦是哀怜矜恤。"又引周鲁观曰:"人以姑息为爱,未免优柔从事,所以又说'以义治之之为正',谓用兵者以刚方雄断治之,使动合机宜是谓正也。"又引《醒宗》曰:"以义治之之时,人果有悔罪投诚之志,则圣人依然不用兵矣。无奈负固逆命,愈肆横暴,是正不获意,自然要征伐战斗,所以不得不用权。"又引陈孝平曰:"'权'字即阴谋之术,然犹不失仁义之初意,然亦不过借'权'以行之,而非因权以成害也。"又引《通义》曰:"自古极治之世不能无乱,萌则正之变也,乃始不得已而用权。权以济仁义之穷,而返之正者也。"朱墉《纂序》曰:“古昔之治国制军,皆以仁民爱人为根本。若以裁制于心,得事之宜,有违道干纪者,则兴兵问罪而治之,是之谓救正斯民。然不正之人,安能遽以正服哉?以正治之,彼或恃其险阻,而我不得其意,则用权变之道以济之。”田旭东说:“‘正不获意则权,权出于战’,这是说治理国家,解决国内外各种矛盾的时候,若用正常的方法——政治,达不到目的,就必须使用特殊的手段——战争,可见古人对战争与政治的关系已经有了一个明确的认识,懂得战争是政治的继续这样一个辩证法的道理。”李零说:“‘权’,本义为权衡。权衡原是器具名。权为秤砣,衡为秤杆,用以称量轻重。故称量轻重亦称权衡。战国时期,人们往往借用权和衡这两个词表示政治、经济和军事上的策略平衡。本书把用于军事目的的权衡概念称为‘战权’。这里‘权’与‘正’是对应概念,犹如数有奇偶,相反相成。权与正相反,正是不能改变的,而权则是不得已采取的机变。《孙子兵法·计》:‘计利以听,乃为之势,以佐其外。势者,因利而制权也。’《老子》:‘以正治国,以奇用兵。’所谓‘势’,所谓‘奇’,都是指原来辅助‘正’的‘权’。”《中国历代军事思想》说:“《司马法》最先揭示出战争的本质。对战争本质的揭示,《孙子兵法》仅仅指出它是件大事,关系着人民的生死,国家的兴亡。却没有深入地挖掘出它的本质。而《司马法·仁本》却指出:‘古者,以仁为本,以义治之之为正,正不获意则权。权出于战,不出于中人。’这就是说:以仁爱为根本,以正当的方法进行统治就是政治。政治达不到目的时,就使用权势(暴力),权势总是出于采用战争手段,而不是出于什么‘中和’与‘仁爱’的手段。这和克劳塞维茨所说‘战争无非是政治通过另一种手段的继续’,‘战争是迫使敌人屈从我们意志的一种暴力行为’,其意见基本相同,但却比《战争论》的成书,大约要早两千年。”

③权出于战，不出于中人：中人，指思想僵化、不懂权变的人。或指宦者，或指具有中等能力、品质的人，或指中和仁爱。《御览》卷二七〇引作“仁也”。施子美曰：“中人有二说：一曰中人执中者也，一曰中人者宦人也。宦者之说，如唐使宦者监军容是也。执中者，如孟子所谓执中无权犹执一也。中人之所为，守一而不知变，是孔子所谓‘未可与权’之人也。权变之道，实出于战，岂守一不变之中人所能为哉？此汤武之所以兴，汉高祖、唐太宗之所以起。战为有权，中人岂知所谓权，此泓之战宋襄所以败，井陉之役陈馀所以死，皆中人之所为，不足以言战之权也。”刘寅曰：“权变之道出于战陈，不出于中人。中人者，中品之人，未可与权者也。盖正者，万世之常；权者，一时之用。乃汤武仁义之兵而济之以权者也。或曰：中人即建中、用中之人，与战用权之道异也。未知是否。愚曰‘中人’上下疑有阙文误字，姑为此说，以俟知者。”朱墉引《通义》曰：“其曰‘权出于战’，叮咛一‘战’字最有意。盖战以杀伐攻取为事者也，所谓不祥之器也。若使出于中人，必至糜烂其民，而未有底止。故权非圣人不能用也。”朱墉《纂序》曰：“夫权者，乘机应变出于战阵，奇奇正正，幻化百出，非上圣则国师筹之，不出于中品之人。”王联斌说：“《司马法》虽然崇尚仁义，但是仅靠仁政义治是不可能使‘诸侯悦怀，海外来服，狱弭而兵寝’的。战争存在的可能性与现实性，使《司马法》的作者不得不关注战争。于是，如何看待养兵用战问题，便成了《司马法》所揭示的主题。所谓‘正不获意则权。权出于战，不出于中人’（《仁本》第一），即是出于对战争必然性的认识和价值的肯定，揭示了权与战、权与中人的关系。也就是说，当仁政义治的方略难以落实时，就要诉诸于权威。但是，权威从哪里来的呢？《司马法》非常清楚地做了回答：权威的确立出于战胜攻取，而不是出于中正仁爱。这就是说，对于确立权威来说，战胜攻取比中

正仁爱更重要。也就是说,单靠治国战略上的‘仁’与‘义’,是难以达到威天下而治之目的的,在战争存在的世界里,武力永远是权威天下、治天下的有效手段。”

④“是故杀人安人”四句:意谓如果杀人能使民众安康,那么杀人是可以的;如果进攻一个国家,其目的是爱护该国的人民,那么进攻是可以的。高诱注《吕氏春秋·论威》有“有故杀人,虽杀人可也。”施子美曰:“兵有所可用,虽尧、舜、大王不可得而舍;兵有所不可用,虽秦皇、汉武不可得而强。何者?兵之为用,伐罪吊民而已。苟利于民,何惮而不为邪?不然,是以燕伐燕,民何望焉?况帝王举兵为天下唱,岂专以杀伐为哉?故杀一人而天下为之举安,杀之可也,为所杀者少而所安者众也。黄帝有阪泉之战,尧有胥敖之伐,舜有三苗之诛,非欲安人乎?攻其国,爱其民,攻之可也,为其所攻者暂,而所安者久也。汤有鸣条之师,武王有牧野之战,高帝有入关之举,非所以爱民乎?至于战之为事,亦欲以一而止百,然后可战也。吴子曰:‘一胜者帝。’又何尝以穷黩为哉?文王一怒而天下安,晋文一战而伯业成,是也。君之于刑,岂务残民以快其私怒哉?刑期于无刑也,无刑而后可以用刑,止辟而后可以用辟,无讼而后可以听讼,然则安人而后可以杀人,爱民而后可以攻国。”刘寅曰:“是故杀人安人,杀之可也,是故杀人以安天下之人,杀之可也。如武王诛纣伐奄;唐太宗执高德儒数之曰:‘汝指野鸟为鸾,欺人主,求高官。吾兴义兵,正为诛佞人耳,其余不戮一人。’自古诛其君而吊其民,皆是杀人以安人者也。攻人之国而爱惜其民,攻之可也。如武王伐商,大赉其民是也。”朱墉《纂序》曰:“仁者本不杀人,若杀人而可以安天下之人,虽行权以杀人,无害于仁,杀之可也。仁者本不欲攻人,若攻人之国而爱惜其民,虽行权以攻之,无害于仁,攻之可也。”田旭东说:“由这简明的几句话中,可知我国古代的政治家与军

事家，对战争的性质已经有了较为明确的认识。《吕氏春秋》曰：‘兵苟义，攻伐亦可，救守亦可；兵不义，攻伐不可，救守亦不可。’以义与不义，基本上把战争区分为正义与非正义两大类，他们根据历史经验与自然的道德观，认为正义的战争是为平天下之乱而除万民之害，是诛暴扶弱。所以，为安人而杀人，杀之可也；为爱其民而攻其国，攻之可也；为止战而战，虽战可也。非正义的战争是为扩大疆土或夺取财货，恃国之大而凌辱小国之民。本篇讲到，若有‘失命乱常，背德逆天之时，而危有功之君’的无道行为，天子就要集结各诸侯国出兵征伐，并制定了在九种情况下出伐的禁令。依照九伐之法，就有春秋时齐以楚不向天子贡苞茅为借口而进行的齐楚之战(《左传·僖公四年》前656年)，这类战例在春秋时很多。这种从战争的目的出发去分析战争的性质的观点，虽然还不算太完整，所指的正义与非正义，与我们今天所理解的也有一些本质上的差别，但不可否认，它已基本触及到战争问题的实质了。”王联斌说：“杀人、攻国、战争看起来都是有悖于仁的，但是为了安人、爱民、止战，实施必要的攻伐杀人之战，则具有更高的仁本价值意义。这三条即是区别战争是否具有仁本意义的具体标准。凡是符合这三条标准的，即是本于仁，亦可称之为仁战或义战；反之，杀人的目的不是为了安人，攻国的目的不是为了拯救这个国家的人民，战争的目的不是为了制止或消除战乱，而是为了侵占领土、取人国财、恃强凌弱，这样的战争才是有悖于仁本原则的不仁不义之战。”

⑤以战止战，虽战可也：意谓以战争的方式制止战争，即使发动了战争，也是可以的。止，《群书治要》卷三三、《太平御览》卷二七〇、《文选》卷六《魏都赋》李善注引作“去”。施子美曰：“止战而后可以用战。虽然，可以无杀、无攻、无战乎？无之亦可也。然不杀之无以安，不攻之无以爱，不战之无以止，法以‘可也’为辞

者，言其苟不如此则不可也，惟能如此而可为也。”刘寅曰：“以战而止息天下之战，虽与之战可也。如武王以革车三百辆，虎贲三千人，与纣一战而天下定是也。”朱墉《纂序》曰：“仁者本不欲与人战，然一战而天下定，虽行权以战，无害于仁，战亦可也。”

⑥“故仁见亲”五句：意谓君主仁慈，就会被民众亲近；君主正义，就会被民众喜爱；君主睿智，就会被民众倚靠；君主勇敢，就会被民众效法；君主诚信，就会被民众信任。说，同“悦”。喜悦，喜爱。恃，倚靠，倚重。身，方法，原则，此处指效法。施子美曰：“用兵之德不同，而下之应之者亦不同。上表也，下影也，未有表正而影不随；上声也，下响也，未有声动而响不应。我之所以用兵者，既有不同，则其应之者，亦随所感。上有仁以爱人，则人莫不亲；有义以制宜，则人莫不悦；智足以谋，则人赖之，故见恃；勇足以战，则人效之，故见方；信而不疑，则人信之。孟子曰：‘君行仁政，民则亲上。’《三略》曰：‘仁者，人之所亲。’仁足以及人，则人必亲之。武王发财散粟，仁也，故同心同德，见于三千之众。传曰：‘义以宜之。’《略》曰：‘义者人之所宜。’事而合义，则人悦之，武王以至义伐不义，箪食壶浆以迎王师。法曰：‘智为谋主。’故人赖之。汤以天锡之智，故兆民赖之而伐桀。法曰：‘在军见方。’勇则先登敢为，故人效之。武王一怒而安天下，勇也，故三千臣莫不同力。语曰：‘上好信则民用情。’上能以信待之，则人不欺之。光武推赤心置人腹，而人亦以诚待之。若夫小慧未遍，乌足以见亲？小义未宜，乌足以见悦？间间之智，何足恃？妾妇之勇，何足方？小人之信，何足信哉？”刘寅曰：“故有仁者，人见而亲之；有义者，人见而说之；有智者，人见而倚恃之；有勇者，人见而归向之；有信者，人见而信服之。”朱墉《纂序》曰：“故一行仁而爱人利物，天下以为父母在兹也，必见亲近于人。义能处置得宜，天下以为适合众心也，必见喜悦于人。智能料敌设谋，天下

以为缓急可赖以决策也，必见倚恃于人。勇能刚毅有为，天下以为果敢当先也，必见归向于人。信能坚确不移，天下以为约结不爽也，必见信服于人。”

⑦“内得爱焉”四句：意谓在国内民众能得到君主给予的仁爱，他们才会愿意守卫国家；在国外民众能察知君主法纪的威严，他们才会拼死投入作战。施子美曰：“内有恩以结人，则人心必悦矣，以之保国，将不守而自固；外而有威足以制人，则人必诚服矣，以之用兵，人将乐为之用。夫兵之为用，战守而已。以守则固，以战则克。无他，爱与威也。法曰：‘爱在下顺，威在上立。’爱威两全，何有施不可？且以将观之，其威德仁勇，足以率下安众，怖敌决疑，犹且人不敢犯，寇不敢敌，况有国家者乎？传曰：‘众心成城。’此言守也。法曰：‘畏我侮敌。’此言战也。”刘寅曰：“在内之民得其恩爱，所以能守。如赵襄子尹铎守晋阳，智伯以水灌之，城不没者三板，沉灶产蛙，民无叛意，皆尹铎之爱有以结其心耳。在外之兵畏其威严，所以能战，是国家法令素行也。”朱墉引《通义》曰：“圣人任战，岂必不事攻杀，而主之以生生之道。有安人爱民者在，将四海归仁，一战而天下大定，故能以战止战。虽出于战而攻之杀之，无不可者，权而不失其正也。然则古者之于仁，不独以为治本，抑且以为战本也。古者行师问何以战，自非得民，无以战也。无以战而以止战，不可得也。故既言安人爱人之仁，复推言仁之见亲于人，又推及于义之见悦，智之见恃，勇之见方，信之见信。夫既已见效如此，此其民有不输其爱上之诚，而奋其威敌之勇者哉？得此于民，故可以守，可以战也。内得其爱，如子弟之亲而不可解，以守则固。外得其威，如虎貔之猛而不可御，以战则胜。战而兼言守者，战、守原相须以为用也。‘仁本’二字开卷第一义，其于战也，一‘仁’足矣，而必济之义、智、信、勇，此于植本端，而于致用备也。”又引《新宗》曰：“圣王兴仁

义之师，而国内之民素得圣王之恩爱而愿为之守，盖爱以结其心者然也。‘所以’二字从‘得’字看出来。”又引《开宗》曰：“此节言用兵必得其本而妙其宜，然后战守皆得其用。”朱墉《纂序》曰：“五者既得，国内之民沐其恩爱焉，所以愿效死也；阃外之兵莫不畏惧其威严，所以愿为战也。”

【译文】

古时候，人们以仁德为根本。用合乎仁义的方法治国治军，可称之为常法；一旦用常法达不到目的就采用非常规的手段，可称之为权变。权变的手段来自于懂得战争效用的人，而不是来自于思想僵化的人。因此，如果杀人能使民众安康，那么杀人是可以的；如果进攻一个国家，其目的是爱护该国的人民，那么进攻是可以的；以战争的方式制止战争，即使发动了战争，也是可以的。君主仁慈，就会被民众亲近；君主正义，就会被民众喜爱；君主睿智，就会被民众倚靠；君主勇敢，就会被民众效法；君主诚信，就会被民众信任。在国内民众能得到君主给予的仁爱，他们才会愿意守卫国家；在国外民众能察知君主法纪的威严，他们才会拼死投入作战。

战道：不违时，不历民病，所以爱吾民也①。不加丧，不因凶，所以爱夫其民也。冬夏不兴师，所以兼爱民也②。故国虽大，好战必亡；天下虽安，忘战必危③。

【注释】

①“不违时”三句：意谓不违背农时，不在疾病流行时兴兵，这是对我国民众的爱护。不违时，不违背农时，指不在百姓从事农耕生产时兴兵；一说指不在不合适的季节兴兵。历，《广雅·释言》：“历，逢也。”一说选择。病，疾疫，流行病。施子美曰：“《易》之《同人》：同人于宗不若同人于郊，于郊不若同人于野。同人于

宗,各恶其独爱也,故吝。同人于野,兼爱也,故亨。圣人爱人,岂独爱其爱哉?欲兼所爱也。圣人爱人之心,虽由近以至远,至于一视同仁,无所不爱,圣人之至仁也。故自其爱吾民,推而至于爱夫其民,又推而至于兼爱民,其大德也。故是以为战之道,不可违其时,不历民于病。苟违其时,则寒暑失宜,疾疫由生,而民必历于病也。曹操伐吴,时方盛寒,马无藁草,人生疾疫,乌在其为爱民哉?充国以正月击弁羌,得计之理,又其时也。幸武贤知汉马不耐冬,兵多羸瘦,欲分兵击之,是知所以爱吾民也。""或曰:不违农时。不违农时,则民得足于食,故不历民以所病之事。"朱墉引傅服水曰:"治国莫急农时,无故兴兵,民之所病,此爱民者所必曲体也。穷兵黩武,亡国之阶,武备废弛,边陲启衅,故虽当平定,大恺犹日行治兵之礼,此王者所以贵克诘戎兵也。"又引《醒宗》曰:"民之耕获方殷,我以战道役之,则民必将因战而失其耕矣,所以不可违。"又引《大全》曰:"不违时,即'使民以时'之意。"

②"不加丧"五句:意谓不在敌国有国丧时兴兵,也不趁敌国闹灾荒时兴兵,这是对敌国民众的爱护。不在隆冬、盛夏两季兴兵,这是对敌我两国民众的爱护。丧,丧事,这里指敌国君主的丧期。凶,饥凶,饥荒。施子美曰:"彼国有丧可吊也,兵其可加乎?有凶可恤也,其可因而伐之乎?吴以共王卒而伐楚,蛮以大饥而攻楚,乌在其为爱夫其民哉?楚闻晋丧而还,晋饥秦输之粟,是知所以爱夫其民也。隆冬大寒,手足可堕,师不可兴也。盛夏炎热,民多疾病,师亦不可兴也。冬夏不兴师,我之民得所利,而彼民亦得其利也,武王、宣王之师也。武王十一月渡孟津,宣王六月伐猃狁,人皆谓其以冬夏兴师,非爱爱兼者也。殊不知周以建子为正,按《周礼》有正岁,有正月。正岁者先王之正岁,月建寅也。正月者周之正月,子月也。《周官》布治教政刑,则用周之正

月，其余致治简器，凡寓于先王之政者，则从先王之正岁。今武王以十一月渡孟津，则今之正月，乃春非冬也。宣王以六月伐猃狁，则今之八月，乃秋非夏也。武、宣之意，所以兼爱民也，不违时。”刘寅曰：“不加人之丧，不因人之凶，所以爱怜其民也。如楚人将伐陈，闻丧乃止是也。吴王阖闾乘允常死而伐之，是加人之丧，因人之凶者也。隆冬盛夏大寒大暑之月，不兴师以伐，所以兼爱其民也。兼爱犹曰广爱，盖隆冬兴师必有裂肤堕指者，盛夏兴师必有冒暑疾疫者，此圣王所以慎之也。”朱墉引刘寅曰：“兼爱其民以上，申言以仁为本，不忘战也。以上申言以义治之之意。”又引《通义》曰：“仁为战本，盖其素也，即战道，亦足见仁。仁者之爱，宜不止此六者，然而战之为民害，莫甚于此。夫战而爱吾民者有矣，顾未有并敌国之民而兼爱之者，非仁者不能也。仁者体天地生物之心，而以天下为度，故能不以顺逆起见而生分别心。”田旭东说：“《司马法》以仁义为宗旨的战争观在这一点上表现十分突出，说明古人懂得保护人民利益是赢得战争胜利的根本。以此为战争观的基础：‘战道：不违时，不历民病，所以爱吾民也。不加丧，不因凶，所以爱夫其民也；冬夏不兴师，所以兼爱民也。’春耕秋获之时，民力忙于农田，如以战争扰之，必使民困，所以提倡战争兴于农隙之时，不使百姓经历苦难，这是对本国百姓根本利益的维护。同时还需赢得敌国百姓的同情，这就是不趁敌国丧乱、灾难之时发动战争，以此表现对敌国百姓的仁爱之心。天寒地冻，溽暑炎热之时不兴兵动众，以不使敌我双方的民众经历磨难。这样，才能得到敌我双方民众的拥护，‘内得爱焉，所以守也；外得威焉，所以战也’。正如毛泽东同志所说：‘战争的伟力之深厚的根源存在于民众之中。’(《毛泽东选集》二卷《论持久战》)这句话深刻地指出了人民群众在战争中所起的伟大的决定性作用，这是马克思主义者对历史和战争的基本观点。古代的一些政治家、军事家也从战争实践中意识到这一点，《淮南子》即曰：‘众之所助，虽弱必强；众之所去，虽大必亡。’可见已意识到战争的胜败决定于人心的背向，因此，爱护人民，团结人民，赢得民心，就是用兵打仗的根本问题了。《仁本篇》较为具体地谈到了如何使战争符合民众利益的问题，虽然这些论述都装裹于浓厚的仁义之道之中，但不可否认，古人是确实体会到和认识到这个问题了。”

③“故国虽大”四句：施子美曰：“兵不可以数用，亦不可以不用。数用之则好大喜功，穷民远略，不可也。不用之，则无以守国，无以备敌，尤不可也。如之何哉？守之用不用之中而存之耳。苏子曰：‘天下之势，莫大于使天下乐战而不好战。’为好战，则将为秦皇矣。秦皇之国，非不大也，不再传而遽亡者，必战之过也。况兵犹火也，不戢将自焚，此好战之所以必亡。康庄子曰：‘鞭笞不可偃于家，刑罚不可偃于国，征伐不可偃于天下。’苟为去兵，则将为唐穆宗矣。穆宗时，两河既定，天下似安矣。萧俛议销兵，及朱克融之变，而复失河北者，忘战故也。况夫叛而不讨，何以示威？此忘战之所以必危也。与其忘，不可好，好之将至于亡。而忘之虽危，亦未至于亡也。成周之时，畿方千里，以为甸服，其余以为公侯伯子男。成周之君，岂好用兵哉？戎狄膺之而已，荆舒惩之而已，非好战也。方天下隆盛之时，而司马之战，四时之教，必致其谨者，不忘战也。此所以为极治之世欤！”刘寅曰：“故国虽大，好战必至于亡。如有扈氏之君恃众好勇，以丧其社稷是也。天下虽安，忘战必至于危。如承桑氏之君修德废武，以灭其国家是也。”朱墉引《通义》曰：“‘国虽大’二句缴上意，‘天下虽安’二句起下意，篇中接脉处。然二语之戒遂为千古名理。人主处富强之势，常失于穷兵；而当承平之时，鲜不至废武，乃若有以战而实不好战，欲止战而我不忘战，此《司马法》所为睠怀古道

也。”黄朴民说：“义战的理论基础是‘慎战’和‘备战’。对此，《仁本》进行了具体而深刻的阐述，提出了非常卓越的见解：‘故国虽大，好战必亡；天下虽安，忘战必危。’既重视战争，积极从事备战；又反对迷信武力，以战为乐。这充分反映了其作者在战争认识上所达到的理性高度，直至今天仍不乏重大的启迪意义。”

【译文】

作战的原则是：不违背农时，不在疾病流行时兴兵，这是对我国民众的爱护。不在敌国有国丧时兴兵，也不趁敌国闹灾荒时兴兵，这是对敌国民众的爱护。不在隆冬、盛夏两季兴兵，这是对敌我两国民众的爱护。所以国家即使强大，若一味好战，就必定灭亡；天下即使安定，若忘记备战，就一定危殆。

天下既平，天子大恺，春蒐秋狝①；诸侯春振旅，秋治兵②。所以不忘战也③。

【注释】

①“天下既平”三句：意谓天下已经安定，天子命令高奏军乐，要求在春秋两季以打猎的方式进行军事演习。恺（kǎi），军队凯旋时所奏的军乐。蒐（sōu），指春天打猎。狝（xiǎn），指秋天打猎。施子美曰：“功成而作乐者，所以乐人心；因时而讲武者，所以严武备。大抵天生五材，谁能去兵？传尝言之矣。而治不忘乱，安不忘危，传又言之矣。故虽天下既平，天子大恺，而讲武之事未之或废焉。恺者，军旅所奏之乐也。《周礼》曰：‘凡师大献则奏恺乐。’又曰：‘若师有功，先恺乐，献于社。’恺之为言释怒气，而为悦如风，谓之恺风，言其长养万物而和乐也。天子于天下，既平而奏大恺，因功成而作乐，以乐天下之心也。然而功固可歌也，而武备尤不可以不备也。故春而蒐，秋而狝，春而振旅，秋而治

兵,此因时而教战之法也。蒐者,蒐而取之,方春物生必择其不胎者蒐取之,故春曰蒐。狝者,少也,秋物方成,所得尤少,故秋曰狝。"刘寅曰:"天下既平,天子大恺而归。恺,军乐也。《春秋左传》'振旅恺以入于晋',是恺为军乐也明矣。后章'得意以恺歌示喜'者是也。"朱墉引吕惠卿曰:"先王不得已而用兵,原为天下未平起念。今天下既平,仁心遂矣,故必作乐以纪之。虽所以畅今日之乐,实所以解往日之忧。"

②诸侯春振旅,秋治兵:意谓诸侯各国也会在春夏两季班师停战,训练军队。振旅,整治军队,此处意指班师休兵。治兵,与"振旅"互文同意。李零说:"'振旅','振'训整,本指整军(把从基层一层层征集上来的兵员按一定建制加以编整),即所谓'卒伍整于里,军旅整于郊'(《国语·齐语》)。振旅于春季举行,所以叫'春振旅'。又作战凯旋归来要再次整军,也叫'振旅',所以《左传》隐公五年说'入而振旅'。'治兵',是一种发授兵器的实战演习,演习前要像实战一样,先在宗庙举行'授兵'(发给兵器)仪式。所以《左传》庄公八年说'治兵于庙'。治兵于秋季举行,所以叫'秋治兵'。又三年一次的大演习也叫治兵,所以《左传》隐公五年说'三年而治兵'。"按,《周礼》以下所记,记录了周代社会一年四季以田猎为名组织军事训练的内容与方法;而《司马法》仅言春、秋两季,属略言之耳。《周礼·夏官·大司马》曰:"中春,教振旅,司马以旗致民,平列陈,如战之陈,辨鼓铎镯铙之用,王执路鼓,诸侯执贲鼓,军将执晋鼓,师帅执提,旅帅执鼙,卒长执铙,两司马执铎,公司马执镯,以教坐作进退疾徐疏数之节,遂以蒐田,有司表貉,誓民,鼓,遂围禁,火弊,献禽以祭社。中夏,教茇舍,如振旅之陈,群吏撰车徒,读书契,辨号名之用,帅以门名,县鄙各以其名,家以号名,乡以州名,野以邑名,百官各象其事,以辨军之夜事,其他皆如振旅,遂以苗田,如蒐之法,车弊献

禽以享礿。中秋，教治兵，如振旅之陈，辨旗物之用，王载大常，诸侯载旂，军吏载旗，师都载旜，乡家载物，郊野载旐，百官载旟，各书其事与其号焉，其他皆如振旅，遂以狝田，如蒐之法，罗弊，致禽以祀祊。”“中冬，教大阅：前期，群吏戒众庶，修战法，虞人莱所田之野，为表；百步则一，为三表，又五十步为一表。田之日，司马建旗于后表之中，群吏以旗物、鼓铎、镯铙，各帅其民而致，质明，弊旗，诛后至者，乃陈车徒，如战之陈，皆坐，群吏听誓于陈前，斩牲以左右徇陈，曰：‘不用命者斩之。’中军以鼙令鼓，鼓人皆三鼓，司马振铎，群吏作旗，车徒皆作，鼓行，鸣镯，车徒皆行，及表乃止。三鼓，摝铎，群吏弊旗，车徒皆坐。又三鼓，振铎，作旗，车徒皆作，鼓进，鸣镯，车骤徒趋，及表乃止。坐作如初，乃鼓，车驰徒走，及表乃止。鼓戒三阕，车三发，徒三刺，乃鼓退，鸣铙，且却，及表乃止，坐作如初。遂以狩田，以旌为左右和之门，群吏各帅其车徒，以叙和出，左右陈车徒，有司平之。旗居卒间以分地，前后有屯百步，有司巡其前后，险野人为主，易野车为主。既陈，乃设驱逆之车，有司表貉于陈前，中军以鼙令鼓，鼓人皆三鼓，群司马振铎，车徒皆作，遂鼓行，徒衔枚而进。大兽公之，小禽私之，获者取左耳，及所弊，鼓皆骇，车徒皆噪，徒乃弊，致禽馌兽于郊。入，献禽以享烝”。又，施子美曰：“振旅者，班师也。春时农务始兴，其可用兵乎？故以振旅为名。治兵者，理军也。秋时天气始杀，正可以用兵矣，故以治兵为名。按《周礼》中春教振旅，遂以蒐田，中秋教治兵，遂以狝田，则二者未始异也。今于天子言蒐、狝，于诸侯言振旅、治兵者，互文以备之也。《记》曰：‘诸侯无故不田猎者，有刑。’则诸侯未始不田也。故《春秋》之所讲，皆得而行之。此无他，严内外之备也。臧僖伯曰：‘春蒐、夏苗、秋狝、冬狩，三年治兵，入而振旅。’此皆教战法也。春秋时振旅恺以入于晋，言恺乐犹存也。至于冬大蒐，秋大阅，春治兵，亦得先王之遗意。然法言春秋而不言冬夏者，亦举此以见彼也。”朱墉引徐象卿曰：“春者，万物发生之始，而止用蒐。秋有肃杀之气，则宜用狝。田猎之事也，而教战之法即在是。然不曰教战而曰田猎，又不曰田猎而曰祭祀，总之有兵之事，不欲有兵之名，使民由之而不使知之意。”陈宇说：“考察《司马兵法》所说的军事训练内容和方式，不外乎‘春蒐秋狝’‘诸侯春振旅，秋治兵’诸项，具有上古时代特色。这正与《左传》《国语》《周礼》等古籍的记载相一致。这种军事训练和演习，通常在农闲之时以田猎的方式进行，是国君在春秋两季以围猎形式进行操练士卒和检阅部队的仪式，以这种形式表明不忘备战，实际上这也是表明国君拥有兵权的一种礼仪。《周礼·夏官·大司马》对这一仪式记述得很详细，曰：‘中春教振旅……遂以蒐田……中秋教治兵如振旅之阵。’与《司马兵法》相比较，两者内容大致相似，都是指国君校阅军队的仪式。到了战国时期，上述‘田猎以习五戎’的军事训练方式被新型的‘以一教十’‘以十传百’教育训练方法所取代。《吴起兵法·治兵篇》曰：‘用兵之法，教戒为先。一人学战，教成十人；十人学战，教成百人；百人学战，教成千人；千人学战，教成万人；万人学战，教成三军。’另外，《六韬·犬韬·教战》《尉缭兵法·勒卒令篇》等兵书篇章也有类似的记载。这种新的训练方式不再与‘田猎’相结合，而成为一种经常性与正规化的制度。这恰好从另外一个方面证实了《司马兵法》中所记述的某些军事训练制度具有早期原始性。《司马兵法》是齐威王时期在‘古者司马兵法’的基础上杂糅进‘司马穰苴兵法’而形成的一部兵学著作，它虽是一部古兵书，却有着很高的历史文化价值和现实借鉴意义。”

③所以不忘战也：朱墉引《开宗》曰：“此申言仁为本，以义治之之意。”

【译文】

天下已经安定，天子命令高奏军乐，要求在春秋两季以打猎的方式进行军事演习。诸侯各国也会在春夏两季班师停战，训练军队。这些都是不忘备战的表现。

古者，逐奔不过百步，纵绥不过三舍，是以明其礼也①；不穷不能而哀怜伤病，是以明其仁也②；成列而鼓，是以明其信也③；争义不争利，是以明其义也④；又能舍服，是以明其勇也⑤；知终知始，是以明其智也⑥。六德以时合教，以为民纪之道也，自古之政也⑦。

【注释】

①“逐奔不过百步”三句：意谓追逐败逃的敌兵不会超过一百步，追击退却的敌兵不会超过九十里，这是用来彰显我军礼让的。奔，急走，溃逃。这里指溃逃的敌兵。纵，追击。绥，退却。这里指退兵。舍，三十里为一舍。施子美曰：“法曰：‘逐奔不远，纵绥不及。’杜预谓：‘古者名退军曰绥。’晋秦未能坚战而两退，故曰交绥。而卫公则极言其意，谓绥御辔之索也。我兵既有节制，彼敌亦正行伍，故出而交绥，退而不逐，各防失败也。李牧攻匈奴，一战而北，匈奴逐之，乃以两翼而胜。此逐奔之过，为人所胜也。晋人避楚三舍，楚人追之，为晋人所败者，此纵绥之过，为人所胜也。其节如此，所以为礼也。兵有以礼为固者，今逐奔不过百步，纵绥不过三舍，岂不足以明其礼乎？”刘寅曰：“奔，败北也。谓追人败北之兵不过一百步。纵绥，《春秋左传》注引此为‘从绥’，柳子厚文引‘七十而从心’亦作‘纵心’，是纵、从古通用也。绥者，御辔之索，乃六辔之总也。古者以军退为绥，谓从人退还

之军不过九十里。《春秋左传》:'晋赵盾命三军皆出,与秦战,交绥。'注曰:'军退为绥。'谓秦、晋皆有备,各防其失,不战而两退,故曰交绥。盖两家车马将士严整,各执辔当阵,有必战之势,所以各防其失而交退。是以绥为不战而退军之名也。后篇又曰:'从奔不息。'盖逐奔、从奔、纵绥三者意相似。辞让之心,礼之端也,盖良心发见而不可掩者。逐奔不过百步,纵绥不过三舍,非惟恐伤我之兵,又矜彼之败,不忍穷兵逐之,是又让之大者,乃所以明其礼也。惟仁义之兵如此,若后世乘人之败,有不解甲三日而追之者,非明礼之道也。"朱墉《纂序》曰:"古者追逐败北之兵,不过百步而止。从人退还之军,不过九十里而止,盖礼主于让,不忍穷兵逐北,其让可知,是以明吾之有礼也。"《中国历代军事思想》说:"'逐奔不过百步'确实是一条古老的军事原则。战国诸子也有类似的记载。例如《孟子·梁惠王》:'弃甲曳兵而走,或百步而后止,或五十步而后止。'为什么'逐奔不过百步'呢?《司马法》说:'是以明其礼也。'这是西周时期道德和礼制在战争中的反映,其军事的原因是,西周以前,一方面由于战争目的很单纯,往往只要求对方臣服,双方各倾其全力,一次交战,即可决定胜负,不需要作大纵深的追击;另一方面,当时以车兵与步兵混合编成的广正面大方阵,不但进攻时要求'军旅以舒(缓慢)为主,舒则民力足,虽交兵接刃,徒不趋(步兵不快步走)、车不驰(车不急驰)',而且追击时,也要'逐奔不逾列(不超出行列)。是以不乱'。这就是说,在追击溃退的敌人时,还是要求保持严整的战斗队形,因而就不可能作大纵深的追击了。到春秋战国以后,由于战争目的不同和军队装备的改进,这种'逐奔不过百步'的原则就逐渐被打破了。'纵绥不过三舍',也是一样。纵绥,指的是在战场外追蹑主动退军之敌。舍,古代称三十里为一舍,即是军队一天的行程。这是由当时军队的技术装备所决定的。日行三十里，人马都可保持充沛的战斗力，超过这个限度是危险的。《孙子兵法·军争篇》说‘百里而争利，则擒三将军’；‘五十里而争利，则蹶上将’。所以，军队连续急行百里，是当时兵家大忌。这也由于军队装备技术的改善，而逐渐被废弃了。例如春秋后期邲之战，楚军长驱直入，追得晋军，‘争舟而逃’，‘逐奔’何止百步？吴楚柏举之战，吴军紧追不舍，五战五捷，直入郢都，‘纵绥’岂止三舍？所以说‘逐奔不过百步，纵绥不过三舍’，是西周及其以前的一条古老兵法法则。”黄朴民说：“本篇（注：指《仁本》）的重大学术价值在于，它较多地保留了春秋以前的‘军礼’内容，如‘逐奔不过百步，纵绥不过三舍’，‘不穷不能而哀怜伤病’‘成列而鼓’‘争义不争利’‘又能舍服’，等等，为我们今天研究春秋以前的战争、军制和军事思想提供了难能可贵的文献资料依据。”

②不穷不能而哀怜伤病，是以明其仁也：意谓不让失去作战能力的敌军陷入困境，怜悯他们的伤病员，这是用来彰显我军仁爱的。穷，使……陷入困境。施子美曰：“人之有能有不能，不能而强之，则人必死其所不能矣，岂仁也哉？人之调卫不时则有病，临敌决战则有伤，不能哀怜之则失其所谓爱，岂仁也哉？吴子教战之法，使强者持旌旗，勇者持金鼓，此不穷不能也。至于为卒吮疽，同甘苦，此哀怜伤病也，皆仁也，故以明其仁。”刘寅曰：“不穷追其不能，而哀怜被伤及患病之人。若秦、晋战，秦人将潜师而遁，赵盾欲薄之于河，赵穿胥甲当军门呼曰：‘死伤未收而弃之，不惠也；不待期而薄人于险，无勇也。’赵盾闻之，遂不薄秦兵，即此意也。恻隐之心，仁之端也。不穷不能而哀怜伤病，是良心善端之发见者，乃所以明夫仁也。”朱墉《纂序》曰：“不穷逼其不能战，而哀怜被伤及患病之人，是以明吾之有仁也。”

③成列而鼓，是以明其信也：意谓等敌军摆好阵势，我军方可击鼓

进攻,这是用来彰显我军诚信的。成列,指摆好阵势,布阵完毕。鼓,击鼓,鼓声为进攻信号。施子美曰:“师之耳目在旗鼓,一鼓不当则众心疑,成列而后鼓,岂不足以示信乎?然宋襄公泓水之战,不鼓不成列,似信也,何以致败?襄公非行仁义之资,而欲使区区一鼓以取信于人,又安知其信之所在?然则襄公之不鼓不如鼓,傀者之为知权也。”刘寅曰:“兵成行列,然后鼓之而进,不乘人之不及,不掩人之不备,此所以明其信也。信者,以实之谓。”朱墉《纂序》曰:“必待敌成行列而始击鼓以进,不乘人之不及,不掩人之不备,是以明吾之有信也。”《中国历代军事思想》说:“所谓‘成列而鼓’,就是说,等双方都摆好阵势后,才擂鼓开始进攻。这也是一条古老的兵法原则。公元前645年,韩原之战,晋侯使人请战,秦穆公衡铜戈出见使者曰:‘昔君之未入,寡人之忧也,君入而列未成,寡人未敢忘。今君既定而列成,君其整列,寡人将亲见。’就是说:你不来我还担忧,你来了但还未摆好阵势,我不敢忘记‘不鼓不成列’的原则。现在你既已摆好了阵,那么,你就整顿好行列,我就要亲自率军出战了。七年之后,公元前638年,泓之战,宋襄公还坚持‘寡人虽亡国之余,不鼓不成列’,结果遭到惨败。子鱼曾尖锐地指出:‘勍(强)敌之人,隘而不列,天赞我也,阻而鼓之,不亦可乎?’可见当时这条古老的兵法原则,已经过时,但还有人不知变通,固执旧法,致遭失败。迄至春秋后期,才完全被抛弃了。《孙子·九地篇》明确地指出:‘兵之情主速,乘人之不及。’子鱼的主张,正式成为兵法原则了。”《武经七书注译》说:“成列而鼓,就是说,等双方都摆好阵势(队形),然后才发出进攻的号令。这不完全是为了守信用,而是由于西周以前,军队都以战车为主,辅以少数步卒,列成宽正面的密集方阵。这种方阵,无法通过复杂的地形,因而双方都要求在平坦开阔的地形上交战,也不可能发动任何战术上的突然袭击。战斗的胜利,取决于严格保持自己队形的整齐,而冲乱敌人的队形,追杀其散乱的士卒。所以,双方都要在开阔地形上摆好阵势,再行交战。《汉书·艺文志》说:'下及汤武受命,以师克乱而济百姓,动之以仁义,行之以礼让,《司马法》是其遗事也。自春秋至于战国,出奇设伏,变诈之兵并作。'这一段话就是说,西周以前,交战双方都'成列而鼓'。《司马法》中所记载的'明其仁''明其义''明其礼'等,是当时的政治口号,春秋战国以后,由于步兵的数量增多,兵器的杀伤力加大,军队的机动力提高,战术上的灵活性也随之增高,所以就出现了'出奇设伏变诈之兵并作'的时代。公元前638年,泓之战,宋襄公墨守成规,固执这一过时的战法,以致失败,传为笑柄。至春秋末期《孙子·九地》则说:'兵之情主速,乘人之不及'。"

④争义不争利,是以明其义也:意谓争大义而不争小利,这是用来彰显我军正义的。施子美曰:"人皆知利之为利,而不知义之为利,其利大矣。子思曰:'仁义固所以利之。'苟不知义之利,而惟利是争,吾恐其未见利,而先被其害矣。法曰:'战必以义。'非为利也。高祖入关,秋毫无所犯,欲以与天下与讨杀义帝者,利耶义耶?智者之义可知也。"刘寅曰:"但争义而不争利,此所以明其义也。如葛伯放而不祀,汤使遗之牛羊;他日又不祀,汤使人往为之耕。葛伯杀一童子而夺其黍肉,汤兴兵伐之,但为其不祀及杀是童子而征之耳。此争义而不争利者也。"朱墉《纂序》曰:"兴兵责问大义,不争小利,是以明吾之有义也。"钮国平在《读〈司马法〉札记》(载《济南大学学报》2001年第2期)一文中说:"'古者,逐奔不过百步,纵绥不过三舍,是以明其礼也','成列而鼓,是以明其信也;争义不争利,是以明其义也。'或以为这种战法是古代军队装备、技术落后所造成的。按:《司马法》在这里所说的战法,是特指周天子对破坏封建制秩序的诸侯所采用的战

法。封建制是西周王朝赖以建立的政治体制。武王克殷,大功未集,为着巩固政权的目的而建立封建制。其后的成王、康王并为此努力不懈,《左传·昭公二十六年》就说:'昔武王克殷,成王靖四方,康王息民,并建母弟,以蕃屏周。'其实,当时封建之国,不仅有兄弟之国,还有姬姓之国、异姓之国,所以《左传·僖公二十四年》说:'管、蔡、郕、霍、鲁、卫、毛、聃、郜、雍、曹、滕、毕、原、酆、郇,文之昭也。邘、晋、应、韩,武之穆也。凡、蒋、邢、茅、胙、祭,周公之胤也。'可见当时的封国是很多的。在封建的政治体制之中,周天子与诸侯之间存在着特殊的关系。《礼记·王制》说:'王者之制爵禄:公、侯、伯、子、男,凡五等。天子之田方千里,公、侯田方百里,伯七十里,子、男五十里。''诸侯之于天子也,比年一小聘,三年一大聘,五年一朝。天子五年一巡狩。'《周礼·夏官司马》又说:'凡制军,万有二千五百人为军。王六军,大国三军,次国二军,小国一军。'周天子是诸侯之君,靠爵禄、土地换取诸侯的拥护、纳贡;诸侯是周天子之臣,靠拥护、纳贡换取周天子的爵禄、土地,这种互相依存的政治体制一旦失去平衡,就会引发战争。在这种情势下,周天子如何使用武力来维持和恢复原来的政治体制呢?'逐奔不过百步,纵绥不过三舍,以明其礼也';'成列而鼓,以明其信也';'争义不争利,以明其义也'。可见这是一种怀柔战法。这种战法以惩罚、教训为手段,目的是使违命的诸侯改恶从善,继续忠实履行向周天子臣服纳贡之职,从而进一步巩固封建亲戚、以蕃屏周的政治体制,让周王朝长治久安。这种怀柔战法,正是一种为西周特定的政治体制所需要而设计的特殊战法,而不是由于军事装备、技术落后所造成的。《司马法》对西周怀柔战法的概括,为今人研究中国战争史上怀柔战法的根源性问题,提供了宝贵的范例。”

⑤又能舍服,是以明其勇也:意谓能赦免投降的敌人,这是用来彰

显我军勇敢的。施子美曰:“高祖不杀子婴,天下莫能与抗。光武不杀盆子,天下莫与之敌。夫人已降而杀之,不祥。服而舍之,所以示勇也,岂不足以为勇乎?勇也者,非暴也,所谓神武而不杀者也。郑,小国也,许服而舍之,君子与之,其勇为如何?乃若白起坑秦卒,李广杀已降,勇者固如是乎?故曰祸莫大于杀已降。又曰降者勿杀,服可不舍乎?”刘寅曰:“人既服降,又能舍之不杀,此所以明其勇也。《春秋传》曰:‘叛则伐之,服则舍之。’是也。”黄朴民、徐勇在《〈司马法〉考论》(载《管子学刊》1992年第4期)一文中说:“‘服而舍之’是古‘军礼’中的又一项重要原则。春秋中期以前的战争指导者,其从事战争所追求的是战而服诸侯的旨趣与境界。这就是说,当时战争的主要目的,是通过武力威慑和有限征伐的手段,树立自己的威信,迫使其他诸侯臣服于自己。这一目标既已达到,就偃兵息武,停止军事行动,而给予敌方以继续生存下去的机会。这在《左传》等先秦典籍中有充分的反映,《僖公十五年》云:‘贰而执之,服而舍之。德莫厚焉,刑莫威焉。’《文公七年》云:‘判而不讨,何以示威?服而不柔,何以示怀?’《宣公十二年》云:‘叛而伐之,服而舍之,德刑成矣。伐叛,刑也;柔服,德也,二者立矣。’说的都是这个意思。而《司马法》在这一问题上,同样透露了古军礼的这项原则:‘又能舍服,是以明其勇也。’”

⑥知终知始,是以明其智也:意谓能够预见与敌作战的开端与结局,这是用来彰显我军智慧的。施子美曰:“《易》曰:‘知始终之变者,其知神之所为乎?’盖无所不知之谓智。智之所极,可以穷天地,可以极鬼神,况于始终之义?始而知兵之可用,终而知兵之可寝,此智也。一说始知兵之可用,终知兵之必胜,智也。汤以天锡之智,伐夏兴商,其知终知始为如何?苻坚妄举伐晋而卒以败亡,何智之有?”刘寅曰:“知事之所以终,知事之所以始,此

所以明其智也。”

⑦“六德以时合教”三句：意谓按时集合民众，教导以上述礼、仁、信、义、勇、智的六德思想，并将其作为约束百姓言行的原则，这是自古以来的军政要义。政，军政。合教，《群书治要》卷三三、《太平御览》卷二七〇引作“合散”，“教”与“散”形近。李零说：“今本疑误。‘合散’应指作不同的组合，或用比，或用彼。”施子美曰：“是六者以时合教为民纪之道也。德不兼备，不足以教民。教不素讲，不足以统众。礼、仁、信、义、勇、智，此六德也，一或不备，不足以教民。然德既备矣，苟不因时而教之，则无以素服其心，于人心不易统也。惟备其德而教之有素，岂不足以为纪纲而以统众耶？传曰：‘君子为国，张其纲纪。’又曰：‘以纪万民。’况兵之为教，其不以是为纪哉？凡此皆古之政也。以政言者，司马夏官也，兵政之事也。法，司马之政也，岂得不谓之政？自古之政也。有四政同，其为政则不同，此以教言，若三者则皆战事也。”刘寅曰：“六德者，礼、仁、信、义、勇、智也。六德以时会合其众而教之，先王修为民纪之道。此乃自古之政也。”朱墉引周鲁观曰：“六德本民性中所自有的，不教则有所拘蔽而浸失者，惟教以时出则农业不妨，德以教启而天良各遂。”又引《开宗》曰：“此言未战之先因时预教之事。”徐勇说：“本篇提出了以‘礼’与‘仁’为核心的‘六德’——礼、仁、信、义、勇、智。这是为政者、为将者必须身体力行的品德。类似提法在《左传》《论语》中经常提起，表明儒家在宣传其礼法仁学的过程中，完成了对明君贤将的人格理想的塑造。这种人格理想的塑造，不是凭空构想的，而是在追忆古军礼、排比古战例的基础上按儒家人格理想加以确定。有人认为‘这些都形成了后世儒将的基本品格’，其语固然不错，但须知各代儒将对人格理想的具体要求是因时代风气而异的。以‘信’为例，《司马法》主张‘成列而鼓，是以明其信也’，《孙子》

也讲‘信’，主要是指赏罚有信，至于宋襄公‘不鼓不成列’的蠢猪式战法，《孙子》是不取为法的。《司马法》的成书虽不比《孙子》早，但其史料上限却比《孙子》早得多，旧‘军礼’的思想自然有所残留。”王联斌说：“关于军人的武德体系，《孙子兵法》提出了‘智、信、仁、勇、严’五德说，《司马法》提出了‘礼、仁、信、义、勇、智’六德说。所不同的是前者‘五德’是对将帅的武德要求，后者‘六德’是对全体军人的要求；前者有‘严’，后者少‘严’而多‘礼’‘义’。《司马法》也许反映了战国时代的文化特征。战国时代，‘义’的影响有逐渐扩大之势，诸子百家大多都能将其融入自己的学说之中，如《墨子》专设的《贵义》篇，吴起的‘义兵’说，孙膑反对‘战无义’，《商君书》的‘述仁义于天下’，尤其儒家，不仅重‘义’，而且对‘礼’尤为重视，如孟子的‘仁义礼智信’，荀子的‘隆礼’等。《司马法》和《荀子》，兵儒合流的趋势更为明显。其实，孔子应该说是这种兵儒合流的开启者，而荀子是集大成者，这为后来的《吕氏春秋》的兵儒大合奠定了文化基础。”陈宇说：“《司马兵法》所反映的在战争中显示‘六德’，是由当时的政治、经济、军事条件决定的，有很重要的史料价值。以现今社会的眼光看，‘六德’似乎不可理解，但在春秋中期以前，战争中实行‘六德’却是真实情况的反映。春秋中期以前的战争，主要是以武力相威胁，战争更多的只是打垮对方，令其屈服，而不是把对方消灭。这在记录当时战争的《左传》一书中，可以找到不少的例子。如晋文公五年（前 632）晋楚两国为争夺中原霸权而进行的城濮之战，在战前，楚军统帅令尹子玉不顾楚军已由优势变为劣势的情势变化，愤怒地率军北上求战。晋文公重耳下令全军退避三舍（90 里），避其锋芒。晋军军吏不理解，认为晋国以君避臣，是耻辱。晋臣子犯向他解释说，楚成王当年对在外流浪的我君重耳有恩，重耳亲自许下‘退避三舍’的诺言。我军不退，是背恩惠，食前言，则我理屈，楚理直。我后退履行诺言，楚军子玉不退，是君退臣不退，理屈在楚军。于是晋军后退。所以当时公认晋军显示了己方的'德'，晋军的行为是符合'德'的要求的，'能以德攻'（《左传·僖公二十年》）。"

【译文】

追逐败逃的敌兵不会超过一百步，追击退却的敌兵不会超过九十里，这是用来彰显我军礼让的。不让失去作战能力的敌军陷入困境，怜悯他们的伤病员，这是用来彰显我军仁爱的。等敌军摆好阵势，我军方可击鼓进攻，这是用来彰显我军诚信的。争大义而不争小利，这是用来彰显我军正义的。能赦免投降的敌人，这是用来彰显我军勇敢的。能够预见与敌作战的开端与结局，这是用来彰显我军智慧的。按时集合民众，教导以上述礼、仁、信、义、勇、智的六德思想，并将其作为约束百姓言行的原则，这是自古以来的军政要义。

先王之治，顺天之道，设地之宜，官民之德①。而正名治物，立国辨职，以爵分禄②。诸侯说怀，海外来服，狱弭而兵寝，圣德之治也③。

【注释】

①"先王之治"四句：意谓上古先王治理天下的时候，能做到合乎自然规律，适应地理环境，任用贤人当官。施子美曰："三才知用得其当，然后事务无不举；万邦之任得其人，然后太平之治可以致。夫在天有道，在地有宜，在民有德，吾能顺之、设之、官之，则三才之用得其当矣。"刘寅曰："古先圣王之治，上顺天之道，下设地之宜，所谓'裁成天地之道，辅相天地之宜'是也。官民之有德者，而正其名，治其物。官民有德，谓任贤使能，俊杰在位也。"朱墉引黄皇肱曰："天地之道，温肃刚柔，圣人法天地自然之运，命官

分治，封建怀柔，如天之无不覆，地之无不载，奚事于兵革?”又引《大全》曰:“天下之大，万民之多，先王岂能以一己治之哉? 所以官民之德而用之者，正欲正其公卿、大夫、士之名，以治其五瑞、五贽、五服、五章之物也。”朱墉《纂序》曰:“取法天地之自然，顺其春生秋收之道，设其高卑燥湿之宜，于民之有德者，官而使之正公卿大夫之名。”陈宇说:“《司马兵法》既突出反映了古典军礼的主要精神，又明显地接受了儒家政治观的影响。如在本篇中所主张的‘顺天之道，设地之宜;官民之德，而正名治物;立国辨职，以爵分禄’，即是说要顺应自然变化的规律，因势利导，因地制宜，任用民众中德行优秀的人担任官职，确定官职名分以治理各项事务;分封诸侯，区分职权，按照爵位的高低，给以数额不等的俸禄。如此这样做，就可以达到‘诸侯说(悦)怀，海外来服，狱弭而兵寝’的理想政治境界。这既是西周‘礼乐文明’的基本要求，也是儒家政治观的显著特色。《司马兵法》在这里将它们有机地统一了起来。儒家学说直接渊源于‘礼乐文明’，政治思想的核心内容是礼乐仁义德教，是对西周时期古典‘礼乐文明’的改造、发展，以适应新形势的自然结果。这就是孔子及其他儒家代表人物所津津乐道的‘祖述尧舜，宪章文武’‘郁郁乎文哉，吾从周’的由来。正由于儒学与古典‘礼乐文明’之间的这种深层次上的内在一致性，也就决定了《司马兵法》在构筑战争观理论时对两者的和谐兼容，决定了春秋中期的兵家对西周时期古典军礼的继承和发展。”

②“而正名治物”三句:意谓古代贤王能使百官权责分明，各司其职，分封建国，区分职级，按照爵位高低来分配俸禄。正名，指百官的权责清晰分明。治物，指百官各司其职。立国辨职，李零说:“建立国家，设官分职。‘辨’是分别之意。《周礼》每篇开头都有‘惟王建国，辨方正位，体国经野，设官分职’等语，可参看。”

爵，指公、侯、伯、子、男等爵位。施子美曰："故揆之以名分则正，推之于事类则治，事务其有不举乎？有国斯有职，有爵斯有禄，吾能立而卞之，以是分之，则万邦之任得其人矣。"刘寅曰："正名者，公卿、大夫、士也；治物者，六卿分职，各司其治也。立国而辨职，国谓诸侯之国，职谓公、侯、伯、子、男也。以爵而分禄，爵重者重其禄，爵轻者轻其禄。"朱墉引芮文其曰："择民之有德者，官之以爵，而使之正公卿、大夫、士之名，列职分理，各治其事，而不至于乱。"

③"诸侯说怀"四句：意谓诸侯各国心悦诚服，海外邦国也来归附，诉讼止息，战争停止，这些都是圣王用仁德治理天下的结果。说怀，意即心悦诚服。说，同"悦"。狱，诉讼，案件。弭（mǐ），平息，止息。寝，停止，停息。施子美曰："故内外之人无不悦服，兵刑之用可以寝息，天下之治其有不致乎？是以王者顺阴阳之时，因寒暑之节，推风云气象之占，皆顺天之道也。熟险易之形，度广狭之势，明远近死生之理，皆设地之宜也。定爵位之尊卑，等道义之小大，较偏裨将帅之才能，此官人之德也。举斯三者而后可以正名分治物类也。夫子之必也正名，舜之明于庶物是也。然而先王建万国，亲诸侯，或百里，或五十里，公有公之职，侯伯有侯伯之职，子男有子男之职，因其国而授之职，此立国卞职也。公食者半，侯伯食者三之一，子男食者四之一。或授地视侯，或授地视伯，或授地视子男，因其爵而与之禄，此以爵分禄也。惟其如是，能远近举安，兵寝刑措。孔子曰：'近者悦，远者来。'传曰：'兵寝刑措。'帝王之极功，非圣德之治乎？昔之得此者尧也。钦若昊天，有此冀方，克明俊德，所以尽三才之用也。百僚师师，庶绩咸熙，非正名治物而何？外有州牧侯伯，所以立万邦之君也。故能使群后四朝，海隅咸服，衣冠无敢犯之民，干戈有不识之老。非诸侯悦怀，海内来服，狱弭而兵寝乎？求其所以致此

者，亦帝德广运而已。”刘寅曰：“诸侯说怀，海外之远皆来服，狱讼弭灭而甲兵寝息，乃圣德之治也。圣者，神明不测之号；德者，行道而有得于心者也。”朱墉引谈敷公曰：“海外岂威力所到？今不威而来服，可以征其德化之神矣。”又引《开宗》曰：“此节言圣德同天地而及其效，见兵之不必用也。”陈宇说：“司马穰苴对‘兵寝’时代的怀念，是对传说时代即原始社会先民战事稀少的向往。原始社会前期，人们以采集、狩猎为生，集体居住，平均分配，实行原始共产主义。只是偶尔才发生冲突，不过是为了争夺猎物，或者争夺活动区域。后来，生产发展，形成部落、部落联盟。由于利益冲突、抢婚、血族复仇而发生械斗、武力冲突。再后来，生产进一步发展，社会出现农业、畜牧业、手工业的大分工，剩余产品和私有财产增加，于是部落对部落的战争稍稍增多，性质也变成抢劫家畜、奴隶、财宝。黄帝等进行的战争大体属于这样的战争。就原始社会来说，这些冲突是颇具规模的战争，但比起后世的战争，无论是频率、规模和烈度，都处在较低水平。整个来说，《司马兵法》作者把它们当作了‘兵寝’时代，倍加怀念。”徐勇说：“作者强调‘仁’对政治与战争的影响作用。作者分古代政治为‘圣德之治’‘贤王之治’和‘王霸之治’。‘圣德之治’是作者至高无上的理想境界，靠‘以仁为本，以义治之’的正道去创造，所以能做到‘诸侯说怀，海外来服，狱弭而兵寝’。‘贤王之治’与‘王霸之治’就不同了，不能够纯用正道，而要用‘权’，以‘作五刑’‘兴甲兵’等变通方法来体现‘仁’。可见施行‘仁’的程度，竟至于决定一个社会的治理的程度，在今天看来，作者这种宣传既有进步性又有空想性。当历史自春秋向战国转变之时，战争规模、方式、性质也在发生转变，作者既知这种转变不可逆转，又希望减少战争给民众带来的灾难，因此宣传‘仁’对政治与战争的影响作用，希望以此来影响国君的战争政策，这是其进步性。但是实际上，夏、商、西周时代从来没有出现过所谓‘圣德之治’，春秋时期的战争也多为不义之战，作者给它们罩上浓重的‘仁’的色彩，在宣传以正义战争制止非正义战争的同时，恰好给好战之君提供了发动战争的新的借口。观战国之世，兵家诸子大都好讲以‘仁’为本，但战争却愈演愈烈，手段日益残酷，哪有多少‘仁’可言？这是此种宣传具有空想性的证明。”

【译文】

上古先王治理天下的时候，能做到合乎自然规律，适应地理环境，任用贤人当官。还能做到使百官权责分明，各司其职，分封建国，区分职级，按照爵位高低来分配俸禄。诸侯各国心悦诚服，海外邦国也来归附，诉讼止息，战争停止，这些都是圣王用仁德治理天下的结果。

其次，贤王制礼乐法度①，乃作五刑，兴甲兵，以讨不义②。巡狩省方，会诸侯，考不同③。其有失命乱常，背德逆天之时，而危有功之君，遍告于诸侯，彰明有罪④。乃告于皇天上帝日月星辰，祷于后土四海神祇山川冢社，乃造于先王⑤。然后冢宰征师于诸侯曰：“某国为不道，征之。以某年月日，师至于某国会天子正刑⑥。”

【注释】

①其次，贤王制礼乐法度：其次，指次于至德之世、社会风气变差的时代；一说第二，与现代汉语中的“其次”同义。贤王，指统领天下的贤明天子。施子美曰：“结绳之政，尧舜不能及；衣冠之治，三代不能及。时异世殊，其治安得而同哉？况上古降而中古，圣治杂而贤王，淳浇朴散，又岂可以上古之治而治之乎？此贤王之

世，其事所以异于上古也，礼乐法度所以化之也，五刑甲兵所以威之也。贤王非不能寝兵弭刑也，而以五刑甲兵言者，防奸也。非不能正名治物也，而必以礼乐法度言者，文治也。然而尧舜之世，法度彰而礼乐著，非无礼乐法度也，而于贤王则以制言者，上古之世，中和之性，人皆存之；典宪之制，人皆知之，而礼乐自尔著，法度自尔彰，不待上之人制之而后化也。惟贤王之世，取上古为莫及，苟不制礼乐，无以导人之中和，不制法度，无以示人之常，皆所以化之也。”朱墉引《通义》曰：“其次即次于至德之世。世风既降，德逊古初，势不得不详于礼乐法度之制，以约民于准绳。”王联斌说：“《司马法》讲礼甚多，可以说是以言军礼为主旨的，诚如近人余嘉锡在《四库全书提要辨证》中所言：‘盖《司马法》为古者军礼之一。’汉《艺文志》亦谓《司马法》为《军礼司马法》。通观《司马法》全书，所言军礼兼指道德与法，但更多的还是指道德而言。因在《司马法》中已明确将礼与法作为两个并列对应的概念使用，如《仁本第一》中有‘贤王制礼乐法度’说，便是将礼乐与法度作为两个不同概念使用的；再如《天子之义第二》中有‘故礼与法，表里也；文与武，左右也’之说，亦是表明礼与法有别；而‘表里也’的界说，又说明礼与法密不可分，如同表与里。至于‘以礼信亲诸侯’之‘礼’，则是指道德而言。但是《司马法》亦有将礼与法通用的迹象。就此而论，所谓司马之‘法’，亦可称之为司马之‘礼’。尤其是作为军礼，明显地具有法的意义，因为它一经产生，就具有某种强制性，实际上如同今日所讲的军事纪律。但是这种军礼（军法军纪）乃具有明显的道德意义，可以说是一种带有强制性的、他律意义的武德道德规范。如《定爵第三》中说：‘三乃成章，人生之宜，谓之法。’就是说某些行为准则经过反复执行，行之有效，形成了规章制度，就成了法。显然，这种法就具有礼的道德意义。”

②“乃作五刑”三句：意谓设置五种刑罚，兴师发兵，征讨不义之国。乃，语助词，无义。五刑，指商周时期设置的墨、劓、剕、宫、大辟五种刑罚。施子美曰：“乃者，继上之辞也。惟其礼乐法度有所不能化，然后五刑甲兵用焉。五刑者，墨、劓、剕、宫、大辟也。甲兵，兵也。《刑法志》曰：‘大刑用甲兵，其次用斧钺，其次用鞭朴。’兵亦刑之大者也，兵刑之用，岂圣人乐为是？故不得已而以讨不义之人也。贤王之世，岂诚有不义之可讨乎？非真有也，设之以为备也。言此五刑甲兵，将以讨不义也。人知之，则将为义之归而无不义者也。非贤王不足以继文武之治，非文武不足以成太平之治。成周之时，贤王之治也。宗伯掌礼，司乐掌乐，其详见于六官之所考者，皆制度也。周之王者制此，将以为驭人之术也。有大司马之政，有大司寇之刑，皆作之兴之，以讨不义也。成周之时，未闻以甲兵而讨不义。其作之者，所以防于未然也。春秋战国之时，有请观周乐者，有问周室班爵禄者。礼乐法度之制，于此泯矣。而五刑甲兵之用，无日无之。故踊贵屦贱，铸鼎作书，鲁、卫相侵，秦、晋、齐、楚之师，无时不至诸侯之国。春秋无义战，信矣。”刘寅曰：“其次有贤王者，制礼乐与法度，乃作墨、劓、剕、宫、大辟五刑。礼，度数之节文，教民以中也。乐，声音之高下，教民以和也。古礼有五：吉、凶、宾、军、嘉。古乐有六：《云门》《咸池》《大韶》《大夏》《大濩》《大武》。法，法则也。度，制度也。五，天地之中数；刑必用五者，盖欲民协于中也。”朱墉引黄皇肱曰：“贤王之初心惟以礼乐法度整齐斯民，不得已而用五刑，非其意也。使天下而皆能修其侯度，则兵亦可不用。奈不能不兴师，亦必告诸侯、告群臣、告祖庙，行有定期，集有定地，会于天子，明正典刑，入其国而吊其民也，如此诛其君而恤其后也，真能本于仁兼义勇智信而有之，而权亦行于其间矣。”又引纪夔曰：“制礼使人敬，制乐使人和，制法使人畏，制度使人守。”又引许济

曰："先王制礼乐法度，其心原只是要无刑止杀，但为有越于礼乐法度之外而为不义者，故不得不兴甲兵以讨之。"

③"巡狩省方"三句：意谓贤王巡视各诸侯国，视察四方民情，会集诸侯，考核出他们高低不同的政绩。巡狩，指天子巡视各诸侯国。省，视察。施子美曰："人君以一身之尊，处九重之邃，垂旒蔽明，安能见万里之外？黈纩塞耳，安能听万事之多？又况南海北海，马牛有不及之风；大邦小邦，周戎有不同之索。人君将欲以周知天下之故，于此有巡狩之礼。孟子曰：'巡狩者，巡所守也。'巡守之设，岂以略地而为鲁公之如齐乎？省四方，会诸侯，考不同也。先王之时，尝颁以度量矣，又尝颁以正朔矣。车则同轨，书则同文，固不容有不同者。得而考之，亦所以防之于不同之先也。巡守之设，有尝次以设其帷，有虎贲以夹王车，有诵训，有士训，有行人，皆人君巡守之礼也。于以省方，则采诗观民风，内贾观好恶。记《礼》所载，是也。狩于东，则会东方之诸侯，狩而南，则会南方之诸侯。诸侯各朝于方岳之下，如《书》所载，是也。所以省方会诸侯者，将以考不同也。舜之时尝行是礼矣。五载一巡守，同律度量衡。叶时月，正日，谓之同，谓之叶，盖所以省方会诸侯而考不同也。成周之君，十有二岁，王乃巡守，而先之以同度量，同数器者，亦将以备王之巡守，而省方会诸侯考不同也。若夫春秋之世，斯礼不讲，晋侯召王，夫子恐君臣之礼不如是也。书曰：'天王狩于河阳。'岂无意乎？"刘寅曰："兴甲兵以讨不义之人，巡诸侯之所守，察方国之善恶，会天下之诸侯而考其有不同者，如《书》'辑五瑞'及'明试以功'之类是也。"朱墉《纂序》曰："必先巡行诸侯之所守，而察方国之善恶，会集诸侯以考其礼乐法度之不同。"

④"其有失命乱常"五句：意谓对于那些违抗命令、扰乱法纪、违背道德、悖逆天道并且危害功臣的国君，就会通告各地诸侯，公示

他们的罪行。施子美曰:"王者之兵不轻举也,罚以当其罪而不滥及也。方其会诸侯以考不同,其间有不同者,是必失命乱常背德逆天之人也。失命者,违上所令也。乱常者,斁其彝伦者也。与夫暴虐以残民,骄奢以纵欲,皆背德也。淫汩礼典,自用失时,皆逆天也。且夫妨功害能而危害有功之君,有功之君,似可安也,而反危之,斯人也必与天下共诛之。君者,诸侯也。司马温公曰:'有民人社稷,通谓之君。'合万国而君之,立法度,颁号令,而天下莫敢违,谓之王。惟王者为能为天下除其害。然人君亦未之敢私也。盖师出无名,事故不成。名其为贼,敌乃可服。是以遍告诸侯,欲与同除其所恶。彰明有罪,所以著其恶也。"刘寅曰:"其下有违失上命,紊乱典常,反背道德,不顺天之时,而欲危殆有功之君。遍告天下诸侯,彰明有罪之人。"

⑤"乃告于皇天上帝日月星辰"三句:意谓禀告上天的所有神灵,并向地上的所有神灵祷告,还到祖庙向先王祷告。皇天上帝日月星辰,指天上的一切神灵。后土四海神祇山川冢社,指地上的所有神灵。后土,地神。冢社,大社,指天子祭神的地方。造,到。施子美曰:"既告诸侯,彰明有罪,而天下之欲诛之者,固已属望矣。而圣人犹以为未也,又告之天神人鬼地祇,方其在天也,则皇天上帝日月星辰,罔不举矣。天者帝之体,帝者天之用也。日月五星二十八宿,吾从而告之,则在天之神,无不知矣。其在地也,后土神祇山川冢社,无不备举,四海山川冢社皆地祇也。而后土为大焉。吾从而告之,则在地之祇,无不知矣。不独告于上下神祇,而又且造于先王以陈其罪,使人鬼无不知也。既明其罪,告之鬼神祇矣,而始召于诸侯之师,以行其罚。武王伐商,昭告于皇天后土,所过名山大川,载祖木主而行。诸侯会者八百国,正此道也。记曰:'征类于上帝,宜于社,造于祢,受命于祖。'亦此意也。"刘寅曰:"乃告祭于皇天上帝日月星辰,祈祷于后土

四海神祇山川冢社。皇,天也,天以形体言,帝以主宰言。日者阳之精,月者阴之精。星,五星。木曰岁星,火曰荧惑,金曰太白,水曰辰星,土曰镇星是也。辰,十二次也。子曰玄枵,丑曰星纪,寅曰析木,卯曰大火,辰曰寿星,巳曰鹑尾,午曰鹑火,未曰鹑首,申曰实沈,酉曰大梁,戌曰降娄,亥曰陬訾是也。后土者,皇地祇也。四海,东曰沧海,南曰溟海,西曰瀚海,北曰渤海。神祇者,四海之神祇也。或曰:凡载在祀典之神祇也。山川者,名山大川也,如五岳四渎之类是也。冢社者,大社也。先王,如周文王、武王。造于先王者,告之祖庙也。"朱墉引《通义》曰:"盖惟王尽制,而德意未尝不行乎其间,亦一治也,而不能无奸民暴客,非五刑五兵之制,胡以禁而戢之?然而彼弥此作,彼寝此兴,此《司马法》所谓追慕于上古也。礼乐制度自王朝颁于侯国,天子巡行诸侯所守之国以考其不同。大一统之治也,有不同者便是失命乱常也。告于诸侯,声其罪也。告于皇天后土而及于先王,重其事也。"

⑥"然后冢宰征师于诸侯曰"五句:冢宰,上古官名,六卿之长,统领百官。正刑,指实施严正惩罚。施子美曰:"知战之地,又知战之日,则可千里而会战,此兵之常也。天下有道,礼乐征伐自天子出,故惟天子乃可以讨有罪。冢宰征师于诸侯者,冢宰,太宰也,如山之尊,故曰冢宰。冢,大之上也。冢宰以统百官,均四海,为职者也。古者六军之将,皆六卿也。冢宰则六官之长也,入为卿,出为将,故冢宰召诸侯之师。然虽召其师,彼未知其何往也。故遍告于诸侯曰:'某国为不道,征之。'某年某月某日,某师至于某国,盖欲使之知战之地,知战之日,可以某日而会天子。正刑者,明其征伐自天子战也,会出非臣下所专。"朱墉引《通义》曰:"大司马统六师平邦国,而征师布令乃出于冢宰。"李零说:"案此以上见《御览》卷六三六引,作'先王之治,从天之道,设地之宜,

乃作五刑以禁民僻，乃兴甲兵以讨不义，制瑞节以通使，巡狩省方以会诸侯，考不同，正礼月，正时历，名文章车服。比德逆天之时，乃征师于诸侯征之’。下面并有一段话与今本完全不同，作‘不会期，过聘，则刘；废贡职，擅称兵，相侵削，废天子之命，则黜；改历史、衣服、文章，易礼变刑，则放；娶同姓，以妾为妻，变太子，专罪，大夫擅立，关绝降交，则幽；慢神，省哀，夺民之时，重税粟，畜货，重罚，暴虐自佚，宫室过度，宫妇过数，则削地损爵’（此节又见《晋书·刑法志》引，作‘或起甲兵以征不义，废贡职则讨，不朝会则诛，乱嫡庶则絷，变礼刑则放’）。”黄朴民、徐勇在《〈司马法〉考论》（载《管子学刊》1992年第4期）一文中说：“在兴师程序问题上，《司马法》中有一段很具体的描绘：‘其有失命乱常，背德逆天之时，而危有功之君，遍告于诸侯，彰明有罪。乃告于皇天上帝日月星辰，祷于后土四海神祇山川冢社，乃造于先王。然后冢宰征师于诸侯曰：‘某国为不道，征之。以某年月日，师至于某国会天子正刑。’它的真实性也可以通过有关史书一一得到印证和落实。如《国语》载，（宣子）曰：‘会宋人弑君，罪莫大焉。’于是‘乃使旁告于诸侯，治兵振旅，鸣钟鼓，以至于宋’。由此可证《司马法》所谓‘冢宰征师于诸侯’云云并非虚言。而《周礼·大祝》郑玄注有一段文字除个别之处外，与上述《司马法》的话基本一致。在可能是晚出的《礼记·王制》中，也有‘天子将出征……受命于祖，受成于学’的说法。这表明，三代的兴师程序业已为先秦典籍所普遍记载。”

【译文】

后来社会风气变差，天子制作礼乐法度，设置五种刑罚，兴师发兵，征讨不义之国。天子还巡视各诸侯国，视察四方民情，会集诸侯，考核出他们高低不同的政绩。对于那些违抗命令、扰乱法纪、违背道德、悖逆天道并且危害功臣的国君，就会通告各地诸侯，公示他们的罪行。禀告上天的所有神灵，并向地上的所有神灵祷告，还到祖庙向先王祷告。这样做了以后，作为百官之长的冢宰会向各地诸侯征调军队，下令道："某国国君行为不合乎道义，各诸侯国的联合军会在某年某月某日到达该国，会同天子，实施严正惩罚。"

冢宰与百官布令于军曰："入罪人之地，无暴神祇，无行田猎，无毁土功，无燔墙屋，无伐林木，无取六畜、禾黍、器械①。见其老幼，奉归勿伤。虽遇壮者，不校勿敌。敌若伤之，医药归之②。"

【注释】

①"入罪人之地"七句：意谓进入有罪国君的国境，不许损坏神位，不许打猎，不许破坏水利、房建等工程，不许烧毁房屋，不许砍伐林木，不许掠取牲畜、粮食和用具。暴，损害，糟蹋。无行田猎，《群书治要》卷三三引下有"无有暴虐"，《太平御览》卷三〇七引亦有之，作"无有虐"。土功，指水利、房建等工程。燔（fán），烧毁。六畜，马、牛、羊、犬、豕、鸡六种牲畜。器械，指民众生活、劳动使用的各种工具。施子美曰："王者之兵，吊民伐罪，岂以杀伐为事哉？彼其乱常背德，必其诸侯也，民何罪焉？吾取其渠魁而已。民可爱也，人可安也，杀可止也，于其誓之际，而告以此焉。入罪人之地，无暴其神祇，神祇者，民之所依也。无暴之则神得其所，而获祐斯民也。无行田猎者，我之所取也无行之，则物得以遂其生也。土功者，民力之所为也。无毁土功则民之力不伤。墙屋，民所安也，毋燔墙屋，则民得保其居。林木，民所植也，毋伐其木，则材木不可胜用。六畜禾黍，民资以为养。器械，民资以为用。毋取之，则民足其所养与其所用矣。"刘寅曰："冢宰与

百官施布号令于军中，曰：凡入罪人之地，无暴害国内合祀之神祇，无行田猎之事，伤农而害物，无毁伤其土功，无燔烧其墙屋，无斫伐其林木，无掠取民之六畜：马、牛、羊、犬、豕、鸡也。禾黍，谷之在野者。器械者，民家所用之器物也。”黄朴民、徐勇在《〈司马法〉考论》（载《管子学刊》1992 年第 4 期）一文中说：“就战场纪律而言，《司马法》的有关论述也体现了早期军事活动的特色：‘入罪人之地，无暴神祇，无行田猎，无毁土功，无燔墙屋，无伐林木，无取六畜、禾黍、器械。’这与其他古文献的记载非常接近，《尚书·费誓》即云：‘无敢伤牿，牿之伤，汝则有常刑！马牛其风，臣妾逋逃，勿敢越逐，祗复之，我商赉汝。乃越逐，不复，汝则有常刑！无敢寇攘，逾垣墙，窃马牛，诱臣妾，汝则有常刑！’而《墨子·非攻》中所描述的战国期间那种‘入其国家边境，芟刈其禾稼，斩其树木，堕其城郭，以湮其沟池，攘杀其牲牷，燔溃其祖庙，劲杀其万民，覆其老弱，迁其重器’残酷战争场景，与《司马法》上述文字相较，则实在迥异其趣，可谓有宵壤之别。”

②“见其老幼”六句：意谓见到老人和小孩，要将他们护送回家，不许伤害他们。即使遇见年轻力壮者，只要他们不抵抗就不许将他们视为敌人。敌人如果受伤了，就要给予治疗，而后送他们回去。校，抗争，抵抗。李零说：“‘见其老幼，奉归勿伤’，这两句是说不要伤害老人和孩子。《荀子·议兵》：‘不杀老弱。’《淮南子·氾训论》：‘古之伐国，不杀黄口，不获二毛，于古为义，于今为笑。’‘黄口’即小孩，‘二毛’即老人。《左传》僖公二十二年，宋襄公也提到‘不禽二毛’。”施子美曰：“老幼者所宜爱也，故见其老幼，则奉归勿伤，此则‘老吾老以及人之老，幼吾幼以及人之幼’也。敌之壮而有力者，不与吾校，吾无得敌之。其有伤于疮痍，吾则医而药之，使得其所。此皆圣人之兵，其孰得而御之哉？凡此皆怀柔神民之道也。乃若齐之伐燕，取其旄倪，迁其

重器；项羽伐秦，烧其宫室，取其货宝，又何足以语王者之兵？法曰：'无燔人积聚，无坏人宫室，社丛勿伐，降者勿杀。'其此意乎？"刘寅曰："见其老幼之人，奉而归之，勿得伤害。虽遇少壮之人，他若不敢相校，勿与之为仇敌也。或曰：不校者，不与之校也；勿敌者，勿与之敌也。亦通。盖王者之师，诛有罪而吊无罪，彼既无罪，何必与之校，又何必与之敌哉？敌若有伤之者，命医药调治之，而使归其国。"朱墉引《大全》曰："老幼奉归无伤，贤王之兵，不过诛暴除残，百姓原是无罪，何况老幼？所以遇见老幼，必深加矜恤也。壮者赴役从戎，原有不得已之心，非敢与我校也。今既相遇请降，是能审义察礼者矣，安可复视之为仇敌乎？"又引《通义》曰："入罪人之地，以及药归之，所谓以仁本之者也。"

【译文】

冢宰与百官在军中发布命令说："进入有罪国君的国境，不许损坏神位，不许打猎，不许破坏水利、房建工程，不许烧毁房屋，不许砍伐林木，不许掠取牲畜、粮食和用具。见到老人和小孩，要将他们护送回家，不许伤害他们。即使遇见年轻力壮者，只要他们不抵抗就不许将他们视为敌人。敌人如果受伤了，就要给予治疗，而后送他们回去。"

既诛有罪，王及诸侯修正其国，举贤立明，正复厥职①。

【注释】

①"既诛有罪"四句：修正其国，意即整顿好该国的政治秩序。立明，指扶立贤明新君。正复厥职，指恢复调整好该国各级官吏的职位。施子美曰："兼弱攻昧，推亡固存，王者之师也。有罪者既伏其罪，邦国之事其可废而不举乎？故于已弊则修之，不正则正之，使颓纲复举而旧俗惟新，于是乎举贤以为君，正复其职而使

之复得以治其国也。孟子告齐王，以为置君而后去；郑伐许，奉许叔以居许东偏，使此举贤立明而复其职也。武王克商，反商政之由旧，此修正其国也。式商容，立微子，亦举贤立明也。”刘寅曰：“既诛有罪之人，天子与天下诸侯修正其所征之国。举用贤士，更立明君，正复上下之职。”朱墉引《大全》曰：“修正者，彼失命乱常之国，其所败坏者必多。王师既诛有罪之后，即亟与之修正焉，庶彼一国之人民得以离水火而登衽席矣。”又引《通义》曰：“职，国职。举贤立明，则职正矣。”黄朴民、徐勇在《〈司马法〉考论》（载《管子学刊》1992 年第 4 期）一文中说：“在‘既诛有罪’，完成了战争的使命之后，《司马法》中还有关于下一步的行动纲领：‘王及诸侯修正其国，举贤立明，正复厥职。’其实，这也不是它的创造发明，而仅仅是对古军礼中有关战争善后原则的具体申明而已。参之以《左传》，信而有征。鲁昭公十三年（前 529），楚‘平王即位，既封陈、蔡，而皆复之，礼也。隐大子之子庐归于蔡，礼也。悼大子吴归于陈，礼也’。这段记载可以看作是对《司马法》上述一段话的有力注脚。孔夫子所谓‘兴灭国，继绝世，举逸民’的真切含义，也终于可以凭藉《司马法》之言而昭白于今了。”

【译文】

诛杀了罪犯之后，天子与诸侯会整顿好该国的政治秩序，选贤用能，扶立贤明新君，恢复调整好各级官吏的职位。

王、霸之所以治诸侯者六①：以土地形诸侯②，以政令平诸侯③，以礼信亲诸侯④，以材力说诸侯⑤，以谋人维诸侯⑥，以兵革服诸侯⑦。同患同利以合诸侯，比小事大以和诸侯⑧。

【注释】

①王、霸之所以治诸侯者六：王，指天子。霸，指霸主。施子美曰：

“有君诸侯之德者，必有制诸侯之法。王伯之德皆足以君诸侯矣。故其所以治之者，必兼是六者而用之。且治诸侯者，王者之事，诸侯何与焉？伯，诸侯之长也，为奉行天子之治，而以治诸侯，故亦得以治诸侯也。卫公曰：‘成有岐阳之蒐，康有酆宫之朝，穆有涂山之会，齐威有召陵之师，晋文有践土之盟。’六者之法，伯者得无与乎？”刘寅曰：“王者，往也，言天下之所归往也。霸者，长也，为天下诸侯之长也。王霸之所以平治天下诸侯者，有六事。”朱墉引臧云卿曰：“王霸不分，单指霸者说。霸者之主，假仁义，任诈力，亦足以治服群众，但去皇帝王之治远矣。”又引金千仞曰：“以假仁假义之术，而阴行其至诡至谲之谋，虽不能如圣王之中心诚悦，而所以慑服人而不敢乱者，盖有六焉。”又引《醒宗》曰：“霸虽是假仁假义，然未尝不阳尊天子以为名，故言王霸。”陈宇说：“这种以‘霸’来联合诸侯、维持天下的政治主张，是在周王室失去控制能力情况下，不得已而实行的变通措施，这也正是春秋时代的特点。春秋首霸齐桓公就曾经‘九合诸侯’，‘一匡天下’（《论语·宪问》）。《司马兵法》中以‘王霸’治诸侯的设想，正反映了那个时代的兵家千方百计维系宗法等级秩序的意图。”

②以土地形诸侯：用分封土地的多少来显示诸侯各国的强弱。形，显示。一曰比较，对照。《太平御览》卷三〇四引作“刑”。施子美曰：“不有以据形便之势，则无以示天下之强。天子规方千里，以为甸服，其余以为公侯伯子男，苟不壮龙虎之威，控险固之要，而示以形势之强，则何以服诸侯哉？高祖都关中，张良谓阻二面，而以一面东制诸侯，此王者以土地而形之，如《周礼》曰‘制畿封国以正邦国’是也。”刘寅曰：“以土地之多寡，示强弱之形于天下之诸侯。如天子地方千里，大国地方百里，小国地方五十里是也。”朱墉引翁鸿业曰：“示形胜，如孟献子请城虎牢，逼郑以服诸

侯，晋从之，郑畏而求成是也。”

③以政令平诸侯：意谓用政策法令使各地诸侯解怨和好。平，解怨和好；一说整治、治理。施子美曰：“既形之以土地，则必有政令以平之。盖诸侯之国，大者连城数十，小者五六十里，强或得以陵弱，众或得以暴寡，其不平也久矣。今也有政令以平之，则无不均者焉。故法制一行，而无彼此之殊，命令一出，而无南北之异，其平也可知。大司马掌邦政以佐王，平邦国，此王者平诸侯以政令也。齐威葵丘之五令，而使诸侯咸服，此伯者之平诸侯也。”刘寅曰：“以政事法令平天下之诸侯。”朱墉引翁鸿业曰：“立政令，如齐桓盟诸侯于葵丘，以申五命是也。”钮国平在《读〈司马法〉札记》(载《济南大学学报》2001 年第 2 期)一文中说：“平，解怨和好的意思。《春秋·隐公六年》：‘春，郑人来渝平。’杜注：‘和而不盟曰平。’孔疏：‘平，实解怨和好之辞，非要盟也。’是其证。本文‘平诸侯’，是使诸侯解怨和好的意思。《左传·隐公八年》‘齐人卒平宋、卫于郑’，便是例子。以武力去调停诸侯间的矛盾，这是春秋时社会舆论所不容的。《左传·隐公四年》众仲之言曰：‘臣闻以德和民，不闻以乱(用兵)。’《左传·平公四年》：‘平国以礼，不以乱(用兵)。’要是不用兵动武，这就备受称赞了：‘子路曰：‘桓公杀公子纠，召忽死之，管仲不死。’曰：‘未仁乎？’子曰：‘桓公九合诸侯，不以兵车，管仲之力也。如其仁！如其仁！’(《论语·宪问》)”

④以礼信亲诸侯：意谓用礼义诚信来亲近各地诸侯。施子美曰：“既平之矣，复欲有以亲之，礼信者所以亲诸侯也。朝觐有礼，盟誓有信，所以使之相亲也。三年小聘，五年大聘，礼也。复修旧好，请成而还，信也。朝必以春，觐必以秋，宗必以夏，遇必以冬，而存省聘问，亦各有时，皆礼信之所寓也。君子结二国之信，而要之以礼，诸侯其有不亲乎？太宗伯以宾礼亲邦国，此礼也。齐

威不歃血,此信也。乃若天王出狩,周郑交恶,礼信则忘矣,何亲诸侯?”朱墉引翁鸿业曰:“先礼信,如子产谓范宣子为晋国,不闻令德而闻重贿,宣子乃轻币是也。”

⑤以材力说诸侯:意谓用赏赐财物使各地诸侯喜悦。施子美曰:“若夫材力所显,则所以说之也。盖知所以用其能,斯可以乐其心。人之有能,材力之所自出也。有材力而上不用,则其意有所未惬。有材能而上用之,则人得以尽其所长。邦国之间,喜之悦之,以其能之有所施也。传曰:‘有功见知则悦矣。’周大夫曰:‘我周之东迁,晋郑焉依。’是亦欲有以悦之也。”刘寅曰:“以材力之士说怀天下之诸侯。”朱墉引翁鸿业曰:“以财力,如鲁因晋弗许齐曰:‘子得国宝,我亦得地,其荣多矣。’于是使齐还鲁汶阳是也。”

⑥以谋人维诸侯:意谓派使者维系好天下诸侯的关系。谋人,使者;一说智之人;一说宗主。施子美曰:“谋人者,有谋之人,如《泰誓》所谓‘今之谋人’‘古之谋人’也,取其有智也。取其有智也,牧监是也,于诸侯之上而择一有谋人以为之牧监,则诸侯之势有所统属而不散。惟设谋人以维之,故齐楚无南北之分,许郑无东西之别,其情交意密,有不可得而离者矣。《礼》曰‘建牧立监以维邦国’,此也。”刘寅曰:“以智谋之人维系天下之诸侯。”朱墉引翁鸿业曰:“以谋人,如仲孙湫告桓公务宁鲁难,亲有礼,因重固,间携贰,覆昏乱,霸王之器是也。”钮国平在《读〈司马法〉札记》(载《济南大学学报》2001年第2期)一文中说:“谋,同‘媒’,媒人,即使者。《周礼·地官司徒》:‘媒氏。’郑注‘媒之言谋也,谋合异类,使和成者’是也。维:系,系诸侯,巩固诸侯联盟。《春秋·襄公十一年》:‘楚人执郑行人良霄。’《左传》曰:‘书曰‘行人’,言使人也。’《穀梁传》曰:‘行人者,挈国之辞也。’本文的‘谋人’,正是‘挈国之辞’去‘谋合’‘和成’诸侯的‘行人’。”李零将

"谋人"释为宗主,说:"'谋人',《御览》卷三〇四引,注文解释为'牧伯'。'牧伯'即方伯。案《左传》有'谋主'一词,一见于襄公二十九年,是出谋划策之人的意思;一见于昭公九年,作'我在伯父,犹衣服之有冠冕,木水之有本原,民人之有谋主也',注:'民人谋主,宗族之师长。'意思是说周为晋之宗主。这里的'谋人'似即指后者。"

⑦以兵革服诸侯:意谓用武力慑服各地诸侯。施子美曰:"既维之矣,而有不循理者,则兵革之所加。终之以兵革服诸侯,盖天下之人,善恶常相半,而贤不肖杂处乎其中,王伯之治,信可以治矣,其间有不可治者,其可无以服之乎?兵革之用所以严之也,如《周礼》'九伐之法正邦国'是也。而齐人之于楚,亦曰:'昔周公命我太公曰:"五侯九伯,女寔征之,以夹辅王室。"'此王伯之治也。是六者不容无先后之序。始而土地形之而有其国矣,必平之以法令。既平矣,无以亲之,则无以叶其心,故有礼信以亲之。既亲之矣,而其才力可任者,又当有以说之。既说之,又以谋人维之,使知所联属。五者既备,亦足以治矣,而王霸犹以为未也。尚恐有不服者,又有兵革以防之焉,故终之以兵革服诸侯。"朱墉引《醒宗》曰:"形诸侯,控驭诸侯也。平诸侯,齐一诸侯也。亲诸侯,结好诸侯也。说诸侯,畏惧诸侯也。维诸侯,系属诸侯也。服诸侯,征伐诸侯也。"又引翁鸿业曰:"以兵革,如宋告急先轸,谓报施、救患、取威、定霸,于是乎在晋,乃蒐被庐、谋元帅是也。"

⑧同患同利以合诸侯,比小事大以和诸侯:意谓以共同的利害关系使各地诸侯联合起来,大国亲厚小国,小国敬事大国,国与国之间和睦相处。比,亲厚。施子美曰:"有以一好恶之心,则邦国可得而叶;有以通彼此之情,则邦国可得而谐。盖所欲与聚,所恶与去,然后无不和矣。尊者统卑,卑者从长,然后无不和矣。今

夫胡越之人，同舟遇风，可使相救，此合之之意也。和羹之法，盐梅必欲相得，此和之之意也。合则两相合而已，和则无所不合焉。此和合之分也。卫为狄所灭，是患可同也。齐封之楚丘，盖所以同其利也。邢为狄所灭，而患亦可同也。齐迁之夷仪，又所以同其利也。其于合诸侯也何有？郑之善事晋楚，事大也；楚之许成于郑，比小也。其于和诸侯也何有？乃若荆伐隋败秦，而诸侯莫之救，恶在其为同患？齐人使尽东其亩，乌在其为同利？诸侯之不合，为有由矣。郳，小国也，而侵齐，乌在其为事大？齐，大国也，而灭谭，乌在其为比小？诸侯之不和，亦有由矣。”刘寅曰：“与之同患，与之同利，以会合天下之诸侯。比，亲比也。亲其小国，事其大国，以和睦天下之诸侯。”朱墉引《开宗》曰：“此节言王霸治诸侯，而因及和合诸侯之事。”

【译文】

天子和霸主整治诸侯的方法有六种：用分封土地的多少来显示诸侯各国的强弱，用政策法令使各地诸侯解怨和好，用礼义诚信来亲近各地诸侯，用赏赐财物使各地诸侯喜悦，派使者维系好天下诸侯的关系，用武力慑服各地诸侯。还要以共同的利害关系使各地诸侯联合起来，大国亲厚小国，小国敬事大国，国与国之间和睦相处。

会之以发禁者九①：凭弱犯寡则眚之②，贼贤害民则伐之③，暴内陵外则坛之④，野荒民散则削之⑤，负固不服则侵之⑥，贼杀其亲则正之，放弑其君则残之⑦，犯令陵政则杜之⑧，外内乱、禽兽行则灭之⑨。

【注释】

①会之以发禁者九：意谓会合各地诸侯发布九项禁令。施子美曰：

“先王防诸侯也至，故其戒诸侯也严且备也。先王之时，四方其训，百辟其刑，诸侯率由典常，岂容有轻犯上之禁哉？无有也。无有是事而发是书，果何意哉？为之备以防之于未然之前也。防之既至，则诸侯心无敢犯之者。九禁之法何时而发之？当其会诸侯之时而发之。时见曰会，则会者以时而见也。广行人时会以发诸侯之禁者，此也。”刘寅曰：“‘发’当作‘法’。会合诸侯以法度禁令者，有九事。即《周礼·大司马》九伐之法也。”朱墉引《指南》曰：“上六事怀之于未发之前，此九事禁之于已发之后，以见不得已而用战，无非仁天下之心也。”又引王元翰曰：“会，如葵丘之会、践土之盟是也。发禁，谓奉天子之禁而发之，有犯禁者，则誓众共伐，不恤私情。要其奉天子以为约束，亦先王仁天下之心也。”又引陈孝平曰：“时至战国，天下无王，诸侯多不守禁，故霸者奉行王章，以申明天子之政令。”黄朴民、徐勇在《〈司马法〉考论》（载《管子学刊》1992 年第 4 期）一文中说：“关于战争的目的，‘军礼’所主张的是征讨不义，《左传·庄公二十三年》云：‘征讨以讨其不然。’《国语·周语上》说：‘伐不祀，征不享。’《左传·成公十五年》曰：‘凡君不道于其民，诸侯讨而执之。’讲的都是这一层意思。这在古者《司马兵法》那里，便是主张‘兴甲兵以讨不义’。更具体地说，只有当对方犯有‘凭弱犯寡’‘贼贤害民’‘放杀其君’等九种严重罪过时，才可以兴师讨伐：‘会之以发禁者九。’而《周礼·夏官·大司马》中有关正邦国‘九伐之法’，所叙内容与《司马法》完全相同。”陈宇说：“《司马兵法》所述会诸侯‘发禁者九’的 9 条禁令内容，与《周礼》所记王‘正邦国’的‘九伐之法’基本相同。《周礼·夏官·大司马》说：‘大司马以九伐之法正邦国：凭弱犯寡，则眚之；贼贤害民，则伐之；暴内陵外，则坛之；野荒民散，则削之；负固不服，则侵之；贼杀其亲，则正之；放弑其君，则残之；犯令陵政，则杜之；外内乱、鸟兽行，则灭之。'郑玄注释说，如果发现诸侯当中有违背天子命令的，最高军事长官大司马就出兵征伐这个不服从命令的诸侯，拿这9条纠正他。'九伐之法'可能起源于春秋时代的一个现成的文献，先是载入《司马兵法》，然后又被《周礼》作者所抄录。这'九禁'包罗的面很广，它不仅要惩治'凭弱犯寡''负固不服'的诸侯国君，而且要讨伐'放弑其君'、篡夺政权的卿大夫。《司马兵法》中对这些'禁''治'诸侯的规定，不论是司马穰苴的自著，还是他'申明'过的，都可以代表他的政治思想，说明他维系宗法等级统治秩序的态度非常坚决。《周礼》与《司马兵法》不同的是，由谁来执行'九伐之法'，主事人却不一样。《周礼》说是大司马，《司马兵法》说是王霸。从春秋实际情况看，真正有力量实施'九伐之法'的，只有大国霸主。由此也可见，在春秋时代，天下秩序最终是靠武力维持的，战争成为维护天下秩序的最终力量。"

②凭弱犯寡则眚(shěng)之：意谓凡是恃强凌弱、以大侵小的，就削弱他。眚，通"省"。减弱，削弱。《周礼·夏官·大司马》曰："以九伐之法正邦国，凭弱犯寡则眚之。"施子美曰："盖先王之时，建国有小大，分民有众寡，未尝不欲比小事大以和之也。今也或恃其力之强而凭陵于弱者，恃其民之众而侵犯于寡者，吾从而正之，则曰眚。眚者，瘦也，灾也，黜其爵命，削其土地，如人之瘦焉，故曰灾。"刘寅曰："凭陵干犯国之寡弱者，则眚之。谓四面削其地也。"

③贼贤害民则伐之：意谓凡是杀戮贤良、祸害民众的，就兴师讨伐他。贼，杀戮，杀害。施子美曰："督可与其治，民可与其守，今不能用贤而反贼之，不能爱民而反害之，如欲正之则有伐。伐如伐木焉，伐而去之也。左氏曰：'凡师有钟鼓曰伐。'此伐之意也。"刘寅曰："贼杀贤人，扰害良民，则伐之。谓声其罪而致讨之也。"

④暴内陵外则坛(shàn)之：意谓凡是对内暴虐对外欺凌的，就将他

移之他处，另立新君。坛，通"墠"。清除场地，指将暴君移之他处，另立新君。《周礼·夏官·大司马》曰："暴内陵外则坛之。"与此句同。施子美曰："暴内则贼贤害民，陵外则凭弱犯寡也。一之为甚，可再乎？诸侯有此二者，则会诸侯为坛，明扬其罪以伐之。郑氏释《周礼》，以'坛'为'墠'，遂举记曰：'出其君，置之空墠以明之。'"刘寅曰："暴虐国内之民，欺陵境外之国，则坛之。坛读曰墠，谓置之空墠之地，出其君，更立其次贤也。"朱墉《纂序》曰："有暴虐国内之民欺陵境外之国，则出君置之空坛之地，更求贤君以立之。"

⑤野荒民散则削之：意谓使田野荒芜、民众离散的，就对他消地贬爵。施子美曰："野荒者，地不治也。民散者，民不安其居也。夫土广而任则国富，民众而制则国治。今也有旷土，有流民，故削之。削者，削其地以贬之也。"刘寅曰："田野荒芜，人民逃散，则削之。谓削其地，贬其爵也。"朱墉《纂序》曰："田野荒芜，人民离散，则小其封疆而削之。"

⑥负固不服则侵之：意谓凡是凭借山川城池的险固而抗命不从的，就派兵惩罚他。施子美曰："若夫负固不服，则有山川城池之固，负此而不服，如苗氏之左洞庭，右彭蠡，而有不率之罪，可不加兵以侵之乎？传曰：'无钟鼓曰侵。'侵者，侵其地，未至于伐也。柳宗元作《侵伐论》，举《春秋》侵伐之说，举《周礼》侵伐之说：所谓伐者，声其恶于天下也；所谓侵者，独以其负固不服而违王命也，其过恶未至于暴白于天下。伐者为人之举公也，侵者为制命之举私也。"刘寅曰："负地之险固，不肯服从者，则侵之。谓偃旗卧鼓而侵之也。"朱墉《纂序》曰："负地之险固不肯服从者，则潜师入境而侵之。"

⑦贼杀其亲则正之，放弑其君则残之：意谓凡是残杀骨肉亲人的，就发兵征讨他；凡是放逐或杀害国君的，就诛杀他。正，通"征"。

征伐。施子美曰:"以至贼杀其亲,放弑其君,又其恶之大者也。未有仁而遗其亲,未有义而后其君。亲所当爱也,而贼杀之,如卫侯之杀弟,郑伯之克段,皆不能亲之也。君所当尊也,而放杀之,如崔杼之弑,楚人之弑,皆不能尊君也。故必有以正其罪,害之残之,所以除之也。"刘寅曰:"贼杀其同姓之亲,则正之,谓治其罪也。放弑其本国之君,则残之,谓残灭其国也。"朱墉《纂序》曰:"贼杀其同姓之亲则定其罪而正之,放弑其本国之君则夷其党类而残之。"

⑧犯令陵政则杜之:意谓凡是违抗王令、扰乱法规的,就断绝孤立他。陵,凌乱,扰乱。杜,堵塞,断绝。施子美曰:"若夫犯令陵政,不服王化者也,故从而绝之。"刘寅曰:"犯上之令,陵国之政,则杜之。谓杜塞之,使不得与邻国交通也。"朱墉《纂序》曰:"犯上之令,陵国之政,则绝不与交通而杜之外。"

⑨外内乱、禽兽行则灭之:意谓凡是内外淫乱、行为如同禽兽的就灭绝他。李零说:"'外内乱禽兽行',在家族内进行淫乱活动。'禽兽行',《周礼》作'鸟兽行',这在中国古代刑法中是个专门术语,指各种违背人伦的淫乱行为,如血亲通奸、数男共娶一妇等。"施子美曰:"内外乱,鸟兽行,则是不可与于人也。故夷灭之,使不复齿于人。是九者,与《周礼》九伐之法,略无少异,名其书以《司马法》,岂不宜哉!"刘寅曰:"外内紊乱,与鸟兽同行,则灭之。谓灭其国,毁其宗社也。胡氏曰:凡兵,声罪致讨曰伐,潜师入境曰侵,两兵相接曰战,环其城邑曰围,造其国都曰入,徙其庙市曰迁,毁其宗庙社稷曰灭,诡道而胜之曰败,悉虏而俘之曰取,轻行而掩之曰袭,已行而蹑之曰追,聚兵而守之曰戍,以弱假强而能左右之曰以。皆志其事实,以明其轻重也。"朱墉《全旨》曰:"武经惟《司马》一书不尚诈力,颇得《周官》遗意。太史公曰:'余读《司马法》,闳廓深远,虽三代征伐未能竟其义。'亦少褒矣。

此章'以仁为本'一句最重。篇中从仁说到义,从义说到智、勇、信,总是一仁天下之心。从政说到权,即权以济正,总是一仁天下之事。安人爱民,仁之施也。爱吾民而兼爱彼民,仁之充也。备武习兵,不忍以怠荒萌乱也。教民后用,不忍民之丧于不能也。又述上古民无奸回,兵革不试,仁之浃洽沦被者深也。迨至后世,机智日生,不能无事,诛讨不义,必先约束誓戒,无有毁伤,仁者之师也。递降王霸,维系四方,匡正列辟,亦欲礼信亲悦与天下相安于无事也。至不得已而会合兴师,犹是发明天子之禁令。修大司马九伐之法,义之尽,仁之至也。又乌有一不本于仁者而以穷兵黩武为事哉?从皇而说至于帝,从帝而说及于王,从王而又说及于霸,历叙世代,总是从用兵之日溯及于不用兵之初,从不用兵之初,说至于有兵之日耳。"黄朴民说:"《仁本》是存世《司马法》一书的首篇。主要论述战争的起源、战争与政治的关系、制胜的基本条件以及兴师作战的程序等诸多方面的内容。它集中反映了春秋以前战争的方式及其特点,在全书中具有发凡挈领的意义。"

【译文】

会合各地诸侯发布九项禁令:凡是恃强凌弱、以大侵小的,就削弱他;凡是杀戮贤良、祸害民众的,就兴师讨伐他;凡是对内暴虐、对外欺凌的,就将他移之他处,另立新君;凡是使田野荒芜、民众离散的,就对他消地贬爵;凡是凭借山川城池的险固而抗命不从的,就派兵惩罚他;凡是残杀骨肉亲人的,就发兵征讨他;凡是放逐或杀害国君的,就诛杀他;凡是违抗王令、扰乱法规的,就断绝孤立他;凡是内外淫乱、行为如同禽兽的,就灭绝他。

天子之义第二

【题解】

本篇首句为“天子之义，必纯取法天地”，故以“天子之义”为标题。作者实际上未将很多笔墨花在天子如何才能行为适宜上，而是更多聚焦于“士庶之义”。这是本篇的主要论题之一。如何使芸芸百姓行为适宜？需通过教育。本篇提出了一个重要的命题——“故虽有明君，士不先教，不可用也”。如果不事先训练民众，不把他们培养成合格的士兵，就把他们投入战场，这样的军队是不可能具有战斗力的。作者非常重视军事教育中的伦理思想内容，强调“士庶之义，必奉于父母，而正于君长”，“必立贵贱之伦经”，使百姓在家遵从父母，在外听命天子，严守尊卑等级秩序。作者认为只有让民众接受教育，他们才会形成良好的行为习惯，而“习贯成则民体俗”，良好的社会习俗一经形成，也会影响、规范人们的言行，大家依从良俗行事，此可谓“教化之至”。本篇还提出了“既胜之后，其教可复”的军事教育原则，认为教育要反复进行，再三训导，只有这样士卒才能真正入脑入心，在实践中贯彻执行各项指令。

正是在军事教育的语境下，本篇又提出了一个重要的命题——“国容不入军，军容不入国”，认为军队的礼仪法规不用于朝廷，反之亦然。军队法纪森严，令行禁止，赏罚分明，士卒通过教育明了于此，就不敢违规乱纪，恃勇胡为。本篇还从维护与培养军人尚武精神的角度，重申了这一命题，认为治国与治军各有其不同的方法与要求，不能将治国的模式用于治军，也不能将治军的模式用于治国，因为“军容入国则民德废，国容入军则民德弱”，并进而深刻指出了礼与法、文与武的相互依存的关系，所谓“故礼与法表里也，文与武左右也”。

围绕将领的治军艺术，本篇论述了将领既不能“多威”也不能“少威”的观点。将领过于威严，士卒就会感到压抑而畏惧不安；将领缺乏威严，士卒就会不听指挥而难以控制，两者都无法使军队克敌制胜。

首篇《仁义第一》从追求军人“六德”的角度，解释了何以要贯彻“逐奔不过百步，纵绥不过三舍”等古代军礼；本篇再次重申“逐奔不远，纵绥不及”的军礼，揭示了制定该条军礼的军事思想依据是避免被敌诱骗或遭敌伏击。此外，本篇还记录了“军旅以舒为主”的作战指导原则，反映了西周时期以车战为主的战场实际。当时的军事行动只有做到以舒缓为主，才有可能“徒不趋，车不驰”，使作战队形保持整齐，相互配合，形成合力，从而最大限度地发挥整个部队的战斗力。我们不能以其后战争对“兵贵神速”的强调，就耻笑古人的这一作战指导思想。

本篇还运用比较的方法，记录了夏、商、周三个时代各不相同的誓师活动、兵器水平、战车特性、军旗内涵、赏罚措施等。特别需要介绍的是，篇中论述了统治者实施赏罚时应遵循的四条原则：一是“赏不逾时”，行赏不要越过时限；二是“罚不迁列”，施罚不要等人走出队列；三是“大捷不赏”，大胜之后不行赏；四是“大败不诛”，大败之后不责罚。这些原则至今仍有借鉴意义。

天子之义，必纯取法天地，而观于先圣①。士庶之义，必奉于父母，而正于君长②。故虽有明君，士不先教，不可用也③。

【注释】

①"天子之义"三句:意谓天子若想做到行为适宜,就必须一心一意地效法天地的运行规律,借鉴古代圣王的治国理念。义,指行为符合正义或道德规范。纯,一心一意,完全彻底。施子美曰:"尊卑异分,小大殊事。尊莫尊于天子,则天子之事,取其大者焉。卑莫卑于庶人,则庶人之事,取其小者焉。取法天地,观先圣,天子之义,尊者取其大也。"刘寅曰:"纯者,纯一而不杂也。天子之义必纯一,而取效于天地。天地之道,春生而夏长,秋收而冬藏。天子亦法天地之道,仁以爱之,义以制之,礼以敬之,智以别之,一宽一猛也。天地之道,阳舒而阴惨,阴杀而阳生。天子亦法天地之道,修德而行政,明刑而慎罚,一张一弛也。又观先世圣王已往之迹而仪刑之。此天子之义也。"朱墉引方虞升曰:"纯法者无一心一事而不与天地同也,法而不纯,迹焉而已耳。必纯天地之心,方能行天地之道。"又引《新宗》曰:"天地有自然之道,先圣有已往之迹。天子之自修,必效法天地而观先圣者,盖以生长收藏即仁义礼智之用也。"又引周鲁观曰:"先圣,先天子而法天地者也,如尧、舜、禹、汤、文、武皆是。先圣言行载在典籍,列于《诗》《书》,垂之制度,考而则之,法始有据。"又引《通义》曰:"一念杂则不纯。纯法天地,所谓建诸天地而不悖也。先圣曰观,非徒袭其致治之迹,而有以见先圣之心也。天下无悖天地之君而能出治者,故曰必纯取法天地。然非观于先王致治之精,则又不免为后世苟且之政。天下无叛父母之民,而能顺治者,故曰必奉于父母。然非正于君上饬治之具,则又不免为末俗颇辟之民,其曰天子之义,士庶之义,谓当如是耳。"朱墉《全旨》曰:"此章言教习士众之事,而冠之以天子之义者,见位至尊统群伦也。首言法天地,观先圣,教民体俗。次言赏善罚恶之法,车旗章服之制,军容国容之别,而以答民之劳终之,诚王者之武备也。"

②“士庶之义”三句：意谓百姓若想做到行为适宜，就必须听从父母的教诲，遵从天子的训导以获得正确的思想。士庶，泛指人民、百姓；一说士指低级的贵族。君长，指天子或诸侯。施子美曰：“奉父母，正于君长，庶人之义，卑者取其小也。事得其宜之谓义，尊而天子必有义焉。仰则观象于天，俯则观法于地，中则观道于先圣，兼三才而效之者，盖以君子辅相天地之宜，裁成天地之道，则取法天地者宜矣。鉴于先王成宪，其永无愆，则观于先圣，宜矣。《易》曰：‘法象莫大乎天地。’传曰：‘率由旧章。’此天子之义也。‘尧舜垂衣裳而天下治，盖取诸《乾》《坤》’，是法天地也。‘若稽古’，是观于先圣也。《三略》有之。圣人体天，贤者法地，智者师古。又何其区别哉？合而言之也。卑而士庶，亦有义焉。其所以为事之义者，奉于父母，而正于君长也。盖人无父何怙，无母何恃，此士庶之所当奉也。非长不治，非长不教，此士庶之所当取正也。未有仁而遗其亲，未有义而后其君，则士庶之于父母君长，所不可后也。《诗》曰：‘父兮生我，母兮鞠我。’得无以顺之乎？’《书》曰：‘天佑民，作之君，作之师。’是则君长，其可不取正之乎？’”刘寅曰：“士，秀民也。庶，众民也。或曰：士，即古之上士、中士、下士也。为士庶之义，内必奉养其父母，上必取正于君长。”

③“故虽有明君”三句：意谓因此即使有贤明的君主，百姓如果没有事先接受军事教育，也是不能让他们走上战场的。士，士庶，人民。先，事先。施子美曰：“有国必有兵，有兵必有教，戒备不虞，太平之世也。然不教民战，是谓殃民。仁人之兵，岂以殃民哉？教之于其初，而以待有警之用也。故君虽明矣，而教不素行，则民不知战，其可用乎？昔者昭义步兵，雄边子弟，在当时之教，为如何？此特一时之事也，而况于明君乎？成周之时，太司马之职，四时之教，亦以致意于此也。是以虽有明君，士不素教，不可

用也。后周世宗，其于兵也，练选有法，教导有术，率之征伐四方，士卒精强，莫之敢当者，以教之素也。乃若穆宗时朱贼之变，唐宗乃率市人而与之战，其殃也为如何？是乌足与语明君之世？"刘寅曰："故虽有明圣之君，而士不先训教，不可任用也。或曰：士，教民之官也。即以'不教民战，是谓弃之'之义也。"朱墉引《大全》曰："士庶虽微，然用之战争，亦是生死存亡攸关，岂可以不知兵之人而投之锋镝之下乎？此明君所以必先教也。"又引胡君常曰："欲用之以治战临戎，必先教之以亲上死长之义、务农讲武之法。"又引《开宗》曰："此节言自天子以至士庶，必有所观法而取正，以起用兵教士意。"

【译文】

天子若想做到行为适宜，就必须一心一意地效法天地的运行规律，借鉴古代圣王的治国理念。百姓若想做到行为适宜，就必须听从父母的教诲，遵从天子的训导以获得正确的思想。因此即使有贤明的君主，百姓如果没有事先接受军事教育，也是不能让他们走上战场的。

古之教民，必立贵贱之伦经，使不相陵①，德义不相逾，材技不相掩，勇力不相犯②，故力同而意和也③。

【注释】

①"古之教民"三句：意谓古代教育民众，必须制定上下贵贱不同等级的行为法则，使不同阶层之间不互相欺凌逾越。伦经，指人伦规范。陵，侵凌。施子美曰："两贵不能以相事，两贱不能以相使，无君子莫治野人，无野人莫养君子。二者角立，又乌有陵犯之变哉？且天尊地卑，自两仪既奠之后，而贵贱之势，已立乎其中。然民之蚩蚩，教然后知其所以教之也。必先立贵贱之伦经，使之不相陵犯，则天下以无事而治矣。伦，类也，立之伦，一定而

不易；经，常也，立之经，有常而不乱。且以军法观之，必有大将，有左右将，有偏裨，有师伯，而又有长正卒伍，而贵者役贱，贱者役于贵，而毋或陵犯。此古之教也。”朱墉引金千仞曰：“伦谓贵贱之等，经谓伦之秩，然不紊处必教立而后民可用，必伦经立而后教可成，此教民之极，则亦即治兵之先务也。”又引《通义》曰：“伦以其有序，经以其有常也。以此为教，何相陵之有？”

②“德义不相逾”三句：意谓德义原则不被逾越，才干技艺者不被埋没，勇猛多力者不敢违命。施子美曰：“事有出于相似，而其实不能无间者，不可不卞也。不有以卞之，则得以相夺而无别矣。紫之乱朱，郑之乱雅，莠之乱苗，此易卞也。德义、材技、勇力，此其所难卞者焉：一浅一深、一精一粗之间耳。德者，本乎己者也，义则临敌度宜而已，未至于德也。《三略》曰：‘德者，人之所得。义者，人之所宜。’德义之间，一间耳，故易至于相逾，必有以别之，故不能相逾。逾如卑逾尊、疏逾戚之逾同，逾有逾越之义焉。材，人有能者也。技，则一艺之长而已，未至于材也。传曰：‘任官惟贤材。’又曰：‘人之有技。’材技之间，亦一间耳，故易至于相掩，有以别之，故不能以相掩。掩有掩蔽之义，如日掩人之过之掩同。勇果于有为也，力则一夫之强耳。孟轲于义，此勇也，力如乌获，此力也。勇力相同，易以相犯，故有以卞之。而后不至相犯有陵犯之心，如好犯上之犯同。三者既以不相紊，故力同意和而无少乖戾也。”朱墉引陈孝平曰：“不相逾，不相掩，不相犯，即同和意。”

③故力同而意和也：意即大家就会同心协力、和谐相处了。力，《武经七书直解》本、《武经七书汇解》本均作“方”。刘寅曰：“方者，向也。谓所向必心同而意和也。”朱墉引《大全》曰：“伦序经制一立，而后上爱其下，下敬其上，有相和相好之风，无相乖相离之志。”又引汪殿武曰：“天下至难同者方向也，最未易和者意气也，

盖由德义之相逾，材技之相掩，勇力之相犯故耳。今一立伦经，而三者不相逾掩犯，又如此，尚何方向之不同而意气有不和者哉?”

【译文】

古代教育民众，必须制定上下贵贱不同等级的行为法则，使不同阶层之间不互相侵凌。德义原则不被逾越，才干技艺者不被埋没，勇猛多力者不敢违命，这样大家就会同心协力、和谐相处了。

古者，国容不入军，军容不入国，故德义不相逾[①]。上贵不伐之士，不伐之士，上之器也[②]。苟不伐则无求，无求则不争，国中之听，必得其情，军旅之听，必得其宜，故材技不相掩[③]。从命为士上赏，犯命为士上戮，故勇力不相犯[④]。

【注释】

①“国容不入军”三句:意谓国中的礼仪法规不用于军中，军中的礼仪法规不用于国中，这样德义原则就不会被逾越。容，指礼仪法规。《汉书·胡建传》有“国容不入军，军容不入国”句。施子美曰:“国尚德，军尚义，军容入国，是义逾于德，其失也刚。国容入军，是德逾于义，其失也弱。内外有异仪，国有国之容，军有军之容。国容不可以入军，犹军容之不可以入国。国主仁柔，军主威武，二者其可以相犯乎?惟军国之容，不得以相犯，此德义所以不相逾也。保氏以六仪教国子，有曰‘朝廷之容’‘军旅之容’，而法亦曰:‘国容入军则民德弱，军容入国则民德废。’两者各有所别，德、义安得而相逾?”刘寅曰:“天子穆穆，诸侯皇皇，大夫济济，士子跄跄，揖让进退，升降跪拜，周旋中规，折旋中矩，此国容也，所以不可入于军。武夫前呵，壮士后随，旌旗麾帜，金鼓笳

笛，坐作进退，分合解结，此军容也，所以不可入于国。”朱墉引《通义》曰：“国容主揖逊，尚德也。军容主果毅，尚义也。不相入故不相逾。德逾义则弱而不振，义逾德则强而易折也。”又引《醒宗》曰：“容仪之间所以辨德义，原各有当然之则。若以雍容揖逊之容入于发扬蹈厉之中，岂其宜耶？”又引谈敷公曰：“国容入军，是以朝堂之秩秩临于赫弈之戎行，廊庙之彬彬混于威猛之武地，不亦声容盛而武备衰乎？”李零说：“《礼记·中庸》说‘礼仪三百，威仪三千’，古人对仪容举止有很详细的规定。贾谊《新书》有《容经》《礼容语》二篇，可参看。‘德义不相逾’，国中的仪容和军中的仪容各有规定，不可以前者加之后者，也不可以后者加之前者，所以说‘德义不相逾’。”田旭东说：“本篇在两处强调‘古者，国容不入军，军容不入国’，并且认为‘军容入国则民德废，国容入军则民德弱。’这说明古人已经明确地认识到，治国与治军，二者在方法上是根本不同的。”还说：“关于治国，本篇认为应以礼为重，即所谓国内尚礼，统治民众主在教化，民众只有进行教化之后方可使用。教化必须先正名分，立贵贱，这就是分等级，使上下有序。其目的在于使各级之间不相侵凌；有德行节义者以正道自守，不相逾越；有才能技艺者各得以自献而不相掩蔽；有胆勇气力者不得恃强以相干犯。用这样的方法去教化民众，就可达到方向齐同，意志和谐了。这是古人所幻想达到的一种社会境界，实际上是由原始氏族社会脱胎而来的、以血缘为基础的、要求在整个社会成员之间保存和建立的一种既有严格等级秩序而又具有某种平等、博爱的社会关系。这在当时已进入奴隶社会阶段的时代，是根本不可能的，它只能是作为一种古人的幻想或统治阶级所吹捧的境界了。”徐勇说：“强调国中与军中礼仪应有区别，不可混用。这里的‘国’，应是‘国野’的‘国’，所谓‘国容’，是指居住在与‘野’相对的城中及四郊的国人应有的礼仪。在西周和春秋初年,野人没有当兵的权利,国人则属亦兵亦民性质。对国人平日居于国中应有的礼仪及战时在军中可行的礼仪之所以要加以区别,原因在于'军容入国则民德废,国容入军则民德弱',也就是说,'军容'尚简,不易贻误战机,不致影响军队的战斗力。'国容'则尚繁,以便从各个方面达到维系严格的等级秩序的目的。'在国言文而语温,在朝恭以逊,修己以待人,不召不至,不问不言,难进易退。'这种在国中必须严守的礼仪,在军中则未必遵守:'介者不拜,兵车不式,城上不趋,危事不齿。''拜''式''趋'及论年齿,是国人平日相见的重要礼节,在军中都可免除。'国容不入军,军容不入国',是西周至春秋初年的重要制度,《司马法》追论及此,为后人提供了宝贵的西周军礼史料。这一制度,对后世也有较大影响。如西汉文帝到将军周亚夫的细柳军营劳军,'至营',将军亚夫持兵揖曰:'介胄之士不拜,请以军礼见。'(《史记·绛侯周勃世家》)就是明显的例证。"黄朴民说:"本篇对建军、治军问题进行了系统、精辟的论述,主张在国尚礼,在军尚法,礼与法互为表里,互为弥补,各有其用,并行不悖。为此它提出了一个十分著名的命题:'国容不入军,军容不入国。'意思就是治国的一套不能用于治军,治军的一套也不能用于治国。治军上要严明赏罚,树立权威,令行禁止,确保军队最大限度地发挥战斗力。这一主张对后世曾产生过深远的影响。西汉时期名将周亚夫细柳治军就是这方面的显著事例。"

②"上贵不伐之士"三句:意谓君主应珍视不自夸的人才,不自夸的人才,才是君主需要的人才。刘寅曰:"在上者当贵重不夸伐功能之士。不夸伐功能之士,乃在上者之器用也。或曰:上之器,上品之器也。"朱墉引陈明卿曰:"有功而伐则志骄气盛,相争无让,将矜夸偾事,犯上无等之弊皆从此出,不惟不能推己之功以

与人，必且攘人之功以归己。不伐之士器量深远，可以济国事建大功也。”又引黄献臣曰：“范文子之后入，郤克之让功，冯异之居树下，皆不伐之士。”又引《大全》曰：“不伐之士，自不与常人相等，其为上品之器可知已。”

③“苟不伐则无求”七句：意谓如果不自夸，就无奢求，如果没有奢求，就不会与人争斗，在朝廷处理政务，必定合情合理，在军队处理军务，必定适宜恰当，这样有才干技艺者就不会被埋没了。听，治理，断决。施子美曰：“人惟不伐，则无求胜人之心。苟有所矜夸，而务有相胜焉，则必文其所不能，饰其所未有，以求掩人之才，何所不至也？哀公二年铁之战，晋败郑，简子曰：‘吾伏弢呕血，鼓音不衰，今日我上也。’太子曰：‘吾救主于车，推敌于下，我右之上也。’邮良曰：‘我两靷将绝，我能止之，我御之上也。’夫既争以为上，则勇夸其勇，力者矜其力，而求以掩人之功。此陵犯之风所由起。今也以不伐之士而贵之。不伐之士，上之所重也。故曰：器，人苟不伐则无所求，无所求则无所争。国中之听，论功也。军旅之听，亦论功也。不独谓听讼也，听论功于国中，必得其情者。如汉高论功，以萧何为第一，太宗论功，以房、杜居其首，此为得其情也。听于军旅，则如太宗论仁贵之功，则立赐之金。光弼擒周贽，而赐战者之绢，斩不战者也。如此则勇力岂得而相犯乎哉？成公二年，郤伯见晋侯，公曰：‘子之力也夫！’曰：‘君之训也，二三子之力也。臣何力之有焉？’范叔见，劳之如郤伯，对曰：‘庚所命也，克之制也。燮何力之有焉？’栾伯见，公亦如之，对曰：‘燮之诏也，士用命也，书何力焉？’苟如此，乌有勇力而相犯者乎？”刘寅曰：“苟不夸伐，则无求于人；既无求于人，则与人无所争也。昔冯异见诸将争功，每屏大树下，得此道矣。在国中听断事务，必要得民之情状。听讼听政之听，得其情而断其是非可否也。在军旅中听断事务，必要得其所宜；若不合宜，

必有滥赏罚者。”朱墉引《通义》曰:“材技之相掩,由于争能争功。士不伐故无求,无求故不争,不争则相与让能让功,军国之间有壅其听者哉?虽一材一技皆得上闻,其谁能掩之?盖不伐之士善处功,能以德器称,是以上贵之。上之所贵,下之所趋也,是以风尚为教也。”

④“从命为士上赏”三句:意谓对于遵从命令的士兵,将领要给予奖励;对于抗命不从的士兵,将领要实施惩罚,这样勇猛多力者就不敢违命了。上,指军中将领;一说为最高级,上赏,即最高级别的奖赏。施子美曰:“昔吴起与秦战,未合,有一夫不胜其勇,前获双首而还。吴起立斩之。军吏曰:‘此材士也。’起曰:‘非吾令也。’遂斩之。人惟不知令,而惟己之欲为,此所以相犯也。今以从命而为上赏,犯命为上戮,则勇者不得以独进,力者不得以强争,故不相犯。三麾至地,诸军争奋,周麾而呼,郑师毕登,此从命者也。若夫彘子以偏师陷,二子各以其私往,其犯命为如何?既犯命矣,勇力乌得而不相犯乎?”刘寅曰:“听从命令,为我士者,授之以上赏;干犯命令,为我士者,治之以上戮。故有勇力者,不得相犯也。”

【译文】

古时候,国中的礼仪法规不用于军中,军中的礼仪法规不用于国中,这样德义原则就不会被逾越。君主应珍视不自夸的人才,不自夸的人才,才是君主需要的人才。如果不自夸,就无奢求,如果没有奢求,就不会与人争斗,在朝廷处理政务,必定合情合理,在军队处理军务,必定适宜恰当,这样有才干技艺者就不会被埋没了。对于遵从命令的士兵,将领要给予奖励;对于抗命不从的士兵,将领要实施惩罚,这样勇猛多力者就不敢违命了。

既致教其民,然后谨选而使之①。事极修则百官给矣,教极省则民兴良矣，习贯成则民体俗矣[②]，教化之至也。

【注释】

①既致教其民，然后谨选而使之：意谓已经对民众进行了规范教育，这样做了以后再慎重地从中选拔人才，使用好他们。施子美曰："天下未尝无不可用之人，特在上之人教之未至也。教之既至，拣之又精，何人之不可用哉？善触莫如牛，置之轮衡，可使之耕。善蹄莫如马，设之御勒，可使之驭。物且然尔，况于人乎？是以古人既致教其民矣，然后谨选而使之。《吴子》曰：'捡募良才。'《尉缭子》曰：'教成试之以阅。'阅者，简阅也。简而阅之，谨选而使之，捡士之意也。晋被庐之蒐，作三军，谋元帅，此意也。不然，鲁冬太阅，君子何以曰简车马也？"

②"事极修则百官给矣"三句：意谓各项公事都得到很好治理整顿，百官就会各尽其责；各种教育工作都得到很好督察，民众就会普遍向善；行为习惯一旦养成，民众就会依据习俗办事了。省，检查，督察。一曰简明扼要。习贯，即"习惯"。施子美曰："凡三军之所寓者，既无有不善，则臣民之寓于兵者，同归于治矣。事极其修则百官给者，馈粮之任，器械之司，法筭之职，天地之官，各极其修，而各司其事，然后可以共其所用也。教极省则民兴良者，金鼓之节，旌旗之度，奇正之术，作坐进退之令，皆极省约而后民兴于善。习贯成则民体俗者，习而贯熟，手便击刺，足便驰逐，舟车利进止节，凡事出于所习，无不如自然，故民与俗相体矣。成周之时，若作民而师田行役，则各治其事，此事极修也。四时有时田之教，此教极省也。至于以俗教安而民不偷，则习惯成也。此非教化之极其至，乌能至此？"刘寅曰："事极修整，则百官给足矣。教极省察，则民兴良善矣。习贯既成，则民体风俗矣。'贯'与'惯'同。习贯如自然是也。"朱墉引汪殿武曰："省，

不烦之意，以人固有之良，教人修复之极其省便，而人之易从易明者，则其良自油然兴矣。”又引《醒宗》曰：“自立教分贵贱，以至于兴良成俗，此乃是至处。”又引《开宗》曰：“此节言教民之经教立，而后其民可使。”王联斌说：“教育只有达到使民众内心认同、幡然醒悟的效果，才便于兴良为善；好的习惯一经养成，民众就会按照礼的要求行事了，这就使教育取得了最大的成效。看来，道德教育的内容是否能够达到‘极省’的要求，是决定教育成败得失的一个重要因素。”

【译文】

已经对民众进行了规范教育，这样做了以后再慎重地从中选拔人才，使用好他们。各项公事都得到很好治理整顿，百官就会各尽其责；各种教育工作都得到很好督察，民众就会普遍向善；行为习惯一旦养成，民众就会依据习俗办事了，这是教育的最大成效。

古者，逐奔不远，纵绥不及[①]。不远则难诱，不及则难陷[②]。以礼为固，以仁为胜。既胜之后，其教可复，是以君子贵之也[③]。

【注释】

①逐奔不远，纵绥不及：意谓追逐败逃的敌兵不能追得过远，追击退却的敌兵不必一定追上。《群书治要》卷三三、《太平御览》卷三〇七“纵绥不及”句下有“所以示君子且有礼”。《左传·僖公二十三年》有“其辟君三舍”句，贾逵注引《司马法》曰：“从遁不过三舍。”按，本书《仁本》作：“古者，逐奔不过百步，纵绥不过三舍，是以明其礼也。”施子美曰：“战谨进止，法尝言矣。以教坐作进退、疾徐疏数之节，《周礼》有是法矣。”刘寅曰：“古之战者逐人奔败之兵，不欲甚远；从人退还之兵，不必及之。”田旭东说：“本篇

所讲的作战原则，主要申明了进军有节制的原则，‘逐奔不远，纵绥不及。不远则难诱，不及则难陷’，为防止被敌人详退而诱惑中敌圈套，一般追击时不宜过远，远则难以估量敌情，容易盲目钻入敌人所设的埋伏之中。所以，即使敌军败北而逃，追击时也应有所节制，不一定非追着不可，这样就可避免被敌伏兵所陷的危险。名义上是‘以礼为固，以仁为胜’，实际上，只有不被敌军所诱，不中敌计而被陷，才可称之为固。有节制，然后可固，自身固，才能克敌制胜，这是古人早就认识到的道理。”

②不远则难诱，不及则难陷：意谓追得不远，就很难被敌诱骗；没有追上，就很难被敌兵伏击。施子美曰：“夫战者，欲民知节也。逐奔北之师，不得远追，远追则为人所诱。纵其车绥，不得及之，及则为人所陷。今也逐奔不远而难诱，纵绥不及而难陷，此节制之师也。法前言：‘逐奔不过百步，纵绥不过三舍，是以明其礼也。’礼节，民心者也。杜预注秦晋河曲之战，言之详矣。”刘寅曰：“不远则难为彼所诱，若龙且逐韩信，为信诱过潍水而败之。不及则难为彼所陷，如庞涓从孙膑，为膑算，至马陵而杀之。此古之为将者所以逐奔不远而纵绥不及也。”

③“以礼为固”五句：意谓以礼治军就能巩固军队，以仁带兵就能取得胜利。获胜以后，对民众的教育应反复进行，因而有德之士都是很重视这些方法的。施子美曰：“事有可以行之一时者，有可以行之千万世而不可易者。行之一时者，术也。行之千万世者，道也。道也者，固在于礼，胜在于仁，是以道化民也。化之以道而不事权谲之事，岂徒一战而止，虽千百战用之可也。此既胜之后，其教可复也。复者，再用也。以礼为固者，礼可以捡束，周旋动容无敢少违焉。而又名分之所在，为不可犯，则其固为如何？传曰：‘有礼则安。’又曰：‘有礼则存。’曰安曰存，固之之说也。此所以少长有礼，晋侯知其民之可用，鲁秉周礼，齐人所以不敢

加兵，以礼为固也。文公大蒐而示之礼，亦此意也。《周礼》以军礼同邦国，皆此意也。以仁为胜者，仁则能爱人者，人当爱之，视卒如爱子，可与之俱死。而又仁人之兵，如时雨降，将俯伏归从之不暇，又何敢敌者哉？传曰：'仁者无敌。'又曰：'节制不可以敌仁义。'则仁之为胜也如何？汤之克宽克仁而克夏，武之发政施仁克商，则仁之为胜也可知。齐威之遗衣遗食，谓此也。而穰苴、吴起所以胜敌者，亦此也。礼以为固，仁以为胜，可以胜也，其教可以复行也。不独一战用之，百战用之可也；不独百战用之，虽千万战用之可也。其教之也，不独教之于今日，虽千百载行之可也。夫如是，安得君子不贵之哉？贵之者非贵其战而胜也，谓其礼仁之可以教民也。礼仁者，人心之所同然者，因其所同然而教之，不咈人心，则君子又安得而不贵哉?"刘寅曰："以礼为固者，守之以礼也；以仁为胜者，战之以仁也。此皆上古神武不杀之道。既胜敌之后，其教化可得而复用，此君子所以贵之也。"朱墉引《开宗》曰："此言古者进兵之事。"

【译文】

古时用兵，追逐败逃的敌兵不能追得过远，追击退却的敌兵不必一定追上。追得不远，就很难被敌诱骗；没有追上，就很难被敌兵伏击。以礼治军就能巩固军队，以仁带兵就能取得胜利。获胜以后，对民众的教育应反复进行，因而有德之士都是很重视这些方法的。

有虞氏戒于国中，欲民体其命也①。夏后氏誓于军中，欲民先成其虑也②。殷誓于军门之外，欲民先意以行事也③。周将交刃而誓之，以致民志也④。

【注释】

①有虞氏戒于国中，欲民体其命也：意谓虞舜在国内告诫民众，是

要让他们领会他的命令。有虞氏，传说中的古部落名，都于蒲坂（今山西永济东南），舜是首领。施子美曰："世有先后，故人有淳浇。人有淳浇，故命有烦简，则其所以告之以战事者，亦不可得而同也。故有虞氏戒于国中，夏誓于军中，商誓于军门外，周将交刃而誓之，不无异也。古人曰：誓诰不及五帝，盟诅不及三王。故虞无誓，夏商周无诅。戒于国中，有虞之世也。戒者，敕之以事，誓则折之以言。虞戒于国中，民未为浇也，故欲民体上之命。体而行之，斯足矣。"田旭东说："誓师，是古代在战前必定要进行的一个活动，《尚书》记载了不少誓师内容。本篇列夏、商、周三代英明国王出兵征伐讨乱时，一定要制定誓命文告，用以告诫军队，并记述了夏代在军中誓师，是使人们在思想上事先做好准备，商人在军门外誓师，是使人们先树立坚定的意志以对待战争，周人在临阵时誓师，是激励军队的战斗意志的情况。夏、商、周三代虽不尽相同，但目的是一致的。两军作战，士气旺盛的打胜仗，士气败落的打败仗，这是一般规律。在激励士气的方法上，古人有许多经验，但都把誓师看得极重，它同我们今天所进行的战前动员一样，意在鼓动士气，激发对敌仇恨，坚定将士的必胜信心，以利于作战。"

②夏后氏誓于军中，欲民先成其虑也：意谓夏启在军中誓师，是要让士兵在作战前做好思想准备。夏后氏，即夏朝，中国历史上第一个世袭王朝，都于安邑（今山西运城东北），开创者为禹。据《史记·夏本纪》，禹的儿子启即位后，曾与有扈氏大战于甘（今陕西户县西南），战前作《甘誓》。施子美曰："夏誓于军中，戒不可以敕之，故及于军中而誓之焉。民渐浇也，欲俾民先成其己之虑以为自备之术也。"

③殷誓于军门之外，欲民先意以行事也：意谓商汤在军门外誓师，是要让士兵事先了解他的作战意图以便展开行动。殷，朝代名，

即商朝。商王盘庚从奄(今山东曲阜)迁到殷(今河南安阳西北小屯村),因而商朝又称殷商。据《史记·殷本纪》,商汤伐桀,战于鸣条(今山西运城北),战前作《汤誓》。施子美曰:“商誓于军门之外者,军行之誓不足以告之,故于门外又誓之焉。民愈浇也,欲使民先成其意而以待战事也。待敌之术也。”

④周将交刃而誓之,以致民志也:意谓周武王在与殷纣王的军队即将交锋决战前誓师,是要让士兵具有战斗意志。周,朝代名,即周朝。据《史记·周本纪》,周武王伐纣,战于牧野(今河南新乡北),战前作《牧誓》。交刃,交锋。施子美曰:“周将交刃而誓之,则门外之誓,又不可以尽告也。故又于交刃而誓之,以其丁宁告喻,亦已烦矣。盖欲其民志之致一也。戒哉之戒,戒于国中也。商誓于师,誓于军中也。汤于鸣条之野,格众而誓之军门之外也。武王左仗黄钺,右秉白旄以麾。予其誓,交刃之时也。若夫志出于意,意出于虑,虑出于心而体,则体而行之。无俟于志与虑,此又不可不卞。”王联斌说:“战前道德激励是夏、商、周三代普遍遵循的励军原则。夏启在军誓师,是为了使全军将士事先作好作战的思想准备,这实际上是一种战争动员。商汤在军门外誓师,是为了使全军将士事先统一思想,以便于统一行动。周武王在两军交战时誓师,是为了用道德的力量激励士卒的战斗意志。《尚书》中记载的《甘誓》《汤誓》《牧誓》,充分体现了夏、商、周三代战前誓师的情景。”朱墉引《开宗》曰:“此节言古者誓师之事而历指其意如此。”

【译文】

虞舜在国内告诫民众,是要让他们领会他的命令。夏启在军中誓师,是要让士兵在作战前做好思想准备。商汤在军门外誓师,是要让士兵事先了解他的作战意图以便展开行动。周武王在与殷纣王的军队即将交锋决战前誓师,是要让士兵具有战斗意志。

夏后氏正其德也，未用兵之刃，故其兵不杂[①]。殷义也，始用兵之刃矣[②]。周力也，尽用兵之刃矣[③]。

【注释】

①"夏后氏正其德也"三句：意谓夏禹德行醇正，以揖让取天下，没有动用武力，所以那时的武器种类不复杂。未用兵之刃，指没有用血腥战争的方式征服天下。施子美曰："周之君非不能为商之治，商之君又岂不能为夏之事哉？时异事异，日渐以浇也。夏后氏之世，去尧舜为未远，以德正之。故兵虽用，而不用其刃。故兵不杂。杂，多也。杨子曰：'人病以多知为杂。'有苗之役，嗣侯之征，曷尝有杀伤战斗之患哉？征之而已。征之为言，正也。"刘寅曰："夏后氏以揖让有天下，是以正其德也。未尝用兵之刃，故兵器不杂；用兵之刃，兵器宜杂，杂则难制。未用兵之刃，故兵器不杂也。"

②殷义也，始用兵之刃矣：意谓商汤以仁义取得天下，开始动用武力征讨敌人。施子美曰："及汤之世，以义制事，故十一征。自葛载，始用兵之刃矣。"刘寅曰："殷汤以义取天下，初用兵之刃矣。葛伯放而不祀，汤使人问之，曰：'无以供牺牲也。'汤使人遗之牛羊，葛伯杀而食之，又不以祀。汤使人问之，曰：'无以供粢盛也。'汤使人往为之耕。有童子以黍肉饷，杀而夺之。汤始征，自葛载，十一征，而无敌于天下，岂非义乎？"

③周力也，尽用兵之刃矣：意谓周武王以武力取得天下，使用了各种武器扫荡顽敌。施子美曰："至于武王之时，及降之以力，而兵之刃尽用之矣。'我武惟扬，杀伐用张，于汤有光'，非尽用兵之刃乎？所遭之时既异，所用之战亦异也。"刘寅曰："周以力取天下，尽用兵之刃矣。革车三百辆，虎贲三千人，诸侯会于孟津者八百，鹰扬之将以百夫致师，非力而何？愚按：夏商周三代，各以

其盛者而言，非殷无德而周不义也。”朱墉引《开宗》曰：“此节言三代用兵所尚之异。”

【译文】

夏禹德行醇正，以揖让取天下，没有动用武力，所以那时的武器种类不复杂。商汤以仁义取得天下，开始使用武力征讨敌人。周武王以武力取得天下，使用了各种武器扫荡顽敌。

夏赏于朝，贵善也。殷戮于市，威不善也①。周赏于朝，戮于市，劝君子、惧小人也②。三王彰其德一也③。

【注释】

①“夏赏于朝”四句：意谓夏代在朝廷上奖赏善人，是为了鼓励社会上的人做善事。商朝在集市上杀死恶人，是为了震慑社会上的人不要做恶事。施子美曰：“赏罚之用非美政也。劝以其所可为，而戒之以其所不为也。使三军之众，上自将帅，下逮士伍，从上之命，成天之功，而无敢少违者，则亦无可劝者，何赏之有？无可惩者，何罚之有？是以上古之世，赏无所用，罚无所试，而有不赏而劝，不罚而惩者矣。三代以来，赏罚之用，所以为劝惩之权也。故古者爵人于朝，与众其之，刑人于市，与众弃之，欲赏罚之公且明也。夏赏于朝，所贵者善。商戮于市，所威者不善也。夫夏岂不用罚，而商独无可赏之人乎？曰：不然。夏去唐虞为未远，故特用赏以责其善。商承夏桀之余，非罚不可以惩恶，故用罚以威不善。”

②“周赏于朝”三句：意谓周朝在朝廷上奖励善人，在集市上杀死恶人，是为了勉励君子行善，使小人害怕而不敢作恶。施子美曰：“若夫周之时，纣之恶俗，犹未尽去，而文武之化已行，是善恶相半，而君子小人相有也。不赏于朝，何以劝君子？不罚于市，何

以惧小人？此赏罚之所以并用也。虽然，赏罚不可以独用也久矣。一于赏则大宽，宽则民慢，一于罚则太猛，猛则残，其可独用乎？《书》曰：‘用命，赏于祖。不用命，戮于社。’甘之誓也。‘予其大赉汝，予则孥戮汝。’汤之誓也。‘功多有厚赏，弗迪有显戮。’牧之誓也。穰苴之言，又何所取乎？意者取其时而言之也。故或一于赏，或一于罚，或兼而用之。”刘寅曰：“周家赏有功于朝，戮有罪于市，劝为善之君子，惧为恶之小人也。”

③三王彰其德一也：意谓三代圣王虽赏罚方法不一，但表彰善人德行的目的却是一致的。施子美曰：“三王之心，要在章其德也。章，显而明也。夏赏以贵善，贵其有德也。商戮以威不善，使之反而归于德也。周劝君子而惧小人，使君子常其德，而小人畏而复于德也。三王所以用赏罚虽殊，而所以章其德则一也。杨子曰：‘三代咸有显德。’庸有异乎？穰苴论三代赏罚，如此其异。以《书》考之，又有可言者。《甘誓》曰：‘用命，赏于祖。弗用命，戮于社。’夏岂不用罚乎？《汤誓》曰：‘予其大赉汝，予则孥戮汝。’商岂不用赏乎？穰苴必分言者，盖夏之时，罚少而赏多，故特言赏。商之时，罚多而赏少，故止言罚。”朱墉引《醒宗》曰：“夏用赏，殷用戮，周赏戮并用，总之是一个贵善的意思。彰者，显明之意。三王之心显明，教天下从善也。一赏一罚，一赏罚并用，其实不一，而不知赏善，善善也，罚恶，亦善善也。赏罚并用，亦是举直错枉，能使枉者直，亦善也，一也。”又引《开宗》曰：“此节言三代赏罚不同，而究归于彰德。”李零说：“‘劝君子’，勉励有德之人。‘惧小人’，使无德之人知所畏惧。案君子、小人本指身份贵贱，按照传统的贵族等级观念，身份贵贱与德行高下是一致的，贵者有德，贱者无德。以君子、小人泛指有德、无德，这是后起的一种观念。周以‘赏于朝’‘劝君子’，以‘戮于市’‘惧小人’，下文称作‘周以赏罚’，意思是周人赏罚并用。”按，本段对夏、商、

周三代赏罚形式不同的描述,当出自作者的想象,非历史真实。历代统治者实施奖惩的主要目的,是为了规范、安定社会秩序,彰显道德诉求,"彰其德"非独三代如此,而是历代皆如此。

【译文】

夏代在朝廷上奖赏善人,是为了鼓励社会上的人做善事。商朝在集市上杀死恶人,是为了震慑社会上的人不要做恶事。周朝在朝廷上奖励善人,在集市上杀死恶人,是为了勉励君子行善,使小人害怕而不敢作恶。三代圣王虽赏罚方法不一,但表彰善人德行的目的却是一致的。

兵不杂则不利,长兵以卫,短兵以守①。太长则难犯,太短则不及②。太轻则锐,锐则易乱。太重则钝,钝则不济③。

【注释】

①"兵不杂则不利"三句:兵,兵器。不杂,指对各种兵器合理搭配使用。卫,护卫,掩护。《太平御览》卷三五三引此句,下有"故初列即(当作弓)、戟间焉,次列殳、矛间焉"数句。施子美曰:"法曰:'弓矢御,殳矛守,戈戟助,五兵五当,长以卫短,短以救长,迭战则久,皆战则强。'是则兵不杂则不得其利矣。杂,多也。长兵以卫,即《礼》所谓攻国之兵欲长。短兵以守,即《礼》所谓守国之兵欲短。"刘寅曰:"兵器不杂而用之,则不锋利。长兵以之而卫。长兵,戈戟之类是也。短兵以之而守。短兵,刀剑之类是也。"朱墉引《大全》曰:"兵器贵以利用为主。若使长不济短,短不接长,轻不接重,重不济轻,何以适其宜哉?"田旭东说:"杂,即指对长、短、轻、重武器合理配置,各种兵器协同作战是争取战斗胜利的重要因素,古人很重视这个问题。古代的长兵器,指戈、戟、殳等。短兵器指刀、剑等。长兵器主要用于车战,是车与车相错时

格斗，所以要求其长度必须是能保护所乘战车挽马头部为半径，太长不易挥动，难以干犯敌人，太短则够不着敌人，不能有效地杀伤敌人。短兵器主要用于卫体，至后来骑兵逐渐发展兴盛时则多用于骑兵的作战，骑和骑相交时格斗，用刀、剑之类就比用戈、戟方便得多。长、短各自发挥其特长又相互弥补不足、相互掩护，长以卫，短以护，方能所向无敌。"

②太长则难犯，太短则不及：意谓兵器太长就难以有效攻击敌人，太短就容易打击不到敌人。犯，此指攻击敌人；一说为约束之义。李零说："'难犯'，难以约束。'犯'，读为'范'。《孙子·九地》：'犯三军之众，若使一人。犯之以事，勿告以言；犯之以利，勿告以害。'犯字用法与此同。'犯'同'范'，是范国、约束之义，《易·系辞上》：'范围天地而不过。'《释文》引张璠本作'犯违'，是'犯'可读为'范'。"《考工记·庐人》曰："凡兵无过三其身，过三其身，弗能用也。"施子美曰："凡兵者，毋过三其身。过三其身，则不能用也。是太长则难用矣。难犯者，难用也。太短则难刺矣。不及者，刺之不及也。"

③"太轻则锐"四句：意谓兵器太轻，使用起来让人行动快速，行动快速容易导致战况混乱。兵器太重，使用起来让人行动迟缓，行动迟缓就会打击不了敌人。锐，快速。钝，迟钝，迟缓。施子美曰："太轻则锐疾而易举，故不能持重而易乱。太重则迟钝而难发，故不能疾速，何以济事？皆非兵之至善也。语曰：'工欲善其事，必先利其器。'况兵者，国之大事，其可不度其长短，与其轻重，而使适于用乎？此取用于国，兵法之所先也。"朱墉引《开宗》曰："此节言兵器之制。"

【译文】

对各种兵器如果不能很好地搭配使用，将不利于发挥兵器的威力，长兵器是用来掩护短兵器的，短兵器是用来近距离护身格斗的。兵器太长就难以有效攻击敌人，太短就容易打击不到敌人。兵器太轻，使用起来让人行动快速，行动快速容易导致战况混乱。兵器太重，使用起来让人行动迟缓，行动迟缓就会打击不了敌人。

戎车，夏后氏曰钩车，先正也①。殷曰寅车，先疾也②。周曰元戎，先良也③。旂，夏后氏玄，首人之执也④。殷白，天之义也。周黄，地之道也⑤。章，夏后氏以日月，尚明也⑥。殷以虎，尚威也⑦。周以龙，尚文也⑧。

【注释】

①"戎车"三句：戎车，战车，兵车。春秋以前，兵车是作战主力。通常一车以四马或六马挽拉，车上乘甲士三人。居中者御马驾车，左边的持弓，主射，右边的持戈矛，主击刺。正，正路，坦途。施子美曰："戎车，兵车也。《书》曰：'戎车三百两。'《诗》曰：'戎车既安。'此戎车也。故《周礼》有戎右、有戎仆，皆主兵车者也。夏后氏以勾者，谓其势勾曲，要其意以正从横、束部曲为先也。《玉藻》曰：'钩车，夏后氏之车也。'或曰：夏后氏先正其德，未用兵刃，先自正而已。"刘寅曰："戎车，则夏后氏名曰钩车，先导之以正也。"

②殷曰寅车，先疾也：意谓到了商朝，称作寅车，其主要特点是行驶迅捷。施子美曰："商曰寅车者，盖一岁之首，以寅为先，则寅有先疾之义焉。商之兵车，必曰寅车者，疾于致用为先也。"刘寅曰："殷之车名曰寅车，先导之以疾也。钩车、寅车，未详其制。"

③周曰元戎，先良也：意谓到了周代，称作元戎，其主要特点是形制精良。施子美曰："周曰元戎者，元者善之长也。仁善为元，元为大善。周人尚舆，其制为甚善，故以元为先。《诗》曰：'元戎十

乘，以先启行。'则是取其先良也。皆时异制异也。"刘寅曰："周之车名曰元戎，先导之以良也。《诗》曰'元戎十乘，以先启行'是也。"朱墉引《大全》曰："车所以冲坚破阵，所以任重道远，用兵第一要务。先正则无诡谲之弊，先疾则无迟缓之病，先良则无覆蹶之虞。三'先'字即三'尚'字。"

④"旂"三句：意谓夏朝的旗帜用的是黑色，象征着军队像头上长满黑发的壮士一样威武。旂，旗。玄，黑色。夏朝尚黑，旗帜用黑色。执，同"势"。姿势，样子。施子美曰："《诗》曰：'言观其旂，旂旐央央。'盖旂者，车饰也。有车无旂，何以为文？故《周礼》有巾车，必有司常，言车旂必相为用也。旂之制，旌首而饰以铃者是也。夏以黑为首，所以明人之执。夏之德水，故以黑色也。"刘寅曰："旂，《曲礼》谓'蛟龙为旂'者是也。夏后氏之旂玄。首者，象人之执，人首黑故也。'执'当以《汉书》作'势'。"

⑤"殷白"四句：意谓商朝的旗帜用的是白色，象征着军队像天体一样莹洁。周朝的旗帜用的是黄色，象征着军队像黄土地一样厚重。施子美曰："商以白，所以致天之义也。商之德金，故以白。周以黄，所以明地道也。周德土，故以黄。人谓之执，以其有体也。夫谓之义，以其白为义也。至于黄，中也，故以道言之。"刘寅曰："殷之旂色白，象天之义，天体莹洁故也。周之旂色黄，象地之道，地之体黄故也。"朱墉引《大全》曰："旂所以为三军之运动者，象人之体势，象天之仪，象地之道，取三才之义。"

⑥"章"三句：意谓夏朝的徽章用的是日月，以示崇尚光明。章，标记，徽章。《武经七书注译》说："《说文》：'卒，衣有题识者。'可见兵卒的衣服上都有标记。据考证，肩上的标记叫徽，胸前和背后的标记叫章。其作用是标明他所隶属的部伍及其在阵中的行列和位置（见《尉缭子·经卒令》）。"施子美曰："章者，缋之于旂，以章明之也。《记》曰：'龙章而设日月。'此章之制也。夏后氏以日

月，尚明也。盖明德自虞舜始，禹继之而有天下，故亦尚明德焉。”刘寅曰：“章，士卒所戴之章也。《尉缭子》所谓‘卒有五章’是也。夏后氏之章用日月，尚其明也。”

⑦殷以虎，尚威也：意谓商朝的徽章用的是虎，以示崇尚威武。尚威，底本作“白戎”，《施氏七书讲义》本、《武经七书直解》本均作“尚威”，与上下文“尚明”“尚文”排比为文，底本当为形近而讹，今据《讲义》《直解》二本改。施子美曰：“盖商戮于市，以威为尚，故画虎。”刘寅曰：“殷之章用虎，尚其威猛也。”

⑧周以龙，尚文也：意谓周朝的徽章用的是龙，以示崇尚文彩。施子美曰：“周监于二代，郁郁乎文哉！故尚文，文以龙也。龙而曰文，则知虎之为威矣。以《礼》考之，日月为常，则周之制，亦尚明也；熊虎为旂，则周之制，亦尚威也；而穰苴所言，各以其时之所尚者言之耳。”刘寅曰：“周之章用龙，尚其文彩也。”朱墉引《大全》曰：“三军非章莫辨，尚明取其足以见远，尚威取其足以慑敌，尚文取其足以观美。”又引《开宗》曰：“此节言三代车旂章之名义。”

【译文】

兵车，在夏朝称作钩车，其主要特点是行于坦途，驾驶平稳。到了商朝，称作寅车，其主要特点是行驶迅捷。到了周代，称作元戎，其主要特点是形制精良。旗帜，夏朝用黑色，象征着军队像头上长满黑发的壮士一样威武。商朝的旗帜用的是白色，象征着军队像天体一样莹洁。周朝的旗帜用的是黄色，象征着军队像黄土地一样厚重。徽章，夏朝用的是日月，以示崇尚光明。商朝用的是虎，以示崇尚威武。周朝用的是龙，以示崇尚文彩。

师多务威则民诎，少威则民不胜①。上使民不得其义，百姓不得其叙，技用不得其利，牛马不得其任②，有司陵之，此谓多威。多威则民诎[③]。上不尊德而任诈慝,不尊道而任勇力[④],不贵用命而贵犯命,不贵善行而贵暴行[⑤],陵之有司,此谓少威。少威则民不胜[⑥]。

【注释】

①师多务威则民诎,少威则民不胜:意谓治军如果过于威严,士卒就会感到压抑而畏惧不安;治军如果缺乏威严,士卒就会难以控制而无法克敌制胜。诎,同"屈"。压抑。施子美曰:"军旅之事,贵乎能刚能柔,一于太刚则暴,一于太柔则懦。多威而刚,如火之热,人望而畏之。少威而柔,如火之弱,人狎而玩之。多威则刑罚至于不中,故民诎而无所措手足。少则民慢其上,故民弗胜,而不知有长上矣。"刘寅曰:"师旅之中若多务威,则民心诎而不伸;若少务威,则民力不能制胜。"朱墉引《大全》曰:"行师以威为主,而威亦贵适中。多则过于惨刻,未免有屈折而不伸之民,少则恣其骄横,又未免有怠而不能制胜之民矣。"又引《通义》曰:"此后世无本统之兵,盖古制既远,多威亦失,少威亦失。古之教民,上不至于绳下,原不用威,奚其多?下不至于违上,原不损威,奚其少?多威,本欲使民心知畏,可驱以赴敌,而材勇率逆折而不伸,故诎。少威,本欲使人才获逞,可因以赴功,而命令且弁髦而无忌,故不胜。"

②"上使民不得其义"四句:意谓君主使用民力不合时宜,官员的升降不按规矩,有技能的人士难以施展才干,牛马没有得到合适的畜养与使用。百姓,这里指百官。施子美曰:"传曰:'使民以时。'又曰:'其使民也义。'是使民欲得其义也。《易》曰:'卑高以陈,贵贱位矣。'是百姓必有其叙也。法曰:'因其所能。'是技用必欲得其利也。法曰:'无绝人马之利。'是牛马必欲得其任也。今也使民不以义,则必竭民之力,妨农之时,百官不得其叙,则必

以卑逾尊，以小加大，技用不得其利，则必违人所长，贵人所短。牛马不得其任，则牛必缁后，马必契需，民之从事于斯者，皆无所望其功。”朱墉引《通义》曰：“上使民不得其义，民未知义，未安其居，又不得其叙。民未知礼，未生其共，抑且技与用不宜而不得其利，刍牧失官，驰驱无节，牛马亦不得其任焉，全是权使而威笼。”

③“有司陵之”三句：意谓官员欺侮士卒，这可称为过于威严。过于威严，士卒就会感到压抑而畏惧不安。有司，指官吏。施子美曰：“而为有司者，又凌辱之，此非所威乎？多尊则民畏，宜其力诎而不可用也。”刘寅曰：“为有司者又凌辱之，此所谓多务威也。多务威则民心诎而不伸矣。”朱墉引《通义》曰：“有司驱之战，不异驱羊，故曰陵之。此岂不谓多威，民焉得而勿诎？”

④上不尊德而任诈慝（tè），不尊道而任勇力：意谓君主不尊重有德之人却任用奸诈邪恶的人，不尊重讲道义的人却信任恃勇拼力的人。任，任用。慝，邪恶。施子美曰：“老子曰：‘万物尊道而贵德。’是道与德皆可尊也。今不尊德而信诈慝，是诈可尊而德可下也。斯人也将以诈而罔上矣。不尊道而任勇力，是勇力为上而道为下也，徒以暴而陵上矣。”

⑤不贵用命而贵犯命，不贵善行而贵暴行：意谓不重用服从命令的人却重用抗命不从的人，不看重善举却看重暴行。施子美曰：“从命为士上赏，犯命为士上戮。是从命者在所贵也。今不贵用命而贵犯命，则三麾至地，人必不进。号令未明，勇必独前，何以用众乎？赏不逾时，欲民速得为善之利，罚不迁列，欲民速知为不善之害，是善为可贵也。今不贵善行而贵暴行，则人将以善为无益，以恶为无伤。”朱墉引《通义》曰：“任诈慝勇力，急功利也，必无犯命之戮矣，何以禁暴？然赖以就功利，则若贵之也。”

⑥“陵之有司”三句：意谓士卒犯上凌辱官吏，这可称为缺乏威严。

缺乏威严,士卒就会难以控制而无法克敌制胜。施子美曰:“以恶为无伤,何以劝人乎?此无他,上无以帅之,故下必陵于有司矣,故少威。少威则军势不振,故不胜。多威不可也,少威亦不可也。”刘寅曰:“又凌辱其有司,此所谓少威也。少务威则民力不能制胜矣。”朱墉引《通义》曰:“犯命即是陵有司,岂不少威?是谓乱行干纪之民,其何以为胜乎?”又引《开宗》曰:“此言行师用威当得其宜也。”

【译文】

治军如果过于威严,士卒就会感到压抑而畏惧不安;治军如果缺乏威严,士卒就会难以控制而无法克敌制胜。君主使用民力不合时宜,官员的升降不按规矩,有技能的人士难以施展才干,牛马没有得到合适的畜养与使用,官员欺侮士卒,这可称为过于威严。过于威严,士卒就会感到压抑而畏惧不安。君主不尊重有德之人却任用奸诈邪恶的人,不尊重讲道义的人却任用恃勇拼力的人,不重用服从命令的人却重用抗命不从的人,不看重善举却看重暴行,士卒犯上凌辱官吏,这可称为缺乏威严。缺乏威严,士卒就会难以控制而无法克敌制胜。

军旅以舒为主,舒则民力足①,虽交兵致刃,徒不趋,车不驰,逐奔不逾列,是以不乱②。军旅之固,不失行列之政,不绝人马之力,迟速不过诫命③。

【注释】

①军旅以舒为主,舒则民力足:意谓军事行动当以舒缓为主,只有做到了舒缓,士卒才能体力充足。施子美曰:“刚柔之中,而以舒为主,舒则宽缓温和,不失之刚,不失之柔,而民自足矣,又安有不胜者乎?法曰:‘舒其气以为主。’亦舒之意也。夫如是,虽交兵致刃,无不可用者矣。”刘寅曰:“军旅以舒缓为主,舒缓则民力

足用。古者师行日三十里,是舒则民力足矣。”朱墉引张贲曰:“舒者,有节有制之谓。凡军事从容有余,自能以我之整暇胜人之窘迫。平日与对垒不同,临阵出奇则贵于速,行军节制则主于舒。速者其用也,舒者其主也。惟其能舒,所以能速也。”《中国历代军事思想》说:“这种缓慢的进攻战术,是早期方阵战术的特点。周武王在牧野之战时,发布的命令中说:‘今日之事,不过六步、七步乃止齐焉,不衍于四伐、五伐、六伐、七伐乃止齐焉。’这就是说,战斗队形在前进中,每前进六到七步或每击刺四至七次,都要停止看齐一次,以保持战斗队形的严整。这是由于当时采用的广正面的车兵与步兵混合组成庞大方阵所决定的,不如此,就不能保持严整的队形,不保持严整的队形,就会混乱,混乱就必然招致失败。因此,宁可降低进攻速度,也要严格保持队形不乱。这种战法,在春秋初期,已很少见,中期以后,就完全抛弃了。代之而起的是‘凡从奔勿息’‘兵之情主速’。”

②“虽交兵致刃”五句:意谓即使在战场上与敌人激烈战斗,步兵也不能快走,战车也不能疾驰,追击敌军也不能越过行列,只有这样才能不扰乱作战的基本队形与战术安排。致刃,指战场上短兵相接,激烈交锋。徒,指步兵。趋,快走。不逾列,指不越过行列,保持作战队形。施子美曰:“盖制先定则士不乱,徒不得趋而得徒之制,车不得驰而是以节制自固也。”刘寅曰:“虽与敌人交兵致刃,徒步者不趋走,御者车不驰驱追逐,奔走不逾行列,是以其军不乱。”徐勇说:“本篇前面说:‘古者,逐奔不远,纵绥不及。不远则难诱,不及则难陷。以礼为固,以仁为胜。’后面说:‘军旅以舒为主,舒则民力足,虽交兵致刃,徒不趋,车不驰,逐奔不逾列,是以不乱。’这两段话,实际都是讲车阵作战以舒为主的原则,但二者可互为补充,使语意更完整。这个原则是西周、春秋前期车阵作战所遵循的。《尚书·牧誓》载,武王伐纣,下令作战

进攻时，'不过六步七步，乃止齐焉'，'不过于四伐五伐六伐七伐，乃止齐焉'。古'六尺为步'(《周礼·小司徒》郑注引《司马法》)，七步不过四十二周尺，方阵'逐奔'不过七步，就得停下来调整阵列，保证方阵的整齐。'伐'谓击刺，阵列击刺几下就得停下来，以保证其整齐。这种呆板的以车为主的方阵战法，在今天看来是可笑的，但在西周时代却是保证军队战斗力充分发挥的基本阵法，这种阵法要求在'交兵致刃'的过程中，'徒不趋，车不驰'，'长兵以卫，短兵以守'，形成看似凝固但却稳如磐石的阵脚，使敌方不易抓住车阵的空隙。西周以降，礼制充分发展，这种阵法也被附著上十分浓厚的礼的色彩。本来这种阵法'以舒为主'、强调'止齐'的特点，是当时战争水平所决定的，后来却渐渐被说成是君子有礼有节的体现，即所谓'示君子且有礼'。本来强调'逐奔不远，纵绥不及'，是为了防止徒趋车驰导致的阵列散乱，防止因此为敌所诱、为敌所陷，后来却被说成是为了体现对奔败之敌的仁爱。道德范畴的'仁'最早大量出现于《论语》，反映着春秋后期始成体系的儒家仁学。由此可见，上引《司马法》关于车阵作战以舒为主的两段话，既包含原始的西周司马兵法，又融进《司马法》成书过程中的时代特色。春秋时期以降，车阵作战讲究'遂疾进师，车驰卒奔'(《左传·宣公十二年》)。春秋后期，吴军大败楚师，一直打到楚郢都(见《左传·定公五年》)。这种'逐奔不远，纵绥不及''徒不趋，车不驰'的战术早已过时，为什么《司马法》还如此津津乐道呢？一方面固然由于《司马法》力求追论古军礼兵法，而更重要的是，这种古老的战术已被附著上'以礼为固，以仁为胜'的指导思想，可以用来为作者寓'仁'于战的宣传服务，所以便大发思古之幽情了。"

③"军旅之固"四句：意谓军队的稳固，体现于不丧失作战队形的部署，不耗尽人、马的体力，行动快慢不超过命令规定的速度。行

列之政，指作战队形的部署。施子美曰："行列不失其正，是以进止为政也。人马之力不绝，是人马不劳也。或退或速，惟诰命是从，而不敢自为疏数者，皆舒之所由致也。"朱墉引《通义》曰："迟速者，兵之用，而以舒为主。徒不趋，车不驰，逐奔不逾列，何其舒也！虽兵刃之接犹然，他可知矣。一以治力，一以束伍，所以为固也，故不失行列之政，不绝人马之力，乃兵之用有迟有速，乌可执也？然而不过诚命，故曰以舒为主。此古者节制之师，先自固而后制人者也。"又引《大全》曰："'舒'字所包者广，不第上之法令，下之气勇，推而言之，即闾阎之财力，庙堂之谋猷，无一不当以从容有余为主。"又引《开宗》曰："此言行军有节而后军旅可固。"

【译文】

军事行动当以舒缓为主，只有做到了舒缓，士卒才能体力充足。即使在战场上与敌人激烈战斗，步兵也不能快走，战车也不能疾驰，追击敌军也不能越过行列，只有这样才能不扰乱作战的基本队形与战术安排。军队的稳固，体现于不丧失作战队形的部署，不耗尽人、马的体力，行动快慢不超过命令规定的速度。

古者，国容不入军，军容不入国。军容入国则民德废，国容入军则民德弱①。故在国言文而语温，在朝恭以逊，修己以待人，不召不至，不问不言，难进易退②。在军抗而立，在行遂而果，介者不拜，兵车不式，城上不趋，危事不齿③。故礼与法表里也④，文与武左右也⑤。

【注释】

①军容入国则民德废，国容入军则民德弱：意谓军中的礼仪法规用

于国中，民众谦逊有礼的品德就会被毁坏；国中的礼仪法规用于军中，士卒尚武刚强的品德就会被削弱。施子美曰：“军国之容不可以相入，法言之详矣。苟军容入国，则民德弛而不修；国容入军，则民德弱而不振。夫子之在乡党，恂恂如也。其在朝廷，便便言，惟谨耳。至于费人之叛，则勃然而正之，莱人之劫，则作色以斥之，亦以军国异容也。《玉藻》曰：‘朝廷济济翔翔，足容重，手容恭，目容端，口容止，气容肃，立容德，色容庄，戎容暨暨，言容诰诰，色容厉肃，视容清明，立容卞。’此亦军国之容不同也。”刘寅曰：“军容入国则民德废者，是军胜于民，武胜于文也。国容入军则民德弱者，是民逼于军，文逼于武也。”

②“故在国言文而语温”六句：意谓在国中说话，言辞要讲究文采，语气要温柔和煦，朝见君主时要恭敬谦逊，修身律己，善待他人，国君不召见就不去，不垂询就不说话，进入朝堂时礼节隆重，退出朝堂时礼节简约。难进易退，指进入朝堂时做足礼数，以示对君主的恭敬；退出朝廷时则礼仪简约，便于朝觐者快速离去。施子美曰：“是以在国之时，直言其事，则文而不野；卞难其事，则温而不暴。此正夫子恂恂便便之意也。朝廷以敬为主，故能相逊，如群后德逊是也。在我者能自饬而后可以待人，所谓反诸己者是也。士贵自重不可以轻进，故不召则不至。苟有君命召，则不俟驾行矣。一言之失，驷马难追。故不问不言，盖不可以言而言，是以言餂之也。见可而后进，其进也难，不得其言则去，其退也易。伯夷太公避纣海滨，其退岂不易？必待文王善养老而后归之，非难乎？若是者，皆在国之事也。若夫军旅之中则不然。”刘寅曰：“故在国言谈文饰而辞语温和，所谓‘与上大夫言，訚訚如也’是也。在朝廷恭敬而逊顺，所谓‘舜命九官，济济相让’是也。修治自己以待他人。君不召不至，君不问不言。难进而易退，所谓‘三揖而进，一辞而退’是也。”李零说：“‘民德废’，《文

选》卷五《吴都赋》李善注引'废'作'麄',字同'粗',较今本义长。意思是说,如果以军中仪容施之于国中,则民德粗鲁,失其谦敬之意。'民德弱',意思是说,如果以国中仪容施之于军中,则民德文弱,失其威猛之义。"

③"在军抗而立"六句:意谓在军中要高声说话、昂首挺立,在队列中要行动果断,穿铠甲的可以不跪拜行礼,在兵车上可以不伏轼致敬,在城上不应快走,遇到危急事情不应随便说话。抗,即抗言,高言,高声说话。遂,前进,前往。介者,穿铠甲的人。式,同"轼",伏轼致敬。齿,启齿,说话;一说指年龄,排序。施子美曰:"其在军也,抗然而立,与夫言文而语温者异矣。其在行列也,遂而果毅,与夫恭而逊者异矣。介而不拜,恐己有所屈也。车上不式,恐礼有所损也。城上不趋,恐其惑众也。当危难之际,壮者前,老者后,不必以齿为序,当以制敌为宜。军旅之事当然也。"刘寅曰:"在军旅中辞语抗而立,如周亚夫屯军细柳,汉文帝至军门,都尉曰'军中但闻将军令,不闻天子诏'是也。在行伍中当驰逐而果决。介胄者不拜,在兵车不式,不暇为仪也。城上不趋走,恐惊人也。危事不启齿,恐惑众也。"田旭东说:"'在军抗而立,在行遂而果,介者不拜,兵车不式',就是说,军中之士不讲求温文尔雅,言谈行为力求直言果决,着盔甲者见尊者不需跪拜而行全礼,乘战车者不需抚车轼以示礼。《史记·绛侯周勃世家》即记有周勃之子周亚夫率军驻于细柳以备胡,汉文帝前往劳军至军营,周亚夫持兵器揖曰:'介胄之士不拜,请以军礼见。'可见军礼与平时复杂的礼节是有区别的。"

④故礼与法表里也:意谓所以说礼与法互为表里,相辅相成。施子美曰:"教之以立德,则礼居其先,是兵不可无礼也。校之以计,法令处其一,是兵不可无法也。礼与法,相须以为用也。"朱墉引傅服水曰:"礼所以治内,法所以治外,无礼则法不立,无法则礼

亦不行。礼行于国而月吉读法，礼之中未尝无法。法行于军而少长有节，法之中未尝无礼。”又引《通义》曰：“表里左右，但言不可偏废尔。”又引《醒宗》曰：“有礼而无法，何以治外？有法而无礼，何以治内？故曰相为表里。”张少瑜说：“法字在本文中出现过多次，如‘礼乐法度’(《仁本》)，‘战法’(《定爵》)，‘在军法’(《定爵》)，‘人生之宜谓之法’(《定爵》)，‘立法……二曰法’(《定爵》)，‘与下畏法曰法’(《定爵》)，‘不服则法’(《定爵》)，‘约法省罚’(《定爵》)，‘礼与法表里也’(《天子之义》)等。法在这里是个多义词，有兵法、法制、立法、执法等多种含义，也有效法、取法、强制等意思。此外有些词如刑、禁、正、政、教、教诏等，虽然没用法这个字，却也有法律规范的意义。尽管该书作者没有给出一个明确的法的概念，却从不同角度表明了他对法的看法。概括而言有以下内容：首先，法制是现实国家中不可缺少的。作者认为理想的国家是以仁为本的礼治国家。由于时代的变化，这种国家经历过三种类型：首先，上古‘圣德之治’完全顺应自然，社会和平而安定，‘狱弭而兵寝’(《仁本》)；其次，‘(三代)贤王制礼乐法度，乃作五刑，兴甲兵以讨不义’；再次，‘(当今)王霸……以土地形诸侯，以政令平诸侯，以礼信亲诸侯，……以兵革服诸侯’(《仁本》)。也就是说，在当前现实的国家里，礼、法、刑、兵都是不可少的，没有这些法度，诸侯们就会淆乱天下，就会‘失命、乱常、背德、逆天’(《仁本》)，仁政礼治就会破坏无存。”“其次，法以礼为基本原则。这种观点虽然没有明文表达，但可以从其对法的论述中看出来。第一，全文的中心是维护礼治，讲法度、刑杀、征伐都是为了维护礼治的秩序，因而法的目的是礼；第二，文中均为礼乐法度并提，如‘贤王制礼乐法度’，‘王霸之所以治诸侯者六：……以政令……，以礼信……，以礼力……，以兵革……’；第三，在讲到国容、军容关系时，明确提出‘礼与表里也，文与武左右也'的观点。因此,可以说只有合乎于礼的法才是真正的法。"

⑤文与武左右也:意谓文与武分列左右,不可偏废。施子美曰:"卞安危,审利害,非文不可。捍大患,御大侮,非武不可。文与武相辅而为用也。传曰:'皮之不存,毛将安傅?'如表里相须,不可或废也如此。传曰:'如释左右手。'则左右相辅,不可或阙也如此。是必以礼而表,以法而里,文以左之,武以右之,然后可也。传曰:'礼法,王教之大端。'况用兵之时。必欲进退有节,号令申明,其可无礼法以为表里乎?又曰:'威武,文德之辅助。'以兵为用,欲筹算必审,声威必扬,其可无文武以为左右乎?一说主驭将不可无礼法,将驭军不可无文武。"刘寅曰:"故礼与法一表一里也。在国尚礼,在军尚法。文与武,一左一右也。在国尚文,在军尚武。"朱墉引叶伯升曰:"文赖武以肃,武借文以和,其所分者,特在左右之间耳。"田旭东说:"本篇所谈的关于治国、治军的基本内容,概括起来,其主题是:在国尚礼,在军尚法,礼与法互为表里,各有其用,礼为文,法为武,一左一右各有所先,文赖武以肃,武借文以和,二者缺一不可。"李零说:"'文与武左右也',国礼为文,军礼为武。古代阴阳家有所谓'左文右武'之说,如《管子·版法解》:'四时之行,有寒有暑,圣人法之,故有文有武。天地之位,有前有后,有左有右,圣人法之,以建经纪。春生于左,秋杀于右,夏长于前,冬藏于后。生长之事,文也;收藏之事,武也。是故文事在左,武事在右。'后世朝臣班列及营建制度亦用其说。"陈宇说:"国容和军容是一文一武,两者是左右关系,互相补充,相辅相成,缺了谁都不行。在朝廷殿堂之上这样的场合里,要恭敬而谦逊;但是如果不分场合地一味恭敬谦逊下去,在战场上则非打败仗不可。在战场上这样的场合中处理问题,则不能处处恭敬谦逊,而要果断坚决。军队的这一套也一样不能

随时搬进朝廷殿堂之上。所以，国容、军容是左手和右手，文不可无武，武不可无文。一个国家有国容不可无军容，有军容也不可无国容，两者相互为用。'军容'尚简，不易贻误战机，不致影响军队的战斗力，但是如果有人把这一套带到朝廷里，这就妨碍了治国的秩序；'国容'则尚繁，以便从各个方面达到维系严格的等级秩序的目的，但是如果有人把这一套带到军队里，在军中也讲这一套，那显然就会妨碍作战。"朱墉引《开宗》曰："此节言国容军容不可相入之意。"

【译文】

古时候，国中的礼仪法规不用于军中，军中的礼仪法规不用于国中。军中的礼仪法规用于国中，民众谦逊有礼的品德就会被毁坏；国中的礼仪法规用于军队，士卒尚武刚强的品德就会被削弱。在国中说话，言辞要讲究文采，语气要温柔和煦，朝见君主时要恭敬谦逊，修身律己，善待他人，国君不召见就不去，不垂询就不说话，进入朝堂时礼节隆重，退出朝堂时礼节简约。在军中要高声说话、昂首挺立，在队列中要行动果断，穿铠甲的可以不跪拜行礼，在兵车上可以不伏轼致敬，在城上不应快走，遇到危急事情不应随便说话。所以说礼与法互为表里，相辅相成；文与武分列左右，不可偏废。

古者，贤王明民之德，尽民之善①，故无废德，无简民，赏无所生，罚无所试②。有虞氏不赏不罚而民可用，至德也③。夏赏而不罚，至教也④。殷罚而不赏，至威也⑤。周以赏罚，德衰也⑥。赏不逾时，欲民速得为善之利也。罚不迁列，欲民速睹为不善之害也⑦。大捷不赏，上下皆不伐善⑧。上苟不伐善，则不骄矣；下苟不伐善，必亡等矣。上下不伐善若此，让之至也⑨。大败不诛，上下皆以不善在己。上苟以不善在己，必悔其过；下苟以不善在己，必远其罪[10]。上下分恶若此，让之至也[11]。

【注释】

①“古者”三句：意谓古时候的贤王能彰显民众的美德，使民众努力行善。尽，努力完成。施子美曰：“官人得所任贤，法言之矣，则人之有德者，不可以不明也。尧之克明俊德，汤之德懋懋官，皆所以明人之德也。能用善人，国之宝也，传言之矣，则人之有善者，不可以不尽用也。周官有廉善之法，孔子有举善之言，皆所以尽人之善也。”刘寅曰：“古者贤王在上，明下民之德，而无所隐，尽小民之善，而无所蔽。”朱墉引郭逢源曰：“明民之德，不可讲明德新民话头，全是在国言礼，在军言法，便是明民德处。”又引汪殿武曰：“民之德是本明的，但为私欲所蔽，所以就不明了。惟王者能用教化之方，使民皆涤除私欲之蔽，而本明之德复灿然而明矣。”

②“故无废德”四句：意谓没有任何人败坏道德，没有任何人不遵纪守法，不需要行赏，也不需要施罚。施子美曰：“德明则人皆乐德，无废而不修者矣。善尽则人皆好善，而无简忽怠慢者矣。民既知作德而迁善，则不特刑措也，赏亦措也。赏措则天下有不可胜赏者矣，赏何自而生乎？刑措则天下无敢犯之者，罚何自而试乎？此有道之世，至治之极也。”刘寅曰：“故无废坠之德，无简择之民，言德皆可举而民皆可用也，所谓‘比屋可封，人人有士子之行’是也。赏无所生，言民皆善也。罚无所用，言民皆不为恶也。”

③有虞氏不赏不罚而民可用，至德也：意谓虞舜不用赏罚，民众便可以使用，这是因为那时人们普遍具有至高的道德水准。施子美曰：“有虞之世，以黎民则于变，以比屋则可封，迁善远罪之徒，

日不自知。故不待赏罚而民可用，是以不赏而民劝，不罚而民畏。荀卿尝言于尧矣，而舜实行其道，衮其爵，亦不用赏罚焉。传美之曰：‘虽甚盛德，蔑以加此。’非至德而何？”朱墉引梅国桢曰：“不赏不罚而民可用者，以至德感民而民自向化。不必华衮而民知劝，不必斧钺而民知畏，又何俟赏罚为哉？可用者，言可用之为善也。”

④夏赏而不罚，至教也：意谓夏代只需行赏而不用施罚，这是因为那时拥有最好的教化。施子美曰：“及夏继有虞，相守一道，其风俗尚淳，其德教尚著，天下之人，善者多，恶者少，故赏而不罚。法曰：‘夏赏于朝，贵善也。’亦赏而不罚之意，此教化之至也。故《书》曰：‘文命敷于四海。’非至教而何？”

⑤殷罚而不赏，至威也：意谓商代只需施罚而不用行赏，这是因为那时拥有最强的威势。施子美曰：“及夏之季，商之兴，旧染之俗未尽去。为恶者多，为善者寡，非独罚不足以威之。法曰：‘商戮于市，威不善也。’其谓此欤？”朱墉引周鲁观曰：“‘至德’‘至教’‘至威’，总见帝王之于赏罚，能因时转移，各得其当之意。”

⑥周以赏罚，德衰也：意谓周代赏罚并用，这是因为那时的道德已经衰败。施子美曰：“昔商周之交，文武之民虽好善，而幽厉之民尤好暴，善恶相半，赏罚其可偏废乎？故民必待赏而后劝，必待罚而后惩，民德之衰，自此始矣。《法》曰：‘赏于朝，戮于市。’劝君子而惧小人是也。大抵三王之道，若循环然。或赏而不罚，或罚而不赏，或赏罚并行，非固不同，亦各因其俗而已。”

⑦“赏不逾时”四句：意谓行赏不要越过时限，这是要让民众快速获得做善事的利益。施罚不要等人走出队列，这是要让民众快速看到做坏事的害处。不迁列，不等人走出队列，喻指时间极短。《汉书·陈汤传》刘向上疏有“军赏不逾月”句。徐幹《中论·赏罚》有“赏罚不逾时，欲使民速见善恶之利也”句。施子美曰：“有

功见知，臣下所以悦。有罪不诛，天下何自化？是以善驭众者以赏罚于先，行赏罚者，以信必为上。功有可赏，必当如太宗之立赐金，光弼之立赐绢，使无改其时。彼见其有功者必赏，岂不知为善获利之速乎？罪有可诛，必当如吴起之立斩勇者，光弼之立斩退者，使无移其列。彼见其有罪者诛，岂不知为恶被害之速乎？若然，则迁善远罪者往往皆是，殆有不可胜赏者矣，罚何所施乎？噫！信赏必罚，宣帝以是而中兴，况用兵乎？”刘寅曰：“赏人之功不过其时，欲民速得为善之利也。罚人之过不迁移其列，欲民速睹为不善之害也。”李零说：“‘罚不迁列’，《治要》卷三三引用这两句，注文作‘赏功不移时，罚恶不转列，所以劝善惩恶欲疾速也’。《御览》卷二七〇引注文略同。古代军令往往提到当行施罚，如上孙家寨汉简‘[伍]干行，伍长斩；什[干行，什长斩]；[以]□(官)干行，五百将斩；以曲干行，候斩；以部干行，司马斩；以校干行，军尉斩’(《通典》卷一四九引《魏武步战令》有类似说法)，又《通典》卷一四九引‘后行斩前行，不动行斩干失之行’，疑即‘罚不迁列’之义。”王联斌说：“这是强调赏善惩恶要及时，使得善行及时得到善报(利)，恶行及时得到恶报(害)。这样通过法的手段功能强化善恶之行的利害效应，使将士在利害得失的鲜明对比中，产生一种扬善抑恶的道德心理。”

⑧大捷不赏，上下皆不伐善：意谓大胜之后不行赏，这样军中上下就都不夸功争誉。施子美曰：“三军大捷，有功者非一人。大捷而必以赏，则举天下之物，不足以充其赏，必有拔剑而击、投袂而起者矣。法曰：‘得军十乘，赏其先得者矣。’十乘之得，犹不可以遍赏，况三军大捷，其可遍赏乎？故上下皆不伐善。”刘寅曰：“凡有大捷，上下皆不赏，故上下皆不夸伐其善。在上者诚不伐善，则不至于骄矣；在下者诚不伐善，必亡等矣，言无彼我之分也。”朱墉引《大全》曰：“大捷之后将士皆有胜功，今既不赏矣，是上有

功而不知其功，下有功而亦不知其功，又何有骄下等上之心哉？世人止知赏以劝善，抑知不赏而并忘其善者，其相让之心，较之因赏而劝之心更为极至。世人止知罚以惩罪，抑知不诛而人皆自以罪居者，其相让之心，较之因诛而惕之心更为极至。”王联斌说：“所谓‘伐善’，就是夸功争誉的意思。看来大胜之后之所以不行赏，其目的就在于防止上下争誉夸功，倡导军人形成谦和乐让的好风气，以维护部队团结和谐。”

⑨“上苟不伐善”六句：意谓君主如果不夸功炫耀，就不会骄傲自满；官兵如果不夸功争誉，就会不分你我，关系融洽。如果上上下下都像这样不夸功争誉，那就表明谦让风气好到了极致。亡等，没有等差，喻指不分彼此，关系融洽。《群书治要》卷三三引作“不登”，《太平御览》卷三二二引作“不差”。施子美曰：“上而不伐，则不可以功而骄，下而不伐，则不以功而争其上，所以为逊之至。晋六卿相逊正谓此也。”刘寅曰：“上下皆不伐善如此，相让之至也。”

⑩“大败不诛”六句：意谓打了大败仗以后不加责罚，君主与官兵都认为是自己做得不好。君主如果认为是自己做得不好，就一定会痛悔错误；官兵如果认为是自己做得不好，就一定会远离罪过。诛，惩罚，责罚。施子美曰：“若其不幸而三军皆败，有罪者非一人。大败必罚，则举三军之众，不可胜诛，必至血流川谷，肉填原野而后已。《法》曰：‘罚贵小。’是人不可以尽罚也，况三军大败，其可遍罚乎？惟其不罚，故上下皆以不善归己。上以不善归己，则必能揖逊；下以不善归己，则必能远罪。上下皆以不善归己，所以为逊之至。孟明视三败而自归咎，其能以不善归己也。”刘寅曰：“凡有大败，上下皆不诛责，故上下皆以不善在己，谓上下皆能自责也。在上者诚以不善在己，必能悔改其过；在下者诚以不善在己，必能远离其罪。”

⑪上下分恶若此，让之至也：意谓上上下下都像这样分担过错，那就表明谦让风气好到了极致。分恶，分担过错。王联斌说：“打了败仗不行杀戮以为罚，不诿罪于个别将士，那么上下就不会因有某人的替罪而减轻自己的罪过，就归过引己，认为自己也应负战败的责任。上上下下都分担失败的责任，就会产生一种悔过从善、远离罪恶的心理和将功赎罪的责任感。这样，全军就会团结一致，同仇敌忾，以求再战之胜，誓雪此败之耻。这实际上是防止诿过的一种手段。”朱墉引《开宗》曰：“此节叙历代赏罚必至无可加，而后为化之至。”张少瑜说：“军中执法靠的是正确的赏罚。该书从多方面探讨了赏罚的作用和方法。第一，从仁本、重德的思想出发，它认为赏罚是德衰的表现，最好的境界是不赏罚。它在追述历史时说：‘古者，贤王明民之德，尽民之善，故无废德，无简民，赏无所生，罚无所试。有虞氏不赏不罚，而民可用，至德也。夏赏而不罚，至教也。殷罚而不赏，至威也。周以赏罚，德衰也。’（《天子之义》）因此为振兴道德，它提倡‘让’的精神。‘大捷不赏，上下皆不伐善。……大败不诛……上下分恶。’（《天子之义》）第二，赏罚的目的是劝人行善远恶。‘夏赏于朝，贵善也；殷戮于市，威不善也；周赏于朝，戮于市，劝君子惧小人也。三王彰其德一也’（《天子之义》；‘赏不逾时，欲民速得为善之利也。罚不迁列，欲民速见为不善之害也’（《天子之义》）。这种劝善惩恶是通过人内心的变化而实现的，因而重心服，通过心服而达到遵守法纪的目的。‘荣利耻死，是谓四守。容色积威，不过改意。’（《定爵》）因此处罚只是一种教育的手段，目的是使人自觉心服。第三，赏罚的直接目的是迫使士兵服从命令：‘从命为士上赏，犯命为士上戮，故勇力不相犯。’（《天子之义》）通过赏罚的作用，有勇力的人不愿也不敢违抗命令了。第四，罚要简省，但要从小处开始。‘约法省罚。小罪乃杀。小罪胜，大罪

因。'(《定爵》)其意为小罪就要制止;犯小罪如果得逞,大罪也就跟着来了。第五,赏罚务速,即'赏不逾时,罚不迁列',目的是让人速见为善之利和为恶之害,以便调整自己的行动。第六,不要过分依赖重罚。它认为士兵特别惧怕敌人时,将执罚就要谨慎,'人有畏心,惟畏之视'(《严位》),要弄清他们畏惧什么。'执戮禁顾,噪以先之,若畏太甚,则勿戮杀,示以颜色,告之以所生,循省所职。'(《严位》)其意为如果士兵畏惧太甚,就不要严刑相逼,而和颜悦色地把立功求生的办法告诉他们,使之各尽其职,完成任务。这种看法与孙武、孙膑有相通之处。二孙子都认为,士兵之勇怯来自于自己所处的境地,将领不能只以刑杀来逼迫士兵向前,而应努力创造有利的'势'来改变士兵心理。这种见解比一味靠督战队逼着士兵冲杀的办法高明多了。"

【译文】

古时候,贤王能彰显民众的美德,使民众努力行善,所以没有任何人败坏道德,没有任何人不遵纪守法,不需要行赏,也不需要施罚。虞舜不用赏罚,民众便可以使用,这是因为那时人们普遍具有至高的道德水准。夏代只需行赏而不用施罚,这是因为那时拥有最好的教化。商代只需施罚而不用行赏,这是因为那时拥有最强的威势。周代赏罚并用,这是因为那时的道德已经衰败。行赏不要越过时限,这是要让民众快速获得做善事的利益。施罚不要等人走出队列,这是要让民众快速看到做坏事的害处。大胜之后不行赏,这样军中上下就都不夸功争誉。君主如果不夸功炫耀,就不会骄傲自满;官兵如果不夸功争誉,就会不分你我,关系融洽。如果上上下下都像这样不夸功争誉,那就表明谦让风气好到了极致。打了大败仗以后不加责罚,君主与官兵都认为是自己做得不好。君主如果认为是自己做得不好,就一定会痛悔错误;官兵如果认为是自己做得不好,就一定会远离罪过。如果上上下下都像这样分担过错,那也表明谦让风气好到了极致。

古者戍军三年不兴，睹民之劳也[①]。上下相报若此，和之至也[②]。

【注释】

①古者戍军三年不兴，睹民之劳也：意谓古时候服兵役，军人一次服役期满后三年内不会被征调，这说明君主看到了士卒的辛劳。戍军，服兵役；一说征发军赋。李零说："'戍军'，《后汉书·马融传》注、《御览》卷三二七引作'武军'，疑读为'赋军'，指征集军赋（车马兵甲和军粮），'武'与'戍'形近，今本疑误（案：《左传》宣公十二年也提到'武军'，是积敌尸封土之义，用此不合）。"兴，发动，这里是征调、征兵的意思。《武经七书直解》本、《武经七书汇解》本"兴"作"典"。施子美曰："遣兵屯戍，皆有期也。传曰：'瓜时而往，及瓜而代。'是戍兵必有代者也。古者戍兵三年之久，不兴外役者，所以见民之劳也。盖戍兵不过屯于边境以备敌人而已，不可以他复劳也。文王之时，《采薇》以遣戍役，《出车》以劳还师，《杕杜》以勤归，皆所以睹其劳也。"刘寅曰："古者戍边之兵三年不典，'典'犹'籍'也，如'役不再籍'是也。古者戍兵，今年春暮行，明年夏代者至，一年即还。三年不验籍而役之，是四人轮番当一戍兵也。三年不典，王者睹民之劳苦也。"朱墉曰："古者戍军在外边防，至三年一更番。此三年之中，军在外，妻子犹在内。倘更有差徭，不典于戍军之家，正所以恤民之劳，而念其在外之苦也。"

②上下相报若此，和之至也：意谓上下之间如此相互体恤，这说明社会非常和谐。施子美曰："上以此而施乎下，下以此而报乎上。一施一报，非和之至而何？谓之'和之至'，言其甚和也。"刘寅曰："下供上之役，上睹下之劳，上下相报如此者，和之至也。"

【译文】

古时候服兵役，军人一次服役期满后三年内不会被征调，这说明君主看到了士卒的辛劳。上下之间如此相互体恤，这说明社会非常和谐。

得意则恺歌，示喜也[①]。偃伯灵台，答民之劳，示休也[②]。

【注释】

①得意则恺(kǎi)歌，示喜也：得意，指获胜凯旋。恺歌，即“凯歌”。《周礼·夏官·大司马》注、《左传》僖公二十八年疏、《后汉书·马融传》注引作“恺乐恺歌”(《马融传》注“恺”作“凯”)。庆祝胜利的歌乐。施子美曰：“及其战胜而得意则恺歌。《礼》曰：‘王师大献则奏恺乐。’法曰：‘天下既平，天下大恺。’则得意而奏恺者，欲与上下同其喜也。”朱墉引沈定远曰：“临事而惧，所以坚其戒严之心；既克而喜，所以慰其金革之困。欢声遍地，大同之象，一‘示’字正见与民同乐之意。”

②“偃伯灵台”三句：偃伯，意即偃武，停止战争。偃，停止，停息。伯，同“霸”。指争霸战争。灵台，周文王所建。《诗经·大雅·灵台》一诗描写了周文王建成灵台及其与民游赏奏乐的情形。此处可能是指在灵台举办庆祝活动。示休也，表示不再用兵。《后汉书·马融传》注、《御览》卷三二七引作“告不兴也”。施子美曰：“古者有虎符以召兵，有牙璋以起军旅，则伯者亦岂军之一物，帅师之节也。今而偃伯于灵台之上，所以答民之劳而与之休息也。文王之时，民乐有灵德，故名台曰灵台。后世因其名而用之，亦曰灵台。僖十三年，秦伯会晋侯于灵台。哀公二十五年卫侯为灵台，是台也天子有之，诸侯亦有之。灵台之名，一则取其高而可以遍观也，一则取其德之灵也。若孙子教战，吴王自台上

观之。李靖曰:‘陛下临高而观之,无施而不可。’则灵台者,主将所登以观兵也。今天下既平,偃伯于是以之劳,与民休息,得无意乎?”刘寅曰:“偃伯,恐有阙文误字。或曰:偃伯即偃武也。灵台,文王台名也。周得天下之后,恐天子之台亦曰灵台。国之有台,所以望氛祲,察灾详,时观游,节劳佚,此修文之事。凡劳还(帅)[师],劳还役,恐皆在灵台之下答民之劳,所以示休息其民也。或者又曰:偃,‘姬’字之误也,偃伯即文王也。文王时有灵台,其《诗》曰‘经始勿亟’,即所以答民之劳也。未知孰是。”朱墉引邓伯莹曰:“郁勃而不示之喜,则民心不畅,勤劳而不示之休,则民力未息,岂先王爱民之深心哉?”又引《通义》曰:“睹民之劳,如遣戍之诗,可见是以民悦而忘劳,而上下协和也。偃伯,偃武意。伯,专征也。”朱墉《全旨》曰:“此章言教习士众之事,而冠之以天子之义者,见位至尊统群伦也。首言法天地,观先圣,教民体俗;次言赏善罚恶之法,车旗章服之制,军容国容之别,而以答民之劳终之,诚王者之武备也。”“此章借天子以引起。士庶见天子尚有所观法,而士庶讵无资于教正?故教民者必先明贵贱上下之分谊,使不倚智恃方,僭越侵夺而骄忿浇凌,遂相亲相让而驯成美善之俗,因以‘教化之至也’一句结之。即不得已而用兵,亦非徒以斗勇角力为务也。至争之地,而节之以中正之礼;至毒之事,而解之以慈祥之仁。教之如此,故虽有事于干戈而无杀伤之惨。因举虞夏殷周之戒誓赏罚以证之,总见先以预教之旨,虽时有不同而彰德之心无弗同也。由是推之于兵器车旗,亦各有制度。而驭下正俗,不至流弊于多威少威;治国治军,务必求全于有礼有法。又反复申言古昔化民成风,莫非以礼让弭争,使朝野有和顺之象。至其爱民无已之心,于不得不劳之中寓不忍过劳之意,是以海宇休翔,天下畅遂,天子大同之意尽是哉！”

【译文】

战胜荣归就高唱凯歌，是为了表达胜利的喜悦。战争停止后在灵台庆功，是为了报答士卒的辛劳，表示从此进入休息状态。

卷中

定爵第三

【题解】

同《司马法》其他各篇一样,《定爵》这一篇名亦由开篇首句“定爵位”而来,而非对篇章题旨的概括。本篇论述的内容极为庞杂,涉及军队法制、战前准备、将帅治军、用兵方法等许多方面。

本篇多处论及军队法制建设。指出制定的各条军事法规要合乎“人生之宜”;要“著功罪”,即奖惩法令十分明确;要“约法”“省罚”,即简约法令,减少刑罚。要让全军上下深入学习军法,营造人人知法懂法的良好氛围。如果法规要求做到的,士卒做不到,将帅就要以身作则,带头做到。如果法规要求的士卒能做到,就要让士卒牢记法规,经过多次重复执行,“因使勿忘,三乃成章”。将帅与士卒均要“畏法”。将帅不能随意制定法规,要向士卒申明法纪的严肃性,用好权力,严格执法,“不服则法”,不能让军中出现由法规松弛所造成的各种“战患”与“毁折”的现象。文中还有一段集中论述“立法”的文字,即“立法:一曰受,二曰法,三曰立,四曰疾,五曰御其服,六曰等其色,七曰百官无淫服”,说明立法的七条原则:第一条强调法规的制定要合理,使人人都能接受;第二条强调法令要严明;第三条强调法规一旦制定下来就不能动摇;第四条强调执行法规要雷厉风行;第五至七条强调的是法规要辐射到军中各种级别,使人人有法可依。其中的第一条,颇有立法民主化的意味。

军法只有制定得合乎“人生之宜”，广大士卒才能理解并认可法规，进而接受法规，认真执行。

含有丰富的备战思想，也是本篇内容的一大特色。篇中提出的一些概念，如“固众”“怿众”“顺天”“利地”“因地”“右兵”“阜财”“有财”“因财”“有善”“称众”“间远”“观迩”“因时”等，与《孙子兵法》可谓相互映照、彼此补充。比如孙子“七计”之一的“道”——“道者，令民与上同意也，故可以与之死，可以与之生，而不畏危”，这与本篇提出的概念“固众”“怿众”意蕴相近；孙子所谓“天者，阴阳、寒暑、时制也；地者，远近、险易、广狭、死生也”，则与本篇的“顺天”“利地”“因地”等概念意蕴相近；孙子重视战争与经济的关系问题，提出了“凡用兵之法，驰车千驷，革车千乘，带甲十万，千里馈粮。则内外之费，宾客之用，胶漆之材，车甲之奉，日费千金，然后十万之师举矣”，这与本篇的“阜财”“有财”“因财”等概念意蕴相近，显示了《司马法》的作者十分清楚备战阶段要重视发展经济，积聚国家财力。本篇还提出了孙子很少论及的兵器装备的建设问题，提出了“右兵”思想，重视发展新型武器，并分析了如何将长短兵器相互配合，以发挥各自最佳效用，所谓“凡五兵五当，长以卫短，短以救长，迭战则久，皆战则强。见物与侔，是谓两之”。

本篇还提出了丰富的治军思想。如“教惟豫，战惟节”，“上暇人教，是谓烦阵”，指出将帅平时要不断加强士卒的军事训练，人人熟练掌握军事技能，战时要让士卒严格遵守军事法规；再如“居国惠以信，在军广以武，刃上果以敏。居国和，在军法，刃上察。居国见好，在军见方，刃上见信”，认为治国与治军的手段需有分别，强调将帅治军要恩威并施，严明军纪；又如要求将帅须掌握“治乱”之“七道”，即“一曰仁，二曰信，三曰直，四曰一，五曰义，六曰变，七曰专”，将帅除了具备“仁”“信”“直”“一”“义”等武德修养外，还要懂得权变与集权，这样才能治理好军队的乱象，提高军队的战斗力。

关于用兵战术方法，本篇也多有阐释，如“主固勉固，视敌而举”“因敌,令陈","凡战,智也;斗,勇也;陈,巧也。用其所欲,行其所能,废其不欲不能,于敌反是","成其溢,夺其好,我自其外,使自其内"等,认为打仗要重视谋略,根据敌情变化制定作战方法,摸透敌我双方的士卒心理,知己知彼,里应外合,以取得作战胜利。

凡战:定爵位,著功罪①,收游士,申教诏②,讯厥众,求厥技③。方虑极物,变嫌推疑,养力索巧,因心之动④。

【注释】

①定爵位,著功罪:著功罪,意即明确奖惩法令。著,显著,明确。施子美曰:"爵有小大,位有尊卑,先王之治天下,列爵惟五,公一位,侯一位,伯一位,子男同一位,此诸侯之爵位也。以军旅之际,大而将帅,次而偏裨,下而什伍之长,其爵亦不同也。是以韩信羞与灌婴伍,黄忠固非关张比。其可无以先定乎?有功者加地进律,有罪者削地黜爵,此先王所以驭群吏也。况军旅之中,功过相半,必有以示之劝惩也。是以许历有功用为国校,李广获罪赎为庶人,非功罪之著乎?"刘寅说:"凡欲与敌战,先要定公卿大夫之爵,百执事之位,则上下大小有分而不乱。著明有功有罪者,则赏罚无僭滥之失,而人知所以劝惩之道。"朱墉引《通义》曰:"爵位定方有禀承,虽亲故必受其约束统摄,有功有罪皆昭彰表显于天下,使人知有功而必赏,则皆思建功。人知有罪而必戮,则皆思避罪。"田旭东说:"定爵位,就是要确定上下等级,上自大将军,下自什伍,各自之等级职分必须明确不得混乱。爵有大小,位有尊卑,诸侯之爵有公、侯、伯、子、男,对《司马法》所指的爵位,目前还未见到可信的资料,我们可以秦军队中的十八个爵级为例,自下而上为:公士、上造、簪裹、不更、大夫、官大夫、公大夫、公乘、五大夫、左庶长、右庶长、左更、中更、右更、少大造、

大上造、驷车庶长、大庶长。秦人上首功，凡战得敌一首级，即可赐爵一级，有功者加地进律，有罪者削地黜爵，这是我国古代统治的传统方法，军队亦如此。至于爵位与军职的关系，我们不在这里去详考，这里大概笼统指军中上下等级与职分。著功罪，即颁布奖惩条令，古人治军极重军中赏罚，每战前明确规定当赏当罚的具体条令，以使士兵争立战功而远避罪过。”

②收游士，申教诏：收游士，意即收揽各地说客，说明军队法规。游士，说客。申，陈述，说明。诏，这里指的是军队的法规，并非特指天子或君主的诏令。若指天子或君主的诏令，当放在句首凸显之，以显明天子或君主的权威。施子美曰：“游说之士能腾颂于诸侯之间，使其君臣相疏，斯人也吾当收而用之。如晋用楚材、汉用项虏是也。教诏者天子之所出，吾能申之，则有以感士卒之心，如李晟受命之后，兵令一下，而士皆雪泣，非能申教诏乎？或谓军之教诏不可不三令五申。然将军之令，不可谓之诏。谓之诏，则天子也。”刘寅说：“收用游说之士，则能尽人之谋。申明教诫诏告之法，则民知所遵守而不犯。”朱墉引《通义》曰：“游士知列国之情形，谋画所从出者也，收之为我用则群策毕举。军中教令务在必行，然不再三申重之，则人不能信从。”田旭东说：“收游士，即收罗有用的游说之士，广集人才，像战国时的苏秦、张仪等辈，凭三寸不烂之舌，或用以离间敌国之君臣，或用以担当间谍刺探敌之国情、军情。申教诏，就是向军队将士和民众传达天子的诏令，以期彻底实施，在古代，君令即国家的意志，申教诏自然就是让国民将士明了国家的意志。”

③讯厥众，求厥技：意谓征询民众意见，寻求才技之人。讯，询问。厥，其。众，大众，民众。技，技能，技艺。施子美曰：“讯厥众，求厥技者，尧咨四岳，舜辟四门。人君用人之道，未必不询之众而得之者，况用兵之际？才技之人，没于行伍者，不可胜数。苟非

讯之于众,何以得其材乎?昔高祖问张良:‘今欲捐关以东,谁其可与其功者?’良曰:‘九江王布,楚枭将,与项王有隙。彭越与齐王田荣反齐地,此二人可使。而汉将韩信可属大事,使当一面。’岂非讯众而得其才乎?”刘寅说:“讯厥众者,欲博其识也。求厥技者,欲广其能也。”朱墉引《通义》曰:“刍荛之言,圣人择焉。愚者千虑,必有一得。虚怀下问,则闻见自广。奇能技艺,散处他方。宋斤鲁削,各有其用。搜罗延访,则军中之器具精良矣。”田旭东说:“讯厥众、求厥技即广泛征询民众意见,以求集思广益,并寻求发现民众、兵士之中的特有技能者,使其能担当适当的工作。”

④“方虑极物”四句:方,并列,排列,这里是广泛参考的意思。极物,彻底弄清事物的本质。变,改变,这里是排除的意思。推,移去,这里是解决的意思。心,这里指民意。施子美曰:“人无遗谋,然后事无隐情。夫将以一人之身而万事还至,其将何力以给之?是必多为之虑,则谋或无遗矣。事物虽多,吾得而极之,又何隐之有?此光武之沉几先物,所以莫与之敌。人心欲安,有嫌疑则不安矣。寇贾之嫌亦久矣,而光武分之,非能变之乎?巫祝之疑亦甚矣,而黄石公令禁之,非推之乎?或曰:众中有嫌者为之变,亦通,变嫌推疑,既可以安人之心,而巧力所求,欲其豫,兵以力胜,养之不可不深。事以巧成,索之不可不至。王翦伐荆,必待投石超距而后用之。王伯伐茂建,必待断发请战而后用之。此皆巧力之可用也。养其力则勇者有愿战之心,索其巧则机者有从战之心。因其欲动而用之,可谓举而不迷,动而不穷也。《三略》曰:‘因其至情而用之,此兵之微权也。’其是之谓欤?”刘寅说:“方其虑者,欲计之深也。极其物者,尽下之情也。‘变’当作‘辨’。辨白人之所嫌者,恐其嫌之误也;推明己之所疑者,恐其疑之非也。养兵之力者,务制其胜也。索人之巧者,求尽其才

也。因人心愿动而动者，与民同志也。”朱墉引《通义》曰：“心思智虑，人异其见。或执两而较，或伍以参，衡量定而得失分，物情无穷，多有隐匿，必推究其深微蕴奥，则私曲悉照，无所掩藏。嫌曰变，人所憎恶，易其事也；疑曰推，吾所迷惑，著其理也。然非民力无以任其上令，故当养之。非巧计无以应夫外变，故当索之。又不可以轻举战伐也。民心即天心，有机寓焉，必因之以为起行也。”又引《开宗》曰：“此节挈战之大纲也。”

【译文】

用兵的原则是：制定军功爵位，明确奖惩法令，收揽各地说客，说明军队法规，征询民众意见，寻求才技之人。广泛参考不同意见，弄清事情的来龙去脉，排除疑虑，解决疑难，积蓄实力，索求巧计，根据民心所向采取行动。

凡战：固众、相利、治乱、进止、服正、成耻、约法、省罚①。小罪乃杀，小罪胜，大罪因②。

【注释】

①固众、相利、治乱、进止、服正、成耻、约法、省罚：固众，稳固军心。相利，观察地利。相，视，观察。治乱，指整顿军纪，不使混乱。进止，指申明进退原则。服正，听从正确意见。成耻，激发廉耻。约法，使法令简约。省罚，减少刑罚。施子美曰：“用兵之道，莫难于用众。寻邑百万而败于光武，苻坚以百万而败于谢玄，此用兵所以欲固也。欲固众者，必相地利以处之而可也。或曰：固众之法，必欲使上下相救，左右相助，而为利也。众固欲固矣。然法又曰‘用寡固’者，何也？盖众寡虽有异，人而其为固，则一而已。此所以亦欲其固也。众所在易至于乱，必有以治之。战者人之所畏，易至于止，吾必有以进之。如亚父坚卧不起，是能治

乱也；范蠡援桴进兵，是能进止也。子率以正，孰敢不正？必服行吾之正而后可用。不耻不若人，何若人有必成其耻心，然后可用。能正则可使喧哗者有诛，乱行者有戮。成耻则人必宁为荣死，无为辱生。人心若此，何战不克？约庆省罚者，盖数赏者窘也，数罚者困也。庆赏贵约而不烦，刑罚贵省而不滥，赏约则人无觊觎之心，罚省则刑无滥及之过矣。"刘寅说："凡欲与敌战，务坚固众心，相度地利，治其兵不使之乱，知进止之节，服从人之正言正谏。'成'字恐误。耻者，所当羞恶也。约法者，法不烦也。省罚者，罚不滥也。"朱墉引《通义》曰："众不坚固，虽众何用？惟固则难解。地不相度，何以得利？惟相则无危。纷纷纭纭而能整齐之，则治其乱矣。委靡退却而能激发之，则进其止矣。邪曲偏私，难强人从，故服之以正。抱愧负惭，足以有为，故成之以耻。约与省虽相似，然在法则宽，在罚则严也。"黄朴民说："在治军问题上，《定爵》强调'服正成耻，约法省罚'。这实际上就是要求坚决贯彻明耻教战的原则，使整支部队达到'不令而行'、勇往直前、英勇杀敌的上乘境界。它提倡将帅关怀士卒，处处以身作则，使得官兵上下能够同心同德，患难与共，以确保全军斗志昂扬地投入战斗，建立殊勋。"

②"小罪乃杀"三句：意谓发现小罪过就要及时制止，因为如果让小罪过有了胜算，大罪恶就会承袭而来。杀，制止。因，承袭。施子美曰："人有小罪，苟胜而过之，不至于戮，则大罪必因此而作矣。传曰：'图难于其易，为大于其细。'亦此意也。或曰：胜残去杀之胜。谓人有小罪者，既胜而去之，则大罪者亦因是而灭矣。"刘寅曰："此句上下恐有阙文误字。或曰：犯小罪者乃杀之，则有小罪者足有制胜，有大罪者亦因而制胜也。未知是否。"朱墉引《通义》曰："小罪不可幸免，当杀者必杀也。小罪不免，大罪可知。故曰因，盖诛一后期而三军股栗也。"

【译文】

用兵的原则是：稳固军心，观察地利，整顿军纪，申明进退原则，听从正确意见，激发廉耻，简约法令，减少刑罚。发现小罪过就要及时制止，因为如果让小罪过有了胜算，大罪恶就会承袭而来。

顺天、阜财、怿众、利地、右兵，是谓五虑①。顺天，奉时②；阜财，因敌③；怿众，勉若④；利地，守隘险阻⑤；右兵，弓矢御，殳矛守，戈戟助⑥。凡五兵五当，长以卫短，短以救长，迭战则久，皆战则强⑦。见物与侔，是谓两之⑧。主固勉若，视敌而举⑨。

【注释】

①顺天、阜财、怿众、利地、右兵，是谓五虑：顺天，顺应天时。阜财，增多财富。阜，多，丰富。怿众，悦服民众。怿，悦服。利地，意即重视地利。《孙子兵法·地形篇》曰："夫地利者，兵之助也。料敌制胜，计险厄远近，上将之道也。"右兵，注重武器装备。右，古人以右为尊，这里作"注重"讲。施子美曰："兵以善谋为先。谋非一端而足，故顺天、阜财、怿众、利地、右兵，此五者皆可虑也，是谓之五虑。前云万虑，而此云五虑者，盖万虑则无所不虑，而五虑则止于五者而已。"刘寅曰："顺天之时，阜民之财，说众之心，利地之险，右兵之用：此谓之五虑。"朱墉引《翼注》曰："五虑以五者，为忧虑也。忧不顺于天以招咎，忧不阜于财以致窘，忧不怿于众以失心，忧不利于地以蹈险，忧不右于兵以取弱。五虑全则胜势自我操矣。"黄朴民说："《定爵》指出，凡是从事战争活动，必须在事前作好充分的准备，做到'顺天，阜财，怿众，利地，右兵'，即了解和顺从天候条件，发展社会经济，积极争取人心，

巧妙利用地利，改善武器装备。同时要‘定爵位，著功罪，收游士，申教诏，求厥技’，即制定相应的制度，发展平时教育，收罗和任用人才。认为只有‘人习陈（阵）利’，方能‘大军以固’，建设起一支强大无敌的军队，去最终夺取战争的胜利。”钮国平在《读〈司马法〉札记》（载《济南大学学报》2001 年第 2 期）一文中说：“《司马法》论‘兵’每论及‘财’。《定爵》曰：‘顺天，阜财，怿众，利地，右兵，是谓五虑。’‘阜财因敌。’聚积财富是用兵必先考虑的五事之一；欲聚积财富则利用敌方物资。《定爵》又曰：‘凡战，有天，有财，有善。’‘众有，有因生美，是谓有财。’民众有财富，国力随之滋长充实，这才是从根本上使国家富裕起来。《定爵》又曰：‘凡战……因财。’因财，用好财物，是说要量入为出、讲求实效。《管子・版法》：‘取人以己，成事以质。审用财，慎施极，察称量。’可作‘因财’注脚。司马之官掌邦政、统六帅、平邦国，深知财富不足就没有精良的兵器军械，去制服敌人……深知财富不足就没有精良的军事装备，在战场上被动挨打……深知财富不足就不能成就基业，稳定民心……所以，在治军用兵的法典之中，念念不忘‘聚财’‘富国’‘节用’。《司马法》目光之深远，视野之开阔，于此可见一斑。”徐勇说：“‘顺天，阜财，怿众，利地，右兵。’这些原则，是当时形势下政治家、军事家的共识。商鞅一再强调，要‘修守备，便地形，抟民力，以待外事’（《商君书・农战》），‘兵甲器备，各便其用’（《商君书・更法》）。齐威王时的孙膑强调‘事备而后动’（《孙膑兵法・见威王》），‘强兵之急者’在于‘富国’（《孙膑兵法・强兵》）。值得注意的是，《司马法》把‘顺天’列于第一位，又强调‘怿众’，与商鞅是有不同的。早在春秋末，孙武就强调‘天者……时制也’（《孙子・计篇》）。威王时的孙膑更强调凡战必得‘天时’，要‘抚时而战’（《孙膑兵法・月战》）。重天时而尚人和，这是《司马法》与同时的孙膑、孟子等的共同点。《孟子》之言人所共知(不过,孟子把'人和'看得最重),孙膑也说过'间于天地之间,莫贵于人'(《月战》)。商鞅虽强调'便地形',却不如《司马法》等能把'天时、地利、人和'一起列入战争准备的原则中去,而正是这原则,成为数千年来人们称道不已的兵家至言。"

②顺天,奉时:意谓顺应天时,表现在用兵时能信奉自然规律。奉,信奉。施子美曰:"顺天之道,在于奉天之时。法曰:'天者,阴阳、寒暑、时制也。'又曰:'冬夏不兴师。'无非所以奉天时也。乃若马援征五溪蛮,人多疾疫,其如顺天何?"刘寅曰:"顺天者,奉天之时也。所谓阴阳寒暑以时制之也。"田旭东说:"顺天奉时,就是要顺从阴阳寒暑等各个时节的不同,选择于己有利的时间而用兵,《孙子·计篇》有'天者,阴阳、寒暑,时制也',这里包括昼夜、晴雨、寒冬、酷暑、春夏秋冬等。因为古代战争受天时气象条件的制约很大,在《仁本篇》中就有'冬夏不兴师'的原则,因为极寒酷热之时兴兵打仗在古代是被视为不仁义的。当然,这并不是问题的要害,实际上是客观条件的限制,冬季兴兵,马匹饲料难以解决,兵士御寒装备负担过重,增加了后勤保障人员而减少了战斗兵员,作战机动性能就必然受到影响。夏季出兵,酷热耗力,军队易疲,又可能使士兵染上疾病瘟疫而不战自败。"

③阜财,因敌:意谓增多财富,表现在能利用敌人获得物资装备。施子美曰:"阜财在于因敌之利。法曰:'掠于饶野。'又曰:'务食于敌。'无非所以因敌之有也。乃若楚得敖仓不能守,其如阜财何?"刘寅曰:"阜财者,因粮于敌也。所谓'食敌一钟,当吾二十钟;萁秆一石,当吾二十石'也。"田旭东说:"关于广集财富,除本国储粮屯草有足够的战争资财以外,很重要的一点是'阜财因敌'。古代国与国交战,若财富仅求之于本国,就会使国民疲敝而厌烦战争,不积极支持战争。再者,出兵于国外,落后的运载

工具不适应较长的后勤供应，因此，不可能携带充分的粮食器械，那么就必须因于敌了。《孙子·作战篇》也讲到‘取用于国，因粮于敌，故军食可足’，‘故智将务食于敌’，因于敌，即补充了自己，又减轻了本国人民的负担，而把困弊留给了敌人。”

④怿众，勉若：意谓悦服民众，表现在能勉励士卒的斗志，顺应士卒的愿望。若，顺应，顺从。施子美曰：“忠义者，人心之所乐；劝勉者，人君之至术。欲使斯人悦怿而进，其可无以勉之乎？萧之役，军士大夫寒，不怿亦甚矣。楚王一劳之，而三军皆如狭纩，其悦怿为如何？若者助辞也。或曰：臣下有功见知则悦怿众，勉若者，勉之以其功也。”刘寅曰：“怿众者，勉而顺之也。所谓‘令民与上同意，可与之死，可与之生，而不畏危’也。”田旭东说：“人和，就是国中上下同心协力，军民相互勉励，以使军中将士不畏危难，赴汤蹈火，勇于死战。”

⑤利地，守隘险阻：意谓重视地利，表现在能守好狭隘险要之地。施子美曰：“《吴子》曰：‘以一击十，莫善于厄。以十击百，莫善于险。以千击万，莫善于阻。’是三者，皆地之利也。秦有殽陵，可以据晋。汉知厄塞，遂以灭楚。其可不知所守乎？陈豨惟不守漳水，乃为高祖所擒。刘禅惟不守阴平，乃为邓艾所灭。则羊肠狗门之地，苟可利者，不可不守也。”刘寅曰：“利地者，守吾国之狭隘艰险阻绝之地也。所谓‘路狭道险，名山大塞，十夫所守，千夫不过’是也。”田旭东说：“利地，即地形的利用，能否通晓战场的地理地貌，这是战前准备的重要因素，也是能否取胜的决定因素之一。若能正确利用地形，那么十夫之守就可抵挡千夫之过，《吴子·应变篇》就有：‘避之于易，邀之于厄，故曰以一击十莫善于厄，以十击百莫善于险，以千击万莫善于阻。’”

⑥“右兵”四句：意谓重视武器装备，用弓、箭御敌，用殳、矛守阵，用戈、戟辅助。御，《周礼·夏官·司右》注、《考工记·庐人》疏、

《太平御览》卷三三九引作“围”,《太平御览》卷三五三引作“圉”。施子美曰:“右者,尚也,尊也。左手足不如右强,右者强大之意也。《尉缭子》曰:‘杀人于百步之外者,弓矢也。杀人于五十步之内者,矛戟也。’弓矢之用可以为御,殳矛戈戟可以守助。”刘寅曰:“右兵者,长短相助而为用也。《左传》曰:‘天子右之,吾亦右之。’右是助也。弓矢杀人于百步之外,可以御敌。殳矛,长兵也,可用以守。殳,攒竹八觚,长一丈二尺。矛,钩也,长二丈。戈戟亦长兵也,可以助守者。戈,平头戟也,长六尺四寸,广二寸。戟,小枝向上者也,长者二丈四尺,短者一丈二尺。又曰:矛谓夷矛、酋矛也。夷矛长二丈四尺,酋矛长二丈。”朱墉引《通义》曰:“凡人之举动以右为先。五者兵器之当先者,故曰右。”田旭东说:“(这几句)是讲重视兵器的配备与协同,使各种兵器都能发挥其特长,弓矢为远射武器,殳矛、戈戟为近战武器,长短相互补之,充分发挥所有兵器的杀伤效率,以达到攻防全能的目的。”蓝永蔚说:“古代战争是面对面的白刃格斗,兵器的长度就是兵器的杀伤距离,因此而有长兵、短兵之分。车兵五兵,据《考工记》记载,夷矛为三寻,酋矛为二寻二尺,车戟为一寻八尺,殳为一寻四尺,戈为六尺四寸,大概夷矛、酋矛、车戟为长兵,殳与矛就是短兵了。步兵五兵,今本《司马法》说:‘弓矢御,殳矛守,戈戟助。’御是防卫,‘弓矢御’是说以弓矢为掩护,即‘长以卫短’之意;殳矛有柄,交刃时才能使用,故称之‘守’;助有补救意,用戈戟补救殳矛的不足,即所谓的‘短以救长’。据此,则殳矛是长兵,戈戟是短兵。但此外还有一个弓矢。弓矢不是有柄兵器,它的杀伤距离是它的射程,《六韬》说:‘弩不可以及远与短兵同。’《史记·匈奴列传》说:‘其长兵则弓矢。’弓弩同类,都是射远器,故按杀伤距离分类,不言而喻,弓矢便应当是长兵之冠。因此,对于步兵五兵来说,弓矢、殳矛是长兵,戈戟则是短兵。”

⑦"凡五兵五当"几句：意谓弓矢、殳、矛、戈、戟五种兵器各有所长，长兵器用来护卫短兵器，短兵器用来救助长兵器，轮番使用它们作战战斗力可以持久，全部使用它们作战可以形成强大战斗力。五兵，指弓矢、殳、矛、戈、戟五种兵器。《武经七书注译》曰："戈，称勾兵，也称啄兵，是用内刃钩杀，或用啄端啄杀的兵器。盛行于殷周，用青铜制，春秋以后消失。矛，直刺兵器，装有木质长柄，商周用青铜器，秦汉以后用铁制。戟，是将戈矛合成一体的兵器，既能直刺，又能横击，殷周用青铜制，战国后也有用铁制的。殳，就是前端有棱的长木棍，也有用铁制的。弓箭，射程较远，矛和殳柄较长，这三种都可以称为'长兵'，戈和戟要用以横击，柄不能太长，可以叫做'短兵'。"五当，指五种兵器具有五种功能，各有所长。长，指长兵器，如弓箭、矛、殳等。短，指短兵器，如戈、戟等。迭战，指轮番使用五种兵器作战。皆战，指全部使用五种兵器作战。施子美曰："凡此五兵，皆有所当。如李靖言八马当二十四人之说，如晁错言十不当一之说。长以卫短，短以救长，欲其杂也。盖兵不杂则不利，此长短相为救援也。五兵相当，迭战则可以久。皆战则三军齐力，百将一心，故可以强。"刘寅曰："五兵，弓矢、殳、矛、戈、戟也。五兵五当者，长以防卫其短，短以救护其长，即上文'右兵'之义。使吾军更迭而战则可久，使吾兵皆出与战则力强。迭战者，吴为三军迭出以疲楚是也。皆战者，赵盾使三军皆出与秦战是也。"朱墉引《通义》曰："五兵用之，各有所当，故曰五当。分而言之，皆可以及人也。至合而用之，则有长以卫短、短以救长之义，所谓右兵如此。然此特战具尔，所以任战者人也，故又有迭战皆战之说。迭战休力也，故久。皆战同力也，故强。"又引《大全》曰："迭战，即三驷之法，如吴为三军迭出以疲楚是也。皆战是合击之法，如赵盾使三军皆出与秦战是也。"蓝永蔚说："长兵的特点是能够在较远距离

上杀伤敌人，但是它有一定的击刺死角，不能对付抵近之敌，这个缺点便需要以短兵来补救；而短兵的杀伤距离有限，易遭敌人攻击，故又需长兵的掩护。所以《司马法》在分析兵器的战术性能时说'兵惟杂'，'兵不杂则不利'，'凡五兵五当，长以卫短，短以救长，迭战则久，皆战则强'。值得注意的是，所有这些精彩的论述，都不是从单兵，而是从阵战的角度提出的。根据这一观点，可以看出，步兵的五种兵器构成了一个战斗整体，这五种杀伤方式和杀伤距离都不相同的兵器，必需'强弱长短杂用'，才能够发扬威力，克敌制胜。步兵的基本编制单位也只有符合这个要求，才能够实现它的战术目的。"

⑧见物与侔(móu)，是谓两之：意谓一旦看到敌人有新型兵器，我军就要造出与之同样的，这叫作保持敌我双方武器装备力量的平衡。侔，齐等，一样。两之，指保持双方力量平衡。施子美曰："用是二者，又当视敌之事与己之事如何耳。而与之侔，是谓两之也。孙子曰：'校之以计。'亦两以见之也，是谓战权，亦两而称之也。两而见之，知其侔与不侔则是权敌量力而后举兵，为得其道矣。"刘寅曰："'之'或曰当作'支'，传写之误耳。言见一物则思与之侔，是谓两相支持之道。未知是否。"朱墉引王元翰曰："如冲车、行马、虎落、飞江、天潢、转关，敌人奇巧之物则效而用之，是两持之道。昔司马懿效孔明木牛流马以转运，能为对敌。"

⑨主固勉若，视敌而举：意谓主将要巩固军心，勉励士卒，顺从大家的意愿，观察敌情虚实，伺机举兵攻击。施子美曰："老子曰：'用兵不贵为主而贵为客。'盖为主之道，易于易敌，适以见禽于人，此李靖所以有变客为主之戒。为主之道欲固，而固在于勉若以制胜，不可懈怠而自败。主固勉若，此为主之道也。至于举兵加人，又当料敌而后举。盖知彼知己，百战不殆。不知彼而知己，一胜一负。为主之道，虽当勉以待之，又能量敌而进，虑胜而会，

此正得失非利不动、非得不用之意也。昔河阳之军，光弼为主也。周挚攻之，而光弼敛军，非勉而固乎？及登陴而望，乃纵兵击之，非视敌而举乎？”刘寅曰：“为主者当固守其众，勉而顺之，视敌之虚实而举动。主者，主客之主也。”朱墉引王元翰曰：“视敌而举，观敌有暇隙而后乘之也。”又引《开宗》曰：“此言行兵有五虑因及用兵之五当。”黄朴民说：“《定爵》对用兵的方法也有深刻的阐释。它主张用兵打仗要做到‘视敌而举’‘因敌令陈’，根据不同的敌情制定不同的战法，认为‘凡战，权也；斗，勇也；陈，巧也’，即作战要重视谋略的运用，战场拼搏要提倡勇敢献身精神，布列阵势要讲究巧妙灵活。要求战争指导者要善于造就优势，争取主动，‘用其所欲，行其所能，废其不欲不能，于敌反是’，捕捉战机，‘蹈敌制地’，出奇制胜。”陈宇说：“《司马兵法》全书中有两处提到‘视敌而举’一词，在本篇中指出：‘主固勉若，视敌而举。’其旨意是针对敌情变化，因地制宜，灵活地运用不同的战术，最终战胜敌人。在《用众篇》中亦曰：‘凡战，设而观其作，视敌而举。’其大意是以假象迷惑敌人，并侦察观看敌人的动静，然后视具体情况攻击敌人，并最终取胜。由此可以说，‘视敌而举’是《司马兵法》的重要战术原则之一。”

【译文】

顺应天时、增多财富、悦服民众、重视地利、注重武器装备，这是用兵打仗需要考虑的五件事情。顺应天时，表现在用兵时能信奉自然规律；增多财富，表现在能利用敌人获得物资装备；悦服民众，表现在能勉励士卒的斗志、顺应士卒的愿望；重视地利，表现在能守好狭隘险要之地；重视武器装备，用弓、箭御敌，用殳、矛守阵，用戈、戟辅助。弓矢、殳、矛、戈、戟五种兵器各有所长，长兵器用来护卫短兵器，短兵器用来救助长兵器，轮番使用它们作战战斗力可以持久，全部使用它们作战可以形成强大战斗力。一旦看到敌人有新型兵器，我军就要造出与之同样的，这叫作保持敌我双方武器装备力量的平衡。主将要巩固军心，勉励士卒，顺从大家的意愿，观察敌情虚实，伺机举兵攻击。

将心，心也；众心，心也①。马、牛、车、兵，佚饱，力也②。教惟豫，战惟节③。将军，身也；卒，支也；伍，指拇也④。

【注释】

①“将心”四句：意谓将帅的心是心，众人的心也是心，上上下下都要将心比心，同心同德。施子美曰：“天下有异人，本无异心。将之与众，其势不同也，其任不同也。捐其势而求其心，又何上下之异哉？然传曰：‘人心不同，如其面焉。’若之何而同耶？盖人心虽不同，而同于好恶，此所以无异也。昔张巡为将，欲使将识士情，士识将意，是乃以心相感也。”朱墉引陈孝平曰：“将心士心，同一心也。言将与众，名分虽殊，而心则一。”

②“马、牛、车、兵”三句：意谓马、牛喂好，休息好，战车、兵器保养好，这样才能形成战斗力。施子美曰：“若夫力则马、牛、车、兵佚饱也，劳不可以待劳，待劳者必以佚。饥不可以待饥，待饥者必以饱。马、牛者军之用也，车、兵亦军之用也。闲之使佚，养之使饱，饱则其力为有余耳。法曰：‘以佚待劳，以饱待饥。’正谓此也。”刘寅曰：“马所以战，牛所以载。车，战车也。兵，器仗也。佚，闲佚也。饱，充饱也。凡此皆欲齐其力也。”

③教惟豫，战惟节：意谓士卒训练要在平时进行，对敌作战要遵循军中法则。教，指对士卒的军训。豫，预先，指平时。节，法度，法则。或曰节制，适度；或曰距离。施子美曰：“兵之未用也，必有素行之令。兵之将用也，斯有一定之制。教之预则令素行矣，教之节则制素定矣。方其教之也，逐奔则使之不远，纵绥则使之不及。疾徐疏数，各有其法。坐作进退，各有其度。此教之豫

也。及其战也，逐奔则不过百步，纵绥则不过三舍，可进则进，无远奔。可退则退，无遽走。此战之节也。法曰：'士不素教，不可用也。'又曰：'令素行以教其民。'则民服，非教之豫乎？法曰：'善战者其节短。'又曰：'节如发机。'非战之节乎？"刘寅曰："民惟当预先教之，不教而战，是弃民也。与敌战，惟当节量之，所谓'其节短'是也。"朱墉引周鲁观曰："'豫'就平日言，以教之宜素也。'节'就临阵言，以发而必中也。两'惟'字有分疏剖判不容忽乱之意。'教'必谨之于未战之先，而'节'惟制之于接战之际。"又引《通义》曰："众心至不一也。将心此心，众心亦此心，则上下同心矣。惟心至难一，非法制可以把持，故须教。教又不易率，故须豫也。曰'教惟豫'，言不在战之日也。"田旭东说："这是对士兵平时加强教育、训练，提高军队战斗力方可在战时一举取胜的思想体现。必须于平时持久不断地实施对军队的管理教育和训练，不教育、不训练军队，不统一步调，就会出现战时溃乱不能守，进时无勇不能战的情况。只有经过教育训练，统一步调，才能有良好的素养和充实的力量，兵强则国安，敌国也就不敢轻易进犯了。平时有教，才能战时有节，'战惟节'就是在作战的进退攻防之时，见可而进，知难而退，严整有序，有节有度地随从战时的机宜而动。通过教育，达到'大军以固，多力以烦，堪物简治，见物应卒''轻车、轻徒、弓矢固御'，使军队强大而坚固，力量充沛而训练精到，临战进退敏捷动作自如，能处理复杂的事物而有条不紊，见战况的转折而从容应变。"李零说："'战惟节'，'战'，实战；'节'，节制。《荀子·议兵》：'秦之锐士，不可以当桓、文之节制；桓、文之节制，不可以敌汤、武之仁义。'上两篇所说'逐奔不过百步，纵绥不过三舍'，'军旅以舒为主'，'虽交兵致刃，徒不趋，车不驰，逐奔不逾列'，皆节制之义。"

④"将军"六句：意谓将军就像人的躯干，卒就像人的四肢，伍就像

人的手指。卒，春秋时军队的编制，以一百人或二百人为一卒。支，同“肢”。四肢。伍，古代军队编制，以五人为一伍。指拇，大拇指。施子美曰：“贾生言：‘海内之势，如身之使臂’臂之使指。’斯言不独可施之国，虽军事亦然。将军譬一身也，卒譬支也，伍譬指拇也。身使支，支使指，莫不各从其役者。大足以制小也。将使卒，卒使伍，亦犹是也。向非将之与众心乎其心，则未易使之也。夫何故？心同则力叶也。拇指，大指也。《尉缭子》曰：‘将帅士卒，动静一身。’亦此意也。”刘寅曰：“将军譬如人之身也。百人为卒，譬如人之四肢也。五人为伍，譬如人之指拇也。所谓如身之使臂，臂之使指是也。”朱墉引《通义》曰：“夫同心则同力矣，而必及力，政恐力不从心故也。如身使臂，臂使指也，亦见一体之义焉。百人为卒，五人为伍，不言军旅而言卒伍，指其微者也。以相使之义言之，见无人不资其捍御也。以相通之情言之，见无处不关其痛痒也。”又引王汉若曰：“有力无心，莫为之鼓；有心无力，莫为之辅。教不徒坐作击刺之方，如厚飨愿战，投石超距，心齐力裕矣。然后临敌脱免，如身之使臂，臂之使指，一战有余勇，又何不节之虞？”又引《大全》曰：“‘教惟豫’二句一串讲。言教民即戎，当于未战之先训习戒谨之，而临战之时，惟修其节制以督率之而已矣。身肢指拇，承上教豫来言，用兵至于习熟有节，自然心齐气裕，不殊于身之使臂，臂之使指。”《开宗》曰：“此言将士同一心，其用如一身，故立教不可不豫。”

【译文】

将帅的心是心，众人的心也是心，上上下下都要将心比心，同心同德。马、牛喂好，休息好，战车、兵器保养好，这样才能形成战斗力。士卒训练要在平时进行，对敌作战要遵循军中法则。将军就像人的躯干，卒就像人的四肢，伍就像人的手指。

凡战，智也；斗，勇也；陈，巧也[①]。用其所欲，行其所能，废其不欲不能，于敌反是[②]。

【注释】

①“凡战”六句：意谓打仗比的是智慧，格斗比的是勇敢，布阵比的是巧妙。智，一作“权”。陈，同“阵”。布阵。施子美曰：“非变不足以用兵，非力不足以合战，非机不足以布列，兼是三者，乃可为用。盖用兵者，圣人之不得已，故权时而用之。如汤之伐夏，武之伐商，皆一时之变也。力有余者，然后可以胜人。故汉有飞将军，有骠骑将军，皆勇可以斗者也。阵出于心机，故分阵布势，非巧不可。诸葛亮平沙叠石，为八行方阵，司马懿称为天下奇才，非巧而何？”刘寅曰：“凡战者，权变之道也。斗者，勇而赴敌也。陈者，巧而取胜也。”

②“用其所欲”四句：意谓让士卒做他们想做的事情，干他们能干的事情，不让他们做那些不想做也做不好的事情，对敌人则反其道而行之。施子美曰：“人各有心，善使人者不逆其心。人各有才，善使人者不违其才。士卒不愿赏而请战，此心之所欲也。李牧用之以破匈奴，非善用其所欲乎？短者持矛戟，长者持弓弩，此人之所能也。吴子备言之于教战，非得其所能乎？用所欲则必废所不欲，行所能则必废所不能。苟为不然，未有不败于所不欲，死于所不能者。至于敌则反是，盖用众之道与审敌异。吾之士卒有所欲则用之，而彼有所欲，则不与用其所欲。吾之士卒有所能则行之，而彼有所能则不与施其所能。若是则彼必咈其所欲，违其所长，彼安得不败而吾安得不胜乎？”刘寅曰：“用其人之所欲用者，行其人之所能行者，废其不欲用不能行。于敌国则反此道，谓敌所不欲，吾则用之；敌所不能，吾则行之；敌所欲所能，吾则废之。”朱墉引《醒宗》曰：“用必用其所欲，行必行其所能，则

其所不欲不能必在所废矣。于敌反是，亦只幸其相反之意。”又曰：“用、行、废三者，皆欲得其宜，而独不欲施之于敌，此非私曲，乃是人情。”又引《通义》曰：“用权、用勇、用巧，将一人事也。为我用者人也，我欲用之而强其所不欲，何以尽其力？我乃行之，强其所不能，孰与任其令？权耶？勇耶？巧耶？故用其所欲，因其至情而用之也；行其所能，量其材力而行之也，乃所谓善用人也。”又引《开宗》曰：“此言作战贵权变而勇巧为次。”

【译文】

打仗比的是智谋，格斗比的是勇敢，布阵比的是巧妙。让士卒做他们想做的事情，干他们能干的事情，不让他们做那些不想做也做不好的事情，对敌人则反其道而行之。

凡战：有天、有财、有善①。时日不迁，龟胜微行，是谓有天②。众有，有因生美，是谓有财③。人习陈利，极物以豫，是谓有善④。人勉及任，是谓乐人⑤。大军以固，多力以烦，堪物简治，见物应卒，是谓行豫⑥。轻车轻徒，弓矢固御，是谓大军⑦。密、静、多内力，是谓固陈⑧。因是进退，是谓多力⑨。上暇人教，是谓烦陈⑨。然有以职，是谓堪物⑩。因是辨物，是谓简治⑪。

【注释】

①有天、有财、有善：善，善物，指精良的武器装备。施子美曰：“用兵之法，虽欲无往不克，用兵之道，必欲无所不备。天也，财也，善也，此用兵之道也。得其道则可以一战矣。”朱墉《直解》曰：“天，天时也。财，财用也。善，善物也。”朱墉引《大全》曰：“遵时日，卜胜兆而行事，必妙于微，然后可以因天。有众，有美事，因

之以生，然后可以用财。阵利常习，豫物必备，然后可以用善。三者能有，庶几可以语战权。”

②“时日不迁”三句：意谓一旦作战时机出现就不能错过，以龟甲占卜获得胜利吉兆，就要隐秘地采取行动，这样就可称作“有天”。迁，迁移，这里是错过的意思。龟胜，以龟甲占卜获知胜利吉兆。古人用龟甲占卜，根据它烧灼后的裂纹判断吉凶。施子美曰：“时运于天，用兵者不可迁也。法曰：‘知战之日。’又曰：‘征之以某年日月。’时之不可移也。故古人有克日会战，诘朝相见，其可或迁之乎？时日既不迁，又假卜筮以占其吉凶焉。且龟为前列，所以先知也。龟之为物，兆吉凶于未然之前，既知有必胜之理，又在乎微而行之，用之以机，然后可以胜之也。武王伐商，梦协其卜，袭于休祥，此以龟胜也。其行也见风雨暴至。太公乃焚龟折蓍，渡于孟津者，无他，欲密其机也。夫是之谓有天。以在天之道，皆战所有也。”刘寅曰：“时日不迁，谓遇当战之时、当战之日，不可迁移，务在必战。龟胜者，占而得胜兆也。微行者，微妙于行事也。此所谓有天。”朱墉引《通义》曰：“时日即天官时日也。曰不迁，示不违也。龟胜，胜兆也。曰微行，示不测也。造大事而信其私谋，悍然不知有天，非所以示重也。”

③“众有”三句：意谓民众富足，国家依靠民众而生财，这样就可称作“有财”。众有，指民众生活殷实富足；一说因敌生财，从敌人那里获得财富。因生美，指国家依靠民众而生财。施子美曰：“取诸己者其用常不足，取诸人者其用常有余。三军之众，苟能有人之所有，是能因敌之财，以生其财，美其财也。生之则财不竭，美之则财不耗。法曰：‘阜财因敌。’又曰：‘务食于敌。’是能有敌人之财也。夫是之谓有财。”刘寅曰：“众人有方，可谓之有，因而生美，此所谓有财。语曰：‘百姓足，君孰与不足？’即此义也。”朱墉引《通义》曰：“财非一人可独有，故独有不可谓有，众有

乃可谓有也，故曰因生美。美者，美利也，以众生之者也。众生之，令众有之，君特因之，则财以不蓄为富，是以谓之有也。”

④“人习陈利”三句：意谓士卒军事技术娴熟，掌握战阵之利，这样就可称作“有善”。施子美曰：“非阵之难，使人可阵者为难。非器之利，备物以为之则利。法曰：‘人习阵利。’又曰：‘阵巧也。’盖阵兵之法，欲其纷纭不乱，混沌不散。苟非人习其利，则何以为阵？《礼》曰：‘合此四者，然后可以为良。’盖制器之法，欲其材极其美，工极其巧，苟非极物以豫为之，则何以为利？成周之时，若无事于战阵，无资于兵器，而司马之职平阵有法，考工之记制器有工者，无他，为欲有其善故也。”刘寅曰：“人习战陈之利，尽物力以备之，此所谓有善。”

⑤人勉及任，是谓乐人：意谓士卒相互勉励，尽职尽责完成作战任务，这样就可称作“乐人”。乐人，人人乐于战斗。施子美曰：“是三者既无所不治，然后人勉于所任焉。夫常人之情，莫不恶死而喜生，恶劳而好逸。今也驱之万死一生之地，而人皆勉力以任其事者，盖有以乐之也。传曰：‘说以使民，民忘其劳。’是谓乐之也。前云‘怿众’‘勉若’，即此乐人者也。”刘寅曰：“人相勉及于任使，是谓乐于战陈之人，即‘交兵接刃而人乐死’之义。”朱墉引《通义》曰：“人各勉，称任使，所谓人乐赴，人乐死也。人乐之也，而谓之乐人，则所称人勉者，岂人也哉？”又引《开宗》曰：“此言人怀自勉之心。”

⑥“大军以固”五句：意谓军队强大而阵地坚固，兵力充足，人数繁多，选拔称职人才以处理复杂事务，观察敌情以应付突发事变，这样就可称作“行豫”。烦，繁多。堪，胜任。简，选拔。卒，同“猝”。仓促。行豫，预先做好准备。施子美曰：“虑不先定，不足以应率。大军似可胜也，必当有以固之。多力固可用也，必当有以烦之。人堪其任，然后治可得而简。是数者莫不素定，故可以

见物应率,非行之于豫乎?且人有碎千金之璧,不能无失声于破釜;力能搏猛虎,不能无失色于蜂虿。此无他,应率之谋,人所难也。前言见物与侔,此言见物应率者何也?盖古者量敌而进,是亦行豫以应仓率之意也。"朱墉引《通义》曰:"'大军'以下六则,皆主自治。人能详于自治,而类疏于应卒,以卒不可预图也。应卒处疏,如自治之详,何哉?夫不曰'卒应',而曰'应卒',则岂独以敏而贵其见地素明也,惟见物自能应卒矣。盖天下有卒然之变,而不无必然之理,昧者怵于变,谓之卒,然助者曙于理,谓之必然。卒然而应则为卒应,必然而应则为应卒。盖见之早也,是以谓之行豫。夫应卒而谓之行豫,则何卒之有?此节申明前'是以有善'一节之义。大军以固多力,以烦堪物简治,六则备乃称习阵利,而见物者能极物者也。'见物'二句,于义已明。六则之义,复须下文解之。"朱墉《直解》曰:"'以固'者,坚定其阵也。'多力',士力众多也。'烦',教习烦熟也。'堪物'者,事物虽繁,堪为职主者也。'简治'者,简用之以致治也。'见物',随所见之物,必不错过也。'应卒'者,仓卒有变皆能应之。'行豫',行军预备之道也。"又引《开宗》曰:"此言行军预备之道。"

⑦"轻车轻徒"三句:意谓兵车行驶轻快,步兵行动迅捷,弓箭足以固守御敌,这样的军队就可称作"大军"。徒,步兵。施子美曰:"法曰:'以轻行重则危,以重行轻则战。'是轻与重更相为用也。行以轻,守以重,战之法也。今谓之轻车则战车也,轻徒则战卒也。弓矢可以及远,亦轻兵也。三者虽均于轻,不用重兵,然可以胜人,不得不谓之大军焉。"刘寅曰:"轻车,驰车也。轻徒,步兵也。有车有徒,又以弓矢坚固御守,此所谓大军。"朱墉引《通义》曰:"车徒皆曰轻,重则钝矣。所谓车轻马,人轻战也。弓矢以御,真能御,乃固也。"又引《开宗》曰:"此言大军之利。"

⑧密、静、多内力,是谓固陈:意谓阵势密集紧凑,士卒镇静无哗,气

势旺盛，这样就可称作“固陈”。多内力，指士气旺盛。固陈，即“固阵”，固守阵地。施子美曰：“密、静、多内力者，陈以密则固，兵以静则胜。惟能密、静，然后力多内助。故可以守，可以战，此阵之所以用之而不可犯也，是谓固阵。”刘寅曰：“密者，战欲密也。静者，兵无哗也。多内力者，士气内有余也。此所谓固守其陈。”朱墉引傅服水曰：“密静者，阵能密能静也。我之阵能密能静，则力生矣。密中能静，静中能密，则内力生矣。我既多内力，阵安不得固？情形外输者，威力不全；士众噪者，神气必散。密则机不泄，静则众无哗，不泄无哗，则士气凝聚，充实优裕，故多内力。”又引《大全》曰：“密而深潜，静而镇定，则内力自多矣。内者即各人心中所蓄力之地也。”

⑨因是进退，是谓多力：意谓凭借这种阵地军队可进可退，这样就可称作“多力”。是，指坚固的阵地。多力，指士卒发挥出充沛的战斗力。施子美曰：“因是退进者，因此阵可以进退也。可进则进，有不可当之锋；可退则退，有不可追之势。用心戮力，在此一举，可不谓之多力乎？”刘寅曰：“因是固陈之法，可进则进，可退则退，此所谓多力。”朱墉引《通义》曰：“密静则气不外泄，故多内力，阵有不固乎？多力岂徒自固，而因以可进可退，乃尽多力之义。”又引汪殿武曰：“‘因是’承上固阵而言。夫兵惟不固其阵，进退所以两难也。今既固阵矣，因是而进以攻人，退以自保，无所往而不利，又岂有兵力疲弊之形哉？多力之效自彰彰矣。”又引《开宗》曰：“此言固阵多力之道。”

⑩上暇人教，是谓烦陈：意谓将领在闲暇时训练士卒，使人人掌握军事技能，这样可称作“烦陈”。暇，闲暇；一说指将领从容不迫。烦陈，意即阵法娴熟。施子美曰：“上暇人习。法曰：‘教惟豫。’士不先教，不可用也。为人上者，于国家闲暇之时，人人可教之。使之目熟旌旗，耳熟金鼓，坐作进退，各有其法，疾徐疏数，各有

其节。虽若烦而不简，然亦可以胜人也。苏子不云乎？烦而曲者，所以为不可败也，是之谓烦阵。”刘寅曰：“上闲暇而人教习，此所谓烦陈。烦陈者，频烦于陈，谓教而又教，使之(孰)[熟]也。”朱墉引《通义》曰：“上暇则百虑周。手不烦扮，而人率于教，虽军务至烦，可以卧理，盖执简自可以御烦也。”又引《开宗》曰：“此言熟阵之法。”

⑪然有以职，是谓堪物：意谓事事都有人负责处理，这样就可称作“堪物”。堪物，指能胜任其职。施子美曰：“职者，自大将而下皆是也。法曰：‘将有股肱羽翼七十二人，以应天道。’此亦职也。因能授职，则可以堪物矣。堪物者，堪任也。”刘寅曰：“然有职主之人，此所谓堪物。堪物者，堪为职主其物之人也。”朱墉引《通义》曰：“自其率上而言曰教，自其自尽而言曰职，堪者能胜之谓。职举矣，则物无不胜物，无不胜则治矣。”朱墉《直解》曰：“事物之来各有职主之人而不废也，斯为不役于物而堪任使也。”

⑫因是辨物，是谓简治：意谓人人能胜任其职，就能辨明事物本质，这样就可称作“简治”。这两句中的第一个“是”，指上文提到的“堪物”。简治，指选拔出了治理军队的人才。施子美曰：“惟人能堪其职，故以之应物，则物来能名，事至能辨，宜其不严而治，故谓之简治。”刘寅曰：“因是辨别众物，此所谓简治。简治者，简选治才也。”朱墉引《通义》曰：“盖人为堪物，则我因而辨物，物无不辨而后能执其要。合而观之谓之固阵，患力不足而主于静，谓之烦阵。患神不足而主于暇。曰烦，则用至周。曰简，则体至约也。”又引《开宗》曰：“此言宰物致治之道。”

【译文】

用兵的原则是：要有天，有财，还要有善。一旦作战时机出现就不能错过，以龟甲占卜获得胜利吉兆，就要隐秘地采取行动，这样就可称作“有天”。民众富足，国家依靠民众而生财，这样就可称为“有财”。士卒军事技术娴熟，掌握战阵之利，这样就可称作“有善”。士卒相互勉励，尽职尽责完成作战任务，这样就可称作“乐人”。军队强大而阵地坚固，兵力充足，人数繁多，选拔称职人才以处理复杂事务，观察敌情以应付突发事变，这样就可称作“行豫”。兵车行驶轻快，步兵行动迅捷，弓箭足以固守御敌，这样的军队就可称作“大军”。阵势密集紧凑，士卒镇静无哗，气势旺盛，这样就可称作“固陈”。凭借这种阵地军队可进可退，这样就可称作“多力”。将领在闲暇时训练士卒，使人人掌握军事技能，这样可称作“烦阵”。事事都有人负责处理，这样就可称作“堪物”。人人能胜任其职，就能辨明事物本质，这样就可称作“简治”。

称众，因地，因敌，令陈①。攻、战、守、进、退、止，前后序，车徒因，是谓战参②。不服、不信、不和、怠、疑、厌、慑、枝、拄、诎、顿、肆、崩、缓，是谓战患③。骄骄、慑慑、吟旷、虞惧、事悔，是谓毁折④。大小、坚柔、参伍、众寡、凡两，是谓战权⑤。

【注释】

①“称众”四句：意谓衡量兵力大小，根据地形险易与敌人强弱，确定我军阵势。陈，同“阵”。《孙膑兵法·十阵》曰：“凡陈有十：有枋陈，有员陈，有疏陈，有数陈，有锥行之陈，有雁行之陈，有钩行之陈，有玄襄之陈，有火陈，有水陈。此皆有所利。”施子美曰：“孙子曰：‘地生度，度生量，量生数，数生称，称生胜。’是则古人营阵之法，常观地而为之。且建城建邑，莫不度地以居民。况用兵之际，可不因三军之众相地而为阵乎？是以李靖有开方之法，太宗有度地之言，皆其称也。若夫方员曲直锐之形，天地风云之势，龙虎乌蛇之状，又因形用权，因敌取胜，其阵乃可得而用矣。”

刘寅曰:“称量兵众,因其地之广狭而用之,因敌人之虚实强弱,令陈以待之。”朱墉引《大全》曰:“不因地之险易广狭而轻以举众,安能必胜?故善称众者,不敢轻议战也。先度地之险易广狭,以为因斯无往不吉矣。阵有方圆之不同,亦有大小多寡之不同,故善师者,不敢混用阵也。必因敌之虚实强弱而令阵以待之。兵阵最难期者,前后之位次井然有条理也。车徒之纷涣而最不易者,彼此相联络耳。苟非将心之参详,有以豫定于胸中,岂能前后序、车徒因乎?”

②“攻、战、守、进、退、止”四句:因,连接,这里指兵车与步兵的有机配合。战参,指领悟了各种作战环节的奥秘。参,领悟,琢磨。施子美曰:“用兵之道,非止一法。制胜之法,必欲其兼备。故有攻、战、守,有进、退、止,有前后,有车徒,此岂一法所能尽哉?必兼是数而参之,乃可以胜矣。可攻则攻,可守则守,可战则战。法曰:‘守则不足,攻则有余。’又曰:‘千里会战。’此攻、战、守也。见可而进,知难而退,不可则止。法曰:‘用众进止,用寡进退。’此进、退、止也。在前则救后,在后则救前,各有其一焉。太公曰:‘士卒前后相顾。’此前后序也。车因徒而为用,徒以车而为辅,未有不相因者焉。《礼》曰:‘车徒皆作。’此车徒因也。是四者莫不相参为用,未始阙一,然后可以一战矣。”刘寅曰:“可攻则攻,可战则战,可守则守,可进则进,可退则退,可止则止,前后有序而不乱,车徒相因而不绝,此所谓战参。战参者,临战参详而不忽也。”朱墉引《通义》曰:“此列战之得失,而要归于战权。称众、令阵而皆曰因。兵因事也,曰攻、曰战、曰守、曰进、曰退、曰止,令于阵者,皆因也。前后之序二句,则有制之兵可用之,因敌以制胜也。车徒曰因,徒以车固,车以徒利,相因以为用也。谓之参战,盖战而因敌,其非执一可知,故谓之参。”又引《开宗》曰:“此言临阵参详之道。”

③不服、不信、不和、怠、疑、厌、慑、枝、拄、诎、顿、肆、崩、缓，是谓战患：枝，支离，这里是军心涣散的意思。拄，相互责难，相互拆台。一作“柱”，胶柱，固执。厌、慑，李零说：“‘厌’，是‘压’的本字，有狭隘、压迫之义。‘慑’有惊恐失神之义，这里当指一种极端压抑和恐怖的精神状态。《文选》卷九潘安仁《射雉赋》有‘厌蹑’一词，注为‘重而密也’，似由狭迫之义引申，与此或为一词。”诎，同“屈”。这里是委屈难伸的意思。战患，作战的祸患。施子美曰：“令素行以教其民则民服，是人未尝不服其命也。今三军之士，有乱行，有干纪者，是不服也。有仁无信，反败其身，是人未尝不服于上也。今有持疑而不决者，是不信也。师克在和，不在众也，是人未尝不欲其和也。今有侮上暴下者，是不和也。是三者何自而见乎？以其怠惰而不振，则不服可知。以其疑惑而不从，则不信可知。厌而不乐，慑而不喜，枝柱而不胜其任，屈而不伸，顿而不安，肆而自次，崩坏而不救，稽缓而失期，凡此者，不和可知矣。以是而战，患将至矣。故谓之战患。”刘寅曰：“不服者，下不心服也。不信者，众不听信也。不和者，民不和协也。怠者，不致谨也。疑者，有所惑也。厌者，弃绝之也。慑者，畏惧也。枝柱者，言意不相顺从也。诎者，诘诎而不伸也。烦者，扰乱也。肆者，放肆也。崩者，崩坠也。缓者，纵弛也。此所谓战患。战患者，为战之害也。”朱墉引《通义》曰：“弃绝则不但不服而已，疑惑则不但不信而已。怠，不敬也。缓则纵弛矣。枝柱，撑持抵饬也。崩有不固之势。”又引《开宗》曰：“此言临战之患。”王联斌说：“关于如何创造一个良好的知礼行礼的军营道德氛围的问题，《司马法》不仅提出了以礼教民，以礼励军，以礼法众的措施，而且又提出了根除‘十四患’的要求。就是说，军队不服从命令、彼此互不信任、不能和睦相处、怠忽职守、互相猜疑、厌倦作战、畏敌惧战、军心涣散（‘枝’作支离解）、相互责难（‘拄’作责难

解）、委屈难伸（诎）、疲劳困顿、肆无忌惮、分崩离析、纪律松弛，这十四个方面既是用兵用战之患，又是有悖于礼的。显然，要防止和根除'十四患'，应当记取和坚持'以礼为固'的治军法则，力倡军礼。”

④骄骄、慑慑、吟旷（hōng）、虞惧、事悔，是谓毁折：意谓骄傲至极、畏惧太甚、呻吟吵闹、惶恐害怕、做事经常反悔，这些均可称作“毁折”。旷，发怒吵闹。毁折，毁灭，覆灭。施子美曰：“骄者治以猛，慑者治以宽。宽猛相济，而后可用也。今也骄而不治以猛，则骄而愈骄。慑而不治以宽，则慑而愈慑。惟其骄，故至于伸吟而日肆，旷而无节。惟其慑，故至于忧虑而不乐，恐惧而不喜。以此从事，未有不悔者，岂不至于毁折？”刘寅曰：“骄骄者，骄而又骄，骄之甚也。将骄者败，项梁再破秦军，有骄色是也。慑慑者，畏而又畏，畏之甚也。畏敌者败，（符）［苻］坚登寿春，见八公山草木皆为晋兵，有惧色是也。吟旷者，军有呻吟喧旷之声。虞惧者，人有忧虞恐惧之色。事悔者，作事后辄悔。此所谓毁折。毁折者，败毁而伤折也。”朱墉引《通义》曰：“吟声婉而哀，旷声喧而杂，哗伍之甚也。惧与慑同，惟主以虞心，则风鹤皆师矣。”又引《开宗》曰：“此言毁折之政。”田旭东说：“（'战患'和'毁折'之论）是本篇对军队之祸害和易受毁折之军的专述，军队如果命令得不到执行，士卒缓怠无力而又骄傲高慢，恐怖畏惧而又士气沮丧、呻吟喧嚣之声四起，这样的军队不但不能用以克敌，反而一遇战事即土崩瓦解，毁败折伤，必然灭亡。对于这种只能给国家带来不幸的军队必须整顿，这是本篇从另一个角度说明了以法治军的重要性和必要性。”

⑤大小、坚柔、参伍、众寡、凡两，是谓战权：意谓造势或造大，或造小；战法或用刚，或用柔；军队编组或用参，或用伍；兵力或用多，或用少；凡事都从两个对立的角度去加以分析，这些均可称作

"战权"。坚柔，即刚柔，战法上的主动进攻为刚，退却防守为柔。参伍，指军队编组的基本方式。李零说："'参伍'，《通典》卷一四八：'凡立军一人曰独，二人曰比，三人曰参，比参曰五，五人为列……'（《通典》引在《司马法》佚文后，但并非《司马法》佚文，据《御览》卷二九八，应是《管子》之文。）《逸周书・武顺》：'人有中曰参，无中曰两。'《逸周书・常训》：'以两平两，以参参伍。'一人合左、右二人为参，两参共一人而为伍，这是军队编制的最低一级。又战车编组也有参伍之制，参看《左传》成公七年注、昭公六年疏引《司马法》佚文。"两，指分析事物的两个相反对立的角度。战权，指作战的权变之道。施子美曰："势有小大，性有刚柔，总其数则有参伍，用其人则有众寡。邹人与楚人战，则楚胜。此势之小大也。大平之人仁，悾悯之人武，此性之坚柔也。参，参也，如参天两地之参。伍，伍也，如五人为伍之伍，此参伍也。用众者务易，用寡者务隘。此众寡也。善用兵者，以我之兵，观彼之兵，以敌之事，校吾之事，凡有两焉，即前所谓'是谓两之者'是也。夫然后可以谓之战权。权者称其轻重之宜也。以彼已而称之，则其胜负可知矣。前言战参，则参而用之。此言战权，则权而用之。或曰：权，变也，谓权以制一时之宜。"刘寅曰："大小者，能大能小也。坚者，刚也。刚柔者，有刚有柔也。参伍者，或参而三之，或伍而五之，言变化不一也。众寡者，用众用寡，因其敌之强弱虚实，地之险易广狭也。凡事必两件对待，此所谓战斗权变之道也。"朱墉引《通义》曰："权生于两，然而以两为权，犹为执一，故必或参以三，或伍以五，乃所谓战权也。"又引汪升之曰："凡事两相对待，互综而酌行之，斯为制胜之策。"又引《开宗》曰："此言权变之道。"

【译文】

衡量兵力大小，根据地形险易与敌人强弱，确定我军阵势。可攻则攻、可战则战、可守则守、可进则进、可退则退、可止则止，前后顺序不乱，兵车、步兵协同配合，这可称作“战参”。不服从命令，不信任、不和谐、懈怠、猜疑、厌战、畏敌、涣散、固执、委屈难伸、困顿不安、肆无忌惮、分崩离析、纪律松弛，这些均可称作“战患”。骄傲至极、畏惧太甚、呻吟吵闹、惶恐害怕，做事经常反悔，这些均可称作“毁折”。造势或造大，或造小；战法或用刚，或用柔；军队编组或用参，或用伍；兵力或用多，或用少；凡事都从两个对立的角度去加以分析，这些均可称作“战权”。

凡战：间远，观迩，因时，因财，贵信，恶疑①。作兵义，作事时，使人惠②。见敌静，见乱暇，见危难，无忘其众③。居国惠以信，在军广以武，刃上果以敏④。居国和，在军法，刃上察⑤。居国见好，在军见方，刃上见信⑥。

【注释】

①“间远”六句：间，侦伺，侦察。迩，近处。因时，意即抓住时机。《国语·越语下》范蠡曰：“时不至，不可强生。”“得时无怠，时不再来；天予不取，反为之灾。”因财，用好财物。施子美曰：“用兵不可以无间，用间不可以不善。昔人以间为下策，非间之过也，不善用也，有间而不善用，犹水之覆舟也。故善间者，用之以圣智，使之以仁义，得其实则以微妙，是间为难用也。虽用间于远，必观其所亲近之人。是以陈平间楚，必有以中于锺离昧。文种间吴，必有以遗于太宰嚭，是皆观其所亲近之人而用之也。苟不知所以用之，未必不为反间矣。用间之道，时有不可失，财有不足吝，又在乎待之以诚，而使之无惑，然后不败，乃事矣。”刘寅曰：“凡与人欲战，间其远而观其迩。间者，间使也。间远，如韩信用间使知赵王、陈馀不用李左车之计是也。观迩，如见鸟起而

知其伏，兽骇而知其覆是也。因时者，因天之时，如黄盖因东南风急而焚曹操舟是也。因财者，因敌之财，如刘裕逾大岘山，见南燕禾谷成熟在野而喜是也。贵信者，赏信罚必也。恶疑者，近祥去疑也。"朱墉引《通义》曰："间远，知敌情也。观迩，察敌形也。前言顺时，示不违也。此言因时，示不拘也。军无委积则亡，不因财何以战也？自古未有上下相疑而能成功者，故曰贵信恶疑。"

②"作兵义"三句：意谓出兵要合乎道义，做事要抓准时机，用人要施以恩惠。施子美曰："古者以仁为本，以义治之之谓正，则所谓者义也；争义不争利，则所争者义也；战必以义，则所战者亦义。王者之兵，无非以义而后作，此太宗之义兵，武王之度义，所以为不可敌。不夺民时者，先王之仁政；教民习战者，先王之武备。仁政虽不可阙，而武备亦不可弛。所以作之者，不过以时而已。传曰：'皆于农隙以讲事。'此所谓时也。不独是矣。工役之事，亦莫不以时焉。《春秋》书城防，以其不时也。故夫子曰：'使民以时。'使人慧者，盖慧则足以使人。慧苟不至，必有携持而去者。况小人怀慧，其可不使之以慧乎？"刘寅曰："振作兵士之气，当喻以义，喻以义，则士气自倍。作事当乘其时，乘其时则易成。使人当用其惠，用其惠则人感恩而心服。"朱墉引《通义》曰："作兵义，可以激懦。作事时，易以就功，上文因时举大众也，此亦因时举一事也。使人惠，乃能尽其心尽其力也。"

③"见敌静"四句：意谓遇敌要沉着冷静，遇乱要从容不迫，遇见危险艰难不要忘记部众。施子美曰："见敌静者，盖远者视之则不畏，近者勿视则不散。见敌之际，当以静处之。苟不能静，是内乱，何以待敌？况兵以静胜，则可以待哗。古之战者，犹且含枚而进，其好静也可知。此方阵而嚣，周挚所以自取其败也。至于三军扰乱，为难治也，必以闲暇而待之。危难之际，至难处也，必

当爱惜士卒而无忘之。是二者，惟张辽尽之。长社之役，三军扰乱，辽曰：‘勿动，必有反者。’不反者安坐，辽则中障而立，得其反者而斩之，即定。是见乱而暇也。及其被围数重，辽与数十人突出。众曰：‘将军弃我乎？’辽后突阵而入。是见危难，勿妄众也。”刘寅曰：“见敌人当以静待之，静则敌难为之备。见乱则暇以待之，如亚夫时军中夜惊扰乱，至帐下，亚夫坚卧不起，俄顷而定。”朱墉引《通义》曰：“兵以静胜，不独固阵而已，故曰见敌静。上言暇可以理烦，此言暇可以定乱。见危难则自救不暇，而能无忘其众，仁之至也。我不忘众，众能忘我乎？其爱众者，能附众者也。”又引《新宗》曰：“见敌静，言见敌人之来也，切不可妄以应之，当安静以待，则运筹有本，而敌不难制矣。”又引《大全》曰：“见敌静，如孔明偃旗息鼓，开门却扫，而司马懿遁。见乱暇，如亚夫军中夜惊扰乱，至帐下坚卧不起，俄顷复定。见危难，无忘其众，如张辽为孙权所围，急击围开，将麾下数十人出。众号呼曰：‘将军弃我乎？’辽复还，突围拔出余众是也。”又引《开宗》曰：“此概言临战之道。”

④“居国惠以信”三句：意谓治国要既施恩又讲信，治军要既宽厚又威严，与敌交锋要既果敢又敏捷。广，这里是心胸宽厚的意思。刃上，指两军交锋的时候。施子美曰：“孟子言仁政施于民，可使制梃以挞秦楚之坚甲利兵。盖天下之事，施报而已。居国之时，苟无以施于下，则军中刃上之际，又何以责其报哉？方其居国之时，未有战也，吾则抚之以恩，而后济之以信，则在军之际，人必张大其声，布扬其武，至于交兵接刃之际，又必有杀敌之果。致果之毅，敢于立功矣。”刘寅曰：“居国中当惠以信，惠能怀众，信能任民。在军中当广以武，广能容人，武能威敌。在兵刃上当果以敏，果能决战，敏能制胜。刃，谓以兵刃相接也。”朱墉引吴璋曰：“广者，宽以逮下也。武者，严以驭众也。如班超教任尚曰：

'君性严急,水清无大鱼,察政不得下和,宜荡佚简易,宽小过总大纲而已。'此广字之意也。在军当广以容物,武以威敌,兵刃交接之上,当果以决战,敏以制胜。"

⑤"居国和"三句:意谓治国要和睦团结,治军要法纪严明,交战要明察敌情。施子美曰:"吴子曰:'不和于国,不可以出军。'惟其居国之时,上下之际,有和顺辑睦之风,无乖争陵犯之变,则用军旅之际,必能进退坐作,合于规矩准绳之法矣。至于交刃而战,必能察敌情,敢于有为,锐于进取矣。"刘寅曰:"居国要和,和则上下相安。在军要法,法则大小齐一。刃上要察,察者,见之明也,察则遇敌莫当。"朱墉引吴璋曰:"惟惠以信则和,而人情安。惟广以武则法,而人心肃。惟果以敏则察,而敌无遁情。惠信而和则人皆见好,广武而法则人皆向方,果敏而察则人皆忱信。"

⑥"居国见好"三句:好,喜爱,爱戴。方,比拟,这里引申为敬重,推崇。施子美曰:"传曰:'爱之如父母。'谓其居国之时,民之爱之如是也。故在军之际,必能更相视效而立功。交刃之际,必相信以前,而无二心矣。兹皆施报之效,不可不知。"刘寅曰:"居国要见和好,和好则上下之情不乖;在军要见方向,向义则大小之心相顺;刃上要见信实,信实则罚当罪而不滥。"朱墉引《通义》曰:"广以蓄众,以武威之;果以杀敌,以敏致之;惠以使人,以信一之;各相济以为用也。和者,先和而造大事也。法则加严矣。察则又加刻核矣。见好知爱上也,见方则知向义矣。见信则为同心同德之旅矣。合三段观之,亦自不同,始以所主言,次以所施言,终以所感言。""居国曰以信,刃上曰见信,信其成始成终之道乎?夫信,人心之实理而军国之实用也。文之霸晋,示信为要,鞅之强秦,立信为先,况王道乎?信失而天下始疑矣"。又引《开宗》曰:"此言三致意居国在军刃上之道。"徐勇说:"前面《天子之义》篇一再强调,国中礼法与军中礼法有所不同,本篇又有所补

充。'居国惠以信,在军广以武,刃上果以敏。居国和,在军法,刃上察。居国见好,在军见方,刃上见信。'这里,不仅再次强调国中重'和'、军中重'法',并且进一步指出军中施治应分两层,一般情况下军中重将领的庙宇威严与法规的严明,临敌交锋则还得重将领的果毅明察,因为军中平日与临敌交锋时的规律有所不同。《左传·宣公二年》:'戎,昭果毅以听之之谓礼。'这里的'昭果毅',属于礼的范畴,自然本篇所指出的'果以敏'及'察'等也属于礼的范畴,不仅仅是将士个人素质的问题。可见,以法治军不仅是赏善罚恶,还应包括通过军中礼制法规培养将士(尤其是主将)'果以敏'、'察'而'信'等方面的美质。这些,大约是《司马法》为我们所保存的西周春秋古军礼军法。值得注意的是,《司马法》虽强调'居国''在军'与'刃上'三个时期施治重点的不同,却同时也说明了它们间的辩证关系,即'和'是'法'的基础,'法'是'察'的前提,'察'是'法'的体现。没有平时国人的'和',军中之'法'就难以确立和实施;没有军中之'法'为准的,临敌交锋的'察'就没有客观性;没有临敌交锋的'察','法'的实效就无从检验。"

【译文】

作战的原则是:打探远处的敌情,观察近处的事态,抓住时机,用好财物,重视诚信,厌恶猜疑。出兵要合乎道义,做事要抓准时机,用人要施以恩惠。遇敌要沉着冷静,遇乱要从容不迫,遇见危险艰难不要忘记部众。治国要既施恩又讲信,治军要既宽厚又威严,与敌交锋要既果敢又敏捷。治国要和睦团结,治军要法纪严明,交战要明察敌情。这样,治国就能被民众爱戴,治军就能被士卒敬重,与敌交战就能被部下信任。

凡陈:行惟疏,战惟密,兵惟杂[①]。人教厚静乃治,威利章[②]。相守义,则人勉;虑多成,则人服[③]。时中服,厥次治[④]。物既章,目乃明。虑既定,心乃强[⑤]。进退无疑,见敌无谋,听诛[⑥]。无诳其名,无变其旗[⑦]。

【注释】

①"行惟疏"三句:意谓行列要疏散以便于击刺,战时行列要密集以便于集聚兵力,兵器配置要多种多样以便于配合。兵,兵器。施子美曰:"行军必以阵,营阵必有法。营阵之法,以行列则疏,疏则利于击刺。以致战则密,密则相为弥缝。疏则不可乱,密则有所恃。兵不杂则不利,故长以卫短,短以救长,此兵贵杂也。"刘寅曰:"凡布阵行列惟疏,疏则便击;战斗惟密,密则力齐;兵器惟杂,杂则难犯。"朱墉引《通义》曰:"战惟密,所谓厚积其阵也,与疏行不相妨也。惟疏惟密惟杂,兵之制也,有进乎制者。"又引《大全》曰:"行疏则易于往来,而有转移开合之便。战密则众皆齐一,而有奋发果敢之威。兵杂则长短相卫,而无难犯不及之患。三事皆取胜之要也。"

②人教厚静乃治,威利章:意谓士卒接受训练,养成敦厚、沉静的品性,部队就能治理好,威严的法令获益于充分彰显。利,有利,获益。章,显示,彰显。刘寅曰:"人教以敦厚静专乃底于治,威令则利在章显也。"按,"人教厚静乃治",施子美等断为"人教厚,静乃治"。施子美曰:"令素行则民服,故必使民习于战而后用,此教之贵厚也。兵以静胜,故胜乃治。我武惟扬,故威利章。"朱墉引《通义》曰:"人习教则厚,不可间而离也。见敌静则治,不可挠而乱也。威惟利于章,不可凌而犯也。"

③"相守义"四句:意谓上下恪守道义,就会人人自勉;谋略多能成功,就会人人信服。施子美曰:"六德之教明义与焉,军国之治励义与焉。义者诚兵家所不可阙也。人惟能以义相守,则以之扶

持,以之操执,莫不惟义是趋,执不勉于赴功哉!此郭子仪之勉光弼,必以忠义为先也。人孰不知兵?鲜能虑事。人孰不致虑?鲜能成功。孔子曰:'必也临事而惧,好谋而成者。'正此意也。孙膑减灶,是虑也,及庞涓已斩,人始服之。韩信背水,亦能虑也,及陈馀已禽,人始服之。苟为无谋,未必不为王恢、刘备也。王恢伏马邑,虑非不善也,匈奴觉之而去。刘备伏谷中,虑非不善也,陆逊揣之为巧,亦何足取乎?此人之所以未必服之也,若是则人之服之,非服其善虑也,服其虑之有成也。虑既有成,则人必中心服矣。"刘寅曰:"上下相守以义,则人人自勉;谋虑之事多所成就,则人人自服。"朱墉引《通义》曰:"人人自勉,人人心服,于令阵乎何有?惟以义相守,则无失义。义见悦,其谁不勉?于虑多成,则无遗虑。智见恃,其谁不服而更有进焉?"

④时中服,厥次治:意谓时人心悦诚服,军队秩序就能严整井然。次,次序,秩序;一说到。治,整齐,严整。施子美曰:"时,是也。《书》所谓'其自时中'是也。中心也,孟子所谓'中心悦而诚服也'是也。人既服矣,然后无不治焉?盖大吏不服,遇敌必憝而自战,又将何以治哉?惟其心服,故以次而治矣。"刘寅曰:"时人中心悦服,其次序皆治。中服者,中心悦而诚服也。"朱墉引《通义》曰:"虑曰多成,则有不成者矣。惟以时为中,则几乎道。不假智数,虽千虑而无一失也。盖无思不服,已而其绪余以治兵,故又曰厥次治。次,到也,所到无不治。静固治,动亦治也。"

⑤"物既章"四句:意谓旗帜鲜明,眼睛才能看清。谋略确定,内心才能强大。物,指旗帜。章,明显,鲜明。施子美曰:"五色令人目盲,目既寓于色,则所以物物者不可不章,物章则目必明矣。心之官则思,心役于思,则所以虑之者不可不定,虑定则心必强。"刘寅曰:"物色既章显,众目乃明著。物色者,乃旗帜旛麾之

类，所以威人之目也。谋虑既定，则众心乃强盛矣。”朱墉引《通义》曰：“物，物色、旌旗之属。目不徒以视物为明，盖必惟物之视左右应麾以赴水火，而无所炫惑，乃可谓明也。心之强于勇为，敢于果为，毅有定见，而后有定力也。虑不定则心自怯。不可欺，不可强也。”

⑥“进退无疑”四句：意谓若进退疑惑，遇敌无谋，就要予以惩罚。疑，疑惑；一说定也。听诛，接受惩罚。诛，责罚。施子美曰：“见可而进，知难而退，一进一退，惟其时而已，何疑之有？虑不先定，不可以应卒，见敌而后谋，其谋不亦晚乎？是以孟贲狐疑，不如童子之必至，不疑故也，大寒而后索衣裘，不备故也。听诛者，听其所诛者，如礼所谓‘司寇听之’是也。听诛则不诳其名，盖罚贵必也。”刘寅曰：“或进或退，无所疑惑，虑之定也。若见敌而无谋虑，则审听其事而诛责之。”朱墉引《通义》曰：“进退无疑，虑之定也，岂待见敌而后有谋？故能制敌之死命。”

⑦无诳其名，无变其旗：意谓不要乱敲金鼓，也不要乱改旗号。无诳其名，不要随便乱用金鼓，使下级产生迷惑。诳，欺骗，迷惑。这里指随便乱用。名，指金鼓。《孙子·势篇》“形名是也”，曹操注：“金鼓曰名。”诳，底本作“谁”，《施氏七书讲义》本、《武经七书直解》本均作“诳”，与下句“变”相对为文，义佳。底本当为形近而讹。今据《讲义》、《直解》二本改。施子美曰：“虽亲必戮，虽雠必杀，又曷尝以其名而诳之？不变其旗，古以旗为期，谓之期约也。然罚不迁列，所谓旗者，即旗号也，可杀则杀，又岂必变其旗号而后诛之？”刘寅曰：“‘无诳其名’上下，疑有阙文。”朱墉引《通义》曰：“无诳其名者，无变其旗者，我无疑又不欲启人之疑也。”又引《大全》曰：“无变其旗，重在不惑众上。旗，所以挥进止、一心志，临阵之际，更翻变换，则旗非素见之旗，何以取信于人？故曰无变也。”又引《开宗》曰：“此言布阵之法。”

【译文】

布阵的方法是：行列要疏散以便于击刺，战时行列要密集以便于集聚兵力，兵器配置要多种多样以便于配合。士卒接受训练，养成敦厚、沉静的品性，部队就能治理好；威严的法令获益于充分彰显。上下恪守道义，就会人人自勉；谋略多能成功，就会人人信服。时人心悦诚服，军队秩序就能严整井然。旗帜鲜明，眼睛才能看清。谋略确定，内心才能强大。若进退疑惑，遇敌无谋，就要予以惩罚。不要乱敲金鼓，也不要乱改旗号。

凡事：善则长，因古则行①。誓作章，人乃强，灭厉祥②。灭厉之道：一曰义，被之以信，临之以强，成基，一天下之形，人莫不说，是谓兼用其人③；一曰权，成其溢，夺其好，我自其外，使自其内④。

【注释】

①善则长，因古则行：意谓只要臻于良善就能长久，只要遵循古法就能行得通。施子美曰："秦隋不道，一传而亡。文武好善，八百其昌。事苟极其善，岂不长久乎？尧曰稽古，于变黎民。舜曰稽古，不诏而成。事合于古，岂不可行乎？"刘寅曰："凡事从于善则长久，因依古道则行之。"朱墉引《翼注》曰："凡事善则长。凡事，大概说，要不过上面军国、战阵、天时、地利、人为种种诸事。善谓允宜合当也。'长'字紧从'善'字说出，即万全不失之意。"又引《大全》曰："善者人心之同。凡事合乎古道，合乎至善，斯为可继之道，而能长久。古道者，先圣之成规也。凡事因乎古道，斯为共由之道，而人自不阻隔矣。"又引《新宗》曰："凡事之不能长久者，以其不善也。惟善则可以长久而不息，通行而无碍。凡事

行之一时而不能顺行于天下者，以其非因于古也。惟因古，则行之于今，而亦可行之于后。”

②“誓作章”三句：意谓誓词内容鲜明，士卒的战斗力就能增强，从而消灭一切迷惑人的妖言与怪事。厉祥，在这里指迷惑人心的妖言与怪事。厉，恶鬼。祥，妖异。施子美曰：“名其为贼，敌乃可服，则誓师之际，其可不作之以章明乎？誓命既章，士卒必皆可用而强也。士卒虽强，苟厉祥未灭，人未必无惑也，故又在乎灭厉祥焉。厉，灾也。法曰：‘禁祥去疑，至死无所之。’又曰：‘心一。’在乎禁祥去疑，则灭厉祥者，兵之所不敢忽也。故太白守岁，李晟不顾，杯水化血，孝恭以为贼臣授首，此灭之之道也。”刘寅曰：“誓告众士，振作人心，章章明白，则人力乃强。又当灭息厉祥之事。灭厉祥即孙子所谓‘禁祥去疑’是也。”朱墉引《通义》曰：“事兵事善之可久，古道之可行，誓戒以作人之强，灭厉祥以去人之可疑，皆其事也。孙子言‘禁祥’，而此言‘灭厉’，理有不禁而绝者，盖众情于祸福，若无凭而听于灾祥之兆，群疑之起，莫此为甚然。然人必先疑也，而后灾祥之说入之，则灭厉之道，惟绝其疑根而已。其一曰义，义者，宰制之宜，所以自治者也。其一曰权，权者，变化之用，所以制敌者也。三军之众，晓然见胜算在我，败征在敌，犹有惑志于灾祥之说者乎？被之以信则不戒而孚，临之以强则不禁而戢。”

③“一曰义”七句：意谓一是用道义，即以诚信打动人，用军威震慑人，建成王者基业，形成统一天下的态势，人人无不欣喜，这可说是使天下之士为我所用。兼用其人，意即使天下之士为我所用；一说争取敌国之人为我所用。施子美曰：“上言灭厉祥矣，犹未见所以灭之之道。此又言灭之之道焉。传曰：‘事得其宜之谓义。’是义者灭厉之一物也。事得其宜，必始而待之以信，使知所服，终而示之以强，使知所畏。盖不言而信，信在言前，则先之以

信也，必矣。外得威焉。所以战也，则后之以强也可知。惟尽是二者，其基可成。天下之势，自此而一矣。秦之商鞅，徙木者与之金，所以示信也。犯令者，必有罚，所以示强也。率之国富兵强，吞噬六国，非能一其形乎？夫如是，天下之士不得不归之，此所以说而趋于所用也。岂不谓之兼用乎？”刘寅曰：“灭厉之道：一曰制之以义，使各得其宜。被之以信，使皆知所守。临之以强，使敌莫能御。前曰‘灭厉祥’，此止曰‘灭厉’，无‘祥’字，恐遗之也。成王者之基业，混为一天下之形，使人心皆喜悦，此所谓兼用其人也。”朱墉引刘拱辰曰：“成基者，居重驭轻，控制中外。不得地利，天下何以响应？所以神农都兖，黄帝都涿鹿，尧都平阳，舜都蒲坂，禹都安邑，汤都亳，文王在丰，武王在镐，汉之咸阳，唐之太原，宋之汴梁，天下一统之势，皆成基也。”朱墉引《通义》曰：“基曰成则王业定矣，形曰一则国势固矣，二者虽无预禁祥事而可以系众望、慑群心也。凡此皆义也。义能见说，故曰人莫不悦。人悦之，有不为我用者乎？故又曰兼用其人，义主自治而究也。得人故曰兼。”又引《新宗》曰：“基者，根本之意。人君必先立定根基，然后能一天下之形势，而使之统于一。”

④“一曰权”五句：意谓一是用权谋，即助长敌人的骄傲自满，除掉敌君喜好信赖的人，我军从外面进攻，派间谍在内部策应。夺其好，指除掉敌君喜好信赖的人；一说夺取敌人的要害。施子美曰：“兵不知变，不可以胜敌，则权变之道，亦居其一焉。而权之所用，必有以成其骄溢之心，所谓卑而骄之也。必有以夺其好，所谓亲而离之也。彼其心既骄，则是我能自外以溢之也。其君臣相离，则是彼自内有以夺之也。非天下之至变，其孰能与此？”刘寅曰：“一曰行之以权，成其所满盈者，夺其所好爱者，我军自其外攻之，间使自其内应之。成其隘者，骄之也。夺其好者，孙子所谓‘先夺其所爱者’是也。”朱墉引《通义》曰：“成其溢，骄其

志也。夺其好，挫其锐也。兵自外攻，使自内应，对无立国矣。非权，其孰能之？二段无一言及灭厉，而厉无不灭者，群疑于此绝矣，而未已也，而又推及于军政。”

【译文】

处理军中事务的原则是：只要臻于良善就能长久，只要遵循古法就能行得通。誓词内容鲜明，士卒的战斗力就能增强，从而消灭一切迷惑人心的妖言与怪事。消灭的方法：一是用道义，即以诚信打动人，用军威震慑人，建成王者基业，形成统一天下的态势，人人无不欣喜，这可说是使天下之士为我所用。再者是用权谋，即助长敌人的骄傲自满，除掉敌君喜好信赖的人，我军从外面进攻，派间谍在内部策应。

一曰人，二曰正，三曰辞，四曰巧，五曰火，六曰水，七曰兵，是谓七政①。荣、利、耻、死，是谓四守②。容色积威，不过改意，凡此道也③。唯仁有亲，有仁无信，反败厥身④。人人，正正，辞辞，火火⑤。

【注释】

①“一曰人”几句：人，指任用贤良。正，指以正率下；一说严肃法纪。辞，指慎于辞令。《左传·襄公二十五年》曰：“仲尼曰：‘《志》有之：“言以足志，文以足言。”不言，谁知其志？言之无文，行而不远。晋为伯，郑入陈，非文辞不为功。慎辞哉！’”巧，纽国平说：“工于制器。《管子·七法》：‘为兵之数：存乎论工，而工无敌。’”火，指慎用火攻。水，善用水战；一说兴修水利。纽国平说：“兴修水利，以富国也。《管子·立政》：‘沟渎不遂于隘，障水不安其藏，国之贫也。’‘沟渎遂于隘，障水安其藏，国之富也。’”兵，指带兵有方；一说改善兵器。七政，七种军国政务。施子美

曰："官人得则士卒服，是将贵乎得人也。得贤将则兵强国昌，是得人不可后也，故一曰人。征之为言正也，所以正其不正也，亦兵之要也。然必得人而后正可施，故次之于人焉。或以为服正之正，亦正也。师出无名，事故不成，则奉辞伐罪，亦用之之一道也，故三曰辞。或以为号令之辞，亦辞也。养力索巧，乃可以动，巧亦兵之所用也，故四曰巧。或以为器械之巧，亦巧也。至于火也、水也、兵也，虽皆战之不可阙，然亦为下矣。故五曰火，六曰水，七曰兵。火即孙子之火攻，水即吴子之水战，兵即法之五兵。是七者，皆军旅之政也。苟非其人，不可以举。故必先之以'一曰人'。"刘寅曰："初一曰任用贤人，次二曰正以率下，次三曰修为辞令，次四曰尽其巧技，次五曰慎火攻之法，次六曰修水之利，次七曰治兵有法，此所谓国之七政也。"朱墉引《通义》曰："政有七，其任事以人，其率下以正，其服强以辞，其成事以巧，其佐攻以水火，其自卫而及人以兵器，七者备而军政举矣。"

②荣、利、耻、死，是谓四守：荣，荣宠。利，货财。耻，羞辱。死，指刑戮。四守，指劝诫将士遵守法纪的四种手段。施子美曰："好生恶死者，常人之情，使之乐死者，用人之法。夫驱无辜之民而置之万死一生之地，而人莫不从之者，盖有所守也。吾有荣名以诱之，则人必慕荣而乐战。有厚利以与之，则人必趋利而乐战。民知生辱死荣，则必好荣矣。民知罚在必行，则必重死矣。四者无失其所操，是谓四守。魏辛雄上疏曰：'凡人之所以蹈突阵而忘身，触白刃而不惮者，一则求荣名，二则贪重赏，三则畏罚，四则避祸难。'亦此意也。"刘寅曰："荣，宠渥也。利，货财也。二者人之所欲。耻，羞辱也。死，刑戮也。二者人之所恶。荣利所以赏善，耻死所以罚恶，此所谓国之四守也。"朱墉引《通义》曰："而又有劝惩之具，曰荣、利、耻、死，四者有维持之义焉，故曰守。有守则无失政矣。夫人情好利而荣处其先，人情恶死而耻居其上，

于以劝惩，亦云备矣。然四者功罪既定，而后有者也。是施于已然之后而非禁于未然之先者也。”

③“容色积威”三句：意谓主将时而和颜悦色，时而严厉威胁，不过是为了让人改变思想以从善弃恶，这些都是治军的方法。施子美曰：“临之以庄，君子治民之道也，况于用兵之际，可不正其颜色乎？望之俨然，君子处己之道也，况于用兵之际，可不积其威俨乎？容色则人知所敬，积威则人知所畏，凡若是者，无他也，不过使三军之士有过则改而已。盖小人之过也必文，未有能改之者。吾今示之以威容，则彼必改是矣。凡此者，皆用兵之道，故曰‘凡此道也’。”刘寅曰：“容色者，容人之色，所以劝善；积威者，积我之威，所以惩恶。二者不过更改志意而为之。凡此皆灭厉祥之道也。”朱墉引《通义》曰：“假之以容色，有不待赏而劝者；劫之以积威，有不待罚而惩者。令之改而上尔，改则背恶向善，而政成矣。正则义，奇则权，凡此皆灭厉之道也。”

④“唯仁有亲”三句：意谓只有仁者才能让人亲近，单有仁爱而没有诚信，却反而会让自己失败。施子美曰：“仁见亲，法言之矣。仁者人之所亲，略言之矣。是仁者有亲也，仁虽足以爱人，仁而无信，不知其可也，故反败其身。宋襄公尝行仁矣，然信有所不足，卒之丧师辱国，讵不败乎？”刘寅曰：“惟仁者有所亲，所谓‘民罔常怀，怀于有仁’是也。若空有仁心而不实之以信，反败其身，所谓‘民无信不立’是也。”朱墉引《通义》曰：“古者以仁为胜，仁见亲也，徒以无信故，即不免以见亲之身，反受其败。盖疑之为战患也。此以仁相形而见信之重也。”又引《开宗》曰：“此言有仁，不可无信。”

⑤“人人”四句：人人，指任用贤人。正正，指正人先正己。辞辞，指措辞得体。火火，指慎用火攻。施子美曰：“兵不可无其政，政不可无其实。人、正、辞、火，政也，人必得其人，正必得其正，辞必

得其辞，火必得其火，此实也。人人，即所谓官人得也。正正，即所谓率以正也。辞辞，即所谓我有辞也。火火，即所谓以时发之也。上言七政，而独言者，盖举火则水可知，举人则兵与巧实存其中。”刘寅曰：“人人者，任人而选其所当任之人也。正正者，正其所当正者也。辞辞者，修辞命以责人，言其所当言者也，如齐桓责楚以苞茅不入，王祭不共，而楚人请盟是也。火火者，火其所当火，不可轻用焚灭以伤人害物也。按上文有七政，此重言其四，而不言巧、水、兵者，未审何义，疑脱之也。”朱墉引《通义》曰：“人人四句，申明七政之义，任人必贵得人，故曰人人。正人必先自正，故曰正正。辞，命辞也，如管仲责楚以王祭之不共，展禽折齐以王命之可恃，乃可谓辞也。火，攻火也，明于五火之变，乃可谓火也。”

【译文】

一是任用贤良，二是严肃法纪，三是慎用辞令，四是工于制器，五是慎用火攻，六是兴修水利，七是带兵有方，这些可称作“七政”。荣宠、货财、羞辱、刑戮，这些可称作“四守”。主将时而和颜悦色，时而严厉威胁，不过是为了让人改变思想以从善弃恶，这些都是治军的方法。只有仁者才能让人亲近，单有仁爱而没有诚信，反而会让自己失败。要任用贤人，正人先正己，措辞得体，慎用火攻。

凡战之道：既作其气，因发其政，假之以色，道之以辞①，因惧而戒，因欲而事，蹈敌制地，以职命之②，是谓战法③。

【注释】

①“既作其气”四句：政，指军队的法规。施子美曰：“法曰：‘战在于治气。’又曰：‘气实则斗。’是兵必以气为主也。夫博者袒裼奋臂，所以壮气也；骂者叱咤抚掌，所以示气也。况战之为道，其可

不作之以气乎？长勺之战，鲁所以胜者，以其知作气之道也。既作其气，又当发之以政焉。政，军政也。《周官》：司马掌邦政。则军之有政，可知矣。此盖有以作其气，而后可以治其事也。然不假之色，则无以容之；不道之辞，则无以勉之。法曰：'示以颜色。'是欲假之以和柔之色也。又曰：'告以誓言。'是欲劝之以御侮之辞也。"刘寅曰："凡战之道，既振作其士众之气，因开发其刑赏之政，假借之以颜色，引导之以言辞。"

②"因惧而戒"四句：意谓利用他们的恐惧心理而训诫他们，利用他们的欲望而派遣他们做事，指挥他们攻入敌境，控制有利地形，分别根据其职位命令他们各尽其责。戒，训诫，告诫。蹈敌，攻入敌境；一说追踪敌人。李零说："'蹈敌'，跟踪敌人。《孙子·九地》：'践墨随敌，以决战事。'"施子美曰："至于人有惧心，则必使之知戒，人有欲心，则必使之从事。惧而不戒，则人怠于战；欲而不事，则人失所望。吴汉随马，众必危惧，而汉乃告之以此正诸公封侯之秋，众莫不激怒，非因罪而戒乎？田单守即墨，士卒怒气百倍，单乃因而纵以火牛，驱以壮士，卒复齐城，非因欲而事乎？夫如是可以深入敌人之制地，可以分其所职之事，故车战则命以车之职，徒战则命以徒之职，骑战则命以骑之职，是数者，皆战之法也。一说：蹈敌制地，以为因敌之道而蹈之。"刘寅曰："因其心惧而戒饬之，因其所欲而往使之，蹈敌人之境，制敌人之地，各以职事命之。"

③是谓战法：朱墉引《通义》曰："自古未有士气不振而可以战者。气既作，乃因而发政，然亦岂徒以政齐之？而必假之以辞色。又因其所惧而戒备焉，违其害也，因其所欲而从事焉，就其利也，可以蹈敌矣。而且曰制地，地即所蹈之地。有地则有地形，而制生焉，而地利乃可得也，我且握胜算矣，而后以职命之，盖将士各有职也。我与敌战者，士气也，士心也。不此之务，但曰今日之事，

我为政，其各供尔职。有三尺之法在，是可谓法乎？必上之行政与下之奉职，无或龃龉其间，乃谓之法也。”又引《大全》曰：“三军有畏惧之心，而上不深为戒饬之，不且因畏惧而退缩乎？戒所以励其志，亦所以助其威也。或勉之以忠义，激之以耻辱，皆是。”又引《开宗》曰：“此言战阵之法。”

【译文】

作战的原则是：已经振作了士气，接着就要宣布法规，用态度感染他们，用言辞引导他们，利用他们的恐惧心理而训诫他们，利用他们的欲望而派遣他们做事，指挥他们攻入敌境控制有利地形，分别根据其职位命令他们各尽其责，这就叫战法。

凡人之形，由众之求，试以名行，必善行之①。若行不行，身以将之，若行而行，因使勿忘，三乃成章②。人生之宜谓之法③。

【注释】

①“凡人之形”四句：意谓凡是人类的行为法规，都源自民众的要求，要试行一段时间考察法则是否名实相符，法规确定下来以后就必须要求人民妥善执行。形，通“型”。指行为法则，规章，制度。试，试行。名，名称，概念。行，实际行动。施子美曰：“贤者，言可以为天下则，行可以为天下法。人之所形者，在是也。欲得为人之形法者，必由众以求之，如语所谓选于众是也。法曰：‘讯厥众，求厥技。’夫有技之士，犹因众以求之，况可以为人之形法者，可不由众以求之乎？然人不可以妄取也，必得其实焉。语曰：如有所誉者，其有所试。四岳曰：‘试可乃已。’是用人之道，必欲使之名实相当，而后可也。圣如大舜，尧犹使之试诸难，况常人乎！夫所谓行者，亦其能行之也。《易》曰：‘君子以成

德为行。'曰:'可见之行也。'《书》曰:'亦言其人有德。'亦行其人有德。此试以名,则所以必贵于善行之也。"刘寅曰:"凡人智勇贪愚之形,必由众人中求之。试之以名行,若以名与行相称,则谓之君子。又必择其善而行之可也。"朱墉引《通义》曰:"凡人之行,行法也。法而不行,焉用法也?法不自行,众奉之以行也。非众之求,何由焉求?众而求以名行者,未有无名无行之士,而可与兴率职者也。"朱墉曰:"凡人之行法,不过求之众人所能行者,而又试之以名行,则谁敢自弃?必善行而无劳督责矣。"张少瑜说:"为将者对军中法的原则必要高度注意。这方面内容较多,分述如下:第一,法之定要符合士兵的心理,要来自实践,这是最重要的原则。对此,该书有一段精彩的论述:'凡人之形,由众之求,试以名行,必善行之。若行不行,身以将之,若行而行,因使勿忘,三乃成章。人生之宜谓之法。'(《定爵》)这段话包含以下几层意思:(1)各种具体规定要符合众人的要求,即人生之宜;(2)规定要名行一致,即能在实践中执行;(3)将帅要带头做到,即'身以将之';(4)反复实践证明此规定可行,就固定成规章制度;(5)符合人的心理要求和实际能力的规矩才能叫法。第二,法要有威严。'凡战之道,位欲严,政欲栗……'(《严位》),即带兵作战时,士兵的作战位置要严格规定,号令要森严。但部队管理中的压制要得当,过多过少都不好。'师多务威则民诎,少威则民不胜。'(《天子之义》)第三,法要简单,罚条要尽可能少。'凡战,……约法,省罚……'(《定爵》)这种见解与其重德教、不高压、法众合心的思想一致。第四,其他一些原则和规定事项。'立法,一曰受(使人能接受),二曰法(要有约束性),三曰立(有法可依),四曰疾(雷厉风行),五曰御其服,六曰等其色,七曰百官宜无淫服(这三项都是关于各级官兵着装的规定)。'(《定爵》)"

②“若行不行”五句:意谓如果法规要求做到的,士卒却做不到,将帅就要以身作则,带头做到。如果法规要求的士卒能做到,就可让士卒牢记法规,不能遗忘,经过多次重复执行,规章就形成了。施子美曰:“若其不能行行,必以身先之。传曰:‘其身正,不令则行。’又曰:‘以身教者从。’是身以将之意也。若能其行,吾则因而使之无或忘,苟为可将而不将之,则是不成人之美。不可忘而或忘之,则是使大臣怨乎不以也。何足以得英雄之心乎?三乃成章者,盖数起于一,立于两,成于三。治身者,必以三省;行事者,必以三思。是皆以其三则有成也。试人之法,至于再三,则其人之才行,章然可见矣。故始而考之,中而考之,终而又考之,凡三者若是,则人焉廋哉?宜其章然可见也。一说:章为章程。孟子论用贤,以左右之言为未可,以大夫之言为未可,又以国人而察之,则其考之也,岂不至于三乎?孟子之意,正欲见其行之所蕴也。斯人也,吾非妄取之也,以其云为举措,素合于人心也。人生咸其所宜,岂不足以为人法乎?一说:三乃成章,曰试以名行,一也;身以将之,二也;因使勿忘,三也。”刘寅曰:“若令之行而不能行,必身先以将之;若令之行而能行,因使勿忘于心,三令之乃成章也。”朱墉引《通义》曰:“然使上之行之有未善焉,如名行之士何?则法格而不行,不行而以身将之先之也。而行者又易忘也。忘则废,亦卒归于不行。又必上不倦于申饬,至再至三,乃成章尔。合而观之,乃知法者宜人之具,非以强世也。愚观后世法之不行,惟其不便于人也,亦人之不肖者尔。此《司马法》所为注意于名行之人也。不议人而议法,则《周官》之法具在,能为治乎?乃法自上行也。行之而善,则不愆,行之而章,则不忘。不愆不忘,率由旧章。所以率由也。然非本之身非愆则忘,惟一以身先之,则不令而行矣。”朱墉《直解》曰:“若行法而不能行于天下,必身自率之。若令之行而能行者,因使之常行,勿

令复有遗忘也。三乃成章者，再三服行，遂成可守之法度也。法非强人之事，乃生人共以为合宜，始可谓之法也。”

③人生之宜谓之法：刘寅曰：“人生而得义之宜，谓之法。此句上下，恐有阙文误字。”朱墉引《指南》曰：“人生之宜谓之法，见得法自上立，非图便利于一己，乃与人公共的。因人性合人心，始可通行于军旅。若拂逆大众，乌可以为典章？不必因‘生’字，遂指亲信序别农桑耕凿在教义上讲，与用兵无涉。”又引《开宗》曰：“此承上战法而言行法之要。”

【译文】

凡是人类的行为法规，都源自民众的要求，要试行一段时间考察法规是否名实相符，法规确定下来以后就必须要求人民妥善执行。如果法规要求做到的，士卒却做不到，将帅就要以身作则，带头做到。如果法规要求的士卒能做到，就可让士卒牢记法规，不能遗忘，经过多次重复执行，规章就形成了。凡是符合义理的规章，就可称作法。

凡治乱之道：一曰仁，二曰信，三曰直，四曰一，五曰义，六曰变，七曰专①。

【注释】

①“一曰仁”七句：专，指专权，集权。底本作“尊”，《施氏七书讲义》本、《武经七书直解》本均作“专”，于意为佳，今据改。施子美曰：“天下有不齐之情，圣人有能齐之术，此治乱则有道也。仁见亲，无仁则不爱，未有不乱，故一曰仁。信见信，无信则必疑，未有不乱也，故二曰信。直则无反侧，故三曰直。用众在乎心一，故四曰一。争义不争利，故五曰义。知变则可以应事，故六曰变。专精则可以行法，故七曰专。语曰：克己复礼为仁。又曰：仁者能好人，能恶人。其公可以治己也。既有仁以先之，何乱之有？子

玉治兵，鞭七人，贯三人耳，仁安有哉？所以不能治民也。传曰：‘上好信则民用情。’又曰：‘信符也。’为其可以执以为稽也，为其不疑也。既有信以行之，何乱之有？晋文伐原以示之，为其信也。晋国之所以治。《诗》曰：‘周道如砥，其直如矢。’《书》曰：‘平康正直。’既能直以将之，何乱之有？子产古之遗直，为能直也，此郑国之所以治也。法曰：‘心欲一。’为其齐也。既能一以齐之，何乱之有？屈突通惟其一心，此唐所以资之而有天下。理财正辞，禁民为非曰义，为其得宜也。传曰：‘行而宜之谓义。’为其合于道也。既有义以用之，何乱之有？郭子仪、李光弼相勉以忠义，是有义也。此唐之所以治欤？通变天下无弊法，是知权也。既能变以通之，何乱之有？王伯之权以济事，是知变也。军之所以胜欤？法曰：‘出军行师，将在自专。’为其精一也。既能专以行之，何乱之有？孙武之于君命，有所不受，是能专矣。此吴军之所以治也。夫既能尽是七者，何乱之不治乎？”刘寅曰：“治乱之道，初一曰仁，仁者，爱之理也；次二曰信，信者，以实之谓也；次三曰直，直者，不偏曲也；次四曰一，一者，诚实而无妄也；次五曰义，义者，事之宜也；次六曰变，变者，权变也。次七曰专，专者，专一也。”朱墉引《通义》曰：“上论法备矣，岂其无益于治乱之数而以治乱归之？道曰仁，曰信，曰直，曰一，曰义，曰变，曰专。凡七而无一言及于法，盖徒法不能自行，是七者，其所以行者也。法何物也？而先以仁譬之，霜雪冱寒而生意已潜滋也。所谓元者，善之长也，故居首。而信即次之，三曰直道不枉也，四曰一一不二也，皆正而固也。行而宜之之谓义，故居五。然义主宰制，不失为正治之理，非通变之用也，故居六，变非更张之谓也，《易》所谓通其变使民不倦是也。而终之于专，不专则又牵制而不可行矣。得其行法者，而法可立矣。”又引《开宗》曰：“此言治军国坏乱之道。”徐勇说：“以法治军，不能空洞立论，本篇提出了许多具体原则，就立法与执法的指导思想而言，有‘治乱之道’七：‘一曰仁，二曰信，三曰直，四曰一，五曰义，六曰变，七曰专。’这里，‘仁’‘信’‘义’是立法的依据，凡立法，要能保护合于‘仁’‘信’‘义’的言行，打击违背‘仁’‘信’‘义’的行为。做到这一点，就是‘直’。‘一’，是就法令的连续性、统一性、一贯性而言。法令缺乏连续性，朝令夕改，民众就会对法令失去信心；法令前后矛盾、彼此冲突，民众就无所适从、失去鹄的。‘变’是就立法与执法的相对灵活性而言，与‘一’是矛盾的统一。‘专’是就法令的施行者而言，军队有其特殊性，不能令出多方，必须权力高度集中于主将，方能保证令行禁止、言出如山。”王联斌说：“此治乱‘七道’中，仁、信、直、义、变（即智），应首先为军人必备之武德。治乱‘七道’是相辅相成的，要实现部队的集中统一的‘一’和‘专’，就必须先修仁、信、直、义、变‘五道’。尤其作为将帅，不仅要首先以‘五道’律身，而且还要在‘一’和‘专’上下功夫。非‘专’不能使兵，非‘一’难以制胜。乱重将，将赖德，故用兵治乱，必赖将帅武德修养之功。”

【译文】

治理纷乱的方法如下：一是仁爱，二是诚信，三是正直，四是统一，五是道义，六是权变，七是集权。

立法：一曰受，二曰法，三曰立，四曰疾，五曰御其服，六曰等其色，七曰百官无淫服①。

【注释】

①“一曰受”七句：受，指人人能接受法规。法，这里指法令严明。立，这里指法规确立不移，不能动摇。疾，这里是说执行法规要雷厉风行。御其服，意即规定各级军制。等其色，意即用颜色区

分军中等级。百官无淫服，指各级军官按规定着装，不能乱穿。淫，僭越。施子美曰："不观其始，无以知法之所自行；不观其终，无以知法之所自成。夫制而用之，谓之法，推而行之，存乎其人，而其所以揭而示之者，又寓乎物也。是法也，其初则上受之下，下受之上，故一曰受。既有所受矣，故可稽以为决，操以为验，故二曰法。既有法矣，而后可以有立，故三曰立。既立矣，故如置邮传命之速，故四曰疾。此皆法之所自行者，有所始也。衣服者，法之所御也。故于衣服，则当御之使无非法之服。《周礼·司服》衮冕、鷩冕、元冕之类是也。又安有衣之偏衣，如晋之太子哉！服色者，法之所由辨也，故于尊卑，则当等之，使无隆杀之混，所谓九章七章者是也，又安有彼其之子，不称其服，而为《诗》之所刺也哉！然而百官又不得为淫服。淫服者，非法之服。陈公衣祖服于朝，此淫服也，陈之所以亡。然立法必以衣服为言者，易服色，王政之所先也，则衣服，言于立法之终，固宜。"刘寅曰："立法：初一曰受，受者能容物也；次二曰法，法者明法令也；次三曰立，立者执立而不能摇夺也；次四曰疾，疾者，机事欲疾也；次五曰御其服，御其服者，制其戎战之服也；次六曰等其色，等其色者，旗帜衣服之色各有等也；次七曰百官宜无淫乱之服也。"朱墉引《通义》曰："立法亦有七。七者，法之所以立也。而七者之中，法又居其一者，何也？有法，而后法可立也。然则法为第一义矣，而先以'受'，何也？吾法之行，有拒而不受者耶？古法杀之不以罪，谓之不受诛。故《春秋》书杀惟受，乃见法矣，故'受'为首，'法'次之。有法则有挠法者矣，故三曰'立'。立者，于震撼之中而不偏不倚也。天下未有不能立而能行者，立则行矣，而虞其行之滞也，故四曰疾，如是则法乃立。而法安在其服色之制乎？服章服色物色旗章之属，故曰御其服，御如御其贵御其富之御。物色自有等，而曰等其色，即前所谓辨物也。百官之服，即御其服之服宜者称也。淫者，服不称也。百官即《周官》所载‘军将皆命卿，师帅皆中大夫，旅师皆下大夫，卒长皆上士，两司马皆中士’是也。以两司马之才为卒长，即非宜服大夫之服，而称乡材，亦非宜也。贤者居上，不肖者居下，即百官宜之说也。但所谓‘无淫服’者，专指才不称服者言耳。”又引《大全》曰：“‘御’有不轻以假人之意。‘等’有分别区处之意。章服在悬，不使轻为僭也。色象既辨，不使混其等也。禁止淫服，先自百官始，否则淫风一张，如波之靡，如澜之倒，安可以制三军哉？”徐勇说：“‘治乱之道’七之外，本篇还提出了立法的七项要求：‘一曰受，二曰法，三曰立，四曰疾，五曰御其服，六曰等其色，七曰百官无淫服。’这里前四项是专讲法令的生效问题的。法令要为大众接受，除要合于‘直’的原则外，还是简明合度，要‘约法省罚’，不能‘小罪乃杀’，否则‘小罪胜，大罪因’，立法执法过于酷烈会带来祸害。这些主张充分体现了作者‘以仁为本’的思想。当齐诸大夫追论古司马兵法时，正当商鞅在秦推行变法的时代，商鞅主张‘重刑而连其罪’（《商君书·垦令》），《司马法》则强调要能‘受’，要‘约法省罚’，似针对秦的作法而言。齐威王当时曾大破魏军于马陵，有与秦、楚相颉颃之势，《司马法》大倡‘以仁为本’，当有发动政治攻势的用意。后三项专讲服色等差的问题，是对‘治乱之道’的补充。立法除要以‘仁’‘义’‘信’为根据外，还要以‘礼’为根据，服色等差就是礼的体现，所以要再三强调。同时，强调服色等差，也有利于军中区别官位职守，便于调发指挥，应是军中法的重要方面。”王联斌说：“这七条虽然是对一般方法经验的概括和总结，但《司马法》的立意很明显，即指军事立法。就是说，所立之法要使全军上下都能接受；一旦立法，法令必须严明；要有法可依，不可动摇，维护法的权威性；要雷厉风行地依法办事；要制定好各级将士的战服；要用颜色来区别等级；全军必须按照规定着装,不得混乱。应当说,这七条原则是具有普遍立法指导意义,尤其是第一条'受',颇具有立法民主化的积极意义。它说明立法要以符合上下民众的意图,为大众所拥护为第一标准。只有符合广大民众的意图,才能实现'与下畏法'。"

【译文】

建立法制的原则是:一是人人能接受,二是法令严明,三是不能动摇,四是雷厉风行,五是规定各级军制,六是用颜色区分军中等级,七是各级军官按规定着装,不能乱穿。

凡军:使法在己曰专,与下畏法曰法①。军无小听,战无小利,日成,行微曰道②。

【注释】

①使法在己曰专,与下畏法曰法:意谓由主将自己随意制定的法规,叫作专一;主将与下属都畏惧遵守的法规,才能叫法。施子美曰:"执法驭下者,贵乎必。率下以身者,贵乎公。将之治军,使法归于己而无掣肘之患,则法为必矣,故曰专。孙子曰:'臣既受命为将,将在军,君命有所不受。'是知专也。法行于人,己与其畏之,而无失之私,则法为公矣,故曰法。魏武曰:'法与天下共之,何敢轻也?'是知法也。李牧守雁门,军不从中御。李靖军中节度,不从中治。此法使在己,曰专也。祭遵以光武舍儿犯法,而终杀之。曹操马跃麦中,乃割发自刑。此与下畏法,曰法也。"刘寅曰:"凡军旅之中,使法令出在己谓之专一,上与下皆惧法,方可谓之法也。"朱墉引《通义》曰:"使法在己,而人不得而参之,则权不分,故曰专。法立而人畏之则法在,人玩之则法亡。若但以法绳下,动以三尺从事,孰敢不畏?而执法者法所不加,乃独以不法自处,而不自畏,必且为偏,为党,为反,为侧,其究反

使下得玩法。始乎畏法、卒乎玩法云乎哉！故必上与下皆畏法，乃曰法。然而道为要，未有不闻道而于法有成者也，故复归本于道。”又引《指南》曰：“‘与下畏法’者，言军法不但下畏之，而上亦畏之。上与下皆知所畏，此法之所以行也。”

②“军无小听”四句：意谓军中不要听信小道消息，作战不要贪图小利，每天都有计谋产生，行动隐秘才是用兵之道。小听，指不正规的小道消息。微，隐秘。李零说：“‘日成行微’，‘日’，战日，作战时间；‘成’，既定；‘行’，行动；‘微’，微密。《孙子兵法·九地》：‘是故政举之日，夷关折符，无通其使，厉于廊庙之上，以诛其事。敌人开阖，必亟入之。先其所爱，微与之期。践墨随敌，以决战事。’‘是故政举之日’相当这里的‘日成’，‘微与之期’则相当这里的‘行微’。”施子美曰：“行兵之法，无以小言而必从，无以小利而必贪。从小言，必为敌所间，贪小利，必为敌所诱。张飞声断军后，曹洪知其张声；姚兴言救慕容，宋武知其虚辞。军岂可以小听哉？司马懿屯阳遂，以诱诸葛，而亮不动。先主营平地，以诱陆逊，而逊知其有巧。战岂可以小利哉？两者既不可以成功，如何而可哉？曰有道也。盖势有所立，而后可以用其机；机有所秘，而后可以尽其道。法曰：知战之地，知战之日，可以千里而会战，知战固有日也。夫战日既成，是战之势立矣。而又行之以微，则密其机，使时人不知吾所与战日与地，斯可谓尽用兵之道也。张良运筹决胜，卫公以为知道，此也。”刘寅曰：“军中无小听则战无小利，言听之大而战之利亦大也。谋虑日有所成，而行之以微妙，此谓之道。”朱墉引《通义》曰：“军无小听，战无小利，务其大者也。务其大者，讵谓无成？然而成者，显然可见之迹，其行之者，则微而不可见者也。不可见者道也，道即前治乱之道仁信等七者是也。七者寓于法而不与法俱显者也，微之谓也。”又引许济曰：“日有成谋，而又行之以隐微，使人莫测，则明

敏不滞，既有以裁制于机，先且疑鬼疑神，复运用之于无形之际，斯之谓道也。”又引《开宗》曰：“此言军法贵专而可守，不可以小谋小利而乱图微妙之大道。”

【译文】

治军的原则是：由主将自己随意制定的法规，叫作专一；主将与下属都畏惧遵守的法规，才能叫法。军中不要听信小道消息，作战不要贪图小利，每天都有计谋产生，行动隐秘才是用兵之道。

凡战：正不行则事专，不服则法，不相信则一①。若怠则动之，若疑则变之，若人不信上，则行其不复②。自古之政也③。

【注释】

①“正不行则事专”三句：意谓正常的办法行不通就要采用专制的手段，士卒不服从指挥的就要用法规制裁，互相不信任就要统一认识。专，专制；一说借为“钧”，犹权也。权变的意思。行，底本作“符”，于义不通，《施氏七书讲义》本、《武经七书直解》本均作“行”，今据改。施子美曰：“所难齐者人之情，所易齐者上之政。正人之道不行，则事之以专，其谁不正哉？穰苴于士卒未附、百姓不信之际，而斩庄贾，示之以专也。人有未服，则行之以法，其谁不服乎？孙武教战，左右大笑，而三令五申之者，法也。心有不相信，则当一之。张辽、李典素不叶，乃曰：‘此国家大事，顾君计如何耳？’一也。”朱墉引《通义》曰：“上言如此曰专，如此曰法，此用之于战也。盖正不行、不服、不相信，最为战患。而不行则用专，不服则用法，不信则用一，自是不易之定用。至若专之能行，法之能服，以至一之，能信其理，已跃然于上文之解矣。”

②“若怠则动之”四句：意谓如果士卒怠惰就要鼓舞他们的士气，如

果士卒心存疑惑就要改变他们的想法，如果士卒不信任上级，就要命令他们执行，不可反复改变指示。施子美曰："士卒有怠心，则作之。此吴汉于吏士恐惧不战，而激励之以怒者，气也。人有疑惑之心，则变之。此太公焚龟折蓍而破纣也。人不信于上，则行其不复之令，此商鞅徙木之法也。"刘寅曰："众若怠惰，则动作之而使之不怠；众若疑惧，则变更之而使之不疑；若人不信在上之人，则令行不可反复，《书》曰'令出惟行，弗惟反'是也。"朱墉引《通义》曰："其曰怠则动，疑则变，不信则不复，则各以一节言也，得一而信孚矣。而复有疑者，一事之可疑也，变之而疑顿释矣。上言相信，上下相信也。此言下不信上，亦偶有其人，非一军尽然也。疑者，事不信者，心事可变也。若因其心之不信，亦欲变其所行之令，则反滋惑，愈益其不信之心矣。故曰行其不复，不复者，不反复也，无二令也。令不二者，所以一之也。"

③自古之政也：朱墉引《开宗》曰："此言事贵专一，又当变动不拘。而总要之一，诚必期上下相信而后止。"朱墉《全旨》曰："此章备详军政，或提其大纲，或列其细目，条件既多，品节不一。以'凡战'二字引起，各为枚举，无轻重本末之分，有先后始终之序，极琐屑，而亦明源委，皆示人以法，戒之意也。"

【译文】

作战的原则是：正常的办法行不通就要采用专制的手段，士卒不服从指挥的就要用法规制裁，互相不信任就要统一认识。如果士卒怠惰就要鼓舞他们的士气，如果士卒心存疑惑就要改变他们的想法，如果士卒不信任上级，就要命令他们执行，不可反复改变指示。这些都是自古以来的军法。

卷下

严位第四

【题解】

本篇首句是“位欲严”，标题“严位”即由此而来。同《定爵》一样，本篇的内容也较为庞杂，论述的内容包括军阵构成、用兵方法、军人心理、将帅品质等许多方面。

先秦兵学较少关于古代军阵的论述，因而本篇几处论及军阵的文字，便成为人们了解、研究古代军阵的重要文献资料。篇中提出了军阵构成的重要概念——“位”“行”“列”，以及军阵的类型如坐阵、立阵等，指出布阵时要“定行列，正纵横”，“车以密固，徒以坐固”，士卒需做到“位欲严”，“行慎行列”，无论行军还是作战，都要保持严整的队形，不得回头退逃。还要求士卒了解、熟悉阵法，并在听从指挥的前提下，灵活运用阵法，所谓“非陈之难，使人可陈难；非使可陈难，使人可用难”。

在用兵原则方面，本篇提出了“轻”与“重”两个独特概念。“轻”与“重”，或指进入敌境的浅与深，或指兵力的少与多。篇中有言：“以轻行轻则危，以重行重则无功。以轻行重则败，以重行轻则战。故战相为轻重。”认为要恰当使用兵力，处理好“轻”与“重”的辩证关系。使用重兵时，要“既固勿重，重进勿尽，凡尽危”，使用优势兵力时行动不要迟缓，且进击敌人时不要耗尽兵力。篇中还总结了有关“众寡”的用兵思想，即“凡众寡：既胜若否。兵不告利，甲不告坚，车不告固，马不告良，众不自多,未获道”。指出无论是以少胜多还是以多胜少,都要戒骄戒躁,不要炫耀,获得战功就像没有获得一样。篇中还有关于如何选择攻击对象的论述,即“击其微静,避其强静;击其倦劳,避其闲窕;击其大惧,避其小惧”,完全符合《孙子兵法》所论“避实击虚”的战术原则。

本篇还有对军人战争文化心理的深入揭示。比如将军人何以拼死作战的战争文化心理,划分成五种类型,即“死爱、死怒、死威、死义、死利”,有的是为了报答主恩,有的是因为被激怒,有的是因为惧怕刑罚,有的是为了成就仁义,有的是为了追逐利益。这种分类,能够启发将帅研究每位士卒各有成因的战争文化心理,最大限度地调动他们的作战热情。本篇给出了具体的培养士卒士气的方法,即“以仁救,以义战,以智决,以勇斗,以信专,以利劝,以功胜”,分别从“仁”“义”“智”“勇”“信”“利”“功”等不同层面,多方培育士卒的思想品质,激发他们的战斗勇气,树立敢打必胜的信心。篇中还指出将帅要了解士卒在战前是求胜心切还是畏敌心虚,认为要“两心交定,两利若一”,即要把求胜畏敌两种心理都研究清楚,并从中归纳出一种获利取胜的方法。将帅下达作战命令前,一定要充分了解士卒的思想情绪状态,所谓“若胜,若否”,士卒有制胜气势就出兵作战,反之则不战固守。

对于将帅应当具备的武德修养,本篇也多有阐释。有的段落是从正面立论,如“凡战:敬则慊,率则服。上烦轻,上暇重”,指出将帅若想获得士卒的敬重信服,就要行事恭谨,以身作则;有的段落是从反面立论,如“上同无获,上专多死,上生多疑,上死不胜”,指出主将若心存偏袒、专横跋扈、贪生怕死、一味死拼,就会兵败身亡,一无所获。本篇还提出了“胜则与众分善”,“若使不胜,取过在己”的命题,认为打了胜仗,将领要与众人分享战功;打了败仗,要勇于承担责任,把过错归于自己。将帅要有灵活应变的本领,“无复先术”,不能重复使用陈旧战法。与首篇《仁本》从落实军礼的角度论述军人“六德”(“礼”“仁”“信”“义”“勇”“智”)有所不同,本篇是从如何建设良好的官兵关系的层面,提出了将领所应具备的高尚情操，即“故心中仁，行中义，堪物智也，堪大勇也，堪久信也。让以和，人自洽。自子以不循，争贤以为人。说其心，效其力”，强调将领只有具备了“仁”“义”“智”“勇”“信”等美德，才能建立和谐融洽的官兵关系，才能使士卒心悦诚服地服从指挥，效力疆场。

凡战之道：位欲严，政欲栗，力欲窕，气欲闲，心欲一①。

【注释】

①“位欲严”五句：意谓士卒在阵形中站立的位置要规定严格，法规要森严，行动要敏捷，士气要安闲，思想要统一。位，位置，这里指士卒在作战阵形中所处的位置；一说职位，职责。严，严格，严整。政，指军队的各项条令、法规。栗，畏惧，森严。窕，敏捷。闲，安闲。施子美曰：“战亦多术，不可以一而求。术无不备，斯可以成其功。凡战之道，有位，有政，有力，有气，而又有心焉。其术不同也。位严，政栗，力窕，气闲，而其心又一，则术无不备矣。夫将帅而下有偏裨，偏裨而下有长正，尊卑小大，其位不可以不严。位苟不严，则上下之分不正，必有大吏怒而不服者矣。今也位欲严，而分必定矣。此穰苴有定爵位之言，僖伯有卞等列之对是也。刑罚以威其心，进退以谨其节，申令法制，其政不可以不栗。政苟不栗，则士卒之心不服，必有畏敌而侮我者矣。今也政栗则心必服矣。此程不识治簿书，廷玉之申号令是也。饱而后可以待饥，佚而后可以待劳，其力不可以不窕，力苟不窕，则必有望敌而不进者矣。今也力欲其窕则士必勇矣，此王翦之军投石超距，郑国之士投盖稷门是也。军旅以舒为主，不舒则气夺矣，故气欲闲。王霸之闲营休士，亚夫之固垒不出，欲其气之闲也。丘大齐则制天下，不齐则其心惑矣。故心欲一。班超以三十六人在西域，而死生皆从；张巡历四百余战，而人无异志，其心

一也。凡此皆战之道也。”刘寅曰:“凡战阵之道,卒伍之位欲严整,严整则不至于乱;军旅之政欲严栗,严栗则下不敢犯;众人之力欲轻窕,轻窕则力锐;士卒之气欲闲习,闲习则气盛;上下之心欲专一,专一则心齐。”朱墉引《通义》曰:“自两司马以上皆有位于军中者也。位则欲严,而其儆有位者可知已。有所居之位,即有所行之政,政则欲栗,而其总庶政者可知已。三军之士,力则欲窕,气则欲闲,心则欲一,而其所以治力治气治心者,则严栗之为也。窕,轻也,轻盈充盛之意也。”又引《翼注》曰:“主战者气,帅气者心。闲则安,安则不乱。一则定,定则不摇。气闲则静,心一则坚。将气闲心一则士卒自气闲心一矣。”又引《大全》曰:“位,军旅上下之位。政,军中禁令之政。位严整,则不至于乱。政严栗,则下不敢犯。气闲则神安,而不为外事所役。心一则志定,而不为外物所摇。然气闲又必由心一而来。未有心不一而气能闲者。”蓝永蔚说:“由于训练的需要,春秋时期还出现了战斗条令。这反映在《司马法》的《严位篇》中。该篇严格规定了甲士和步卒在战斗中的单兵和队列动作,以及在各种不同情况下应当采取的措施。它是一部简明扼要的车兵、步兵战斗条令。《司马法》成书于战国初期的齐威王时代,即公元前373—343年,而据《史记·司马穰苴列传》记载,穰苴注释《古司马兵法》则是在春秋末期的齐景公时代,即公元前547—494年。关于穰苴的生年是有争议的,一说为景公时人,一说为威王时人。我们若将公元前520年定为穰苴注释《古司马兵法》的时间(齐景公在位五十三年,据《史记》说,穰苴先景公而死,故取五十三年之半,即齐景公二十七年为穰苴注书时间的上限),而将《司马穰苴兵法》的成书年代定为齐威王末年,即公元前343年,则我国至早在公元前520年,至晚在公元前343年,即已经出现了正式的军事条令。而欧洲直到公元后一—四世纪,古罗马才出现了奥尼山德尔的《指挥官教范》和维盖茨的《军事原理简述》等一些类似条令的著作。因此《司马法·严位篇》是世界上第一部有文字记述的军事条令。它的出现最准确地反映了我国春秋时期军队训练的水平。"徐勇说:"这里提出了作战部队应具备的五项基本条件,五者不是截然分割,而是密切相关的。队列位置严整有方,政令才能更好地实施,战士进退不失其位。有此基础,战斗力才可能宽舒有余,将士临战有信心、士气高,做到众志成城。《司马法》提出的临战五条件,为战国兵家之共识。《吴子·论将》提出'四机',其中'气机''力机'与《司马法》'力欲窕,气欲闲'之说相近,《励士》篇'发号令而人乐闻'与《司马法》'政欲栗'则角度不同目标一致。与战国诸兵家区别最大的是,《司马法》特别强调'位欲严',置之于五条件之首,这充分体现了其重视军礼的色彩,因为队列位置不仅是作战的问题,也是关系军中礼仪的问题。"

【译文】

作战的原则是:士卒在阵形中站立的位置要规定严格,法规要森严,行动要敏捷,士气要安闲,思想要统一。

凡战之道:等道义,立卒伍,定行列,正纵横,察名实①。立进俯,坐进跪②。畏则密,危则坐③。远者视之则不畏,迩者勿视则不散④。位,下左右,下甲坐⑤,誓徐行之⑥,位逮徒甲⑦,筹以轻重⑧,振马噪徒甲,畏亦密之⑨。跪坐,坐伏,则膝行而宽誓之⑩。起噪鼓而进,则以铎止之⑪。衔枚、誓、糗,坐膝行而推之⑫。执戮禁顾,噪以先之⑬。若畏太甚,则勿戮杀,示以颜色,告之以所生,循省其职⑭。

【注释】

①“等道义”五句：等道义，意即以道义为标准将军人分成不同的级别。等，等级，级别。立卒伍，意即建立卒伍编制。一说确立卒伍之长。卒、伍，均为周朝军队的编制单位，百人为卒，五人为伍。定行列，指确定前后左右的行列次序。正纵横，指端正纵列与横列。察名实，指考察所用人才的名与实是否相符。《六韬·文韬·举贤》曰：“太公曰：‘将相分职，而各以官名举人，按名督实，选才考能，令实当其名，名当其实，则得举贤之道也。”施子美曰：“用人之法有不同，则治人之术亦不一。道义也，卒伍也，行列也，纵横也，名实也，所以用人也，曰等，曰立，曰定，曰正，曰察，所以因其人而治之也。昔晋人谋元帅，以郤縠将中军。曰：其为人也，阅礼乐而敦诗书。诗书义之府也，礼乐德之则也。是则将帅之用，岂惟其才乎？以其有道义之可用也。道义之列，有小大，有长短，又不可无以等之。成周之制，五人为伍，四两为率，故伍有长，率有正，是则三军之用，岂无其制乎？率伍之制，其众寡，其少长，不可无以立焉。李卫公言伍法之要，小列之五人，大列之二十五人，参列之七十五人，又五参其数，得三百七十五人。教战之法，其可无序乎？行列之序，其前后，其左右，又可无以定之？太公画方法千二百步，横以五步立一人，纵以四步立一人，则纵横之道不可以不正也。于此正之，则经东西，纬南北，地与人相称矣。管子曰：理名实胜之。此自治之节制也。太公亦曰：‘使名当其实，实当其名。’则名实不可不察也。于此而察，察之则循名责实，真才实能可得而用矣。盖有将而后有军，有军而后有阵，阵而后度数刑名备矣。能否之实，于此可别矣。故曰察名实，此其序也。”刘寅曰：“凡战阵之道，等道义之人。等者，人之有等级也。立卒伍之长，定行列之位，正纵横之方，察名与实相称与否也。”朱墉引《通义》曰：“不任诈慝，不任勇力，则道义

之人进，而其品不可淆也。等之，而百官宜，百官给矣。于是立卒伍，定行列，正纵横，政有纪矣。然非有综核之权，则又不免提空名而鲜实效，故名实贵察也。名实所该甚广，不独功能察之，欲其相称。凡此皆制军之道，非应变之略也。是故进止有节，坐作有度，轻重有权，疾徐宽严有体，盖一人之张设所在意独至焉。"朱墉《直解》曰："等者，有道义之人任用之，有等级也。百人为卒，伍人为伍，立之使不紊越。行列定之使不移易。纵横，阵法也，正之使其整齐也。名当与实称，察之，辨其功能，不使假冒也。"蓝永蔚说："概略地说，春秋时期一个基本的步兵方阵是由位、列、行三个因素构成的。位是步卒的位置，列即伍的队形，……《左传》《国语》等书对行、列又常常相提并用，有时也并没有很严格的区分。比较准确的叫法还是纵和横。《司马法·严位篇》说'定行列，正纵横'，所以，无论行列的称呼是如何地不固定，战斗队形基本上总是由纵横两个方向的排面构成的。从两队队形来看，它的正面和纵深均由五名步卒构成，其纵向就是一伍，使用的是五种不同的兵器，其排列有前后之分；其横向则为五名不同伍而前后位置相同的士兵，使用同一种兵器，排列在同一条水平线上，故只有左右之别。这纵横两个坐标的交叉便明确标定了方阵中每个士兵的相对位置，而不可能有任何移动了。据本书（注：指《春秋时期的步兵》）《步兵的基本编制单位——伍》的考证，知方阵中任何一名士兵，与其前后左右四名相临士兵之间的距离均为 1.8 公尺，故每名士兵在方阵中的活动余地即为一 1.8 平方公尺的正方形。这就是《司马法》所称的'位'。《司马法》认为，位不仅是行列的基础，也是阵的基础，因此，战斗的第一要义就是要求士兵严格坚守自己的战斗位置，然后才可能'立卒伍，定行列，正纵横'，并进一步实施战术所要求的一切单兵和队列动作。可以说，《司马法·严位篇》第一次全面、精确地分析了阵的构成，并对其中最基本的因素——位，进行了系统论述，从而为阵的构成奠定了理论基础。这在当时无论从军队训练还是从战术学理论来说，都是具有重大意义的。它证明，方阵战术在我国春秋时期，在理论和实践上都已达到相当完善的地步。”徐勇说：“由于强调‘位欲严’，本篇具体介绍了‘位’与‘行列’的关系及变化要求。‘定行列，正纵横’，‘位逮徒甲’，说明一个作战方阵包括位、列、行三个因素，位是行列的基础，更是阵的基础。位的变化决定行列亦即纵横的变化，纵横变化决定阵形的变化。”

②立进俯，坐进跪：《武经七书注译》曰：“采用立阵时前进要弯腰，采用坐阵时移动用膝行。”施子美曰：“立者进，则使之俯其身。坐者进，则使之跪其足。此教战之法也。且大司马四时之教，有坐作进退之节，士之所习者素矣，今而用之，又孰有犯其节哉？夫用兵之法，不欲烦人，而常从其便。因其立而进也，故使之俯倒俯首而前，无桀傲之患。因其坐而进也，故使之跪而膝行而前，无纷乱之失。皆因其自然之势，而使之示人无过烦也。使立而进者必跪，坐而进者必俯，无乃大劳乎？使人之法，必不若是之烦也。”刘寅曰：“立而进者当俯其身，坐而进者当跪其足。”朱墉引《通义》曰：“立而进者，俯其身。身，法也。坐而进者，跪其足。足，法也。”

③畏则密，危则坐：意谓畏惧时使阵形密集，危险时让士卒蹲坐。施子美曰：“心有所惧，则必有以亲之。势有未宁，则必有以安之。夫人之所以敬畏而无所喜色者，是其心有所惧也。吾欲使之相亲密，则伍采弥缝，更相救援，左右得以相亲，前后得以相及，此畏则密也。匈奴数万骑围广，是军士皆恐而无人色，可谓畏矣。广为圆阵外向，军士乃安，非密之之意乎？人之所以危患而不安处者，是势有未宁也。吾则使之安坐，安坐则安然止息，

各守其心,无喧哗之失,无纷扰之患,此危则坐也。长社之军,夜惊乱,一军尽扰,可谓危矣。张辽谓左右勿动,令军中安坐,岂非坐之之意乎?”刘寅曰:“有畏则密其陈而待之,见危则坐而候之。坐,蹲坐也,蹲坐则易奋起也。”朱墉引《通义》曰:“有畏则密之,以静定也。见危则坐之,以坐固也。”徐勇说:“队列有立队与坐队之分,立队宜于挺进,坐队宜于固守。立队与坐队的区别,不在于编制单位不同,而在于临战之变化,即同为一队,或呈立式,或呈坐姿。其变化的原则是:‘畏则密,危则坐。’这个原则,《孙子兵法·十阵》亦有其说,‘甲恐则坐’,‘甲乱则坐’。这些都说明,不仅步兵立队‘畏’‘危’之时呈坐姿,甲士‘恐’‘乱’时也变化为坐队,以便稳军心、固阵脚。《孙膑兵法·将失》又说:‘兵之前行后行之兵,不参齐于阵前,可败也。’《司马法》的‘畏则密’,就是一种‘参齐’之法。可见强调‘位欲严’,既要求严守各位间距离,又要求根据对阵态势变化各位间间距。这些议论,强调步战队列变化,阵势灵活,不可能是对西周春秋初情形的追论,从其特点看,可能为春秋末司马穰苴之法。穰苴与以后的孙膑同为陈国田完的后裔,他们所叙的位与队列变化原则如此相近,当有兵学上的渊源关系。”

④远者视之则不畏,迩者勿视则不散:意谓对远处的敌人,只要观察到了做好战斗准备就不会畏惧;对近处的敌人,只要目不斜视就能精神集中,专心御敌。迩者,指近处的敌人。施子美曰:“用兵之法,莫先乎有谋,谋于其先,则备之必早。事至而后谋,吾知其无备也。是以敌人远来,势孤形小,吾则视之,如凭轼而望齐师,登埤而望晋军。将以谋之于先,而早为之备也。有备者无患,军士何从而畏哉?若迩而相近,形成势立,吾则勿视以固其心。如亚夫坚壁不动,孔明闭门却洒,其谋有素,而彼已堕吾术中矣。以静待动,军士何自而散哉?或视或不视,亦以愚士卒耳

目，而使之无知之术也。"朱墉引《通义》曰："敌卒发则惊，在远而预见之，故不畏其强，视心视背视左右手，则心力专一。接刃而属目于敌，则专一之意亡矣，故勿视则不散。"又引《大全》曰："师出远来，强弱虚实，皆所难料。若非瞭视之于先，宁无疑而生畏乎？视则或乘，或持，或击，或止，自不畏惧矣。"

⑤位，下左右，下甲坐：按，此处疑有错简漏字，意思难解，此据《武经七书注译》解作：士卒在阵形中的位置，按照前后左右分列，屯兵驻扎时采用坐阵。下甲，指屯兵。坐，指坐阵。以下各说，聊备参考。施子美曰："有以安其心，则人必不惧。有以作其气，则无不勇。跪坐伏止，示以颜色，告以誓言，皆所以安其心也。振马鼓噪，所以作其气也。心既安，则见事不惑，又何惧焉？气既作，则望敌而进，无不勇焉。善将者当危患之时，人人有畏惧之色，其心必不困，而其气必惰矣。吾则使之坐跪伏止焉，所以安慰而镇静之也。位，大将军居中正位也。左右，偏裨之将也。甲者，甲士也。大将既下车，左右下车，甲士皆坐。"刘寅曰："凡卒伍之位，使在下之人分左分右，孙子教女兵分左右队是也。又使在下人皆被甲而坐，若《春秋左氏传》里'被甲而坐'是也。"朱墉引《通义》曰："'位'字提起一句。将有事，则其下行列左右分布，且皆甲也。若此肃备者，将誓众也。曰坐者，止齐以听誓也。"

⑥誓徐行之：意谓宣誓完毕，就从容不迫地前进。施子美曰："然后徐行而誓之，使之安其心而无畏耳。人见其誓之既徐下，而且坐必无惧矣。"刘寅曰："誓戒既毕，使徐徐而行，若'四步五步六步七步乃止齐焉'是也。"朱墉引《通义》曰："誓毕而师行矣。曰徐行之者，贵其舒也，车不驰，徒不趋也。"

⑦位逮徒甲：意谓阵形中的每位将士都穿上铠甲。逮，及。甲，指穿上铠甲。施子美曰："自大将而下至于徒甲。"刘寅曰："凡卒伍之位，逮徒步者皆甲。"朱墉引《通义》曰："位及徒甲，则并有位者

皆甲矣。"

⑧筹以轻重:意义难解。可能是说:根据各类兵器的轻重妥善安排给士卒。施子美曰:"等计其轻重之兵而用之。盖兵以重守,而以轻战,以此兵备战守而释危惧也。或曰:等其轻重之势,人心稍安矣。"朱墉引《通义》曰:"此则师行之时也,盖筹于轻重之势而后行者也。"

⑨振马噪徒甲,畏亦密之:意谓使兵车震动,战马嘶鸣,以此观察士卒的士气,如果士卒畏惧就让阵形聚拢密集。施子美曰:"又恐其气之未作也,故又振而起其马,喝而噪其徒甲,以观其勇之如何。若犹畏也,则又密之以安其心焉。法曰:畏则密。是也。夫既密是人之心犹未甚安也。"刘寅曰:"振起骑兵,使步之甲者皆噪呼之,陈而待之。"朱墉引《通义》曰:"马之驾者振,徒之甲者噪,进而歼敌,宜无不可。若使下有畏心,敢轻进哉?自古未有军心畏敌而能抗敌者。畏敌侮我救道也,故但静以待之也。"

⑩"跪坐"三句:意谓可让士卒由跪姿改为坐姿,或由坐姿改为卧姿,将领膝行至他们跟前,以宽和的言辞告诫他们。宽,宽和。施子美曰:"吾所以抚之者,又当致其至,故使之始而跪者,今则坐;始而坐者,今则伏。膝行而前,迟迟其行也。宽而誓,恤其心也。夫既坐而伏矣,所以誓之者,必膝行也。抚之如是其至者,使之安其心,不为事所惧也。"刘寅曰:"跪而坐,坐而伏,膝行则宽以誓之,宽谓不狭迫。"朱墉引《通义》曰:"兵有坐作之法。前言立进俯,坐进跪,作法也;此言跪而坐,坐而伏,坐法也。其法严而不可犯。至膝行而听誓,则又严矣,故宽誓之。盖师之律尚严,而令之布者从宽,宽正以济其严也。"

⑪起噪鼓而进,则以铎止之:意谓士卒起立,大声叫喊,敲鼓前进,若想收兵就鸣铎,士卒会停止进攻。铎,古代乐器,大铃的一种,宣布政教法令或遇战事时用之,青铜制品,形如钲而有舌。其舌

有木和金属制两种，故有木铎和金铎之分。施子美曰："既誓矣，又且起之，或鼓或噪而进，所以齐其气也。又以金铎止之，所以宁其心也。《周礼》曰：'三鼓振铎，车徒皆作。三鼓摝铎，车徒皆坐。'是亦进止之也。彼既知其进止而无惧矣。"刘寅曰："噪呼而起，鼓之而进，欲往则以铎止之。"朱墉引《通义》曰："起噪而进，以鼓进，而其止也以铎止，进止之节也。军中誓命最为吃紧，下有疑听，将至不能应麾赴节，故篇中三致意焉。"

⑫衔枚、誓、糗(qiǔ)，坐膝行而推之：意思难解。可能是说：士卒衔枚、宣誓、吃饭，宣誓时坐着，宣誓结束膝行而退。衔枚，令士卒将枚衔在口中，以保持肃静。枚，系于士卒颈上的一根像筷子似的短棍，两端有带。糗，干粮，这里做动词讲，吃饭。施子美曰："又使之衔枚、誓、糗。枚如筋，以绳系于颈，所以止喧哗也。糗粮所以为食也。《礼》曰：'军旅含枚而进。'《书》曰：'峙乃糗粮。'使之含枚，则以静而待哗。誓以糗粮，则以饱而待饥也。又坐而膝行，以序推之，所以勉其进战也。三令五申，亦云至矣。向有惧心，今则有斗心。向有危心，今则有胜心。宜其无犯令而就戮矣，无退志而回顾者矣。"朱墉引《通义》曰："始言坐贵齐也，继言膝行贵肃也，此言衔枚贵静也，皆欲其审听也。非谓齐者不必肃，肃者不必静也。糗者，干粮，备出战也。坐者，听誓言也。膝行者，誓毕而退也。何以知其然也？前言膝行，在誓之先，故知其进也。此言膝行，在誓之后，故知其退也。前言进退可知也，此言退进可知也。膝行而退，则师行矣。"

⑬执戮禁顾，噪以先之：意思难解。可能是说：拘杀敌人以扬我军威，严禁士卒在战场上回头退逃，将领大声训示，身先士卒以鼓舞士气。执，拘捕。顾，回首，回视。这里是回头退逃的意思。施子美曰："今三军若有可戮，则姑惟执之而未戮，有顾心则必禁之使无顾，凡所以宽之也。夫如是则人惟上之从，然鼓噪以先

之，使勇怯并进，强弱如一，斯可矣。前既已执戮禁顾，躁而先之，似可用矣。”刘寅曰：“执戮敌人，禁勿回顾，当噪呼以先之。”朱墉引《通义》曰：“执戮者，示威也，令畏我也，畏我则侮敌矣。又恐其见敌之时，复不能自制其畏敌之心，故曰禁顾勿视也。又恐其气之不扬，而噪以先之，以升气也。”李零说：“‘执戮禁顾’，‘执戮’，抓起来杀掉；‘禁顾’，禁止顾视。古代军法规定军中不许回头顾视，如上孙家寨又简：‘……矢前有还顾目北者，后行杀之，如杀敌人。’《通典》卷一四九：‘或有弓弩已注矢而回顾者，或干行失位者，后行斩前行，不动行斩干失之行。’”

⑭“若畏太甚”五句：意谓如果士卒在战场上十分畏惧，不要施行杀戮，应和颜悦色地教导他们，告诉他们求生的方法，检查他们是否尽职。循省，考察，检查。施子美曰：“今而三军犹有惧心，其畏尤甚焉，讵可专尚威猛，以杀戮为哉！必无行杀戮，而和颜温辞以谕之。法曰：‘假之以色。’则示以颜色者，以悦其心，以平其志，以释其危惧也。法曰：‘道之以辞。’则告之以所生者，诱之以封侯，谕之以报国，誓之以必死也。又且巡而行之，察其所职之事，使车谨其车，徒谨其徒，骑谨其骑，而后可以决胜也。右贤王将四万骑围李广，广使其子直贯胡阵，还曰：‘胡虏易与耳。’军士乃安。广意自如而益治军，军中服其勇，卒走贤王。吴汉每战不利，诸将皇恐失其常度，汉乃意气自若，方整厉器械，激扬士吏，卒破苏建。是皆循省其职也。”朱墉引《通义》曰：“兵以气胜，有胜心，无畏心，自然之理也。此以制其小畏则可尔，若畏太甚，则非杀戮之所能定也。用威不可，则假之以颜色，示爱也。兵法：‘死爱。’以所爱替其所畏也。进则开之以所生。兵法：‘必死则生。’死者所畏，生者所欲，以所欲易其所畏也。又进则循省其职。兵法：‘百官死职。’将死鼓，御死辔，卒伍死行列，皆死职也。各籍其所当尽之职，谁敢爱死？士有效死之心，宁容有畏死之心

也？尽矣。”又引《开宗》曰：“此言严整行伍、坐作进退之法。”徐勇说：“为什么对个别的‘禁顾’行为要‘执戮’，对性质更严重的‘畏太甚’反而不能施以刑罚呢？因为‘畏太甚’意味着军心严重动摇，如再施刑，一则法不治众，二则无异火上浇油，可能引起哗变或军心崩溃。当此危急关头，主将须有大智大勇，以自己的从容镇定感染兵众，让大家明白只有与敌决一死战才是唯一生路，这样，使军心稳定、士气回升，再重整行列，拼命一搏。”

【译文】

作战的原则是：以道义为标准将军人分成不同的级别，建立卒伍编制，确定行列次序，端正纵列与横列，考察所用人才的名与实是否相符。采用立阵时前进要弯腰，采用坐阵时移动用膝行。畏惧时使阵形密集，危险时让士卒蹲坐。对远处的敌人，只要观察到了做好战斗准备就不会畏惧；对近处的敌人，只要目不斜视就能精神集中，专心御敌。士卒在阵形中的位置，按照前后左右分列，屯兵驻扎时采用坐阵。宣誓完毕，就从容不迫地前进。阵形中的每位将士都穿上铠甲，根据各类兵器的轻重妥善安排给士卒，使兵车震动，战马嘶鸣，以此观察士卒的士气，如果士卒畏惧就让阵形聚拢密集。可让士卒由跪姿改为坐姿，或由坐姿改为卧姿，将领膝行至他们跟前，以宽和的言辞告诫他们。士卒起立，大声叫喊，敲鼓前进，若想收兵就鸣铎，士卒会停止进攻。士卒衔枚、宣誓、吃饭，宣誓时坐着，宣誓结束膝行而退。拘杀敌人以扬我军威，严禁士卒在战场上回头退逃，将领大声训示，身先士卒以鼓舞士气。如果士卒在战场上十分畏惧，不要施行杀戮，应和颜悦色地教导他们，告诉他们求生的方法，检查他们是否尽职。

凡三军，人戒分日①；人禁不息，不可以分食②。方其疑惑，可师可服③。

【注释】

①人戒分日:即下文所言“一卒之警,无过分日”。意谓对一个百人小队下达命令,半天内就得执行。卒,周制百人为一卒。施子美曰:“治兵必有令,行令必有时,此军之常法也,况三军方当危惧之时。其所以令之者,以常法行之,无乃持久乎?故三军之戒,无过三日者,常也。久而戒三军,则无过分日矣。分日者,日之半也。一率之警,无过分日者,常也。”朱墉引《通义》曰:“日,一日。中分之,不终日也。息,一息。食,一食之顷。中分之,不终食也。戒,禁,誓命也。”

②人禁不息,不可以分食:意谓对士卒下达禁令必须立即执行,期间不可以就餐。施子美曰:“今而戒禁其人,则无过不息焉。不息者,半息也。凡此皆欲速申其令以治兵也。”朱墉引《通义》曰:“誓师而行,不待终日,言速也。不终食,又速矣。犹且不可,则无一息之停矣。故曰不息,言速之至也。”

③方其疑惑,可师可服:意谓趁敌人疑惑不定,快速率兵出击,征服他们。一说“疑惑”者指的是我军士卒。施子美曰:“惟其人在危疑危惑之中,而后乃使之服也。盖兵之情,围则御,不得已则斗,过则从。苟未疑惑其师,而服之者,亦难其人。然令素行以教其民,则民服。服于平居无事之日,士卒之心,未尝不从所令也。今于危惑之中,何以言其可师服哉?盖兵士甚陷,则不惧故也。是以井陉之役,背水之阵,韩信可以使士殊死战;长社之役,一军尽扰,张辽可以使之左右勿动者,皆此之谓也。”朱墉引《通义》曰:“盖誓命既出,则吾谋尽露人之耳目,少迟则敌得窥之矣。惟速,则敌不及窥,而吾谋叵测。故曰‘方其疑惑,可师可服’,谓当其疑惑不定之时,亟入之师胜之,可;或不待师而服之,亦可。两‘可’字,形容制敌之易。或以‘息’为休息之‘息’。”又引《开宗》曰:“此言戒誓服敌之道。”

【译文】

在军中,对一个百人小队下达命令,半天内就得执行;对士卒下达禁令必须立即执行,期间不可以就餐。趁敌人疑惑不定,快速率兵出击,征服他们。

凡战:以力久,以气胜①;以固久,以危胜②;本心固,新气胜③;以甲固,以兵胜④。凡车以密固,徒以坐固,甲以重固,兵以轻胜⑤。

【注释】

①以力久,以气胜:意谓战斗力充沛就能持久,士气旺盛就能取胜。力,战斗力。施子美曰:"孙子曰:'以近敌待远,以佚待劳,以饱待饥,此治力者也。避其锐气,击其惰归,此治气者也。'夫战之法,力不全不可以持久,气不勇不可以胜敌,故养其力以守可以久,作其气以攻而攻无不胜。王翦坚壁不战,休士洗沐,久之军中投石超距,卒破荆军。曹刿一鼓作气,彼竭我盈,卒克齐师。"刘寅曰:"凡战之道,以力持久,以气制胜。力者,佚饱是也。气者,朝气锐,一鼓作气是也。"朱墉引《指南》曰:"以气胜,'以'字,以者用也。'以'字运用在临时,然必有平日之功夫,乃有临时之运用。力弱则脆矣,气馁则败矣。"又引《大全》曰:"气鼓则胜,气衰则败,故气欲振,不欲靡然。气亦不可以徒鼓也。惟三军之力有以饱佚于平日,可以有持久之势,而后观变乘衅,一振作之,而即胜矣。"

②以固久,以危胜:意谓阵地坚固就能持久,陷入危境反能取胜。《孙子·九地篇》:"投之亡地然后存,陷之死地然后生。"施子美曰:"内有未坚,则不可以持久也。有所苟安,则不足以决胜。古人用兵,行必立战阵,止必坚营壁,其为固可久也。围地则

谋，死地则战，为其危之可以胜也。亚夫坚壁固垒，而率挫吴楚，以固久也。韩信背水而阵，而卒擒陈馀，以危胜也。前言危则密，此言以危胜者，前言人心之危也，此言地势之危也，故不同。”刘寅曰：“兵以固则能久，以危则能胜。固者，下文‘车以密固，徒以坐固，甲以重固’是也。危者，上文‘噪鼓而进’，孙子所谓‘其势险，其节短’是也。”李零说：“‘以固久’，靠稳固持守。‘以危胜’，靠危险逼迫取胜。《孙子兵法·九地》总结士兵心理特点说‘兵士甚陷则不惧，无所往则顾，入深则拘，不得已则斗’，‘故兵之情，围则御，不得已则斗’，主张‘投之亡地然后存，陷之死地然后生’，认为‘夫众陷于害，然后能为胜败’。其说与此同。”

③本心固，新气胜：意谓士卒一心杀敌，军队就能稳固；士卒锐气蓬勃就能取胜。新气，指士卒的蓬勃锐气。施子美曰：“心有所生，则在我者不可犯；气有所作，则在敌者斯可败。遇敌而惧，人之常也。今士卒之心有所生矣，虽大敌在前而晏然不动，则可以固而不可犯矣。久而必惰，人之常也。惟士卒之气，振而不弊，则虽百战之余，而其气益锐，则可以胜而不可败矣。张巡之守睢阳也，力战而人无叛之心，非本心固乎？王伯之破苏建也，闭营而军士断发请战，非新气胜乎？”刘寅曰：“能守人之本心则固，能振作兵之新气则胜。”

④以甲固，以兵胜：意谓用盔甲来坚固阵地，用武器来杀敌制胜。施子美曰：“内必有以卫其身，则人不可得而犯。外有以制其敌，则人不可得而败。甲者，卫身之具也；兵者，制敌之器也。楚人衷甲，知所以固也。卫人受甲不战，何以为固乎？陈汤料胡兵不当汉兵，知所以胜也。萧俛销兵，何以为固乎？”刘寅曰：“士众以甲胄为固，军旅以兵刃制胜。”

⑤“凡车以密固”四句：意谓车战采用密集阵形，军队才能坚固；步

兵作战采用坐阵,军队才能坚固;铠甲厚重才能坚固;兵器轻巧才能杀敌取胜。施子美曰:“物各有用,用各有宜,车之为用,疏则不合,必有隙可投,有间可乘矣,故以密固。郑人鱼丽,先偏后伍,伍乘弥缝,则以密为固者,左右得以救援也。徒之为用,散则不聚,其作止必不齐,行列必不定,故以坐固。张辽令左右勿动,军中皆坐,则以坐为固,其心无有不安也。甲之为用,轻则难以自庇;兵之为用,重则难以击刺。《周礼》函人为甲,犀甲七属,兕甲六属,合甲五属,举而眡之,欲其丰也,则甲之厚重,岂不固乎?庐人为兵,守国之兵短,攻国之兵长,击兵欲强,举围欲细,则兵之轻者,岂不胜乎?”刘寅曰:“凡车以密则固。密者,陈不欲疏也。徒以能坐则固。坐,小坐也,小坐则有勃然腾跃之势,如鸟之将击必敛其翅,兽之将搏必伏其身,故徒以能坐为固也。甲以重为固。重者,坚重也。兵以轻制胜。轻者,便利也。”朱墉引《通义》曰:“以力久,又以固久,固不独以力也。以气胜,又以危胜,所谓置之危地而后存也。固而推及本心,胜而推及新气,精矣。而精及甲兵车徒,亦必及之。”又引《开宗》曰:“此言固胜之道,而并及车徒甲兵之用。”

【译文】

作战的原则是:战斗力充沛就能持久,士气旺盛就能取胜;阵地坚固就能持久,陷入危境反能取胜;士卒一心杀敌,军队就能稳固;士卒锐气蓬勃就能取胜,用盔甲来坚固阵地,用武器来杀敌制胜。车战采用密集阵形,军队才能坚固;步兵作战采用坐阵,军队才能坚固;铠甲厚重才能坚固;兵器轻巧才能杀敌取胜。

人有胜心,惟敌之视①;人有畏心,惟畏之视②。两心交定,两利若一③。两为之职,惟权视之④。

【注释】

①人有胜心，惟敌之视：意谓除了看到士卒有战胜敌人的决心，还要观察敌人的虚实，方能出兵胜敌。施子美曰："事之在人，其势未尝两立，将之治兵，未尝失之偏胜，故胜敌之心既重，其所见者，惟敌之视，为其心之常务胜之也。"刘寅曰："人有制胜之心，惟视敌之虚实如何，敌虚然后胜可为也。"朱墉引《翼注》曰："惟敌之视者，我有求胜乎敌之心，若止见得我一边，不过仅于知己耳，不足以慰欲胜之心也。惟视敌之虚实、劳佚，以神我运用之术，斯胜敌之心可慰矣。"又引《大全》曰："'人有胜心'二句，此即审敌以致胜也。视非徒视，有因敌变化之意。胜心，欲胜之心也。军士尚严，自是畏心恒存，第恐敌势昌大，畏将之心忽转畏敌。此在善将者不然，吾谋既足以胜敌，军心止存乎畏我，如是虽蹈汤赴火，自不敢违矣。"又引李维垣曰："人有胜敌之心，则勇自百倍矣，况加之以畏将之心乎？人有畏将之心，则气自迈人矣，况益之以胜敌之心乎？两心交横于胸中，岂非两利之道耶？"

②人有畏心，惟畏之视：意谓看到士卒有畏惧心理，就要探究他们畏惧的原因。施子美曰："畏敌之心重，其所见者，惟畏之视，为其心之常畏彼也。畏之者必无胜心，胜之者必无畏心，是事之在人，其势未尝两立也。吾于此有术以一之，常不失之偏胜焉。"刘寅曰："人有畏惧之心，惟视其畏之何如，若畏将甚于敌者胜，畏敌甚于将者败。"

③两心交定，两利若一：意谓把求胜心理与畏惧心理都研究清楚，并从两者当中归纳出一种获利取胜的方法。施子美曰："故士之心务在胜彼，胜心既过，则必易敌而妄进。士之心常若畏彼，畏心既过，则必致力而死战。是心也，合而一之，然后可用焉。故有胜之心，必济之以畏，有畏之心，必济之以胜。交两心而定之，斯可矣。胜心既重，宜有利也，而利中常有易敌之害。畏心既

重，宜有害也，而害中常有备敌之利。吾于两者，取其利而一之，故胜心既重，虽利也，必使之知利中之害，而成其利。畏敌之心，虽害也，必使之知害中之利，而就其利。两者咸归于一，何往而非利哉？”刘寅曰：“胜心与畏心两心交定，则两利若一矣。”朱墉引《翼注》曰：“两心、两利，胜敌固利，而畏敌致慎，亦可以胜敌而取利，故曰两利。”又引《大全》曰：“两心、两利，人当战之时，既有胜敌之心，又有畏将之心，是两心皆定矣。两心皆定，则皆可取利而若出于一途矣。”又引《通义》曰：“人有胜敌之心，所见无非敌者。人有畏敌之心，所见无非畏者。此两心者不可易也。故曰交定，利不两分，而归于一。”

④两为之职，惟权视之：意谓对于这两方面的事情，将帅要能变通灵活地予以观察了解。职，事，事情。权，权变，变通。施子美曰：“职，事也，交之以两心，一之以两利，是能两为之职也。有胜心，必使之为畏敌之事。有畏心，必使之为胜敌之事。盖在人，既有胜畏之心，在我当审轻重之宜，使三军之士，其于畏胜也，无低昂之失，审轻重之偏，常交定而若一焉，此其所以胜也。李广之军，右贤王以四万骑围之，其子直贯阵，还曰：‘胡虏易与耳。’是胜心重也。而士无人色，盖治器械，是畏心重也。李广能使人无轻重之分，此所以虏不敢犯。”刘寅曰：“胜心畏心凡两为之主，惟以权变视之。”朱墉引《通义》曰：“必有所以易其畏心者，而后可曰权者，因两利之间而生者也。所谓权者，能制于二者之间者也。曰惟权视之，何也？为之职矣，而不加察焉，恐两者未尽归一也。然而谓之视者，因人之异视而言也。盖胜心畏心，皆人心也。人藏其心而不能不发于所视，所谓惟敌之视，惟畏之视者，不可掩也。视者，我也。之者，人之视也。我之视合于人之视，而其心较然睹矣。”又引《开宗》：“此言主将当得众士胜敌畏将之两心而神其权。”

【译文】

除了看到士卒有战胜敌人的决心，还要观察敌人的虚实，方能出兵胜敌；看到士卒有畏惧心理，就要探究他们畏惧的原因。把求胜心理与畏惧心理都研究清楚，并从两者当中归纳出一种获利取胜的方法。对于这两方面的事情，将帅要能变通灵活地予以观察了解。

凡战：以轻行轻则危，以重行重则无功①。以轻行重则败，以重行轻则战②。故战相为轻重③。

【注释】

①以轻行轻则危，以重行重则无功：意谓少量兵力进入敌人国境不远，就会有危险；大量兵力深入敌人国境，就不会成功。第一个"轻"，指少量兵力。第二个"轻"，指进入敌人国境不远。第一个"重"，指大量兵力。第二个"重"，指深入敌人国境。施子美曰："战之所以胜者，常在乎兵。兵之所以用者，必得其宜。苟用兵而不得其宜，则宜重而轻，宜轻而重，将何以为战胜之术哉？然则兵之为用，轻则利于攻，重则利于守，相须而并行之，其可也。苟一于轻，攻可也，守不可也。一于重，守可也，战不可也。然则守而用重，攻而用轻，兵之所以利也。设或守之以轻，行之亦以轻，则轻进无援，未有不危者也。守之以重，行之亦以重，则失利后期，亦不足以取胜。所谓其法十一而至也。"刘寅说："轻重二字不止于一，谓凡与人战，以轻兵行轻地，则危殆而不安。入人之地不深者为轻地。轻地则无止。轻兵行轻地，所以危也。以重兵行重地，则无功。入人之地深、背城邑多者为重地，重地则掠。重兵行重地，所以无功也。"陈宇说："'轻重'，就是《司马兵法》提出的中国兵学中很独特的一个概念，是对战争中诸多相关矛盾的军事哲学概括。本篇指出：'凡战，以轻行轻则危，以重行

重则无功,以轻行重则败,以重行轻则战。故战,相为轻重。'举凡兵力多寡,辎重有无,器械利钝,部署中的攻击部队和预备队,将士的胜敌心和畏敌心,休整时间的迟早和力度的深浅,等等,都可以分出轻重,归入轻重这一对立面中。'轻重'在每个场合所指的具体事物不同,例如,从兵力多寡来说,重指兵力多,轻指兵力少;从所带装备来说,轻指舍弃笨重辎重的部队,重指随军携行笨重辎重的部队。通常说,所谓轻,是轻捷,轻快;所谓重,是持重,牢固。《司马兵法》主张,在用兵中应自觉地调节轻重,造成有利的轻重关系,以利于摆脱劣势,创造优势,战胜对手。"

②以轻行重则败,以重行轻则战:意谓少量兵力深入敌人国境,就会失败;大量兵力进入敌人国境不远,就会有交战。施子美曰:"轻固不可独用也,重亦不可独用也。兼而用之,亦不可无术焉。故守以轻,行以重,则守者不固,行者不利,未有不败也。惟其守之以重,则守必固,行之以轻,则战必利。然后可以尽战之道。"刘寅曰:"以轻兵行重地,则致败,如庞涓弃其步兵,率轻锐倍日并行,深入重地,败于马陵是也。以重兵行轻地则务战,如司马宣王伐辽东,公孙文懿阻水相拒,宣王领兵直趋襄平,文懿出兵邀之,宣王三战三捷是也。故战道须要相为轻重可也。"朱墉引《通义》曰:"列三者以为利病,相形言之,见甲重兵轻之制,为战道不易之论也。剽轻者偏轻,以轻行轻也,岂不利于胜人?而先失于自固,故危。持重者偏重,以重行重也,虽有以自固,终不利于及人,故无功。此偏用之者也,一得一失。至若以轻行重,虽轻重兼用,而用实相反,是两失也,败道也。由此观之,乃见以重行轻之尽制也,故曰则战。"

③故战相为轻重:施子美曰:"是故战者相为轻重也。轻无重不可,故轻赖重以为援。重无轻不可,故重赖轻以前进。两者常相须而并用也。此战之道也。法曰:'筹以轻重。'此也。"朱墉引《开

宗》曰:“此言行兵当适轻重之宜。”田旭东说:“讲求进攻轻重的辩证关系,是《司马法》关于作战原则和方法中的一个光辉思想,这里的轻、重关系,可从两个方面的含义去理解。一是轻地与重地的含义,入敌之境不深者为轻地,入敌之境深,即所谓深入敌后者为重地。以少量兵力入敌轻地,迎面为敌人的设防阵地,这是很危险的;以重兵入敌之重地,背城邑多,不熟悉地理环境,且自身兵重缓钝,这是无法打胜仗以建功立业的;以轻兵入敌之重地则容易遭敌之伏而致败,如庞涓弃其步兵率轻锐兵力昼夜兼程入重地而败于马陵道即是一例;以重兵入敌之轻地,突然袭击,打击敌指挥机关,大军压境,直驱敌之阵地,则可一攻即胜。这是出于对当时战争经验的总结,讲入敌之境浅深,宜于用轻、重兵的辩证关系,在我们今天看来,却不免失之于简单化,以轻兵入敌之重地,深入敌后,荫蔽性大,突击性强,易于机动,发动适当形式的战斗,这是我国抗日战争中获得的成功经验,轻兵入敌后以各种方式去扰乱敌人、牵制敌人,并抓住有利时机各个击破敌人,这都是由于轻兵本身人少力精,轻捷迅速的特点所决定的,而古人仅仅看到轻兵本身人少力薄易于受敌之伏击而挫败这一点,是片面的。当然,我们不能苛求于古人,他们受当时条件的限制,以对战阵进攻或防御为主,军队突入敌后的能力以及机动性都较低的状况下提出轻地重地的关系,讲求以轻重相互并用的思想,已经是很可贵的了。第二种含义纯粹是讲兵力的轻重,用兵讲究轻重合宜,宜重而轻,宜轻而重,就无法战胜敌人。用兵之道,轻利于攻,重利于守,相须而并行,方可取胜。若皆轻,可攻而不可守,则有轻进无援,必危。若皆重,攻击不敏捷,可守而不可战,则又失利后期,不足以取胜。若守者轻,行者重,则守不固,行不利,必败。所以,轻不可独用,重亦不可独用,只有守之以重,固其所守;行之以轻,轻赖重以为援,重赖轻以进，两者相须并用，利其所战，然后才可使自己攻守自如，达到取胜的目的。以上是从攻、守两方面谈的，‘以轻行轻则危，以重行重则无功’，也可理解为以同等兵力对同等兵力，若以步兵为轻，战车为重的话，那么以步兵对步兵、战车对战车，就不如以战车对步兵容易获胜，当然，这需要特定的地理条件，只能指在平原旷野上的对阵作战。轻与重是相对的，若以小兵力对付大兵力，势必战败。反之，若集中多数兵力歼灭一小撮敌人，以我之众击敌之寡，则大有取胜的希望了。所以，对敌作战要轻重相宜而用。”

【译文】

作战的原则是：少量兵力进入敌人国境不远，就会有危险；大量兵力深入敌人国境，就不会成功。少量兵力深入敌人国境，就会失败；大量兵力进入敌人国境不远，就会有交战。所以作战时要处理好轻与重的相互关系。

舍谨甲兵，行慎行列，战谨进止①。

【注释】

①“舍谨甲兵”三句：意谓军队驻扎时要战备严整，行军时要行列整齐，作战时要进退有序。施子美曰：“善用兵之将，必明乎用之之序。知用兵之序，必审其戒之之术。兵必有舍，舍而后行，行而后战，序也。舍所谨者甲兵，行所谨者行列，战所谨者进止，此戒也。始而舍之，必当自固，亦虑其有弃甲曳兵者，故谨甲兵。法曰：‘右兵弓矢御，殳矛守，戈戟助。’此绵上治兵者所以伯也。及其行之，必当自治。亦虑其有乱行失次者，故谨行列。法曰：‘不失行列之正。’此行必立。战阵者所以胜也。迨其战也，尤贵其节。盖兵不可以无节，节不可以不严，则失进止之序矣。法曰：

‘无犯进止之节。’此教坐作进退之节者，所以为至治之世也。可不知所戒者哉！”刘寅说：“舍止要谨兵甲。谨兵甲，防敌人之袭也。军行要慎行列。慎行列，虑敌人之遇也。与人战要谨进止。谨进止，恐敌人之乘也。兵甲不谨，被敌袭之则无所御。行列不慎，卒遇敌人必至于乱。进止不谨，敌来乘我必至于败。”朱墉引《通义》曰：“止易忘备，行易乱行，人情也，地势也，故须谨慎。至于进止之节，三军之士所素娴者战，而谨其节进止者也。”又引汪殿武曰：“行慎行列，言军行未易易也。当行之时，为将者必慎诸心，而于行列之间更加谨慎，盖以防卒然遇敌也。”又引《开宗》曰：“此言行止作战之法。”田旭东说：“意思是对军队无论是宿营还是行军，为防止敌人袭击而必须高度警戒，以便随时应战。舍，即军队宿营之营舍，谨兵甲，就是说虽宿营而不可有所怠懈，要应时派出侦察、警戒，做好处置敌情的准备，注意衣甲兵器，随时准备对敌人的袭击予以反击。行，即行军，慎行列即古人所谓的不失行列之正，始终保持战阵位置与行进顺序，以便随时应付与敌人的突然遭遇，使敌人无可乘之机。”蓝永蔚说：“《司马法》说：‘行慎行列。’又说：‘逐奔不逾列。’大量资料表明，当时的军队无论攻城、野战，还是行军、追击，甚至强渡江河，都要保持一定的队形。《荀子》认为，训练有素的部队，‘聚则成卒，散则成列’，能够经受最猛烈的攻击而不溃散。《韩非子》也说，‘战士怠于行阵者’，就是兵弱的表现，故晋国的赵孟和杨干都曾因为扰乱队形受到严厉处分，春秋末年的叔向，也用‘卿无军行’，‘卒无列长’来说明晋国军队的颓败。‘胜军之阵，怯者死行’，在战斗队形里，‘勇者不得独进，怯者不得独退’，禁止喧哗顾盼，不准擅自移动，每一个人都要严守规定的战斗岗位，‘有非令而进退者’，便要‘加犯教之罪’。”李零说：“‘行慎行列’，行军要留心队形的整齐。古代行军的最大问题是队列问题，一是两军争利，士兵体力不一，行军速度不一，难以保持协同一致（参看《孙子兵法·军争》）；二是行军队形与作战时的阵形不同，猝然遇敌，难以变换队形，所以说‘行慎行列’。”

【译文】

军队驻扎时要战备严整，行军时要行列整齐，作战时要进退有序。

凡战：敬则慊，率则服①。上烦轻，上暇重②。奏鼓轻，舒鼓重③。服肤轻，服美重④。

【注释】

①敬则慊（qiè），率则服：意谓将帅能恭敬做事，士卒就会满意；将帅能以身作则，众人就会心服。慊，满足，满意。率，树立表率，以身作则。施子美曰：“敬事下人者，人无不从。以己夸人者，众无有服。楚莫敖举趾高，其心不固，为郑人所败。邓士载谓诸军赖某有今日，为识者笑。是不能敬而慊。以是率人，其谁服哉？然则为将者，既无易人之心，则处己者，常有不足之态。战战兢兢，如临深渊，如履薄冰，其于一事之直，常若不能者，是敬而后能慊也。夫既无易人之心矣，则人亦无易于我。故以此率下，人将心悦而诚服矣。光武曰：每发一兵，须发尽白，能敬而慊也。当时之人，有推赤心置人腹之美，降者日以千数，昆阳之战，一举兵而人无不前，职此之由也。”刘寅曰：“凡与人战能敬其事，则心慊慊快足也。能以身率下，则众心服。”朱墉引《翼注》曰：“敬慊，皆以心言。以敬为主，自然无少疏忽，谋事必成，所以能慊。”又引《通义》曰：“慊，快也，足也。战欲慊者何也？于事无悔，于道无戾，心乃慊也。用机用巧皆不能无误，惟主敬者得之。敬者心体也，何适而不慊心也？服众心服也。非身率之能乎哉？慊，将心也。服，士心也。将心无不慊，士心无不服，于战乎何有？”

②上烦轻,上暇重:意谓将帅指令繁杂,就会让人轻视;将帅悠闲沉着,就会让人敬重。烦,繁多,繁杂。施子美曰:“民何能为哉?视上之教如何耳。上教人而失之烦劳,则人见其上之烦也,故轻进而无功。上教人而得于宽暇,则人见其暇也,故持重而有功。轻重之势,烦暇之所致也,民焉能战哉?”刘寅曰:“在上者令烦,则人轻;在上者令暇,则人重。”

③奏鼓轻,舒鼓重:意谓急促的鼓点是命令士卒快速行动,舒缓的鼓点是命令士卒沉稳进攻。奏鼓,指急促的鼓点。轻,疾速,快速。舒鼓,指舒缓的鼓点。重,持重,沉稳。施子美曰:“以鼓而为战也。疾鼓而奏之,则闻其声者,皆有轻重之心;宽鼓而舒之,则闻其声者,未必无持重之心。一轻一重,非人之所能为也,由鼓声而然也。州吁击鼓其镗,其兵所以不戢而自焚也。或曰:奏,轻也;舒,重也。”刘寅曰:“奏鼓欲其轻也。奏,奔奏也。轻,疾速也。鼓轻则人趋战。舒鼓欲其重也。舒,缓攻也。重,迟重也。鼓重则进止易。”

④服肤轻,服美重:意谓军服单薄就会遭人轻蔑,军服华美就会让人敬重。肤,浅,单薄。施子美曰:“民心无常,唯上之所使如何耳。且甲兵之外有戎衣,衣有厚薄,则战有轻重。衣而肤薄,则见其参于前者皆轻进而不能持重;衣而美厚,则见其参于前者皆持重而不轻。或轻或重,以衣之厚薄使然也。衣之偏衣者,又何以为战哉?”刘寅曰:“肤,浅也。服色浅薄则人轻,服色鲜美则人重。”朱墉《通义》曰:“上烦而扰则轻,上暇而治则重,此以兵势之轻重,关于将身之举动也。乃至一鼓音一服制,亦有关于轻重之势焉。兵以鼓进。奏鼓疾进也,以剽轻为势,故轻;舒鼓徐进也,以持重为势,故重。服肤,脆薄之义,其势轻;服美,坚致之义,其势重。此皆以重为重也。”又引《开宗》曰:“此言敬事率下而并及轻重之宜。”

【译文】

作战的原则是：将帅能恭敬做事，士卒就会满意；将帅能以身作则，众人就会心服。将帅指令繁杂，就会让人轻视；将帅悠闲沉着，就会让人敬重。急促的鼓点是命令士卒快速行动，舒缓的鼓点是命令士卒沉稳进攻。军服单薄就会遭人轻蔑，军服华美就会让人敬重。

凡马车坚，甲兵利，轻乃重①。

【注释】

①“凡马车坚”三句：意谓只要兵车坚固，甲胄兵器精良，即使是少量兵力也能深入敌境。轻，指少量兵力。重，指深入敌境很远。施子美曰：“陈汤有言曰：胡兵五不能当汉兵一。夫以五敌一，谁重谁轻？汤且以为不能当者，何哉？轻乃重也。古者以重行轻则战，以轻行重则败，是甲兵者，虽若甚轻而有重兵之功也。盖兵之战也，必资乎物。物之用也，必有其术。故马车，驰车也。甲兵，甲士所持之兵也。马车将以突敌，坚则不可破矣。此我马既同，宣王之所以攘玁狁也。甲兵将以杀敌，利则不可犯，此穀乃甲胄，锻乃戈矛，鲁侯之所以平淮夷也。作战之物既坚且利，虽曰轻而行之，其实有重兵之功矣。法曰：车坚马良，将勇兵强，犹知其不占而不与之战，况此乎？”刘寅曰：“凡马车坚壮，甲兵犀利，轻兵乃可以行重地也。”朱墉引《通义》曰：“乃若马车坚，兵甲利，本取其轻也，而卒以为制胜，乃所以为重也，则轻而反重也。盖以重为重，持体之正也。轻而反重，赴机之捷，时用之者也。”又引《开宗》曰：“此谨马车甲兵之用。”

【译文】

只要兵车坚固，甲胄兵器精良，即使是少量兵力也能深入敌境。

上同无获①，上专多死②，上生多疑③，上死不胜④。

【注释】

①上同无获：意谓主将偏袒勾结，就会一无所获。上，指主将。一说即“尚”。崇尚。同，阿比，偏袒勾结；一说雷同。施子美曰：“传曰：‘治天下者审所上。’则上之为言，非上下之上，乃崇尚之上也。且成大功者，不谋于众，则谋贵乎独也。所尚在于同，则无断也。以是而战，将何所得哉？然法曰：‘上下同欲者胜。’此言无获者，盖同欲则心一，故胜；上同则十羊九牧，故无获。”刘寅曰：“上指主将而言也。同，阿比也。”“将有阿比之私，必不公，故不得众人之心”。朱墉引《大全》曰：“同与和有辨，小人同而不和。主将之于军卒也，一有阿比之私，则群情解体，众志涣判，安能获士卒之心也？不能获士卒之心，安能致士卒之命耶？”

②上专多死：意谓主将专横跋扈，就会兵败身死。专，专横。施子美曰：“且专欲难成，则为将贵乎从众也。所上在于专，是建众也。以是而战，安得而不死？然法曰：‘国以专胜。’此乃言多死者，国之专则用将也，故胜；上专则咈人从己，故多死。”刘寅曰：“将自专擅，必不受谏，故在下之人多得罪而死。”

③上生多疑：意谓主将贪生怕死，就会疑虑重重。施子美曰：“法曰：‘必生可虏。’则怯而贪生，无必死之心，安得而无疑？宜元惧败，漾轻舸而众莫有斗心是也。”刘寅曰：“将期必至于生全，则不能果敢于战，故所□□□心。”

④上死不胜：意谓主将只会拼死，就会一败涂地。施子美曰：“法曰：‘必死可杀。’则轻而必死，无自生之路，安能取胜哉？赵括身自搏战，而取长平之败是也。”刘寅曰：“将期必于死，是勇而无谋者，故不能胜敌。《孙子》曰：‘必死可杀，必生可虏。’即此义也。”朱墉引《通义》曰：“上同本以协下，而不足以得上心，其胡获焉？

上专本以威重，而不足以畏人心，徒多杀尔。上生必周谋，以恇怯而无断，故曰多疑。上死期致果，以悍勇而少谋，故曰不胜。乃四者相反而有相济之义，故同以济专，则专而非擅，专以济同，则同而非比，有敢死之气，则卫生非怯，无轻生之心，则致死非勇，斯善矣。”又引《开宗》曰：“此戒在上之偏。”

【译文】

主将偏袒勾结，就会一无所获。主将专横跋扈，就会兵败身亡。主将贪生怕死，就会疑虑重重。主将只会拼死，就会一败涂地。

凡人：死爱、死怒、死威、死义、死利①。凡战之道：教约人轻死，道约人死正②。

【注释】

①死爱、死怒、死威、死义、死利：爱，恩爱，这里指报恩。威，这里指畏惧刑罚。施子美曰：“生，人之所欲也。死，人之所不欲也。今三军之士，舍其所欲，而就其所恶者，非死可为而生不可为也。以其好恶畏慕之心有以激之耳。故平日之间，有恩爱以及人，不啻如父兄之爱子弟，是爱者人之所好也，谁不致战以报上之爱哉？此吴起为卒吮疽，其母知其子之必死也。三军之士，其怒气既盈，不啻如有不共戴天之仇，是怒者人心之所共恶也。其谁不致死以雪其怒哉？此田单之军，怒自十倍，所以复齐城而克燕。法曰：‘战胜在乎立威。’故乱行者必戮，干纪者必诛。是威者人之所畏也，安得不死战乎？此杨素驭戒严整，不能陷阵还者斩之，士卒有必死之心是也。传曰：‘舍生而取义。’事得其宜，则宁死而得义之荣，无生而取不义之辱，则义者人之所慕也。武王以至义伐不义，人安得不同力同德以杀纣乎？法曰：重赏之下必有死夫。故进有重赏，孰不争先从命？为士上赏，孰不遵法？则利

者人之所慕也。度尚之所以使三军死战破桂阳者，说之以货也。”刘寅曰：“凡在下之人，感惠爱之深则致死，激而怒之则致死，畏之以威则致死，劝之以义则致死，诱之以利则致死，此所谓死爱、死怒、死威、死义、死利也。”朱墉引《通义》曰：“死爱五者，皆人之至情也，因其至情而用之。”

②教约人轻死，道约人死正：意谓用教化来约束人，就会让人不惧死亡；用道德来约束人，就会让人为正义而战。施子美曰：“所以化天下者约，则人必服其化。所以公天下者约，则人必归其公。夫令素行以教其民，则民服令。有教以化之，修号令，明赏罚者，省而不烦，简而有要，则用民于战，人将陷阵先登，以死为轻矣。夫道者，令与上同意，可与之死，可与之生，而不畏危。今有道以公之，明之以曲直，论之以老壮，无繁辞，无剧务，则用民于战，人将获其死所而得其正也。道教不同，而同于约，轻与正不同，而同于死，非能得民心，何以至此？”刘寅曰：“凡战之道，以教令约束之，则人轻于死，轻于死是不爱其死也；以道义约束之，则人死于正，死于所谓‘将死鼓，御死辔，百吏死职，士众死行列’是也。”朱墉引《通义》曰：“所操者约也，教约则易从，而人轻死。道约则易行，而人死正道，寓于教。曰‘人死正’，则有不徒轻死者矣。五者之死不必皆正，非谓死爱死义等为正，而死利非正也，其所由来者不同也。”又引《大全》曰：“教与道不同。以教约人者，约之以法令也；以道约人者，约之以理义也。约以法令之教，则人惟法令是畏，故不敢不轻死也。约以理义之道者，则人惟理义是循，故人虽死得所也。”又引《开宗》曰：“此言致死之道，而并及轻与正之别。”田旭东说：“教，即教化，也可看作是平时的教育训练，平时教育有素，号令明、赏罚亦明者，又有将帅的身先士卒，那么众士即陷阵先登，以死为轻。道，即使众士有明确的道义观念，知是非，明曲直，以道德观念作为精神上的约束，那么众士在

战时将为获其正义而死战。道与教不同，然同样起到了约束作用，同样趋众士去以死而战，如果不得人心，是达不到此目的的。”张少瑜说：“在法律强制与道德引导在建军治军中的关系问题上，《司马法》基于仁本礼治和‘兴甲兵以讨不义’的根本观念，自然引申出德礼为先、注重教化的思想。第一，他认为部队‘以礼为固，以仁为胜’（《天子之义》，即只有正义之师才能军心稳固，有战必胜，因此要抓教育，‘士不先教，不可用也’（《天子之义》）。第二，部队教育教什么呢？该书认为‘古之教民，必立贵贱之伦经，使不相陵。德义不相逾，材技不相掩，勇力不相犯，故力同而意和也’（《天子之义》）。具体内容包括‘奉于父母而正于君长’（《天子之义》），‘国容不入军，军容不入国’（《天子之义》），不伐（不自夸），‘无求、不争’，‘从命’（《天子之义》）等。从以上内容看，这个教主要是政治和道德的教育，是一种思想教育。第三，在对部队思想教育的作用的认识上，该书有一句流传很广的名言：‘教约人轻死，道约人死正。’（《严位》）意思为，用法令约束人可以使人不怕死，用道义感动人可以使人为正义而献身。经过这些比较，该书认为治军要综合使用各种办法：‘凡民，以仁救，以义战，以智决，以勇斗，以信专，以利劝，以功胜。’（《严位》）即要用仁义的道理去教育，用智谋和勇敢去战斗，用威信使士兵服从，用物质奖励和建功立业鼓舞他们去取得胜利。”

【译文】

人们拼死作战的情形是：有为了报恩而拼死作战的，有因为被激怒而拼死作战的，有因为惧怕刑罚而拼死作战的，有为了成就仁义而拼死作战的，有为了追逐利益而拼死作战的。作战的指导原则是：用教化来约束人，就会让人不惧死亡；用道德来约束人，就会让人为正义而战。

凡战：若胜、若否、若天、若人①。

【注释】

①若胜、若否、若天、若人：若，顺应。施子美曰："孙子五事，自一曰道，至于五曰法，其终则曰：'知之者胜。'于七计，自主孰有道，至于赏罚孰明，其终则曰：'吾以此知胜负矣。'然则上而天时，则有阴阳寒暑时制也，下而人事，则有主将法令士众也。是战之为道，其如胜乎？其如否乎？其如天人乎？必有可知者。如上得天时，下尽人事，则胜矣。如上不得天时，下不得人事，则负矣。然则一胜一负，不卜之他，卜之天人斯可矣。汤武顺乎天应乎人，此其所以胜也。若，或曰：顺也。"刘寅曰："若，顺也。凡与人战，顺吾士卒有制胜之气，则斗；顺吾士卒未有制胜之气，则守。又当顺天时，顺人事，则战无不胜也。"朱墉引《指南》曰："若天、若人，言战之时，当顺乎天时而顺乎人心，人心顺而气可鼓，天时亦为我用矣。顺天又必以顺人心为本。"又引《通义》曰："战之胜否，天耶？人耶？兵法贵人事，人事战道也。上文教与道，皆战道也。"又引《大全》曰："若胜、若否，指士卒之气言。顺天则时日皆助胜之微，顺人则生死无不同之意。"又引《开宗》曰："此言作战当顺士气天人也。"

【译文】

作战的原则是：顺应士卒而有制胜气势的，就可出战取胜；顺应士卒却没有制胜气势的，就不战固守；顺应天时，又能顺应人事，就无往不胜。

凡战：三军之戒，无过三日①；一卒之警，无过分日②；一人之禁，无过皆息③。

【注释】

①三军之戒，无过三日：刘寅曰："凡欲与人战，三军警戒之命无过

三日之中。”

②一卒之警，无过分日：刘寅曰：“一卒警示之言无过半日之内。”

③一人之禁，无过皆息：息，瞬息。施子美曰：“人有众寡，则其令之也有久近。凡战之法，方治军之初，必有戒令，三令五申之，欲其详且悉也。谆谆复复，恐人之不知也。是以戒三军，则三其日；警一卒，则半其日；禁一人，则不过一息耳。万二千五百人为军，则一军一日故三日。百人为卒，誓之则半日。若夫一人之禁为易，讵过一息哉？前言凡三军人戒分日，人禁不息，不可以分食，盖言当危惧时，而戒欲其速也。此则令军之常法也。彼子玉治兵，终朝而鞭七人，贯二人耳，岂古法也哉？”刘寅曰：“一人禁止之令无过瞬息之间。”朱墉引《通义》曰：“一人之禁可以面命，一息可也。积而为卒，卒百人，又积而为军，军万二千五百人，此固非可面命，亦岂一息之可遍也？故三军之戒无过三日。前言人戒，发谋也。为谋贵密，迟则易泄，故不俟终日也。此言三军之戒严备矣，申令欲熟，速则难遍，故在三日之前，其有三日、分日、瞬息之异者，以众寡不同。然而非实有三军之戒、百人之警、一人之禁也。”又引《开宗》曰：“此言禁戒贵速。”

【译文】

作战的原则是：对三军下达的诫命，须在三天以内执行；对一支百人小队下达的号令，须在半天内执行；对一个士卒下达的禁令，必须立即执行。

凡大善用本，其次用末①。执略守微，本末唯权②，战也。

【注释】

①凡大善用本，其次用末：意谓用兵的最高境界是以深奥微妙的谋略制胜，次一等的境界是靠作战打仗制胜。大善，指用兵的最高

境界。本，指深奥微妙的谋略。末，指作战，如斩将搴旗、攻城略地等。施子美曰："法曰：'古者以仁为本。以义治之之谓正，正不获意则权。'仁义则本也，权变则末也。本在所先，末在所后，此执之以略，守之以微，权其先后而用之，斯可以制胜矣。是以古之明兵道之要者，必知先后之序。而造兵机之妙者，又能适先后而致战。本在所先，故兵道之大，莫善于用本。末在于后，故其次莫善于用末。"刘寅曰："凡大善者用本以制胜，本即下文'执略守微'也。其次者用末以制胜，末谓斩将搴旗也。"朱墉引《大全》曰："大对小言，本对末言。勇力战斗为末，善之小者也；谋略精微为本，善之大者也。"又引《指归》曰："大善则惟以谋略胜人，不烦较技角材，可以安然而屈敌。"钮国平在《读〈司马法〉札记》（载《济南大学学报》2001 年第 2 期）一文中说："本，根也。修明政治、国富民强，'天下莫不亲''天下莫不贵''天下莫敢敌'（《荀子·王制》语），以不战而获取全胜，这就是胜之于本，故以'不战'为'本'；用本，用不战之法制胜。《管子·兵法》：'至善不战。'《孙子·谋攻》：'不战而屈人之兵，善之善者也。'都以'不战'为'大善''善之善者'。《淮南子·兵略训》谓用兵之巧拙有三等——不战、用谋、交刃，'今夫天下皆知事治其末，而末知务修其本，释其根而树其枝也'，即以'不战'为本。末，枝也，与'本'对举，指'交刃'之法；用交刃之法者敌破我破，不是胜于本，故称之为'末'。"

②执略守微，本末唯权：意谓掌握深奥微妙的谋略，或用本，或用末，随机变通。权，权变。施子美曰："执此本末之略，守之以微妙之神，可以用本，则施之以仁义，可以用末，则施之以权变，如此斯可以战矣。苟徒知本而不知末，则为宋襄矣。阻而不鼓，岂能权其本末乎？知末而不知本，则为晋侯矣。谲而不正，岂能权其本末乎？尽是用者，其唯汤武乎？天人之心是应，而升陑盟津

之谋是用，非善权者能之乎！”刘寅曰：“执，持也。略，谋也。执之以深谋，守之以微妙，此即所谓本也。或用本，或用末，唯以权变，此战道也。”朱墉引《翼注》曰：“执者，总持之而不乱也。守微，则即以所执之略存乎渊微，而不予人以可测也。用战之道，本固大善，而末亦不可废。宜用本则用本，宜用末则用末，惟权度合宜而已。”又引《指南》曰：“执略而不能守微，但可谓之善，惟能执略又能守微，阴谋秘计，敌虽深间莫能窥，乃善之大者也。”又引《通义》曰：“法贵善战，而善有大有次者，则本末之用异也。何以明其然也？凡事之究竟至详，而始作也略，道之发越至显，而中藏者微。执其略，守其微，此谓用命。然而始乎略，常卒乎详；始乎微，常卒乎显。其于善也，不亦大乎？”又引《开宗》曰：“此言战道当妙本末之权。”钮国平在《读〈司马法〉札记》（载《济南大学学报》2001 年第 2 期）一文中说：“‘执略守微’，意谓执持‘本’也要操守‘末’。必知‘战’之用，才知‘不战’之用；我能百战，才能不战而胜，所以说要‘执略守微’。马王堆汉墓帛书《经法》‘作争者凶，不争亦毋以成功’云云，正道出了‘执略’与‘守微’相互依存的关系。‘本末唯权’，用‘不战’或‘交刃’之法，当审时度势，权衡而定。——此四字是全节首脑。《孙子·谋攻》篇一曰‘不战而屈人之兵，善之善者也’，又曰‘故上兵伐谋，其次伐交，其次伐兵，其下攻城’，这当中就包含有‘本末唯权’的意思，也就是说用‘不战’、或‘伐谋’、或‘伐交’、或‘伐兵’、或‘攻城’，当审时度势，权衡而定。那么，作为概括了全篇中心思想的标题——‘谋攻’中的‘谋’字，就不是‘智谋’，而应该是‘权衡’的意思了；‘谋攻’，就不是以智谋攻敌，而应该是权衡攻敌的策略了。由此出发，旧注本《谋攻》篇题下曹氏注曰‘欲攻敌，必先谋’，就应该读为：欲攻敌必先权衡攻战的策略；军事科学出版社《孙子校释》的《谋攻》篇题注为‘谋划攻战的策略’，就可以判定它是确而有据的了。”

【译文】

用兵的最高境界是以深奥微妙的谋略制胜，次一等的境界是靠作战打仗制胜。掌握深奥微妙的谋略，或用本，或用末，随机变通。

凡胜：三军一人，胜①。

【注释】

①三军一人，胜：一人，指主帅。一说君主。施子美曰：“朱桓曰：‘两军相对，胜负在将，而不在众寡。’诚是言。夫致力以决战者，军士之所同，运谋以决胜者，良将之所独。马陵之战，万弩俱发，三军之力也。度地运谋而胜庞涓，非孙膑而谁？北城之役，诸军毕集，三军之力也。麾之使进而禽安史，非光弼而谁？此凡胜，所以归之将也，或曰凡胜者，以一人奋而先登，则三军随之而胜。如仁贵之白衣自显，贾复之鼓勇先登。或曰一人谓人君有道，故军可以胜。《书》曰：‘一人元良。’又曰：‘一人有庆。’非天子不敢当一人之称。或曰：三军虽不同，其心如一人。如武王之三千臣唯一心，是又一说也。”刘寅说：“大凡胜三军之众者，在一人之能制胜耳。若张辽守合肥，与吴战；唐太宗征辽东，薛仁贵与盖苏文战，皆一人制胜而后能胜三军也。”朱墉引《拟题镜》曰：“一人胜者，大将主乎三军，用本用末，于以因形制权，战克攻胜，皆是他一手握定。岂不是一人胜？”又引金千仞曰：“大凡胜三军之众者，在一人之能制胜耳。”又引《大全》曰：“凡胜固在乎三军之众，而实不操于三军之众也。一人者，三军之主帅也。三军之胜，一人之胜也。”又引《通义》曰：“制胜必以三军，而张设在于一人，故一人为胜之主。”又引《开宗》曰：“此言制胜在将。”田旭东说：“这句话明确揭示了将帅在战争中所起的决定性作用，一人可使全

军制胜,此人只能是将兵之主帅,主帅的德才、智勇能力如何,关系到全军的命运。有仁爱之心,诚信、谦恭,深得众士之爱,又智勇双全,武艺精通所向无敌,计谋深远,没有失策,这样的将帅必定可帅军制胜,建功立业。”

【译文】

制胜的原则是:军队获胜起决定作用的是主将。

凡鼓:鼓旌旗、鼓车、鼓马、鼓徒、鼓兵、鼓首、鼓足,七鼓兼齐①。

【注释】

①鼓旌旗、鼓车、鼓马、鼓徒、鼓兵、鼓首、鼓足,七鼓兼齐:鼓旌旗,是指用鼓点指挥旌旗的开、合、伏、麾等。鼓兵,指用鼓点指挥人们操作兵器。鼓首,指用鼓点指挥人员调动。鼓足,指用鼓点指挥士卒的动作,如前进、退却、停止、坐起等。齐,中也,正确得当的意思;一说齐全,指用鼓点指挥作战的规定要齐全。七鼓兼齐,底本无“七”字,《施氏七书讲义》本、《武经七书直解》本均有“七”字,于义为佳,今据改。施子美曰:“传曰:‘师之耳目在吾旗鼓。’是则用兵者,以鼓为上也。不同者,物之常,然同之者,今之有素旆,折羽为旌,熊虎为旗,二者皆所也。而其用非鼓则不能为指麾,今有以鼓之,则鼓之左麾之右,为有节矣。《礼》曰‘三鼓作旗’是也。车为军之羽翼,马为军之伺候,非鼓不能为动用。今有以鼓之,疾而前,缓而止,为有序矣。《传》曰‘援桴而鼓,马不能止’,《礼》曰‘三鼓,车徒皆作’是也。兵,五兵也。以是鼓之,则趋进有时,击刺有度矣。《礼》曰‘鼓三发,徒三击’是也。至于首之所戴,足之所履,人之未知也,故亦从而鼓焉。噫!兵大齐则制天下。古之人欲其六伐七伐而止齐,六步七步而止齐

焉者，为其大齐则天下可制也。今鼓人之鼓，以旌旗则鼓之，以车马则鼓之，以兵徒首足则鼓之。一有所用，则一为之鼓。此无他，其所以鼓之者，欲其兼齐也。故终曰：鼓兼齐。《周礼》大司马中冬之教，备矣。”刘寅说：“凡鼓，所以进三军也，而其中各有所主焉。有鼓之而开合旌旗以进兵者，有鼓之使车前驱者，有鼓之使骑前冲者，有鼓之使步兵前行者，有鼓之使整治兵器者，有鼓之使左顾左、右顾右、前顾前、后顾后者，有鼓之使坐作进退者，此所谓鼓首、鼓足。七鼓若兼齐，则大小毕战，三军皆进矣。”朱墉引《翼注》曰：“两敌交锋，恃鼓而进。七鼓者，言鼓之事尽于七。兼齐者，言一军之事，听于鼓。”“是全备无缺意”。又引《通义》曰：“将主鼓，兵以鼓进，而进有序，鼓亦各有所主也。首鼓旌旗，师视以进矣。古者，兵车一乘，甲士三人，徒七十二，人车无庸鼓。鼓车者，鼓车御、车右、车左，所谓甲士三人，在车上者也。先御而后及马，而后及徒，徒在车下，所谓伍承弥缝者也，各以其职命之当，有此序。其实进则俱进，非进而有此先后之序也。鼓兵者，兵刃接也；手者，攻杀击刺之方；足者，坐作进退之节。”又引汪升之曰：“兼齐者，不是鼓之时一齐俱鼓，言七鼓军中缺一不可，故谓之齐。”又引《开宗》曰：“此言七鼓之用。”田旭东说：“进攻以鼓为指挥，古人以旌鼓为师之耳目，三军以鼓为号，所有的行动非鼓不能动，疾鼓而前，缓鼓而止，趋进有时，击刺有度，均从鼓声。以鼓声指挥，分许多种，‘鼓旌旗’，是指鼓对旌旗开、合、伏、麾的指挥，士卒随旌鼓而起、立、坐、卧；‘鼓车’‘鼓马’‘鼓徒’，是指鼓对战车、徒兵、马匹驰进、停止、位置变换的指挥；‘鼓兵’，是据敌情对武器调整与应用的指挥；‘鼓首’，指对人员调动的指挥；‘鼓足’，指对军队前进、退却、停止、坐起等的指挥。作为军队进攻，必须齐备以上七种战鼓的指挥，方能前进有序，井然有条，动作自如，不至慌乱而进，狼狈而遁。”钮国平在《读〈司马法〉札记》(载《济南大学学报》2001 年第 2 期)一文中说:“齐,中也。《周书·吕命》:‘天齐于民。’马融注:‘齐,中也。’《管子·内业》:‘食莫若无饱,思莫若勿致,节适之齐,彼将自至。’房注:‘齐,中也。’《列子·黄帝》:‘不知斯齐国几千万里。’《汤问》:‘犹齐州也。’张湛注并云:‘齐,中也。’是其例也。此齐,中也,是正确得当的意思;兼齐,鼓点信号都要使用得正确得当。所谓鼓点信号使用得正确得当,实质上是说指挥得正确得当。《尉缭子·武议》:‘夫将提鼓挥枹,临难决战,接兵角刃,鼓之而当,则赏功应名;鼓之而不当,则身死国亡。是存亡安危在于枹端,奈何无重将也。’用鼓点信号指挥得正确得当与否,关系三军将士的存亡安危,所以谆谆告诫将领七种鼓点信号都要‘齐’。《管子·兵法》:‘三官:一曰鼓。鼓所以任也,所以起也,所以进也。二曰金。金所以坐也,所以退也,所以免也。三曰旗。旗所以立兵也,所以制兵也,所以偃兵也。此之谓三官。’‘三官不缪’,‘则危危而无害,穷穷而无难’。鼓与金、旗‘三官’是在作战中配合使用而不可或缺的指挥信号,所以本文的‘兼齐’,可以理解为鼓、金、旗都要‘兼齐’,如果鼓、金、旗‘兼齐’,‘则危危而无害,穷穷而无难’。其实,《司马法》的《定爵》也说到《管子·兵法》所说的问题:‘无诳其名,无变其旗。’名与旗,指金、鼓、旗;无诳、无变,犹无误,这二句也就是‘三官无缪’的意思。”

【译文】

用鼓点指挥作战的情形是:可用鼓点指挥旌旗,可用鼓点指挥战车,可用鼓点指挥战马,可用鼓点指挥步兵,可用鼓点指挥人们操作兵器,可用鼓点指挥人员调动,可用鼓点指挥士卒的动作,使用以上七种鼓点指挥作战要正确得当。

凡战:既固勿重,重进勿尽,凡尽危[①]。

【注释】

①"既固勿重"几句：意谓已经具有了强大兵力，行动就不要迟缓；重兵进击敌人不要耗尽兵力，耗尽兵力就会有危险。固，指强大的兵力。第一个"重"，持重，这里是迟缓的意思。第二个"重"，指的是重兵；一说再，再次。施子美曰："重，再也。魏郑公曰：'人有患疼痛十年，皮骨仅存，便欲负数石米，日行千里，必不救矣。'然则用兵者，可不知哉？夫兵不可轻进也。吾既得其固矣，毋得再进焉。虽再进亦无得尽行，若尽进而与人战者必危。高祖出荥阳至成皋，入关收兵，欲复东。辕生说曰：'项王引兵南走，王坚壁勿战，令荥阳成皋间且得休息，使韩信等安辑河北，王乃复走荥阳。'此勿重之说也。"刘寅曰："凡与人战，行陈车马甲胄既固，勿用持重；若用重兵进战，勿得尽行，凡重兵尽行则危殆而不安矣。"朱墉引《大全》曰："兵家虽贵持重，然过于持重，亦非兵机所宜，况我师既固，正当速进，故以持重为戒。"又引《通义》曰："兵既重固，又以持重行，非所以赴机也，故曰勿重。然使全师而进，则进既不利，退亦难返，故曰勿尽。凡尽危道也，况持重之师乎？"又引《开宗》曰："此言兵贵速而戒尽。"

【译文】

作战的原则是：已经具有了强大兵力，行动就不要迟缓；重兵进击敌人不要耗尽兵力，耗尽兵力就会有危险。

凡战：非陈之难，使人可陈难；非使可陈难，使人可用难①。非知之难，行之难②。

【注释】

①"非陈之难"四句：意谓不是布阵本身困难，而是让士卒熟悉阵法困难；不是让士卒熟悉阵法困难，而是让士卒在阵形中服从命令

困难。可陈，习阵，熟悉阵法。陈，同“阵”。可用，可以用命，指士卒在阵形中服从命令，行动听指挥。施子美曰：“按图布势，未必皆胜。注的存鹄，未必皆中。拘法阵兵，未必皆可用也。善阵兵者，不求于形势之外，常存乎心术之中。是以非布阵之难，使人习阵之为难；非使人习阵之为难，使人致力用命之为难。非知之为难，行之则为难。黄帝因丘井，以寓兵法八阵之制，世所共知。后世能阵者几何人？能使人习者几何人？而其士卒之可用者，又几何人？数千百载，有诸葛亮者，布阵为八行，又其下有李卫公者，减为六花。亮知而行之，卒能强蜀，司马懿叹其奇才。靖知而行之，卒能造唐，而四方莫不来服。二人者非惟知之乎？”朱墉引《通义》曰：“可阵，习阵也。可用，用命也。人不用命，虽复中麾应节，犹无益也。”

②非知之难，行之难：朱墉引《通义》曰：“故阵必人人可用，为难之至也。难在使之者，行之所以使之者也。”又引《开宗》曰：“此言战阵贵乎择人。”

【译文】

作战的原则是：不是布阵本身困难，而是让士卒熟悉阵法有困难；不是让士卒熟悉阵法有困难，而是让士卒在阵形中服从命令有困难。不是了解阵法有困难，而是灵活运用阵法有困难。

人方有性，性州异，教成俗，俗州异，道化俗①。

【注释】

①“人方有性”五句：性州异，意即性情随着各州的不同而有所差别。俗州异，意即各州的习俗是有差别的。道化俗，意即用道德教化可以改变一个地方的习俗。性，性情。施子美曰：“传曰：‘五方之民各有性。故齐性刚，秦性强，楚性弱，燕性悫，三晋之

性和。'是五方各有性也。性虽随其方,人各随其州而异焉。传曰:'以俗教安则人不偷。'故太公在齐尚贤而易俗,伯禽在鲁简礼而因俗,是教能成其俗也。俗虽因于教,亦各随其州而异焉。古者千里不同风,百里不同俗,此性也,所以随州而异也。然天下有不同之民,而圣人有能同之理。大道之行也,天下为公。吾化以道,则天下一统,六合同风,一归于道化之中,而无异政殊俗矣。此道之化也,传所以日一道德以同俗。"刘寅曰:"凡人每方各有所禀之性,此性字兼指气质而言也。以气质而论,性则九州之人各不同,但以教变化之,则成美俗。民之风俗九州又各异,但以道变化之,则可使之同也。此一节盖言化民成俗之义。"朱墉引《通义》曰:"八方风气异齐,故禀之为性,习之为俗,各以封域限也。教因性设,俗以教成,故性异,俗亦异也。成俗者,教化俗者道也。"又引《开宗》曰:"此言化民成俗之美。"

【译文】

不同地区的人们有着不同的性情,而性情又随着各州的不同而有所差别,通过教化可以形成一个地方的习俗,各州的习俗是有差别的,用道德教化可以改变一个地方的习俗。

凡众寡①:既胜若否②。兵不告利,甲不告坚,车不告固,马不告良,众不自多,未获道③。

【注释】

①众寡:分别指兵力多与兵力少。

②既胜若否:意谓无论是以少胜多还是以多胜少,都要戒骄戒躁像没有取胜一样。施子美曰:"孙子曰:'识众寡之用者胜。'然则以众击寡,胜之必也,然有以百万而败于八千者。非众不可用,不识所以用之也。以寡击众,宜不胜也,然有以三千而败百万者。非

寡必可用也,识所以用之也。惟其识而用之,故众以胜寡。而得胜者,毋得恃之,常如不胜之时。苟矜前日之功,忘后来之虑,未足以为胜矣。盖用之者,闻恺乐,如听金鼓之声;登庙堂,如行行军之间。”

③“兵不告利”六句:意谓不炫耀兵器锋利,不炫耀盔甲坚固,不炫耀兵车牢固,不炫耀战马优良,众士不夸耀自己的功绩,获得战功就像没有获得一样。告,说,这里是夸耀、炫耀的意思。多,称赞,夸赞。施子美曰:“虽曰已胜,常如未胜之时,故吾之所以胜之者,甲兵也,车马也。今而既胜,则兵不可言利,甲不可言坚,车不可言固,马不可言良。苟以是而告人,是轻敌也。其所以不告人者,何也?为吾众不自多,其功常如未获道之时。苟为不然,则胜而骄之,必为莫敖狃于蒲骚之役,晋人狃于城濮之战,吾未见其获道也。吴子曰‘战胜易,守胜难’者,不患不能胜,患无持胜之术也。”刘寅曰:“凡兵众寡,既胜与否,兵刃不告其利,甲胄不告其坚,车乘不告其固,马匹不告其良。告者,言之于上,亦夸伐之义。众士不夸其功,反是则不得其为臣之道矣。此句上下疑有阙文。此一节即前篇‘上贵不伐之士,苟不伐,则无求,无求则不争’之义。”朱墉引《通义》曰:“兵论众寡,寡不胜众也。然而有胜有否者,甲兵车马之间,未得其道也。众者以多为贵也,兵不利,甲不坚,车不固,马不良,自多乎哉?言无益于胜否之数也。”又引《开宗》曰:“此言兵甲车马徒众,贵获其道。”按,这段话疑有漏字。施子美与刘寅的解释相近,为本书所借鉴、采用;《通义》的解释与此有异,供参考。

【译文】

兵力多与兵力少的用兵原则是:无论是以少胜多还是以多胜少,都要戒骄戒躁像没有取胜一样。不炫耀兵器锋利,不炫耀盔甲坚固,不炫耀兵车牢固,不炫耀战马优良,众士不夸赞自己的功绩,获得战功就像没有获得一样。

凡战：胜则与众分善①。若将复战，则重赏罚。若使不胜，取过在己②。复战则誓以居前，无复先术③。胜否勿反，是谓正则④。

【注释】

①胜则与众分善：意谓打仗胜利了将领要与众人分享战功。分善，指与人分享战功。施子美曰："以谦自处者，将之所以责己。明法申令者，将之所以驭人。夫胜则分善，败则取过，将之自处以谦也。复战而重其赏罚，誓以居前，将之明法申令也。是以战而获胜，则不居其善，而与众分之。王镇恶曰'明公之威，诸将之力'，李晟曰'上凭睿算，下赖士心'，是皆不专其善，而分之众也。"刘寅曰："凡战若胜，则与众人分善，分善谓与人分功也。"朱墉引《通义》曰："善犹言功能也。虽自己有善，当与众分之。"

②"若将复战"四句：意谓如果将再次作战，就要重视赏罚。如果不幸战败，就要把过错归于自己。施子美曰："若又有战，其可以前日分善之心而谕之乎？必也量其赏罚以劝沮之，进而有功者必赏，退而无功者必罚。赏则劝，罚则沮，所以驱之于复战也。不幸而不胜，则不分其恶，而取之在己。李广曰'诸校尉无罚，乃我自失道'，司马景王引二过以归己，是皆不责于人，而取过在己也。"朱墉引《通义》曰："复战，既胜而复与人战也，重立赏罚，以明功过，战而不胜，则取过失归之于己。"

③复战则誓以居前，无复先术：意谓如果接着再战，将领要站在军队前列向士卒发布告诫，表示不再重复以前的错误战术。誓，指向军中发布有关告诫。施子美曰："若将又战，其可以取过之心而告之乎？是必誓以居前，无复前术，始也既胜而分善，今而再

战，勿复以前日分善之心而告之；始也不胜以取过，今而再战，勿复以前日取过之心而告之。"刘寅曰："复战则誓戒之，使居前列，无复先任以智术。"朱墉引《通义》曰："誓戒以振人心，己居前列，以身率众也。先术者，无似先任智术，令彼居前也。"

④胜否勿反，是谓正则：意谓无论胜败与否，都不要违反以上规定，这可叫作用兵打仗的正确原则。施子美曰："胜否勿反用前术，是正三军之法则也。莫难治者，三军之士；莫难言者，治军之法。吾能尽其治之之术，随胜否而用之，斯可谓得治军之法也。"朱墉引《通义》曰："或胜或不胜，勿反悖此道，是谓正己正人之法则也。勿反此道，即指上文分善、赏罚、取过数项也。"又引《翼注》曰："胜不居功，复战则重赏罚。不胜引过，复战则誓。居前，不先术而诚信，此谓正法也。""反者，反此道也。胜则将受上赏，足不履行阵者亦得推恩，而血战者赏反轻。岂惟赏轻，而罚且重，败则委罪于下，托为殿以处后，专以术御人，此则反之者也。晚世莫不皆然，故戒以勿反。勿反乃谓正则。"又引《开宗》曰："此言战不论胜负，当各尽正道。"

【译文】

作战的原则是：打仗胜利了将领要与众人分享战功。如果将再次作战，就要重视赏罚。如果不幸战败，就要把过错归于自己。如果接着再战，将领要站在军队前列向士卒发布告诫，表示不再重复以前的错误战术。无论胜败与否，都不要违反以上规定，这可叫作用兵打仗的正确原则。

凡民：以仁救，以义战，以智决，以勇斗，以信专，以利劝，以功胜[①]。故心中仁，行中义[②]，堪物智也，堪大勇也，堪久信也[③]。让以和，人自洽[④]。自予以不循，争贤以为人[⑤]。说其心，效其力[⑥]。

【注释】

①"以仁救"七句：意谓用仁爱救助他们的困厄，用仁义激励他们作战，用智慧为他们解决疑难问题，用勇敢激发他们的斗志，用诚信获取他们的忠诚，用财货激励他们获取战功，用功勋鼓舞他们战胜敌人。决，决疑，解决疑难问题。专，专一，忠诚。劝，激励，鼓励。施子美曰："天下未尝无可用之人，在我贵乎有善用之道。是以上之人，有仁以亲之，则三军慕其仁，莫不左右相助前后相援，其为救也出于仁矣。盖仁者人之所亲，以仁岂不相救乎？鲁之民，疾视其上而不救，仁不足也。有义以励之，则人慕其义，莫不视敌而前，冒难而进。其为战也，固出于义矣。盖争义不争利，以义岂不足战乎？卫之民受甲不战者，义不足也。智见恃，故人赖其智以决疑，乃若诸葛谋多决少，奚可哉？勇见方，人赖其勇以尽斗。楚之民莫有斗心，奚可哉？若人不信，则行其不复行。因其信，则莫不专一。民未知信，晋文公伐原以示之，而后人一其心也。取敌之利者货也。其心既贪于利，又安得不相劝以杀敌哉？先主取益州曰：凡其府库，孤无与焉。此人所以相劝而胜之也。君举有功而进享之，无功而劝之，心既急于功，又安有不求胜于敌哉？魏文侯为三行以享士，及闻秦师，奋击之者以万数，此以功而胜之也。凡此皆上之人有激劝之术，则下之人各致力而进，此天下皆可用之人也。"朱墉引《通义》曰："以者，民以也。以上之仁救云云，五者无遗理矣。至此而益以功利两者，民情也。言理而不及情，未尽所以用民也。"田旭东说："天下没有带不好的兵，就看你如何对待他们。你以仁爱之心待人，宽厚大度，人亦会以仁爱之心亲你；你以救国忠君为大义，耿耿为民，人亦会以壮烈之举报效于你。若将帅指挥英勇，那么勇将之下就无弱卒，士众必然会势如破竹压倒敌人。将帅之心合乎仁，行动作为合乎于义，又能以智慧辨别是非，以勇猛为国除患担当大

任，这样的人才能获得士众的永久信任。‘将不仁，则三军不亲；将不勇，则三军不锐；将不智，则三军不疑；将不明，则三军大倾；将不精微，则三军失其机。’（《六韬》）这是从另一个方面对以上所述精神实质的极好的概括。”王联斌说：“《司马法》提出的‘六德’即‘礼、仁、信、义、勇、智’，主要是对全体军人的武德要求。对于将帅，《司马法》又提出了‘五德’说。这是要求做将帅的，对待士卒要用仁爱之心去解救他们的危难；以忠义之心激励他们去作战；以智慧来明辨他们的是非功过；以勇武精神率领他们去战斗；以诚信之威望使部下惟命是从；以钱财之利鼓励他们去效力；以功勋荣誉激励他们去取胜。”

②故心中仁，行中义：意谓所以思想要合乎仁爱，行为要合乎道义。中，合乎。施子美曰：“夫仁不可得而知之也，即其心之所存，斯可以为仁。义不可得而用也，即其行而可见者，斯可以为义。传曰：‘恻隐之心，仁之端也。’是心中仁。又曰：‘行而宜之之谓义。’是行中义。无他存诸中者，然后为爱人之恩；见于外者，然后为制事之宜。中之为言合也。语曰：‘言中清，行中伦。’《礼》曰：‘员中规，方中矩。’皆中之之意也。”刘寅曰：“故上之心中乎仁，而行中乎义也。”朱墉引《通义》曰：“民以上之仁救，故上之心必当中仁，以上之义战，故上之行必当中义。”黄朴民说：“关于将帅的个人修养和战时的指挥要领，《严位》也有十分具体的论述。它要求将帅做到‘心中仁，行中义’，谦让虚心，洁身自好，成为普通士卒的表率，从而使得‘人说（悦）其心，效其力’。它还主张将帅应具备高尚的道德情操。打胜仗的时候‘与众分善’；战斗失利时，‘取过在己’。至于临阵作战之时，将帅更应该善于果断地实施指挥，激励士气，冲锋在前，并避免重复老一套的战法，‘无复先术’。由此可见，它对将帅提出了很高的要求，这在当时是有进步意义的。”

③“堪物智也”三句：意谓能辨明事情的是非，叫有智慧；能承担大任，叫有勇气；能持久获得民心，叫有诚信。堪，能，能够。施子美曰：“物来能明，事至能明，此智也。苟为无智，则不足以下天下之事。捍大患、御大敌，此勇也。苟为无勇，则不可以任天下之重。存之以诚，持之以久，此信也。苟为无信，则不能持之以久远。法之所言，特及此五者，而不及于利与功者。盖利之与功，上之所以劝下，非上之人躬行而帅之也，故不再言之。”刘寅曰：“堪别物之是非者，智也；堪任大事者，勇也；堪与众持久者，[信]也。”朱墉引《通义》曰：“物至而不眩，是谓堪物，智不堪物，民何以决？投大而不惧，是谓堪大，勇不堪大，民何以斗？持久而不渝，是谓堪久，信不堪久，民何以专？至若以利动，以功胜，民自以也。上不必利诱之、功劝之也，古道也，但战胜之后不靳荣利之施尔，故不复及之也。”

④让以和，人自洽：意谓将领谦让和蔼，与士卒的关系自然就会融洽。施子美曰：“辞逊之德，既行于上，亲睦之风，斯成于下。夫上不伐善，逊之至也。人相逊，则有功者无好胜之之心，无功者皆勉力而进。和睦如此，则无乖争陵犯之变，其有不治乎？春秋之时，晋师归，范文子后入，武子曰：‘无为吾望尔也。’对曰：‘师有功，国人喜而逆之，先入必属人之耳目。是代帅受名也。’武子曰：‘吾知免矣。’郤伯见，公曰：‘子之力也夫。’曰：‘君之训也。二三子之力也。臣何力之有？’范叔则以为庚所命也，克之制也。乐伯则以为燮之诏也，士用命也。是以晋国以治，而人无争功者，逊之至也。乃若寇恂与贾復有隙，田文与吴起争功，在上者既不能让以和，其何以使之辑睦哉？”刘寅曰：“相让以和，则人心自洽。”

⑤自予以不循，争贤以为人：意谓犯了错误自己能主动承认，士卒就会争做好事，奋发有为。予，给予，承认。不循，与理不顺，意

即犯错误。施子美曰："善战者，临机制变，可也。自取诸己，而不循诸古人之阵迹。张巡教战出自己意，未尝依古法。去病言兵自顾方略，不至学古兵法。是知自予以不循者也。乃若房琯用车战而败，赵括读父书而死，安得以语此？官人得则士卒服，略言之矣。夫用兵之际，苟得一人为之谋主，则三军有所恃耳，故争得贤以为我之人。田忌以孙膑为师，卒能强齐；萧何追韩信以拜将，卒能帝汉。皆知争贤以为人也。虞不用百里奚而亡，楚不用范增而毙，又乌足语此？"刘寅曰："予，犹许也。不循，不顺于理。谓事有不顺于理，上之人自归于己，则下之人皆争相贤以有为。"

⑥说其心，效其力：施子美曰："《易》曰：'悦以使民，民忘其劳。'夫既有以悦其心，又乌有不尽力以报之？内有以得三军之心，故外有以得三军之力。苟其平居之时，无以悦其心，则驱之于万死一生之地，又何以人人效其力乎？王伯之善抚士卒，故军士断发请战。王翦之椎牛享士，故军士投石超距。乃若鲁之民疾视其长上，卫之民受甲而不战，非民之效力也，无以说其心也。"朱墉引《通义》曰："人情相让则和，而心自洽矣，以不循之事自予，而争以贤归人，让之至也，则人心悦而各效其力矣，所谓和而自洽者也。"又引《开宗》曰："此言尽道以用民，而民乃洽心效力。"

【译文】

对待士卒的原则是：用仁爱救助他们的困厄，用仁义激励他们作战，用智慧为他们解决疑难问题，用勇敢激发他们的斗志，用诚信获取他们的忠诚，用财货激励他们获取战功，用功勋鼓舞他们战胜敌人。所以思想要合乎仁爱，行为要合乎道义，能辨明事情的是非，叫有智慧；能承担大任，叫有勇气；能持久获得民心，叫有诚信。将领谦让和蔼，与士卒的关系自然就会融洽。犯了错误自己能主动承认，士卒就会争做好事，奋发有为。他们会心情愉悦，效力疆场。

凡战：击其微静，避其强静；击其倦劳，避其闲窕①；击其大惧，避其小惧②。自古之政也③。

【注释】

①"击其微静"四句：意谓攻击兵力微弱而故作镇静的敌人，避开强大而真正镇静的敌人；攻击疲惫不堪的敌人，避开士气安闲、行动敏捷的敌人。施子美曰："夫战之法，合于利而动，不合于利而止。敌则能战之，少则能逃之，用兵者之所通知也。故击其惰归，避其锐气，此孙子言击之避之之术也。不卜而与之战，不占而避之，此吴子论击之避之之术也。势之虚实在乎敌，兵之用否在乎我，故微而静，则怠惰而无备，非真静也，故击之。若强而静，则法令明，士卒服，此真静也，故避之。倦劳则委靡不振，故可击；闲窕则其力有余，故可避。"刘寅曰："凡与人战，击其兵微弱而静者，避其兵强盛而静者；击其兵之远来而劳倦者，避其兵之闲习轻窕者。"朱墉引《大全》曰："静者，兵家上道。但以微而静，是将怯兵弱，全无鼓舞之气者也，击之自败矣。"又引《通义》曰："微静，强静，不以强弱之势言。闲窕，即前气欲闲、力欲窕也。"

②击其大惧，避其小惧：施子美曰："大惧则一军尽惧，故可击，小惧则必知谨备，故避之。"刘寅曰："击其敌人之大惧者，大惧是畏我者也；避其敌人之小惧者，小惧是自谨者也，孙子所谓'临事而惧'是也。此所谓自古为政也。"田旭东说："这几句讲得十分精彩，主动进击敌人，合于利而动，不合于利而止，孙武有'击其惰归，避其锐气'之术，与《司马法》这一点同出一辙。微而静，实怠惰而无备，并非真静，可击之；若强而静，实则法令明，士卒服，此为真静，故应避之。敌倦劳而萎靡不振，可击之；闲窕则力气有余，应避之。大惧则军心动摇，一军尽惧，惊慌失措，如惊弓之

鸟，可击之；小惧则必知小心谨备，当避之。这些都是讲要乘敌人‘虚’和‘危’的时机发起进攻，《吴子·料敌》也有类似的主张，他提出了许多种审敌虚实而攻的机会，《尉缭子·攻权》对这一点也有论述，可见这是古代军事家所推崇的进攻原则，也应该是今天军事指挥者所遵循的原则。”

③自古之政也：朱墉引《开宗》曰：“此言避击之事。”朱墉《全旨》曰：“此篇言步位之法，而并及制胜之方，谓之严位者，言军旅之中，上下有序，大小有等，贵贱有章，条纪森然，不敢逾越，故曰严位。”

【译文】

作战的原则是：攻击兵力微弱而故作镇静的敌人，避开兵力强大而真正镇静的敌人；攻击疲惫不堪的敌人，避开士气安闲、行动敏捷的敌人。攻击非常惧怕我军的敌人，避开小心谨慎的敌人。这些都是自古以来的用兵原则。

用众第五

【题解】

本篇的首句是“用寡固，用众治”，故择取“用众”二字为题。相比前面四篇，本篇可谓篇幅最短，内容也因而相对单一，论述的主要是战术指导思想。

《孙子兵法》说：“识众寡之用者胜。”将帅只有懂得兵力多时该如何用兵，以及兵力少时该如何用兵，才能取得作战的胜利。对于孙子揭示的这一用兵原则，《司马法》一书在第四篇《严位》，已借助“轻”与“重”的概念作了探讨，本篇在此思想基础上继续前行，指出应根据兵力的多与寡采取不同的战术，即“用寡固，用众治。寡利烦，众利正。用众进止，用寡进退”，“若分而迭击，寡以待众，若众疑之，则自用之”。还指出强大兵力与弱小兵力交战，要“远裹而阙之”，意即给敌人留出一个逃跑的缺口，这与《孙子兵法》所谓“围师必阙”的思想是一致的。

本书第三篇《定爵》提出了“视敌而举”的用兵指导原则，本篇再次出现这一表述，强调要观察敌人的虚实强弱，了解敌人的行动部署，充分掌握敌情后再用兵。篇中还指出要通过六种方式方法观察敌情，即“众寡以观其变，进退以观其固，危而观其惧，静而观其怠，动而观其疑，袭而观其治”，然后或利用敌人的疑惧心理，或乘敌人一时无备，果断出兵，以实击虚，粉碎敌人的阴谋。

本篇还探讨了在不同地形条件下如何行军、宿营的原则，即“背风背高，右高左险，历沛历圮，兼舍环龟”。还指出：“凡近敌都，必有进路。退，必有返虑。”认为当进攻一个都城时，一定要研究好进军的道路；退兵的时候，则要提前考虑好撤退的方法。这些虽未超出《孙子兵法》所论，但毕竟彰显了本书作者对军事地形学的重视。

制定战术时要充分考虑士卒的休息情况，对此本篇也有分析：“先则弊，后则慑。息则怠，不息亦弊，息久亦反其慑。”指出军事行动不宜过早或过晚，否则会影响士卒的体力与心理；士卒不能不注意休息，也不能休息时间过长，两者都会影响士卒的士气。将帅可采取“书亲绝”“选良次兵”“弃任节食”等措施，本篇认为这是自古以来保持并增强士卒战斗力的用兵良策。

凡战之道：用寡固，用众治①。寡利烦，众利正②。用众进止，用寡进退③。众以合寡，则远裹而阙之④。若分而迭击，寡以待众，若众疑之，则自用之⑤。擅利，则释旗，迎而反之⑥。敌若众，则相众而受裹⑦。敌若寡，若畏，则避之开之⑧。

【注释】

①用寡固，用众治：意谓若可用的兵力少，就应采取坚固防守之术；若可用的兵力多，就应整治阵地以防敌人扰乱。施子美曰：“孙子曰：‘识众寡之用者胜。’然则兵之为用，皆可以取胜也，恃患乎不知所以用之耳。此以下皆言用众寡之术也。夫寡则易散，不可不固其心；众则易乱，不可不治其法。寡则力不足，不固则无以为援；众则力有余，不治则人得以轻进。”刘寅曰：“凡战陈之道，若用寡，宜坚固其陈；若用众，宜整治其陈。”朱墉引《大全》

曰："寡易于乘，固则可保无虞；众难为理，治则纷不乱。故善用兵者，寡则坚固之，众则整理之，斯寡不至弱，众不至溃，此用寡用众之道也。"又引《翼注》曰："战而或寡，不固则力薄；战而既众，不治则势纷。寡固众治，亦各从其重者为言耳。究竟治之中未尝不固，固之中正未尝外治也。"又引《指南》曰："阵固，敌不得以强乘之也。治严，敌不得以扰乱之也。"又引《通义》曰："用寡不固，其势易散；用众不治，其势易乱。固者心志一，治者分数明，而后众寡可用也。"徐勇说："作者提出'用寡固，用众治'的用兵原则，并具体分析了兵员众寡不同的施战方法。兵员少，宜灵活多变地作战，宜递次袭敌及众相扶助击敌之一点；兵员多，宜打包围战全歼敌军。《孙子·虚实》：'我专为一，敌分为十，是以十攻其一也。'其意与本篇'敌若众则相众而受裹'相通。"

②寡利烦，众利正：意谓兵力少则宜采用灵活多变的战术，兵力多则宜采用一般作战原则。烦，多，指采用灵活多变的战术。正，指采用一般作战原则。《孙子兵法·势篇》曰："凡战者，以正合，以奇胜。"施子美曰："寡则利烦，谓其杂以示强也，如更衣而出入是也。众则利正，谓其治以明法也。烦则可以自固，正则可以自治。"刘寅曰："兵寡宜频变化，出奇以制胜；兵众宜践墨随敌利以正合而制胜，是正亦胜，奇亦胜也。"朱墉引《通义》曰："寡利烦，不可穷以变也；众利正，不可诱以谲。"

③用众进止，用寡进退：意谓可用的兵力多，就要能进能止；可用的兵力少，就要能进能退。施子美曰："若夫用之之际，则有进有止。人既众可以进，难以退，故进则进，不可进则止者，所以自固也。若退则恐其烦乱而难止。苻坚百万败于淮淝者，以其挥军以退，乱莫能止也。寡则人少，故可进，不可进则退，易于进退也。李陵三千败于匈奴，不知退而自固，所以败也。"刘寅曰："用众要知进知止，所谓'五伐六伐乃止齐焉'；用寡要知进知退，所

谓‘进不可当，退不可追’是也。”朱墉引《通义》曰：“用众曰进止，止者屹立不动之义。用寡曰进退，退者出没不测之义。”

④众以合寡，则远裹而阙之：意谓强大兵力与弱小兵力交战，就要从远处形成包围，并给敌人留出一个逃跑的缺口。合，交战。裹，包围。远裹，《太平御览》卷三一八引作“追裹”。施子美曰：“众以合寡，则我强而彼弱。法曰：‘十则围之。’又曰：‘倍则分之。’故远围而阙其一，而使敌人分散离其心。”刘寅曰：“我众以合敌人之寡，则远围而阙其二面，所谓‘围师必阙’是也。”朱墉引《通义》曰：“我以众合寡，则远裹而阙之。围师必阙也。阙之者，恐其聚而有谋也。”

⑤“若分而迭击”四句：意谓如果兵力分散，就要采用连续打击敌人的战术；我军弱小兵力与敌人强大兵力作战，如果士卒有所疑惧，将领就要采用灵活方法以出奇制胜。施子美曰：“又且分兵迭击，然后可以胜之也。若以寡而当彼之众，我不足而彼有余，士见其众必生疑心，吾当自用以决其疑。”刘寅曰：“若分兵而更迭击之，是寡以待众也；若众有所疑惧，则自用权以制胜。”朱墉引《通义》曰：“若分则迭击之可也，我以寡待众，必有所以形敌者。若众疑之则可击矣，曰自用者，事不师古，更为不测之用也。”李零说：“‘分出而迭击’，《左传》昭公三十年，伍员答吴王问，曰：‘若为三师以肄焉，一师至，彼必皆出，彼出则归，彼归则出，楚必道敝。亟肄以罢之，多方以误之。既罢，而后以三军继之，必大克之。’其计与此类似。”

⑥“擅利”三句：此数句疑有错漏。意谓如果敌人占据战场上的有利形势，我军就要卷起战旗示弱，诱敌深入后再反击敌人。施子美曰：“我既得其利，则示弱以诱敌，去其旗，迎敌之来，而反与之战。韩信伐赵，信弃旗，走水上军，击破陈馀，是也。”刘寅曰：“若专欲争利，则释旗迎而反击之。此疑有阙文误字。”朱墉引《通

义》曰:“兵以利动,若利专在敌,则有退而已。释旗者,疑之也。迎而反之,所谓进驱者退也。”

⑦敌若众,则相众而受裹:意谓敌人如果兵力强大,就要观察敌人的情况,在被包围的情况下谋划突围良策。相,观察,察明。施子美曰:“敌人若用众,则相视我一人,而视敌之里,吾之心必坚。”刘寅曰:“敌人若众,则相视彼众如何而受其围,如张辽突入吴众而受围是也。”朱墉引《通义》曰:“敌众而受裹,置之死地以一其志也。”

⑧“敌若寡”三句:意谓敌人如果兵力弱小,且小心谨慎,我军就要退让,并给敌人留出一条活路,以避免敌人死战。若畏,指敌人小心谨慎。施子美曰:“敌如寡而无援,又且有畏惧之心,吾能避之,恐其死战而致败也。”刘寅曰:“敌人若寡少,若谨畏,则且避之开之,以伺其变。”朱墉引《通义》曰:“敌寡而有畏心,恐其致死于我,故避之开之。开之者,开其生路,令无固志也。”又引《开宗》曰:“此言用众用寡之法。”田旭东说:“这一段关于众寡的论述大约有三个方面的含义。一是开宗明义,先敲明了众寡运用的要谛,兵之用众或用寡,本是一种谋略,兵寡则易散,应坚固其心;兵众则易乱,不可不治其法。寡则力不足,若不坚固则无以为援,众则力有余,不治则人得以轻进,这就是说,指挥小部队应力求稳固,指挥大部队应力求严整。兵寡利于频繁出没,容易机动,出奇制胜;兵众则利于正规作战。古代所谓正规作战即按正常的战法,循规蹈矩,以正合取胜;反之,以变换莫测的作战手段,实施出敌意外攻击,即以奇为胜。用兵众者应知进止,要有进有止,人既众可以进,难以退,故可进则进,不可进则止,方可自固。若退则恐其烦乱而难止,淝水之战,苻坚百万之众之所以败,即其挥军以退而乱莫能止,不可收拾,就是一例。用寡者人少,可进则进,不可进则退,方便容易,李陵率军三千败于匈奴,

即不知灵活运用退而自固的原则，所以战败。第二个含义是讲我于有利或不利之时如何应敌。若我以优势兵力击寡弱之敌，我强而敌弱，就应如《孙子・谋攻》所言：'十则围之，五则攻之，倍则分之。'若包围，则遵循'围师必缺'之原则，并非完全包围以彻底截断敌人的退路，而是给敌人一条退路，欲擒故纵，欲歼故放，从精神上给敌人造成败势，使敌人争相贪生而分散离心，我又分兵迭击，使我军对敌交互发动攻击，避免使我疲劳而持久作战，然后方可取胜。这个原则体现了辩证法，包含了积极歼敌，以求全胜的思绪。若我寡而当敌之众，我不足而敌有余，敌又专擅有利地势之时，士见敌众必生疑心，我则临机应变，有意示我之弱而诱敌，佯装丢弃而败走，敌必舍弃坚固的阵地追击于我，我则又迎敌而反与敌战。楚汉之争时，韩信击赵，赵将陈馀集二十万兵于井陉口占据有利地形，韩信以万人背水立阵，有意引起赵军之轻视，诱赵军出来，又佯装败退，弃旗进入背水阵，又迎击赵军以破陈馀，这就是一个令敌舍弃有利地势转而为败的战例。敌若兵众，我之受围，还可相机采用突围的方法，使敌人分散本来较密集的战斗力，我则乘敌部署变换纷乱之机，使自身巩固，团结一致，齐心协力拼死而战，并寻敌之薄弱点强行突破。第三种含义是在我众敌寡的情况下避免敌军决死之斗。对敌实施包围时，要开其去道，敌寡、畏惧之时则又避之、开之，目的是不使敌人决以死战。《孙子・军争篇》有'穷寇勿追，归众勿迫'，与此同一道理。敌兵力少而我军众多对敌实行包围之时，给敌人留后路，开去道，这是分散敌心，摧毁敌人意志，使敌趋向贪生之路，从精神上战胜敌人的一种手段。否则就可能使敌人团结一致，决心与我死战到底，反而使我致败或力量受到消耗，这就是所谓的置于死地而后生，所以古人十分注意这一点。"

【译文】

作战的原则是:若可用的兵力少,就应采取坚固防守之术;若可用的兵力多,就应整治阵地以严防敌人扰乱。兵力少则宜采用灵活多变的战术,兵力多则宜采用一般作战原则。可用的兵力多,就要能进能止;可用的兵力少,就要能进能退。强大兵力与弱小兵力交战,就要从远处形成包围,并给敌人留出一个逃跑的缺口。如果兵力分散,就要采用连续打击敌人的战术;我军弱小兵力与敌人强大兵力作战,如果士卒有所疑惧,将领就要采用灵活方法以出奇制胜。如果敌人占据战场上的有利形势,我军就要卷起战旗示弱,诱敌深入后再反击敌人。敌人如果兵力强大,就要观察敌人的情况,在被包围的情况下谋划突围良策。敌人如果兵力弱小,且小心谨慎,我军就要退让,并给敌人开出一条活路,以避免敌人拼死作战。

凡战:背风背高,右高左险,历沛历圮,兼舍环龟①。

【注释】

①“背风背高”四句:意谓要背着风向,背靠高地,右边倚靠高地,左边依托险地,碰到沼泽地及其他难以行走之地要快速通过,全部人马要选择四周险固、中间隆起的地形宿营。历,行,经过,这里是快速通过的意思。沛,指水草丰沛的沼泽地。圮(pǐ),难以行走的道路。兼,整个,全部,这里指全部人马。环龟,指四周险固、中间隆起的地形。《孙子兵法·九地篇》曰:“行山林、险阻、沮泽,凡难行之道者为圮地。”施子美曰:“知天知地,胜乃可全。此兵之道也。背风,此知天也。背高右高,至于兼舍环龟,此知地也。法曰:‘风顺致呼而从之。’则背风取其顺也。法曰:‘高陵勿向。’故背高,据其利势也。右背山陵,战之法也,故高陵居其右前。左水泽,战之法也,故险阻居其左。若夫沛者,卑湿之地。

圮者，水毁之地。法曰：‘绝斥泽，唯亟去无留。’又曰：‘圮地无舍。’行军至沛圮之地，当历而过之，若不得已，而不能历此而居焉，则当兼舍而为环龟之势。军行三十里为一舍，兼行六十里也。六十里之中，其地广矣，其中必有高阳之地，故处为环龟之势，其形中高而旁下，居处其高，所以防水淹也。一说谨其次舍，而为环龟之形，则左右前后皆得以相救，所以备掩袭也。”刘寅曰：“凡与人战，背风之逆，背山之高。左高右险者，右背山陵，前左水泽也。沛，泽也。圮，道路倾坏之地。历者，过之而不止也。环龟，地形之似环龟者，宜舍止之也。”朱墉引《通义》曰：“此即孙子所谓处军也。沛，泽也；圮，倾圮之地也，不利止舍，故历而过之。环龟，皆地形可舍者。环者，四围险固。龟者，四下中隆。”又引《开宗》曰：“此言审地利之形。”李零说：“‘背风’，古代兵阴阳家以背对风向为顺势，《御览》卷八引《孙子占》谓‘三军将行，其旌旗从容以向前，是为天送，必亟击之，得其大将’。‘三军方行，大风飘起于军前，右周绝军，其将亡；右周中其师，得粮。’即其说。又背风可防火攻，且便于以火攻人，如《孙子兵法·火攻》：‘火发上风，无攻下风。’‘背高’，古代兵阴阳家以西北即背和右手的方向（古以北为后，西为右）为阴，东南即面和左手的方向（古以南为前，东为左）为阳，认为处军要背阴向阳，后面和右面要有高险可依，前面和左面要面向开阔，有水草之利，即所谓‘右倍（背）山陵，前左水泽’（《史记·淮阴侯列传》引‘兵法’。银雀山简本《孙子兵法》佚篇《地形二》作‘右负丘陵，左前水泽’）。这里的‘背高’即指背面依托高险。‘兼舍环龟’，《北堂书钞》卷一一八引，注：‘兼舍者，昼夜行也。四面屯守，谓之环龟。’是说经过上述不利地形时，要迅速离开，并四面设防。《孙子兵法·行军》：‘绝斥泽，唯亟去无留。’可参看。”徐勇说：“选择阵地要‘背风背高，右高左险’，营地以‘环龟’为上，这样易于防守，以免陷于被动。《孙子·军争》:'高陵勿向,背丘勿逆。'从攻方角度说明此原则。本篇指出,在'沛'和'圮'一类地带不宜停留,因为这种地带进退布阵皆极不便,又无险可守,与敌遭遇,易为敌所狙击,将十分被动。《孙子·行军》:'绝斥泽,惟亟去无留。'《九地》:'圮地则行。'《九变》:'圮地无舍。'与《司马法》之说相同。"

【译文】

行军作战的原则是:要背着风向,背靠高地,右边倚靠高地,左边依托险地,碰到沼泽地及其他难以行走之地要快速通过,全部人马要选择四周险固、中间隆起的地形宿营。

凡战:设而观其作,视敌而举①。待则循而勿鼓,待众之作②。攻则屯而伺之③。

【注释】

①设而观其作,视敌而举:意谓我军布好阵后就要观察敌人的虚实强弱,看敌人的行动部署,摸清情况后再采取行动。设,指布阵。施子美曰:"所以料敌者,既尽其至,则所以制敌者,斯有成功。方两军相对,吾必有以料之,故设而形之,以观其作之如何。或冠而速去之,或挑战而诱之。如孔明遗巾帼以怒宣王、宣王屯阳遂以饵诸葛是也。既设而观其作,又当量敌而进,虑胜而会,如孙膑料庞涓之可杀、陈汤知胡兵不能当汉兵是也。"刘寅曰:"凡与人战,行陈既设,观其动作如何,又当视敌虚实而举。"朱墉引《翼注》曰:"设,非设备之谓,乃设为形势以觇敌也。或实或虚,或强或弱,窥敌之动作,以辨其将之智愚而从事焉。"又引《题矩》曰:"骤然交锋而无术以测敌之情形,则胜未可必。当先设为形势,以观敌之动作何如,然后从而举事,斯战之所以胜也。"又引《通义》曰:"张设而观其作,则敌之作用可睹矣,而后可举也。兵

法:'后举者胜。'"

②待则循而勿鼓,待众之作:意谓如果敌人等着我军上当中计,我军就要装出顺应敌人心意的样子,但不能击鼓进攻,要等待敌人有所行动后再发起攻击。施子美曰:"若其有待,则循而无得鼓之。鼓之则气竭也。曹刿曰:'一鼓作气,再而衰,三而竭。'故当循而勿鼓也。必当待吾之士卒有作勇而起者,然后用之。王翦伐荆,苟不因其投石超距,必不可以破荆。王伯伐茂建,苟不因其断发请战,未必可以破茂建。此所以待众之作也。"刘寅曰:"敌若待我,我则顺其意而勿鼓进其兵,待敌之动作如何。"朱墉引《通义》曰:"然我以是待敌,安知敌不以是待我乎?则循而勿攻。勿攻者,必待其作也。""循字即践墨之说。"朱墉《直解》曰:"待者,敌人设计待我也。循者,顺其意也,即顺详敌意也。勿鼓者,勿轻鼓进吾兵,以待敌众之动作如何。"徐勇说:"作者强调'视敌而举',后发制人,一鼓作气以克敌制胜。《左传·庄公十年》所载齐鲁长勺之战,鲁军即用此战术战胜强大的齐军。曹刿总结取胜的原因道:'夫战,勇气也,一鼓作气,再而衰,三而竭。彼竭我盈,故克之。'这番道理,与本篇'待则循而勿鼓,待众之作,攻则屯而伺之'的论述,有异曲同工之妙。"

③攻则屯而伺之:意谓敌人如果主动来攻,我军就要聚兵不动,伺机乘隙击敌。屯,屯兵,集聚兵力。施子美曰:"若彼来攻我,我则谨其所守而固之,不可率应也。应之以率,则轻而寡谋,故伺其隙而后进。"刘寅曰:"若来攻我,我则屯兵伺之,如赵奢厚集其阵以待秦兵是也。"朱墉《直解》曰:"敌若来攻我,则屯兵不动而伺之。"朱墉引《通义》曰:"作则来攻,屯而伺之,如赵奢厚集其阵以待秦军是也。"又引《开宗》曰:"此言乘机而应之法。"李零说:"'攻则屯而伺之','屯',积聚,犹《孙子兵法·九地》所说'并气积力';'伺',音 sì,窥伺。是说进攻则应集中力量,鼓足勇气,伺

机而动。”

【译文】

作战的原则是：我军布好阵后就要观察敌人的虚实强弱，看敌人的行动部署，摸清情况后再采取行动。如果敌人等着我军上当中计，我军就要装出顺应敌人心意的样子，但不能击鼓进攻，要等待敌人有所行动后再发起攻击。敌人如果主动来攻，我军就要聚兵不动，伺机乘隙击敌。

凡战：众寡以观其变，进退以观其固，危而观其惧，静而观其怠，动而观其疑，袭而观其治①。击其疑，加其卒，致其屈，袭其规②。因其不避，阻其图，夺其虑，乘其慑③。

【注释】

①“众寡以观其变”六句：静，指按兵不动。动，指佯动。施子美曰：“有以形敌而后可以审敌，故或示之以寡，或示之以众，彼必有以应我，吾可以知其变焉。或示之以进，或示之以退，彼之所守为如何，吾足以知其所固也。如井陉之兵数万号三十万，希颢之兵不过千人，此以众寡观其变也。孙子半进半退者诱也，吴使刑人进退以示楚，此以进退观其固也。惧生于危，吾迫之以危殆，以观其恐惧之心。左贤王以四万骑围，李广自如，安能危之哉？怠起于静，吾镇之以寂静，以观其怠惰之心。皇甫嵩讨张鲁，闭营休士以观其变，知职稍怠，潜击破之。动必有疑，示之以动，则彼将疑焉。故挑战以诱其来，伪北以误其进，此宣王遣周当以疑孔明、遣吴般以疑陆逊是也。将袭之，彼必恐袭其不备，彼必乱也。故邀前搏后，声东击西，杜预阵兵江陵而袭乐卿，光弼钦旗鼓而袭思明。法曰：‘作之而知得失之计，角之而知有余不足之处。’亦此意也。”刘寅曰：“凡与人战，或用众或用寡，以观其变动如

何。一进一退,以观其固备如何。以危迫之势临之,而观其惧之如何。静以待之,而观其怠心如何。设计动之,而观其疑惑如何。以兵潜袭之,而观其治乱如何。"朱墉引《指南》曰:"'其'字指敌人讲。与敌相战,或用众或用寡,必观敌之变动,我即随其变动。而取胜之大意,在于为将者识时观变以应之耳。"又引《通义》曰:"或众或寡,其应不胶,是其变也。一进一退,其应不轻,是其固也。潜师以袭,其应不乱,是其治也。危宜有惧心,静宜有怠心,动宜有疑心,此观敌之法也。"徐勇说:"作者提出数种战术,都强调根据战场具体态势而施行。比如'静而观其怠',我方的'静'是一种假象,用以麻痹敌人,其实我方在做好进攻准备的同时,密切注视着敌方动静,一旦发现敌方处于懈怠状况,立即挥师击敌,'攻其无备,出其不意'。《孙子·计》中提出'诡道十二法',可与'司马法'参读,有互补之效。"

②"击其疑"四句:意谓趁敌人疑虑重重时发动攻击,乘敌人仓促不安时给予打击,痛击敌人使其力量无法施展,在敌人求利而不知害时实施突袭。卒,同"猝"。仓促。屈,指力量无法施展。规,指规利,求利。一说指敌阵规整。施子美曰:"三军之灾,生于狐疑,三军之害,犹豫最大。则狐疑之心,进退不可也,其不可击乎?苻坚之军,望八公山草木皆人形,是坚之心疑矣,安得不为谢玄所击?猛虎之犹豫,不如蜂虿之致螫。孟贲之狐疑,不如童子之必至。仓率之际,支捂之不能,其可不先有以加之乎?史思明方饭,而光弼提轻兵往击之。彼之心屈于我,我当有以致之。寇恂斩使,而致高峻之屈服。彼之谋方为之规画,我则有以袭之。陆抗破堰,而羊叔子之谋为抗所袭矣。"刘寅曰:"敌人心志疑惑则击之,敌人仓卒而来则加之,致其力之屈,袭敌之规也。"朱墉引《通义》曰:"敌疑可击,加其卒,使不知所应也。致其屈,使不能求伸也。人情规利而避害,敌知利而不知害,故可袭可

因也。”

③“因其不避”四句：意谓要乘其不备，阻止其图谋，粉碎其计划，趁敌畏惧时发动攻击。不避，意即不备，不加防备。施子美曰：“不若则避之，今而不能避，是不量力也。吾则因其可败之势而胜之。若皇甫嵩避彼才之锐，彼又安得而因之乎？图者，方谋之于心而未发，吾则阻之，使不得谋焉。此汉用汲黯，淮南寝谋是也。先人有夺人之心。夺者，心之机。彼方思虑，而吾能夺之，此亦陆抗破堰，以夺羊祜之虑也。法曰：击其大惧。则彼有忧惧之心，吾则乘而击之。此亦谢玄因苻坚之心怖而乘之也。凡此皆在敌有可胜之势，在我有制胜之术也。”刘寅曰：“‘避’当作‘备’。因其不备即所谓乘其无备也。阻其所谋，夺其所虑，即所谓上兵伐谋也。乘其敌之畏慑，即所谓‘击其大惧’也。”朱墉引《通义》曰：“不避曰因者，敌不违害，因吾之利也。在事为图，在心为虑，阻者伐其谋，夺者夺其心也。所谓乘其慑，击其大惧也。此制敌之法也。”又引《开宗》曰：“此言觇敌情形而袭击之法。”

【译文】

作战的原则是：调动强弱不一的兵力反复试探，以观察敌人的变化；运用忽进忽退的运动方式，以观察敌人的阵地是否坚固；陷敌人于危殆境地，以观察敌人是否惧怕；按兵不动，以观察敌人是否怠惰；实施佯动，以观察敌人是否疑惑；突然袭击，以观察敌人是否军容整治。趁敌人疑虑重重时发动攻击，乘敌人仓促不安时给予打击，痛击敌人使其力量无法施展，在敌人求利而不知害时实施突袭。要乘其不备，阻止其图谋，粉碎其计划，趁敌畏惧时发动攻击。

凡从奔勿息，敌人或止于路，则虑之①。

【注释】

①“凡从奔勿息”三句：或，倘若，假使。施子美曰：“《淮南子》曰：‘见敌之虚，乘而勿服也，追而勿舍也，迫而勿去也。’是以敌人奔北，而我追之，毋得休息，息则奔者缓，缓则谋生，此曹刿所以乘齐师也。敌人若止于道旁以待我，我则虑之，无得轻进也。此法曰‘逐奔不远’。苟不能计度，而必追之，必将蹈韩信、李牧之机矣。李靖曰：‘从奔者，其可无虑乎？’”刘寅曰：“凡从敌之奔败勿得止息，敌人或止息于路，则虑之，恐有伏也。”朱墉引《通义》曰：“古者逐奔不远，持重之道也，此言从奔勿息，逐利之机也。奔而能止，故可虑。不虑而轻进，不几穷寇之追乎？造人之国都，前无进路为敌所阻绝也，则宜有反虑，不虑则悬军深入，能善其归乎？前虑，虑止也，所谓进止也。后虑，虑退也，所谓进退也。二者皆乘胜而进者也，其犹有虑乎？”又引《开宗》曰：“此言逐奔之法。”徐勇说：“‘从奔勿息’，以扩大战果，使敌方元气大伤。如果胜而不追，或追而不紧，让敌方主力逃遁，无异放虎归山，贻患无穷。这种主张，与《仁本》《天子之义》中‘逐奔不远，纵绥不及’的观点不同，反映了各自的时代色彩，结合下文‘凡近敌都’等论述看，本篇议论盖多为战国早中期以后的观点。作者又强调追击中须防止敌人变换花样，或利用追击者战线拉长，反噬一口，或利用新的战场条件再与追击者决一雌雄。因此，一定要注意逃敌在逃奔过程中的一切反常现象，所以说：‘敌人或止于路，则虑之。’”

【译文】

凡是追击溃逃的敌人，不能让士卒休息，敌人倘若在路上停止休息，就要考虑是否有埋伏。

凡近敌都，必有进路。退，必有返虑①。

【注释】

①"凡近敌都"四句:施子美曰:"见可而进,知难而退,军之善政也。故入敌之地深,其取敌之都为甚近也。吾当图其有必进之路,此班超计焉耆苇桥之险不可渡、乃更从他道以到其城下是也。若夫不可而退,其可不为返虑乎?夏侯尚攻江陵,入渚中,以浮桥往来。董昭曰:夫兵好进恶退,常然之数,当深入远遁,宜利兵有进退,不可不如是也。管子曰:通于出入之路,则深入而不危。正此也。"刘寅曰:"凡近敌之都邑,吾必要有前进之路,若无进路,则无所往也。退亦要有还反之虑,无反虑恐为敌所薄也。"朱墉引《大全》曰:"反虑者,近敌之都,离家渐远,敌人不独阻我进路,亦自塞我归途,故进既察其进前之路,退必预为反还之虑,无非周防慎谨之心也。"又引《开宗》曰:"此言近敌进退之法。"

【译文】

凡是出兵接近敌人都城的时候,一定要研究好进军的道路。退兵的时候,一定要提前考虑好撤退的方法。

凡战:先则弊,后则慑①。息则怠,不息亦弊,息久亦反其慑②。

【注释】

①先则弊,后则慑:意谓如果行动比敌人早得多,就会使士卒疲惫;如果行动比敌人晚得多,就会导致士卒产生畏敌心理。施子美曰:"法曰:'无为天下先。'战先人而动,徒自劳也。又曰:'后至而趋战者劳。'后人而动必自惧也。善战者,后人发先人至,所以先立不败之地,而不失敌之败也,斯可以战矣。此赵奢纵反间,而趋北山,秦人争之而不得,是也。"刘寅曰:"凡与人战,若先敌

而动，则致疲弊而为敌所乘；后敌而动，则畏惧而为敌所欺。”朱墉引《通义》曰：“先举则疲于力而弊，后举则又夺于人而慑，然则先不可，后亦不可。”李零说：“‘先则弊’，先发起进攻容易士气衰竭。例如齐鲁长勺之战，齐人先发动进攻，‘一鼓作气，再而衰，三而竭’，鲁待其竭而后攻之，齐师败绩（见《左传》庄公十年）。‘后则慑’，后发起进攻容易心里受威胁。《左传》文公二十一年：‘《军志》有之，先人有夺人之心，后人有待其衰。’意思是说先发制人有很大的心里威慑作用，后发制人要等待敌方士气衰竭，讲的是先进攻和后进攻的长处。这里所说则是其短处，二者可以对照参看。”

②“息则怠”三句：意谓士卒如果老想休息，就会有懈怠；士卒如果不注意休息，就会疲惫；如果休息时间过长，反而会产生畏敌心理。施子美曰：“常人之情倦劳则必息，息久则愈倦。《诗》曰：‘有菀者柳，不尚息焉。’是息者所以舒其劳，故战之法不可息。息则心必怠而不振，苟不息则亦大劳而弊，若息而久，不独怠也，不独弊也，勇敢之心丧，果毅之气衰，反为畏慑者矣。此荆军之三日三夜不顿舍而从李信，戒此者也。”刘寅曰：“若休息之，则怠心必生；若不休息之，其力亦致疲弊。休息若久，有畏慎之心。”朱墉引《通义》曰：“弊则息可也，而因生怠，怠则不息可也，而复归弊；弊又归息，息久又反慑。然则息不可；不息又不可，将何若而可乎？此其中有权存焉，难言也。”又引《开宗》曰：“此言临战先后休息之节。”朱墉《直解》曰：“专务休息则士卒必生怠心，久不休息则力亦疲敝。息久而不用之，则反生畏惧之心。情理之所必至也。”田旭东说：“首先是掌握自己军队对敌作战的运动能力和动作时机，若过早地先于敌而动，使我疲劳至极，反而失主动为被动；过迟于敌而动，则一开始就处于被动地位，我之众士即易恐惧。所以，善战者，后人而发，先人而至，先立于不败之

地，而不为敌之所败。此即《孙子·形篇》中的‘立于不败之地而不失敌之败’的原则。‘胜兵先胜而后求战，败兵先战而后求胜’，就是说不打无把握的仗，知己知彼，不打则已，打则必胜，而反对侥幸取胜的作战指导。对军队的休息与否，何时休息、休息时间长短诸问题也应掌握得恰到好处。长途行军或追击敌人，不休息，疲于奔命，军队必疲惫不堪，战斗力下降。然而休息过久则反怠倦而精神不振，勇敢之心丧、果毅之心衰，反而畏惧不前。作为指挥人员必须随时了解军队的动态和情绪，适时休整，做到劳逸结合，始终使部队保持旺盛的士气与良好的战斗力。”徐勇说：“兵家讲究‘先发制人’与‘后发制人’，何时为最佳时机，至为重要。过早行动，使敌方得‘屯而伺之’之机，只会落得‘一鼓作气，再而衰，三而竭’；行动迟缓，错过战机，主动权便尽在敌方。战斗间稍事休息，也得把握好分寸，所谓‘息则怠，不息亦弊，息久亦反其慑’，指出了把握分寸的难度，反映了当时战场指挥艺术的精湛程度。”

【译文】

作战的原则是：如果行动比敌人早得多，就会使士卒疲惫；如果行动比敌人晚得多，就会导致士卒产生畏敌心理。士卒如果老想休息，就会有懈怠；士卒如果不注意休息，就会疲惫；如果休息时间过长，反而会产生畏敌心理。

书亲绝，是谓绝顾之虑①。选良次兵，是谓益人之强②。弃任节食，是谓开人之意③。自古之政也④。

【注释】

①书亲绝，是谓绝顾之虑：意谓严禁士卒给亲人写信，这是为了断绝他们的后顾之忧。施子美曰：“公以忘私，国以忘家，臣子报上

之心也。况在军旅之中，就行列则忘其亲，冒矢石则忘其身。书之与亲，其可少经意于其间乎？曰书曰亲，未能绝之，则情有所牵系，却顾不能前，返虑不能齐矣。善将者，当其在军之际绝亲，知有敌而不知有亲，知有战而不知有书，此所以并绝之欤？夫是之谓绝其顾、一其虑。关羽吏士闻使至，家家致问，手书示信，家国无患，无有斗心，是不知绝顾一虑也。李晟令军中曰：通家问者斩。知绝顾一虑者也。"刘寅曰："凡初入敌人之境，疆场之限，所过关梁津要使吾踵军在后，告毕书绝，所以禁人内顾之情，而止其退还之心也。故曰书亲绝，是谓绝顾之虑也。"朱墉引朱鹿冈曰："绝顾者，如富弼在契丹闻一女卒，再往闻一男生，皆不顾。得家书辄焚之，曰徒乱人意耳。"又引《通义》曰："断绝书问，所以绝人内顾之虑。"田旭东说："书，即书信，亲，即家乡父母妻子等亲人，进入战时禁绝一切家乡的书信往来。古代大凡善于作战者，当其在军之际绝亲，知有敌而不知有亲，知有战而不知有书，以杜绝众士后顾之忧，专心致志为国而战。"

②选良次兵，是谓益人之强：意谓选拔优秀人才，整顿部队秩序，这是为了增强士卒的战斗力。次，次序，秩序；一说授予。兵，指军队；一说武器。施子美曰："练选良材，以为选锋，次序其兵，以为先后，可以益吾军之强。且法杂乘其车，善养其卒，犹谓之胜数而益强，况选良次兵，其不谓之益强乎？"刘寅曰："简择良材以次其兵，是谓益吾众人之强。《春秋传》所谓'分良以击其左右'是也。"朱墉引《通义》曰："选良材以次兵，所以益人心之强。"

③弃任节食，是谓开人之意：意谓命令士卒抛弃辎重，少带粮食，这是为了激励他们决一死战，奋勇杀敌。施子美曰："出军之日，必有资装抱持而行者，必有粮食晢糗而往者。今于此则弃其糗粮之食，不几于不仁乎？所以为是者，将以开导三军之意，而使之死战也。项羽命三日之粮，度尚焚营中之财，皆所以导人必死之

意也。”刘寅曰:“任,负任之物也。弃任,即孙子所谓‘士无余财’之意。节食者,约其军之食也。如《春秋左传》所谓‘塞井夷灶’,项羽沉船破甑、持三日粮之意。使吾军士弃其所负任之物,约持其粮食,示以必死,是谓开启众人之意,使专心一志,奋勇而战。”朱墉引《开宗》曰:“此言绝内顾而益强,以示必死之意。”田旭东说:“以‘弃任节食’之法激发士气,使众士死战到底。弃任,即抛弃出军之时所携带的粮草装具等辎重,轻装利战,即《孙子》所言‘士无余才’。节食,节余粮食,战之日不余食,以使众士树立或死或生在此一战之意。楚汉战争中,项羽‘破釜沉舟’,‘持三日之粮’,以导人必死之意,即用此法的最好例证。”徐勇说:“作者连举三例,阐明了临战保证士气高昂、提高军士战斗力的方法。一,‘书亲绝’,即服从作战的需要,要求军士普遍做到割慈忍爱,以稳定军心。二,‘选良次兵’,乃春秋战国之间形成的风气。《孙子·地形》:‘以弱击强,兵无选锋,曰北。’《吴子·图国》《吕氏春秋·简选》《史记·越世家》等,都记载了当时各国简选精兵的情形。三,‘弃任节食’,是告诫将士此一战非生必死,唯有竭力一搏了。项羽破釜沉舟的战例,说明了‘弃任’是如何‘开人之意’的;但春秋时齐侯‘灭此朝食’,却落得狼狈而逃(事见《左传·成公二年》)。可见‘弃任节食’,也有个因势制宜、施用得时的问题。如以为但凡有此壮举,就必定能‘开人之意’,那不过是赵括之流的纸上谈兵而已。”陈宇说:“所谓‘弃任’,即抛弃随身所携带的衣服和生活必需品之类的负重之物;所谓‘节食’是节制食物,把剩余的粮食全部处理掉。《太平御览》卷二七〇引此句时有注曰:‘节余粮,战之日,不余食,示必死战也。’《司马兵法》强调‘弃任节食’,是为了激励我方将士,使其奋力搏击,拼死战斗。这种以断绝将士的物资供应来激励死战的办法,后来被许多军事家所采用。孙武即提倡为了激励将士在对敌作战中勇往直前,可以‘登高而去其梯’,‘焚舟破釜’(《孙武兵法·九地篇》)。孙膑强调在与敌人决战时,‘令军人,人为三日粮……国使勿来,所以断气也。’(《孙膑兵法·延气篇》)在古代用冷兵器作战的时代,将士的意志往往起着很大的作用。因此,‘弃任节食’的方法,是一种行之有效的战术。”

④自古之政也:施子美曰:“言是法也,其实出于古司马法也。如曰‘因古则行’,又曰‘古者以仁为本’,又曰‘古者逐奔不过百步’,‘古者国容不入军’,‘古者贤王’,‘古者戍军’,若此数者,皆准古而用,故其所言,皆以古为说,此所以终之以自古之政也。”朱墉《全旨》曰:“通篇总是待敌观变,知彼知己,以尽决战之事,用兵不论众寡,皆可以取胜,惟在分合得宜,则应变不穷,更能伺隙乘便,避实捣虚,知进退之方,明动静之情,固士卒之志,兵道之大端尽之矣。此非一时之臆见也,故以古政结之。”黄朴民说:“《用众》篇主要论述用兵的艺术。它阐明多兵(众)与少兵(寡)的不同作战特点;强调临阵接敌之时要善于观察敌情,示形动敌,乘虚蹈隙,以把握战场上的主动权;同时还提出了掌握士卒心理和动态,巩固军心的种种方法。首先,它主张根据军队实力状况而灵活实施指挥:当兵力处于优势地位时,应该力求阵势严整,堂堂正正向敌开战,包围敌人,轮番对其进行打击。反之,如果以劣势兵力对付优势之敌,则先要求得自己阵脚不乱,在此基础上,采取内线作战(受裹),做到战术运用灵活巧妙,变化多端,以实现克敌制胜的目的。其次,在观察敌情、示形动敌问题上,本篇也展开了精辟的阐说。它强调‘视敌而举’,即根据敌情的变化,采取相应的行动。主动挑动敌人,捕捉战机,乘虚蹈隙,予敌以凌厉的打击:‘众寡以观其变,进退以观其固,危而观其惧,静而观其怠,动而观其疑,袭而观其治。击其疑,加其卒,致其屈,袭其规。’这些方法,与孙子‘策’‘作’‘形’‘角’手段实有异曲同

工之妙。另外,《用众》还要求充分利用地形的条件。对战场的选择,要贯彻‘背风、背高、右高、左险、历沛、历圮’等原则。驻军或防御,要构成环形态势,‘兼舍环龟’,力求稳固。主张断绝士卒思家恋土的念头,以求稳定军心,保持高昂的士气。”

【译文】

严禁士卒给亲人写信,这是为了断绝他们的后顾之忧。选拔优秀人才,整顿部队秩序,这是为了增强士卒的战斗力。命令士卒抛弃辎重,少带粮食,这是为了激励他们决一死战,奋勇杀敌。这些都是自古以来的用兵原则。

中华经典名著

全本全注全译丛书

（已出书目）

周易
尚书
诗经
周礼
仪礼
礼记
左传
春秋公羊传
春秋穀梁传
孝经·忠经
论语·大学·中庸
尔雅
孟子
春秋繁露
说文解字
释名
国语
晏子春秋
穆天子传
战国策
史记
吴越春秋
越绝书
华阳国志
水经注
洛阳伽蓝记
大唐西域记
史通
贞观政要
东京梦华录
唐才子传
廉吏传
徐霞客游记
读通鉴论
宋论
文史通义

老子
道德经
鹖冠子
黄帝四经·关尹子·尸子
孙子兵法
墨子
管子
孔子家语
吴子·司马法
商君书
慎子·太白阴经
列子
鬼谷子
庄子
公孙龙子(外三种)
荀子
六韬
吕氏春秋
韩非子
山海经
黄帝内经
素书
新书
淮南子
九章算术(附海岛算经)
新序
说苑
列仙传
盐铁论
法言
方言
潜夫论
政论·昌言
风俗通义
申鉴·中论
太平经
伤寒论
周易参同契
人物志
博物志
抱朴子内篇
抱朴子外篇
西京杂记
神仙传
搜神记
拾遗记
世说新语
弘明集
齐民要术
刘子
颜氏家训
中说

帝范·臣轨·庭训格言
坛经
大慈恩寺三藏法师传
茶经·续茶经
玄怪录·续玄怪录
酉阳杂俎
化书·无能子
梦溪笔谈
北山酒经(外二种)
容斋随笔
近思录
传习录
焚书
菜根谭
增广贤文
呻吟语
了凡四训
龙文鞭影
长物志
天工开物
溪山琴况·琴声十六法
温疫论
明夷待访录·破邪论
陶庵梦忆
西湖梦寻
幼学琼林
笠翁对韵
声律启蒙
老老恒言
随园食单
阅微草堂笔记
格言联璧
曾国藩家书
曾国藩家训
劝学篇
楚辞
文心雕龙
文选
玉台新咏
词品
闲情偶寄
古文观止
聊斋志异
唐宋八大家文钞
浮生六记
三字经·百家姓·千字文·弟子规·千家诗
经史百家杂钞